KB048944

주디스 버틀러,

지상에서
함께
산다는 것

이스라엘 팔레스타인 분쟁, 유대성과 시온주의 비판

주디스 버틀러, 지상에서 함께 산다는 것

초판 1쇄 2016년 8월 8일 발행
초판 3쇄 2020년 3월 25일 발행

지은이 주디스 버틀러
옮긴이 양효실
펴낸이 김성실
교정교열 최인수
책임편집 박성훈
디자인 채은아
제작 한영문화사

펴낸곳 시대의창   **등록** 제10-1756호(1999. 5. 11)
주소 121-816 서울시 마포구 연희로 19-1
전화 02)335-6121   **팩스** 02)325-5607
전자우편 sidaebooks@daum.net
페이스북 www.facebook.com/sidaebooks
트위터 @sidaebooks

ISBN 978-89-5940-617-3 (03100)

잘못된 책은 구입하신 곳에서 바꾸어드립니다.

이 도서의 국립중앙도서관 출판시도서목록(CIP)은
서지정보유통지원시스템 홈페이지(http://seoji.nl.go.kr)와
국가자료공동목록시스템(http://www.nl.go.kr/kolisnet)에서 이용하실 수 있습니다.
(CIP제어번호: CIP2016017215)

PARTING WAYS: Jewishness and the Critique of Zionism
By Judith Butler
©2012 Columbia University Press
Korean translation copyright©2016 Window of Times Publishing
Published by arrangement with Columbia University Press through Shinwon Agency, Seoul

주디스 버틀러,

지상에서
함께
산다는 것

주디스 버틀러 지음 | 양효실 옮김

이스라엘 팔레스타인 분쟁,
유대성과 시온주의 비판

시대의창

일러두기

1. 지은이의 주석은 원서와 동일하게 미주로, 한국어판 독자의 이해를 돕기 위한 옮긴이의 설명은 각주로 달았다.

2. 고딕체로 된 부분은 원서에서 지은이가 이탤릭체로 강조한 부분이다.

3. 대괄호〔 〕는 지은이가 레비나스, 발터 벤야민 등의 저작에서 끌어온 프랑스어나 독일어, 그리스어 어휘를 표시한다. 그리고 다른 문헌에서 발췌 인용한 문장 중간에 지은이가 부연 설명을 끼워 넣을 때도 대괄호〔 〕로 표시했다.

감사의 말

이 책은 미국학술단체협의회와 포드 재단, 버클리 캘리포니아대학교 인문학 연구지원기금, 멜론 재단의 우수 인문학자 지원금의 도움을 받아 완성되었다. 나는 수많은 동료들과 대화를 나누면서 엄청난 도움을 받았다. 그들은 이 책이 제 꼴을 갖춰나가던 지난 몇 년 간 이 책의 부분 원고를 읽어주고 내 말을 경청했다. 나와 그들의 견해가 항상 일치하지는 않았지만, 그들의 견해는 글을 쓰는 내게 중요했다. 나는 그들과 의견을 교환하는 데 최선을 다했다. 재클린 로즈, 암논 라즈크라 코츠킨, 사메라 에스메이어, 미셸 페허, 에티엔 발리바르, 이디스 제르탈, 사바 마흐무드, 조앤 W. 스콧, 웬디 브라운, 아나트 마타르, 에이미 할리우드가 그들의 이름이다. 유럽대학원과 UC 버클리에서 한나 아렌트와 발터 벤야민 세미나에 참여한 나의 학생들에게 감사한다. 그리고 버크벡 칼리지, 비르제이트대학교, 파리 7대학교, 뉴욕대학교, 다트머스 칼리지, 퍼모나 칼리지, 컬럼비아대학교에서 이 책의 일부

내용을 발표했을 때 이들 학교의 학생과 교수진에게서 많은 것을 배웠다. 또 오마르 바르구티, 조엘 마렐리, 탈 도르, 마날 알타미미, 베샤라 두마니, 맨디 머크, 린 시걸, 우디 알로니, 레티치아 사브사이, 낌 상 옹반꿍, 알렉산더 채신, 프랜시스 바트코스키와 나눈 대화에서도 많은 것을 배웠다. 집필에 없어서는 안 될 도움을 준 에이미 잼고치안, 콜린 펄, 데이먼 영에게 감사 인사를 전한다. 그리고 원고가 완성될 때까지, 심지어 내가 그들을 실망시킬 때에도 줄곧 함께한 컬럼비아대학교 출판부의 수전 펜색과 웬디 로크너에게 대단히 감사하다.

이 책의 몇몇 장은 이미 발표한 내용을 대폭 수정해 실은 것이다. 서문과 1장은 다음 두 글을 바탕으로 한다. 하나는 2004년 1월 4일과 5일 동예루살렘에서 열린, '점령 종식, 이스라엘-팔레스타인의 공정한 평화: 적극적인 국제 네트워크를 향해'를 주제로 한 제2차 국제 학술회의에서 발표된 뒤 〈유대인과 이민족주의적 전망Jews and the Binational Vision〉이라는 제목으로 《로고스Logos》 3, no. 1(2004년 겨울호)에 실린 글이다.

　다른 하나는 2006년 프린스턴대학교의 에드워드 사이드 기념 강연에서 처음 발표된 뒤에 〈불가능한 요구: 레비나스와 사이드The Impossible Demand: Levinas and Said〉라는 제목으로 《미타암Mitaam》 10호 (2007년)에 실린 글이다.

　2장은 2007년 프랑스대학출판사에서 에피메테 총서로 출간한 책, Bruno Clément et Danielle Cohen-Levinas, eds., *Emmanuel Levinas et les territoires de la pensée*에 〈면대면으로 타자와 관계 맺기, 그러면

죽일 수 없다Être en relation avec autrui face à face, c'est ne pas pouvoir tuer〉라
는 제목의 짧은 논문으로 실렸다.

3장은 Hent de Vries and Lawrence E. Sullivan, eds., *Political
Theologies: Public Religions in a Post-Secular World*(New York: Fordham
University Press, 2006)에 수록된 논문 〈벤야민의 「폭력 비판」에 나타
난 비판, 강제, 그리고 성스러운 삶Critique, Coercion, and Sacred Life in
Benjamin's "Critique of Violence"〉을 수정한 것이다.

5장은 《런던 리뷰 오브 북스London Review of Books》 29, no. 9(2007년
5월 10일 자) 26~30면에 수록된, 《한나 아렌트의 유대적 글쓰기Hannah
Arendt's Jewish Writings》에 대한 서평 〈나는 단지 그들에 속할 뿐이다
I merely belong to them〉에서 내가 한나 아렌트에 관해 주장했던 내용을
고쳐 쓴 것이다. 여기에 코넬 웨스트, 위르겐 하버마스, 찰스 테일러와
함께 쓴 책 *The Power of Religion in Public Sphere*(New York: Columbia
University Press, 2011)에 수록한 나의 논문 〈유대주의는 시온주의인가Is
Judaism Zionism?〉의 주요 논지를 통합했다.

7장은 Frank Ankerschmitt, ed., *Refiguring Hayden White*(Stanford:
Stanford University Press, 2008)에 처음 수록되었던 〈프리모 레비와 현재
Primo Levi for the Present〉를 고쳐 쓴 것이다.

8장은 2010년 11월 카이로 아메리칸대학교의 에드워드 사이드 기
념 강연에서 처음 발표되었고, 비교시학 평론지 《알리프ALIF: Journal of
Comparative Poetics》 32호(2012)에도 수록된다.

차례

축약어

AE	*Autrement qu'être*	에마뉘엘 레비나스 《존재와 다르게: 본질의 저편》
CV	"Critique of Violence"	발터 벤야민 〈폭력 비판〉
DF	*Difficult Freedom*	에마뉘엘 레비나스 《어려운 자유: 유대주의에 관한 논고》
DS	*The Drowned and the Saved*	프리모 레비 《가라앉은 자와 구조된 자》
EJ	*Eichmann in Jerusalem*	한나 아렌트 《예루살렘의 아이히만: 악의 평범성에 대한 보고서》
EN	*Entre Nous*	에마뉘엘 레비나스 《우리 사이에》 영어판
EN-F	*Entre nous*	에마뉘엘 레비나스 《우리 사이에》 프랑스어판
FNE	*Freud and the Non-European*	에드워드 사이드 《프로이트와 비유럽인》
FR	"Figural Realism in Witness Literature"	헤이든 화이트 〈목격자 문학의 문채 리얼리즘〉

IH	*Israel's Holocaust and the Politics of Nationhood*	이디스 제르탈 《이스라엘의 홀로코스트와 국민 정치》
JW	*Jewish Writings*	한나 아렌트 《유대적 글쓰기》
NTR	*New Talmudic Readings*	에마뉘엘 레비나스 《탈무드 새로 읽기》
OT	*The Origins of Totalitarianism*	한나 아렌트 《전체주의의 기원》
PP	"Peace and Proximity"	에마뉘엘 레비나스 〈평화와 근접성〉 영어판
PP-F	"Paix et proximité"	에마뉘엘 레비나스 〈평화와 근접성〉 프랑스어판
TF	"Theologico-Political Fragment"	발터 벤야민 〈신학적·정치적 단편〉
TPH	"Theses on the Philosophy of History"	발터 벤야민 〈역사의 개념에 대하여〉

서문

자기탈피, 추방, 그리고 시온주의 비판

형식적 차원에서 모든 책은 자체의 불가능성을 검토하는 데서 시작할 것이다. 그러나 이 책은 어떤 분명한 해결책도 없이 그 불가능성과 함께 작업하는 방법에 기대 완성되었다. 심지어 그 불가능성이 이 작업의 진척을 끊임없이 위협하더라도 그것은 글쓰기 안에서 유지되어야 했다. 애초에 '이스라엘 국가에 대한 모든 비평criticism은 사실상 반反유대주의'라는 주장의 정체를 폭로하려는 책으로 시작된 기획은 이제 불가능한 것과 함께 머물러야 할 필요에 대한 명상으로 바뀌었다. 나는 앞으로 그 점이 명확히 드러나도록 애쓰겠지만, 이런 시도의 위험성은 미리 밝혀두고 싶다. 국가폭력, 인구population의 식민적 종속, 추방과 박탈에 대해 비평할 유대적 출처들이 존재한다는 것을 보이는 데 성공한다면, 그때 나는 이스라엘 국가폭력에 대한 유대적 비판critique이 윤리적 의무까지는 아닐지라도 적어도 가능한 일임을 보여주는 셈이 아닐까 한다. 나아가 디아스포라적 유대성diasporic Jewishness의 윤리적 실체를 이루는 한 부분으로서 비유대인과의 동거同居, cohabitation라는 유대적 가치가 존재한다는 것을 보여준다면, 사회적 평등과 사회 정의에 입각한 태도가 세속적, 사회주의적, 종교적 유대 전통을 통합하는 요소로 존재해왔다는 결론을 내릴 수 있을 것이다. 이런 주장은 새삼스럽지도 않을 것이지만, 이스라엘의 점령 활동, 이스라엘 내부의 불평등, 토지 몰수, 그리고 캐스트 리드cast lead 작전*에서처럼 고립된 인구를 대상으로 맹렬한 폭격을 퍼붓는 일에 대해 비평하는 것—실상은 그 나라가 시민권의 요건으로 요구하는 모든 것에 대한 반대—은 모두 반유대주의적이거나 반유대적이고 유대 민족Jewish people에게 유익하지 않으며, 흔히 유대적 가치라 불리는 것과는 무관하다고 가정하는 공적 담론에 맞서 거듭 주장할 필요가 있었다. 사회 정의를 위한 유대인의 투쟁 자체가 반유대적인 것으로 취급된다는 것은 참으로 고통스러운 아이러니다.

내가 국가폭력, 식민주의적 추방, 봉쇄의 양태에 반대하는 진실하면서도 무조건적인 유대 전통이 있다는 것을 보여주는 데 성공한다고 치자. 그렇게 된다면 나는 이스라엘 국가의 말하기에 빌미가 되어온 유대성과는 다른 유대성을 확증하는 데 성공하게 된다. 또 나는 세속적 유대인, 종교적 유대인, 역사적으로 형성된 유대인 사이에 중요한 차이가 존재할 뿐 아니라 유대인 공동체 내부에서 정의와 평등의 의미, 국가폭력과 식민적 정복에 대한 비판을 둘러싸고 활발한 투쟁이 벌어지고 있음을 보여주는 데 일조하게 된다. 사실은, 만약 이 지점에서 설

---

* 2008년 12월 27일부터 2009년 1월 18일까지 이스라엘군이 가자 지구를 공습한 작전.

득력을 입증하고 논증을 그친다면, 정치적 시온주의가 취임시키고 유지해온 갖가지 형태의 국가폭력(1948년 팔레스타인인들이 겪은 대규모 박탈, 1967년의 토지 전용, 그리고 분리 장벽을 건설하고 정착촌을 확대하면서 지금도 거듭되고 있는 팔레스타인 토지 몰수)을 비판하는 일이 반反유대적인 것도, 항抗유대적인 것도 아님이 분명해질 것이다. 이것만 해도 중요한 일이다. 왜냐하면 이스라엘은 유대 민족을 대표한다고 주장하고 있고, 팔레스타인인들에 대한 이스라엘의 식민적 정복을 반대하는 유대인 연대 세력의 존재와 반시온주의적 유대 전통을 도외시한 채 유대인이라면 으레 이스라엘을 '지지한다'고 가정하는 경향이 있는 게 일반 여론이기 때문이다.

그러나 이들 항목에서 점수를 딴다고 한들 나는 그 즉시 또 다른 문제에 직면하게 된다. 정의와 평등의 양태들을 확증할 중요한 유대 전통, 반드시 이스라엘 국가에 대한 비평을 도출할 전통이 존재한다고 주장함으로써 나는 비시온주의적인, 심지어 반시온주의적인 유대관 Jewish perspective을 수립하고, 심지어 시온주의에 대한 저항마저 '유대적' 가치로 만들어버리면서 간접적으로 유대성을 이례적인 윤리적 출처로 단언하는 셈이 될 우려가 있다. 시온주의 비판이 효과적이고 실질적인 것이 되려면 그런 예외주의에 호소하는 것은 더 근본적인 민주주의적 가치를 위해 거부되어야 한다. 유대인으로서 시온주의에 반대하는 게 제아무리 중요한들 그것이 가능하려면 유대적 프레임—아무리 대안적이고 진보적인 것이라고 해도—이 윤리를 정의하는 틀로서 충분한가를 묻는 비판적 움직임이 반드시 있어야 한다. 시온주의에 반대하려면 윤리와 정치를 사유하는 배타적 프레임으로서의 유대성에서 벗어날 필요가 있다.

이 지역의 정치 체제에 관해 타당한 사고방식이란 생각과 태도, 소속감, 적대antagonism*를 드러내는, 서로 경합하는 윤리적·정치적 전통에서 비롯되게 마련이다. 곧 국가폭력을 비판할 유대적 근거들이 있고, 그것들이 이스라엘 국가 자체에까지 확장되어야 마땅하다는 주장은 분명 가능하지만, 이는 이 시대에 중요하지만 불완전한 주장인 채로 남는다. 그런 유대적 원천에서 정치적 시온주의 반대 운동의 동력이 될 정의와 평등의 원칙을 오롯이 끌어낼 수 있다 해도, 그 즉시 그것들은 불충분하고 심지어 모순된 것으로 밝혀질 것이다. 시온주의에 대한 비판이라고 해도 그 비판이 오로지 유대적인 것이라면, 이 지역을 사고하는 데 유대적 헤게모니를 확장하면서 스스로는 원치 않았을지라도 시온주의 효과라 불릴 만한 것의 일환이 되어버린다. 이 지역에 유대적 헤게모니를 확장하려는 노력은, 시온주의를 자처하건 반시온주의를 자처하건 분명히 시온주의 효과의 일부가 된다. 그럼에도 유대인과 유대성을 대표한다는 이스라엘의 주장과 경합해서, 수많은 이들이 지금 만들고 있는 이스라엘 국가와 유대 민족, 그리고 유대적 가치들 사이의 연결고리를 제거하고 싶은 사람이 여전히 존재한다면, 그가 이 난제를 피해 갈 방법이 있기는 할까?

유대성을 주장하는 것은 곧 시온주의를 주장하는 것이라고 믿는다거나 유대회당에 참석하는 사람은 반드시 시온주의자라고 믿는 사람

---

* 버틀러는 동시대 정치철학자 샹탈 무페의 '적대적' 민주주의 혹은 갈등주의적(agonistic) 민주주의 개념에서 말하는 바와 같이, 민주주의를 합의와 일치의 과정으로 보는 관점에 비판적이다.

이 많다는 사실에 나는 계속 놀란다. 마찬가지로 이스라엘 국가의 정책을 받아들일 수 없으므로 이제 유대성을 부인해야 한다고 생각하는 사람들의 수도 고려해야 한다. 유대성의 의미가 계속 시온주의의 지배 아래 있다면, 과연 이스라엘에게 유대적 가치나 유대 민족을 대표할 권한이 있는지 의문을 제기하는 유대적 유산이나 유대적 형성formation은 인정되지 않고, 유대인으로서 이스라엘을 비판할 가능성도 존재하지 않을 것이다. 평등, 정의, 동거와 같은 원칙을 광의로 해석된 유대적 출처에서 끌어올 수는 있다. 그러나 그렇게 하면서 이들 가치를 바로 유대적인 것으로 만들어버리지 않을 수 있을까? 그리고 그 밖의 종교적·문화적 전통과 관습에 속한 가치 부여 방식을 배제하거나 폄훼하지 않을 수 있을까?

이런 문제를 피해 갈 한 가지 방법은 이들 원칙을 유대적 출처에서 파생시킨다는 게 무엇을 뜻하는지 생각해보는 것이다. 파생derivation이란 관념은 결과론적인 모호성을 함축한다. 곧 유대적 출처를 둔 그런 원칙들이 발전하여 역사적으로 새로운 형태를 띠게 된다면 그것은 배타적인 유대적 원칙인가, 아니면 어느 정도 그 배타적인 프레임을 벗어난 것인가? 더 일반적으로 제기될 만한 질문은 이스라엘 국가나 유사한 형태의 불의를 자행한 다른 국가에 대한 비평 안에서, 위태로워진 정의와 평등의 원칙들이 부분적으로는 이런저런 특수한 문화·역사적 출처에서 유래하면서도 그것들 중 어느 하나에 독점적으로 '소속'되지는 않을 수 있는가 하는 것이다. 그런 출처에 포함될 수 있는 것으로 우리는 그리스 고전주의 전통, 프랑스 계몽주의, 20세기의 탈식민지화 투쟁을 떠올릴 수 있다. 다른 경우도 그렇지만 이 경우에, 그 원칙들은 특수한 문화적 출처에서 파생되지만 그렇다고 그것이 꼭 출처가 되는 한 가지 전통에만 속한다는 의미는 아니라고 말할 수 있다. 정의 개념이 특수한 전통에서 파생된다는 것은, 그 개념이 그 전통을 벗어난 바깥에서 자신의 적용가능성을 증명할 방법이 어느 정도는 존재해야 한다는 의미다. 이런 의미에서 전통에서 벗어남은 강력한 정치적 원칙을 산출하는 모든 전통의 전제 조건이다.

따라서 딜레마는 분명하다. 곧 국가폭력 비판이 최종적으로나 독점적으로 혹은 근본적으로 유대적인—일군의 종교적, 세속적, 역사적 전통으로 다양하고 드넓게 해석될—원칙들에 의존한다면, 유대성은 특권적인 문화적 출처가 된 것이고, 유대적 프레임은 국가폭력 비판을 사유할 유일하거나 특권적인 프레임인 셈이다. 그러나 그 지역, 역사적 팔레스타인historic Palestine을 통치하는 유대적 주권성이라는 원칙에 반대하기에, 또 서안과 가자 지구에 대한 식민적 정복을 종식시킬 정치체polity를 지지하기에, 그리고 1948년과 그 뒤에 반복적으로 자행된 토지 몰수를 통해 자신들의 집과 땅에서 강제로 쫓겨난 팔레스타인 사람들 75만 명 이상의 권리를 인정할 정치체를 지지하기에 국가폭력 비판을 시작한다면, 그때 우리가 지지할 정치체는 그 땅의 거주민 모두에게 평등하고 공정하게 적용될 정치체일 것이다. 그렇다면 핵심은 다중적인 프레임을 보호할 뿐 아니라 식민 통치가 종식되었을 때에만 온전히 사유 가능하게 될 이민족주의binationalism에 이바지할 정치체를 발전시키는 것이기에, 유대적 프레임이 정치적 동거나 이민족주의의 토대일 수 있다는 말은 어처구니없는 것이다. 나는 손쉽게 끌어올 수 있는 다문화주의를 제안하려는 게 아니다. 나의 제안은 오히려, 정치적 시온주의의 거대하고 폭력적인 헤게모니 구조는 그 땅과 인구에 대한 지배력을 양도해야 하고, 대신에 새로운 정치체가 그 자리에 들어서야 한다는 것이다. 곧 정착민 식민주의의 종식을 전제하고, 복합적인 적대적 공생 방식, 곧 이미 존재하는 이민족주의의 비참한 양상을 개선하고자 고심하는 새 정치체 말이다.

따라서 한편으로는 시온주의가 유대성에 행사하는 헤게모니 장악력과 경합할 필요가 있지만, 마찬가지로 다른 한편에서는 팔레스타인 사람들에게 시온주의가 함의해온 것, 곧 식민적 정복과 경합할 필요가 있다. 우선 정복의 역사를 종식하는 데 관심을 두지 않는다면, 사실상 우리는 헤게모니의 첫 번째 움직임(유대적=시온주의적)에 관심을 두지 못할 것이다. 어떻게 양쪽 전선에서 한 번에 움직일 것인가?

:: 일군의 원칙을 파생시키기

먼저 일군의 원칙을 문화적 전통에서 파생시키고 그다음에 당면한 더 큰 정치적 쟁점으로 이동한다는 게 무슨 의미인지를 성찰해보자. 앞서 언급했듯이 원칙이 유대적 출처에서 '파생된다'는 말은 다음과 같은 질문, 곧 그 원칙이 새로운 역사적 형태를 띠면서 오늘날의 상황 안에서 전개되어도 과연 유대적인 것일가란 질문을 제기한다. 과연 문화적으로나 역사적으로 다양한 출처에서 파생될 수 있고 파생되어야 하며 또 항상 그래왔던 원칙이라면, 그것은 그중 어느 하나에 독점적으로 '소속'되지 않는 게 아닐까? 사실 그 원칙의 일반화가능성은 근본적으로, 그것들이 나왔을지 모르는 어떤 한 가지 문화적 위치나 전통에 최종 귀속되지 않는다는 바로 그 점에 의거하는 것 아닐까? 이러한 비소속, 이런 추방 덕분에 정의와 평등 원칙의 일반화가능성 및 전이轉移가능성transposability이 조성되는 것 아닌가?

그런 원칙이 유대적 출처에서 파생된다면 근본적으로나 기원적으로, 심지어 최종적으로 그 원칙은 유대적 가치라는 결론을 내리는 이들이 있을 수 있다. 그 주장에 따르면 우리는 그런 가치를 이해하기 위해 종교적, 세속적, 혹은 역사적인 일군의 전통, 유대성이 문화적으로 특권적인 출처가 되도록 만들어준 전통들에 주의를 기울여야 하고, 동거와 심지어 이민족주의 문제를 사유하는 데 유일한, 혹은 적어도 특권적인 프레임은 유대적 프레임인 것이다. 따라서 우리는 독점적인 문화적 프레임으로서의 유대성에서 벗어나는 데 실패한다. 그리고 이는 이스라엘/팔레스타인을 두고 평등과 정의를 사유하려고 할 때 나올 수 있는, 유독 모순되고 받아들일 수 없는 결말이다.

받아들여질 수 없는 결말이지만 이 역설을 피할 손쉬운 방법은 존재하지 않는 것 같다. 그러나 한 가지 핵심, 곧 평등, 정의, 동거, 국가폭력 비판은 전적으로 유대인만의 가치가 **아닐** 때에만 오직 유대적 가치일 수 있다는 것은 분명해진 것 같다. 이것이 의미하는 바는, 그런 가치들의 접합은 유대적 프레임의 일차성과 배타성을 부정하고, 자체의 분산dispersion을 겪어야 한다는 것이다. 앞으로 내가 밝혀 보이고 싶은 것인데, 분산은 정의를 사유할 가능성의 조건, 요즈음 우리가 당연히 기억해야 할 조건이다. 이렇게 말할 수도 있다. "아, 분산, 유대적 가치! 메시아적 흩어짐과 그 밖에 디아스포라의 신학적 형상들에서 파생된 것! 당신은 유대성을 벗어나려고 하겠지만 그럴 수 없을걸!" 그러나 비유대인과의 윤리적 관계를 묻는 질문이 유대적인 것이란 과연 무엇인지 정의해왔다면, 우리는 이 관계에서 유대적인 것이란 무엇인지 포착할 수도 공고히 할 수도 없다. 관계성이 존재론을 대체하는데, 물론 이것도 좋은 일이다. 핵심은 유대인이나 유대성의 존재론을 안정화하는 것이 아니라 이타성異他性, alterity과의 관계—뒤집을 수 없는 정의적defining 관계이며 **평등**이나 **정의**正義 같은 근본적인 용어를 이해하려면 반드시 있어야 하는 관계—의 윤리적이고 정치적인 함의를 이해하는 것이다. 분명 단수는 아닐 그 관계는 정의적 프레임으로서의 정체성과 민족을 넘어서는, 의무적 과정일 것이다. 이는 이타성과의 관계를 정체성의 구성 요소로 확립한다. 말하자면 이타성과의 관계가 정체성을 **방해**하고, 이 방해가 윤리적 관계성의 조건이다. 이것은 유대적 사유인가? 그렇기도 하고 그렇지 않기도 하다.

　물론 이런 입장에 대한 대답은 통상, 유대인은 흩어져서는 생존할 수 없다는 것, 내가 윤리에 대한 유대적/비유대적 접근 방식으로 제시하는 것은 유대인을 위험에 빠뜨릴 것이라는 반응이다. 그러나 윤리적인 자기탈피는 자기무화, 혹은 무화를 무릅쓰는 것과 같지 않다. 효과적으로 이 논증을 반박할 수 있는 여러 방식이 있다. 첫째, 피종속 인구의 기본적인 자기결정권을 부정할 식민적 정복의 양태들을 폭력적인 수단을 통해 취임시키는 것보다 더한 공격은 없을 것이다. 둘째, 분산이란 양태를 통해 사실상 유대인들이 살아남았다는 실질적인 증거가 존재할 뿐 아니라,[1] 분산은 유대인에게 위협이 되므로 극복되어야 한다는 생각은 종종 '분산'을 모국에서 추방된 형태(모국으로 '귀환'함으로써만 뒤집을 수 있는 **유배**galut* 상태)로 여기는 데서 비롯된다는 증거가 존재한다.[2] 분산이 지리적 상황일 뿐 아니라 윤리적 양상으로도 간주되다면, 분산이야말로 특정한 종교나 종족성ethnicity이 다른 종교나 종족성에 대해 주권성을 주장하지 않을, 사실상 주권성 자체가 분산되는 정치체의 토대를 마련하기 위해 이스라엘/팔레스타인에 '절실하게' 받아들여져야 할 원칙이다. 이 점은 뒤에 더 자세히 다룰 테고, 지금은 그저 그것이 에드워드 사이드가 말년에 품었던 가장 중요한 정치적 열망으로 꼽힌다는 것만 지적하겠다.

이타성이나 '방해'를 윤리적 관계의 중심에 세운다는 것이 역설적으로 보일지 모른다. 그러나 그것을 알기 위해 우리는 우선 그런 용어들이 무엇을 의미하는지 이해해야 한다. 유대인 정체성의 변별적인 특징은 이타성의 방해를 받는다는 것이라고, 이방인과의 관계가 유대인의 디아스포라적인 상황뿐 아니라 유대인의 가장 근본적인 윤리적 관계 중 하나를 정의한다고 주장하는 사람이 있을 수 있다. 설사 그 진술이 당연히 참(참인 일군의 진술에 속한다는 의미에서)이라고 해도 그것은 **이타성**을 선험적 주체의 술어로서 가까스로 보유한다. 이타성과의 관계가 '유대인 됨'의 한 가지 술어가 된다. 이는 바로 그 관계가 어떤 정적인 존재, 주체로 기술되기에 적합할 존재인 '유대인'이라는 관념에 도전한다고 이해하는 것과는 아주 다른 얘기다. 그 주체'임be'이 이미 어떤 관계성의 양태 안에 들어가 있다면, '존재'는 '관계성의 양태'에 자리를 내주게 된다(이는 위니콧Donald Woods Winnicott과의 관계를 통해 레비나스

를 사유하는 한 가지 방법을 제시한다). 존재를 관계맺음의 한 양태로 재고해야 한다고 주장하느냐, 관계맺음의 양태가 존재론과 경합한다고 주장하느냐 하는 것은 이 문제를 사유할 때 결국에는 관계성의 일차성보다 덜 중요하다. 게다가 문제의 관계성은 주체의 단일한 성격, 주체의 자기동일성, 주체의 일의성—意性, univocity을 '방해'하거나 그것에 도전하는 관계성이다. 곧 주체를 세계의 중심에서 탈구시키는 뭔가가 '주체'에게 일어난다. 다른 어딘가에서 온 어떤 요구demand가 나에 대한 권리를 주장하고, 나에게 자신을 강요하고, 심지어 나를 안쪽에서부터 쪼개는데, 오직 이러한 나 자신임what I am의 쪼개기를 통해서만 나는 다른 이와 관계 맺을 가능성을 갖는다. 이 책이 제안하려는 '유대적 윤리'가 바로 이것이라고 말하려는 사람이 있다면 그는 부분적으로만 옳을 것이다. 그것은 유대적/비유대적이고, 그것의 의미는 바로 이런 연결된 어긋남에 존재한다. 이렇듯 반드시 이중적인 관점을 이해하는 것은, 그런 정치적 조건을 승인하지 않는 식민적 정복 아래에서는 어떤 '함께 살기'도 실행 불가능하다는 단서와 함께, 왜 디아스포라적 프레임이 동거와 이민족주의를 이론화하는 데 결정적인지를 이해하는 데 중요할 것이다. 따라서 공존 프로젝트는 오직 정치적 시온주의의 폐지와 함께 시작될 수 있다.

디아스포라를 이렇게 보면 '다른 어딘가'에 입각한 관점을 통해 지역적 주제에 관심을 두어야 한다는 게 왜 말이 되는지 이해할 수 있게 된다. 팔레스타인 인구를 다른 곳으로 추방함으로써 수립된 이스라엘 국가는, 다른 곳의 유대인들은 민주주의의 이름으로 식민 통치가 지속되어야 하는 여러 가지 이유를 이해할 처지가 못 된다고 간주한다. 외부 사람은 누구도 여기서 일어난 일을 판단할 자격이 없다는 주장은 잠재적으로 무슨 논의든지 이스라엘의 민족주의 프레임 안에 제한하려 든다. 그러나 그곳의 '내부'를 들여다보면 '다른 곳'이 이미 지역적인 것 안으로 들어와서 본질적으로 그것을 정의하고 있음을 알게 된다. 팔레스타인 사람들은 수립된 국가의 국경 안과 밖에 동시에 있다. 국경이 축출하고 감시하는 사람들과 그 땅에 대한 지속적인 관계를 국경 자체가 설정한다. 이 관계를 특징짓는 것은 팔레스타인 사람들의 이동권, 영토권, 정치적 자기결정권에 대한 이스라엘 국가의 폭력적인 박탈, 감시, 극단적인 통제다. 이런 노선을 따라 관계는 굳어지고, 끔찍하리만치 비참해진다.

이 윤리적 관계성 개념이 유대적 출처들에서 '파생되었다'고 말할 때도 유사한 문제가 출현한다. 한편으로 그 진술은 참이다(그런 개념이 오직 유대적 출처에서만 파생되었다거나 그 밖에 다른 출처에서는 파생되지 않았다는 이야기는 전혀 하지 않는 점에서). 위르겐 하버마스와 찰스 테일러가 벌인 논쟁에서 분명히 드러나듯이[3] (a) 어떤 가치는 종교적 출처에서 파생되어 최종적으로 어떤 종교에도 속하지 않는 관계성의 영역으로 번역되어 들어간다(하버마스)는 입장과, (b) 왜 우리가 이런 식으로 행동하는가를 설명하는 종교적 이유는 관용어idioms에 속하기에 그런 담론의 장에서 전적으로 추출될 수는 결코 없다(테일러)는 입장 중 어느 쪽을 주장하는가가 중요하다. 첫 번째 입장과 두 번째 입장 중 어떤 입장을 선택하건, 여전히 필요한 것은 번역의 장으로 들어가는 것이다. 왜냐하면 세속적인 내용이 어떤 수단을 통해 종교적인 담론에서 추출되어야 하거나, 종교적 담론은 특이한 관용어를 공유한 사람들의 공동체 바깥에서도 소통 가능해야 하기 때문이다. 따라서 설사 유대적 출처에서 '파생된' 개념이라 해도 더 널리 소통 가능해지고 공동체주의communitarian 프레임(종교적이거나 민족적인) 바깥에서도 타당성을 갖추려면 그 개념은 번역되어야 한다. 니체가 주장하듯이 관행의 기원은 종국의 용례와 의미에서 '벗어난 세계'다—여기서 니체의 계보학 개념이 중요한 기여를 한다.[4] 그럼에도 이런 식의 세계 횡단이 가능하려면 문화 번역 과정이 필요하다. 시간을 거쳐 어떤 전통의 전이 transposition가 일어난다(이런 전이의 제도적 반복이 없다면 전통은 보급될 수 없다). 이는 전통이 스스로에게서 거듭 반복해서 벗어남을 통해 스스로를 확립하며, 출처는 우선 번역과 전이가능성의 장으로 들어가야만 윤리적 목적에 '쓸모 있게 된다'는 것을 의미하기도 한다. 이는 종교적 담론**에서** 세속적 담론**으로** 번역됨(여기서 '세속적'이라는 말은 종교적 정립을 초월했다는 뜻으로 해석된다)을 함의하는 게 아니며, 또 공동체주의 프레임에 그런 과정이 내재되어 있음을 반드시 의미하는 것도 아니다. 그렇다기보다는, 우리가 의지하는 '출처'로서 시작된 것이 의지되는 과정을 거치며 일군의 변화를 겪게 된다는 의미다. 어떤 출처가 현재 안에서 버려지거나 빛을 발하려면 어떤 시간적 궤도를 거쳐야 한다. 오직 일련의 전치displacement와 전이를 통해서만 '역사적 출처'는 현재와 관련을 맺고 적용가능성을 획득하거나 자체의 유효성을 갱신하게 된다. 이러한 시간적 궤도는 동시에 공간적인데 왜냐하면 한 장소에서 다른 장소로의 움직임은 단일한, 연속적인, 안정적인 지리적 토대를 추정할 수 없기 때문이다. 그런 움직임은 특히 땅에 대한 질문들이 역사적 요청과 묶여 하나가 될 때 지형학 자체를 재배치한다. 전통에 적법성을 부여하는 무엇인가는 종종 전통의 유효성을 거스르며 작동한다. 전통이 효력을 가지려면 그 전통을 적법화하는 특수한 역사적 환경에서 벗어나 새로운 시간과 공간에 대한 적응력을 입증할 수 있어야 한다. 그와 같은 출처는 역사적 선례나 전거가 되는 문헌에 입각한 토대를 상실할 때에만 효과적일 수 있다. 과거의 윤리적 출처는 오직 '토대를 양도할' 때에만, 사회적 유대나 지리적 공간 자체를 재배치하는 것이기도 한 문화적 번역 과정의 일부로서, 윤리적 요청들을 수렴하고 겨루는 가운데 다른 어딘가에서 새롭게 번성할 수 있다는 의미다.

:: 윤리, 정치, 그리고 번역의 과제

번역으로의 선회는 두 가지 상이한 문제를 제기한다. 우선 번역이란 종교적 의미를 확립된 세속적 프레임에 동화시키는 것이라고 가정할 수 있다. 다른 한편으로 번역은 특수한 담론을 초월한 공통 언어common language를 발견하려는 노력이라고 할 수 있다. 그러나 번역이 어떤 특정한 에피스테메episteme*의 한계들이 폭로되는 장면scene이자 이타성을 다시 억제하지 않는 방식으로 그것들이 재접합되도록 강제되는 장면이라고 한다면, 우리는 세속적 담론의 우월성을 전제하지도, 특수한 종교적 담론들의 자족성을 확증하지도 않는 영역을 열어 보인 것이다. 그리고 세속주의는 등장하는 과정에서 결코 완전히 극복되지

---

* '지식'을 뜻하는 그리스어로, 푸코는 특정한 시대의 인식 체계를 구성하는 비가시적이고 무의식적인 기초란 의미로 특화시켜 사용했다.

않는 종교적 출처로부터 출현한다는 것을 받아들인다면, 논의를 양극화하는 그런 특수한 방식은 더 이상 유익하지 않을 것 같다.

윤리적 만남 안에서 번역의 장소를 사유하려는 나의 노력은 부분적으로는 유대적인 출처에서 파생되었지만, 정치철학에서 채택되고 재정립된 것이기도 하다. 이런 식으로 나 자신의 궤도는 출발의 두 가지 의미를 표시한다. 첫째 의미는 나 자신의 사유를 위한 출발점으로 유대 전통을 취한다. 둘째 의미는 사회적 복수성複數性, plurality의 세계에서 살아가는 데, 혹은 종교적·문화적인 차이를 가로지르며 동거의 토대를 수립하는 데 충분한 출처를 제공할 수 없는 공동체주의적인 담론과의 단절로 이해된다.

윤리와 정치의 분리를 지양하고자 하는 노력으로서 이 책의 본문 각 장章에서는 두 영역이 어떻게 되풀이 겹쳐지는지 보이려고 한다. 일단 윤리가 오로지 기성의 주체에 기초한 성향이나 행동으로만 이해되지 않고, 주체 바깥에서 유래하는 의무에 반응하는 관계적 실천으로 이해된다면, 윤리는 자기동일성에 대한 존재론적 요청과 또 주권적인 주체 개념과 경합한다. 실상 윤리는 '내가 아닌not-me' 이들, 나로 하여금 주권적 요청 너머 다른 어딘가에서 받아들이는 '자기 됨selfhood'에 도전하는 방향으로 행동하게 만드는 이들을 위한 장소를 확립하는 행동을 의미하게 된다. 타자에게 어떻게, 어떤 식으로 '토대를 마련해줄' 수 있는가, 혹은 없는가 하는 질문은 윤리적 성찰의 본질적인 부분이 된다. 곧 성찰은 주체를 그/그녀 자신으로 되돌려 보내지 않는다. 성찰은 탈아적 관계성ec-static relationality, 자신을 넘어서 행동하게 되는 방식, 우리가 온전히 알지 못하고 온전히 선택하지 않았던 이들에게서 제기되는 자기주장에 반응해 주권성과 국가를 박탈당하는 방식으로 이해된다. 이런 윤리적 관계 개념에서 우리를 민족주의 너머로 이끌 사회적 유대와 정치적 의무에 대한 재개념화가 유래한다.

나는 다른 노선을 따라 이렇듯 중요한 윤리 개념의 재구성을 제안하고 싶다. 잠시 레비나스의 용어를 떠올리자면 타자의 요구는 항상 어떤 언어나 매체를 통해 도달한다. 따라서 그 요구가 내게 작용해 반응을 청하거나 정말 내게 책임감을 불러일으킨다면, 그것은 이런저런 어법을 통해 '수용'되어야 한다. 그 요구가 전前존재론적이고 따라서 모든 언어에 우선한다고 말하는 것은 적절치 않을 것이다. 다른 곳에서 온 요구는 바로 말걸기address 구조—언어는 이것을 통해 사람들을 묶도록 작동한다—의 일부라고 말하는 편이 더 적절할 것이다. 그렇지만 우리가 이런 마지막 해석을 받아들인다면, 우리는 '바로' 말걸기 구조가 항상 '어떤' 언어, 어법, 매체나 그것들이 수렴되는 어느 지점을 통해 알려지고 경험된다는 점 역시 받아들여야 한다. 물론 말걸기 구조는 말걸기 궤도에서 주체로 확립되었을 수도 있는 사람을 놓칠 수 있다. 때때로 전혀 호명되지 않는 '이', 혹은 바로 일군의 확립된 호명의 경계에 배설물로 정의되는 이들이 존재한다. 따라서 그에게는 메시지가 전달되지 않는다. 그러나 그 점에 대해 투덜거리려면 우리는 자신의 수신가능성addressability을 어느 정도는 감지하고 있어야 한다. 우리는 말걸기의 양태가 우리 쪽으로 전해지고 있을 때에만 메시지를 전달받을 **수 있다**. 아니면 어떤 용어나 묘사가 우리 수중에 들어오게 되고 그것들은 어느 정도 '틀리게' 된다. 그러나 바로 이러한 허위의 호명과 틀렸음에 대한 감지 사이의 거리—확실하게는 틈새의 곤경—에서 우리는 자신을 발견한다.

　바로 이런 이유 때문에 우리는 우리가 수신하거나 우리 주위 세계 내부에 등재된 어떤 호출에, 모순된 방식이나 그때그때 다른 방식으로 반응할 것을 요청받거나 다중으로 수신자가 되거나 잘못된 수신자가 되는지 모른다. 게다가 어떤 호출은 지지직거리는 잡음과 함께 전달되는데, 이는 우리가 받는 소청이나 소임이 항상 확실하지는 않다는 것을 의미한다(전달되지 못한 카프카의 다양한 메시지는 이 점에서 레비나스를 정당화하는 중요한 보증서 같기도 하다. 수신되지 못한 호출에 대한 아비탈 로넬 Avital Ronell의 성찰이 그렇듯이).[5]

　계명은 이 문제를 분명히 보여주는 사례다. 만약 내게 다가온 윤리적 요구를 떠안으려고 한다면, 나는 그것이 전달될 때 사용된 언어를 알아들을 수 있어야 하고, 그 용어들 안에서 내 길을 찾을 수 있어야 한다. 계명을 '받아들인다'는 것은 거의 보장하기 어려운데, 모세의 이야기가 보여주듯이 추종자들은 계명을 받으리라는 믿음을 잃고, 모세는 자기 민족에게 계명을 전달하기 전에 한 번 그 계명(을 새긴 돌판_옮긴이)을 박살낸 바 있다. 이 이야기는 예전부터 우리에게 여러 판본으로 전해진다. 레비나스가 보기에 그것은 살인하지 말 것을 명령하는 '얼굴'을 통해 매 순간의 현재에 우리에게 오는데, 어떤 역사적 선례나 전거典據도 없이 온다. 레비나스가 보기에 그것은 설사 우리가 무엇을 얼굴로 간주하고 말고를 놓고 다툴 수 있다고 해도, 비해석적인 순간이다.[6] 상해가능성의 신호는 모두 '얼굴'로 간주된다. 윤리적 요구가 과거로부터 다름 아닌 현재의 나를 위한 '출처'—고대 문헌의 메시지, 현재를 어떤 식으로건 조명하거나, 내가 현재 어떤 행동의 양태를 취하도록 만들 전통적 관행—로서 도착한다면, 그것은 현재의 용어로 '번역'된 때에만 '채택'되고 '수용'될 수 있는 것이다. 수용성receptivity은 항상 번역의 문제—장 라플랑슈Jean Laplanche가 주장했던 정신분석의 핵심—이다. 번역이 없다면 나는 역사적인 모처에서 여기로 온 계명은 말할 것도 없고 요구도 수용할 수 없다. 번역은 실어 나른 것을 변형하기에, '메시지'는 시공간적인 이 지평에서 저 지평으로 이동하는 중에 바뀐다. 가다머Hans-Georg Gadamer에 따르면 이들 지평은 번역의 순간들에 '융합'하지만,[7] 해석학적 전통 안에서 작업한 가다머와 그 외 다른 이들의 전제였던 역사적 연속성이라는 바로 그 전제 안에서 도리어 번역은 틈을 개방한다고 나는 주장하고 싶다. 지평이 실패할 때 혹은 아무런 지평도 존재하지 않을 때에는 무슨 일이 벌어질까? 심지어 연속성을 유지하는 것처럼 보이는 전통마저 동일자로 남음으로써 시간 안에서 스스로를 재생산하지는 않는다. 전통은 반복 가능한iterable 것으로서 탈선과 예측 불가능한 시퀀스에 종속된다. 어떤 틈이 새롭게 재출현할 전통에 그 여건을 제공한다. 요구가 전달될 때 사용된 관용어는, 특히 요구가 이 시간적 지형에서 저 시간적 지형으로 이동하고 있다면, 애초에 채택되었을 때와 동일하지 않다. 지금·여기로 도착하는 중 무엇인가가 상실되고, 메시지의 '내용'이라 불리는 것에 새로운 무엇인가가 운반의 형식으로 첨가된다. 어떤 연속성이 파괴되며, 이는 과거가 현재에 '적용'되지 않으며 다양한 여행을 거친 뒤에는 처음 상태로 출현하지도 않는다는 것을 의미한다. 현재에 생생함을 증명하는 것은 이전에 있었던 것의 부분적인 잔해다.

따라서 이것이 지금 우리에게 갖는 의미를 성찰하려고 한다면 우리는 오히려 이 '우리'가 무엇을 의미하는지, 혹은 우리가 살아가는 시간성을 가장 잘 이해하는 법이 무엇인지를 우리가 모르고 있다는 것을 재빨리 알아차리게 된다. 이러한 방향 상실은 애석해할 것이 아니다. 차라리 그것은 영토, 재산, 주권성, 동거에 대한 생각을 쇄신하려는 모든 노력의 전제 같은 것이다. 결국 종교적 전통의 출처가 다양하다면, 이런 식의 '요구'는 상이한 전통의 지류에 토대해서 우리에게 제기될 것이다. 바로 이것이 성서, 탈무드의 성향, 코란 독해의 해석학적 차이들을 둘러싼 열린 논쟁을 설명해준다. 바로 이런 이유로 레비나스 자신의 주장에도 불구하고 레비나스식의 계명들은 해석이나 번역에 대한 요구에 선행할 수도 그 요구를 무화시킬 수도 없다. 알다시피 해석학은 종교 텍스트를 어떻게 읽는 것이 가장 잘 읽는 방법인가를 다루는 학문일 뿐 아니라 그 텍스트를 현재에 어떻게 읽을 것인지, 그리고 텍스트의 애초 조건과 현재의 적용가능성을 가르는 시간적·지리적 차이를 어떻게 하면 잘 넘어설 수 있는지를 다루는 학문이기도 하다.[8]

시간을 관통하는 '말씀'의 연속성을 가정하고서 번역이란 이런 연속성을 중계하는 순수한 수단이라고 상정하는 데 반대하려면, 우리는 번역을 가능케 하는 틈새로 돌아가서, 과거의 한 가지 윤리적 출처가 복잡다단한 전통에서 유래한 다른 출처들과 함께 번역의 장으로 들어간다는 것이 무슨 의미인지 생각할 필요가 있다. 여기서 내가 말하려는 것은 단지 유대 전통 내부의 다양한 지류(물론 이들도 중요하다)만이 아니다. 유대적 출처들이 비유대적 담론에 채택되어 정교해지는 방식들, 그리고 이런 특별한 언어학적 횡단 형식이 유대적 출처들 본연의 모습과 가능성에 현실적으로 중요한 이유도 고려해야 한다. 오직 문화적 번역의 장으로 들어갈 때에만 특수한 윤리적 출처들은 일반화될 수 있고 효력을 지닌다. 이는 단지 '종교 전통은 그 밖의 다른 종교적·비종교적 제도, 담론, 가치들과 접촉함으로써 번성한다'는 설명문에 불과하지 않다. 이는 또한 그 자체가 한 가지 가치다. 어떤 시공간적 배치에서 다른 시공간적 배치로 전치·전이됨으로써만 전통은 이타성 곧 '나 아닌 것'의 장과 접촉하게 된다. 내가 레비나스에게서 갖고 온 것은 이런 이타성과의 접촉이 윤리적 장면 곧 내게 의무를 지우는 타자와의 관계를 활성화시킨다는 주장이다. 이런 식으로 번역의 틈새가 내 밖에 있는 것과 접촉하는 조건, 탈아적 관계성을 위한 수단, 그리고 이 언어가 저 언어를 만나 뭔가 새로운 것이 일어나는 장면으로 변한다.

우리는 전통에 휘말려 든 윤리적 명령이 어떻게 현재화되는가 하는 질문을 생각할 때면, 어떤 한 전통이 이 장소와 시간에서 저 장소와 시간으로 여행하는 경로를 추적하려 들곤 한다. 그러나 요구를 정립하는 수단이 된 언어에서 요구를 수용할 때의 수단이 되는 언어로 이동하는 데 번역이 수단으로 이용된다면, 우리는 언어와 시간성 모두를 다르게 사유해야만 한다. 어떤 요구가 나 자신의 관용어에서 직접 온 게 아니라 다른 어딘가에서 온 것이라면, 그 요구는 나의 관용어를 방해하면서 끼어든 것인데, 이는 윤리 자체가 내게 가장 친숙한 담론으로부터 얼마간의 방향 상실을 필요로 한다는 의미다. 나아가 만약 그런 방해 작용이 번역에 대한 요구를 구성한다면, 번역은 단지 낯선 것을 친숙한 것으로 동화시키는 것에 그칠 수 없다. 곧 번역은 낯선 것에의 개방, 선행한 토대의 박탈, 심지어 기성의 인식론적 장에서 즉자적으로 알 수 없는 것에 기꺼이 토대를 양보하려는 자발성이어야 한다. 알 수 있는 것의 한계는 바로 권력 체제에 의해 수립된다. 따라서 이미 공인된 프레임 안으로 곧바로 동화될 수 없는 요청에 반응할 의향이 있다면, 그 요구에 대한 우리의 윤리적 성향은 권력과 비판적 관계를 맺게 된다. 이런 의미에서 스피박이 주장하듯이 '번역은 권력의 장'이다.[9] 혹은 문화적 번역 실천에 대한 탈랄 아사드의 논평처럼 번역은 "불가피하게 권력의 조건에 휘말려 들게 된다."[10]

오직 불안정하고 공인되지 않은 지식의 양태를 거칠 때에만, 윤리와 같은 것이 권력의 매트릭스 안에서 출현한다. 그리고 이는 전통이 담론의 장을 거스르는 데서 출현하는 요청―전통적 인식론 프레임의 적합성에 의심을 제기하는 장들―에 반응할 때 자체의 연속성과 토대를 양도한다는 의미다. 이런 의미에서 번역은 어떤 특정한 담론의 인식적 한계와의 만남을 무대화하면서 그 담론을 위기로, 곧 차이를 동화시키고 억제하려고 하는 전략을 통해서는 그 담론이 빠져나올 수 없을 위기로 밀어 넣는다.

근원적인 일군의 요구나 명령에 접근하는 방식을 번역으로 간주한다면, 이런 접근은 원본의 시간과 장소로 가는 역사적 귀환―어떤 경우에도 불가능할―을 통해서는 일어나지 않는다. 오히려 우리는 번역이 현재 안에서 우리가 쓸 수 있도록 해주는 것, 일으키는 것, 밝혀주는 것에 의지할 수 있을 뿐이다. 이런 식으로 원본의 상실은 언어를 통해 시간을 거쳐 중계된 어떤 '요구'가 살아남는 데 조건이 된다. 따라서 살아남은 것은 황폐화된 것이면서 동시에 생생한 것이다. 파괴적이면서 빛을 밝히는 번역의 차원들은 여전히 활동적인 모든 것, 여전히 빛을 밝히는 그 모든 것이 된다. 이는 번역이란 현재와 연관되어 있는 종교적 출처임을 뜻한다. 학술적 논증으로 치면 레비나스가 말하는 요구는 오직 벤야민의 번역론을 통해서만 이해될 수 있다고 말할 수도 있을 것이다—나는 곧 이 문제로 돌아갈 것이다. 말하자면 번역이 요구를 이용 가능한 것으로 만든다는 것이다. 그러나 또한 이는 요구가 항상 명료하지는 않을 수 있다는 뜻이기도 하다. 요구는 도착한다 해도 오직 조각 난 파편들로, 따라서 오직 부분적으로만 알 수 있는 것으로서 도착할 것이다.

번역 과정이 윤리적 사유를 위한 종교적 출처들을 사후적으로 정의하게 된다면, 그런 출처들에서 대안적인 정치적 상상을 파생시키는 것은 그것들을 쇄신하거나 흩뜨려서 변형하는 일이다. 이런 의미에서 우리는 데리다의 '산종散種, dissemination' 개념에서 메시아적인 흩뿌림의 어떤 **유령**revenant을 확인할 수 있다.[11] 어쩌면 그것은 텍스트적인 의미 (그리고 물론 그것은 텍스트적 의미와 같은 것을 항상 갖고 있었다)로 번역되어 가설적 기원들로 귀환할 가능성을 묻는 종교적 용어의 한 예다. 그리고 신성한 광휘의 카발라*적 흩뿌림에 함축된 의미는 데리다가 초기 저작의 '산종'에서 후기 저작의 '메시아적인 것'으로 이행한 것을 이해할 수 있게 해준다. 데리다가 갑자기 종교적으로 바뀌었다거나 메시아적인 것과 메시아성 같은 개념들이 그의 글쓰기에서 슬그머니 종교적으로 변했다고 말하는 것은 잘못이다. 결국 글쓰기는 그런 전치와 전이의 장면—'흩뿌림'이란 관념의 영향을 받았을 뿐 아니라 바로 그 관념도 흩뿌리는—이다.

---

* 　유대교 신비주의.

최근 제기된 논쟁들은 종교적 담론이 어떻게 공적 담론과 민주적 참여·성찰의 양태로 번역될 수 있는지 묻는 경향이 있는데, 여기에는 번역이 후자를 위해 전자를 파기한다는 함의가 깔려 있다. 이런 생각의 전제는 종교란 특수주의, 종족주의, 혹은 공동체주의의 한 형태이기에, 공공 생활 영역에서 적법하게 제한된 자리를 차지하려면 공통 언어나 이성적인 언어로 '번역'되어야 한다는 것이다. 논쟁의 용어들이 곧잘 가정하는 바로는, 그 자체는 종교적이지 않으나 종교적 요청을 위한 매개자로 사용될 수 있고 사용되어야 하는 공통된 공용어나 세속적 이성의 형식이 존재한다. 그렇지 않으면 종교는 국가 자체를 적법화하는 토대, 공적 담론과 정치적 참여의 기초가 되겠다고 위협한다. 그런 관점은 이슬람의 탈랄 아사드와 사바 마흐무드, 기독교의 찰스 테일러, 그리고 종교란 세속주의를 통해 극복되는 게 아니라 바로 그 세속주의의 용어를 통해 헤게모니를 수립한다고 주장해온 많은 이들의 방대한 작업에 의해 도전을 받아왔다. 게다가 세속주의는 그 자체가 종교적 가치로 가득 찬 종교적 산물이거나(펠레그리니Ann Pellegrini, 제이콥슨Janet R. Jakobsen), 세속적인 것과 종교적인 것의 구분 자체가 기독교의 헤게모니(마흐무드, 히르슈킨드Charles Hirschkind)와 이슬람 소거를 유지하기 위한 도구다.

이스라엘의 사례는 이러한 논쟁을 더욱 복잡하게 만드는 경향이 있다. 왜냐하면 '유대성'의 종교적, 비종교적 의미에 대한 질문이 제기되어야 하는데, 이 질문은 이스라엘 국가의 유대적인 위상은 결국 종교적인가 하는 질문과 밀접히 연관되기 때문이다. 이스라엘은 유대 국가이니 '국가는 세속적이어야 한다'는 자유주의 공준에 예외(나치의 유대인 대학살이라는 예외적 상황 때문에)가 되어야 한다거나, 아니면 역설적으로 보이겠지만 이스라엘이 오직 유대인만을 위한 자유민주주의로서 지켜져야 한다고 주장하는 자유주의자들이 있다.[12] 이스라엘의 시민권 법령은 국경 안의 유대인들에게 압도적이리만치 큰 특권을 수여하고, 팔레스타인인들이 1948년 이후 몇 차례에 걸쳐 강제로 빼앗긴 땅에 돌아갈 권리는 금하면서도 디아스포라 유대인들의 팔레스타인 귀환은 권장하고 허용하고 있는 형편이다. 세속적 대안을 자처하는 좌파 시온주의자들은 이스라엘 내부에서 발흥하는 종교적 우파에 대해 우려를 표한다. 그러나 유대 국가의 맥락에서 세속적이라는 것은 무슨 의미인가? 우리는 '유대적'인 것이란 종교적 유대주의를 고수한다는 뜻이 아니라고 주장할 수 있다. 이런 이유로 한나 아렌트는 종교적 실천에 참여하거나 참여하지 않을, 혹은 공공연히 자신과 유대주의를 동일시할 인구의 역사적 상황을 특징짓는 문화적·역사적·정치적 범주로서의 '유대성'에 대해 의도적으로 글을 썼다.[13] 아렌트가 볼 때 **유대성**은 사회적 동일시 양태들을 화해시키지 않은 채 그 양태들의 다중성을 견지하려는 용어다. 하나뿐인 정의定義는 존재하지 않으며 존재할 수도 없다. 아렌트의 관점은 유럽적인 기원과 친화성을 가정한 채로 전개되지 않았다면 그것으로 충분했을지 모른다. '유대성'이라는 이 속성은 아랍에 문화적 기원을 둔 미즈라힘Mizrachim[14]과, 스페인(그 자체가 유럽인의 상상 속 임계 공간인)에서 추방당한 역사로 인해 다른 다양한 전통(몇 가지 들자면 그리스, 터키, 북아프리카)과 문화적으로 복잡하게 뒤얽힌 세파르딤Sephardim은 포함하지 않으려고 한다.* **유대적**이라는 것이 이미 세속적인 용어로 간주된다면 이스라엘은 종교 국가가 아니며,

종교적 극단주의자들을 막아내야 한다. 종교적인 배경에서 유대성을 완전히 분리할 수 있을까? 유대성의 세속적 형태는 종교적 역사의 결과나 효과의 일환일까? 아니면 끊임없이 자신의 종교사에서 벗어나는 게 종교적인 것—이 경우에는 유대적인 것—의 고유한 점인가?

나는 답을 잘 알지 못한 채로, 심지어 이 책을 계속 진행하려면 그 답을 알아야 하는지도 알지 못한 채 그런 질문을 제기한다. 결국 나는 종교사 책을 쓰고 있는 게 아니고, 종교철학 책을 쓰는 건 더욱 아니다. 오히려 나는 추방당한다는 것—더 힘주어 말한다면 **디아스포라적인 것**—이 어떻게 유대적인 것이라는 관념 속에 내장되는지를 (분석적으로가 아닌 역사적으로, 곧 시간 속에서) 이해하려고 하는 중이다. 이런 의미에서 유대인'임'은 스스로에게서 벗어나, 비유대인의 세계로 던져진 채, 바로 불가역적인 이질성의 세계에서 윤리적으로나 정치적으로 나아갈 의무가 있다는 것이다. 유대 문화 내부의 추방 내지 **유배**galut 관념은 이 장소를 잃은 채 저 장소로 돌아갈 수 없는 인구의 특징이다. '귀환' 관념은 시온, 시온주의와 연관된 한에서는 유배라는 관념에 내포되어 있다. 따라서 시온주의 담론 안에서 **유배**는 추락한 영역으로, 오직 모국 귀환을 통해서 교정되거나 회복될 수 있는 것으로 간주된다. 디아스포라적인 것은 달리 기능한다. 그것은 비유대인들과의 동거에 의존하며 민족과 땅의 시온주의적 결합을 피하려는 인구와 '권력'

---

* 이스라엘의 유대인은 지배 계층을 이루는 백인계 아쉬케나지, 남유럽 출신인 세파르딤, 중동 출신인 미즈라힘, 최하위층을 이루는 흑인계 중동 출신 등으로 구성된다. 이스라엘이 건국되기 전 독일을 포함해 유럽 전역에 살던 아쉬케나지는 전 세계 유대인의 80퍼센트를 차지하며, 이스라엘에서도 다수 인구(약 400만 명)를 이룬다. 우리가 아는 유명한 유대인은 대부분 아쉬케나지다.

에까지 의미를 둔다.[15] 이 차이가 1948년의 팔레스타인인들과 연관해서, 혹은 역사적 팔레스타인에서 강제로 땅을 뺏긴 모든 이들에게 아주 다른 작용을 빚는다. 노골적으로 궤멸되지는 않았던 유대인 인구는 분명 나치 체제에서 집과 땅을 박탈당했지 팔레스타인에서 쫓겨난 것은 아니다. 타인들을 강제로 박탈하는 일이 강제로 박탈당했던 것에 대한 공정한 보상이 된다는 생각은 윤리적으로나 법적으로 정당한 추론 방식이 아니다. 그런데 유대인 귀환법의 토대가 성서적인 것임에 유의한다면, 팔레스타인인들에 대한 박탈과 탈인구화라는 국제적으로 인정된 범죄의 영속화를 정당화하는 데 종교를 이용하는 것을 단호히 반대해야 한다. 특히 이 유배 형태를 교정하기 위해 저 유배 형태를 제정하려는 노력은 명백히 범죄의 해결이 아닌 반복일 때, (이스라엘의) 귀환법과 관련해서 (팔레스타인인의) 귀환권을 신중히 사유해야 할 것은 분명하다.

나는 팔레스타인에 디아스포라 관념을 돌려주는 것—이는 그 관념이 이미 거기서 작동하는 다양한 방식을 이해하려는 것을 뜻한다—이 동거, 이민족주의, 그리고 국가폭력 비판에 대한 사유 방법을 모색하는 데 유익할 것이라고 생각하는 까닭을 보이고 싶다. 사이드가 《프로이트와 비유럽인》에서 보여준 중요한 성찰을 따르면서 나는 강제이주displacement의 두 가지 '전통'이 난민의 공통 권리와 불법적인 형태를 취한 합법적·군사적 폭력에 대해 보호를 받을 권리에 근거한 포스트국가적 정치체를 산출하는 쪽으로 수렴된다면 무슨 일이 벌어질지를 상상하려 하고 있다. 사이드의 이런 제안을 따르며 사유하려면, 우리는 강제이주의 한 형태와 또 다른 형태 사이에서 이뤄질 번역의 조건을 설정하고, 또 번역가능성의 한계들을 알아내야 한다. 그런 모든 번역에 중요한 것은 유배와 디아스포라를 가르는 상이한 문화적 형성 과정일 것이다.[16]

사이드 자신은 세속적 이상의 옹호자였지만, 그럼에도 그는 추방의 역사들과 근접성들의 수렴이 그 지역에 새로운 에토스와 정치를 마련해줄 것이라고 이해했다. 이것을 어떻게 상상할 것인가에 대해서는 마지막 장에서 다룰 것이다. 사이드가 보기에 그것은 불가능한 임무이지만 또 그렇기에 필수 불가결한 임무다. 또 다른 관점을 개진한 것은 발리바르인데, 그는 번역의 실천을 세속주의에 대한 옹호, 그리고 디아스포라의 정치적인 약속과 연결한다. 발리바르는 이렇게 적는다. "번역 과정은 종교적 우주들 사이에서 일어날 수 있다. 그러나 이런 번역은 그런 우주들이 순수하게 종교적이지는 않다는 바로 그 사실을 수반한다. '종교적인 것' 자체가 번역불가능성의 핵심이다."[17] 우리에게는 왜 이래야 하는가 궁금해할 이유가 있다.[18] 번역은 나머지로 남는 것 그리고 앞당겨진 것과 항상 관련이 있다. 뭔가가 앞당겨지는 데 실패하는 게 분명하다. 그러나 이것은 유엔의 수많은 토의가 그렇듯이 카프카의 독일어를 번역하거나 클라리시 리스펙토르*의 포르투갈어를 번역할 때도 마찬가지다. 어느 수준에서든 번역 불가능한 것에 의존하지 않는 번역이 과연 존재할까? 존재하지 않는다면 모든 번역은 완벽할 것이고, 이는 애초의 텍스트를 구성하는 모든 요소에 적확하게 상응하는 것들을 두 번째 텍스트에서 찾을 수 있다는 의미다. 사실 이런

---

*   생몰 1925~1977. 우크라이나 태생 브라질 작가.

완벽한 번역가능성에 대한 관념은 바로 신약성서를 에누리 없이 말끔하게 온갖 언어로 번역하길 간구하는 종교적 전통에 속한다고 생각한다. 신이 하셨다는 말씀, 더 일반적으로 말해서 신의 명령이 흠 없이 완전하게 전송될 수 있다면 완벽하고 투명한 번역의 가능성이 전제되어야 한다. 그러나 종교를 '번역 불가능한' 것으로 간주하는 발리바르는 종교가 번역이란 도구를 통해서 자체의 종교적 속성을 박탈한다는 견해를 제시한다. 따라서 번역은 어떤 주장에서든 종교적인 요소를 벗겨낸다.[19]

그러나 번역이 신학적 역사를 지닌다면, 번역이 종교적 관점을 상쇄하는 조정자 구실을 할 때 이런 신학적 역사는 사라지고 마는 걸까? 벤야민의 초기 저작이 암시하듯이 실상 번역 자체가 종교적 가치라면?[20] 그렇다면 우리는 그 상황을 어떻게 묘사할까? 번역의 종교적 기원은 완전히 극복된 것인가? 아니면 번역은 우리를 위해 종교적 의미란 문제를 다른 용어로 고쳐 쓴 것에 불과할까? 번역은 타율성을 모든 종교적 '전송'을 구성하는 위험으로 정립한다. 이런 의미에서 번역은 원본을 '산포'해서 비종교적인 것과 세속적인 것 안으로 던져 넣고, 바로 가치의 타율성 안에서 원본을 흩뿌린다고 말할 수 있다. 이런 의미에서 번역은 폐허를 향해하고, 때로 과거를 자극한다.

발리바르는 트랜스국가적인transnational 시민권 형태들을 애써 설명하고자 번역을 디아스포라와 연결하면서 번역 과정으로 돌아온다. 그는 이렇게 쓴다. "효과적인 다문화주의의 조건을 형성하는 것처럼 보이는 것은 …… 통문화적cross-cultural 과정으로서의 혼종화와 복합적 제휴라는 문화교차 과정과도 긴밀한 연관이 있다. 그것 때문에 '디아스포라적인' 개인과 집단의 삶은 불편해지는데 왜냐하면 그런 과정은 추방의 우울과 연결되기 때문이다. 그러나 그것은 서로 떨어져 있는 문화적 우주들 사이에서 번역 과정이 발전하는 데 물질적 조건을 형성한다."[21] 그러나 번역의 순간을 순전히 세속적인 것으로 축성하길 거부한다면(그리고 세속주의는 자기축성의 양태를 띤다), 종교적 의의는 번역 중에 지속되고 산포되고 변성하기에 이른다. 우리는 비종교적인 영역을 위해 종교적인 영역을 떠나지도, 자기지시적인 종교적 우주 내부에 머무르지도 않는다. 종교적인 것은 뭔가 다른 것으로 변성하는 것이며 그 과정에서 꼭 초월되지는 않는다. 동시에 그런 변성은 어떤 근원적인 의미로의 귀환을 금지한다. 이는 종교적인 것은 흩뿌려지고 분산된다는 것을, 오직 포스트민족적이고 비동일성주의적인 디아스포라 궤도의 맥락에서만 긍정적인 불순성을 의미한다는 것을 뜻한다.

한편으로 나는 번역의 항抗헤게모니적인 궤도를 묘사하는 중이기도 하다. 어떤 담론에 다른 담론이 끼어든다. 그것은 자체의 이해가능성 도식에 도전하는 것에게 기회를 주기 위해 헤게모니적인 토대를 양보한다. 번역은 변화를 일으키는 마주침의 조건, 전송의 한가운데에서 이타성을 확립하는 방법이 된다. 다른 한편으로 나는 어떤 윤리를 정립하는 방법들을 생각하는 중이다. 그 윤리는 어느 한 가지 담론 국면으로 쉽게 동화되지 않는 또 다른 담론적 국면에서 메시지, 금지 명령, 혹은 명령을 받아들일 조건에 대한 질문과 함께 시작한다. 따라서 "살인하지 말라", 혹은 심지어 "네 이웃을 사랑하라"와 같은 명령은 우리가 살아가는 구체적인 환경, 역사적으로나 지리적으로 처치 곤란한 근접성들, 일상생활에 영향을 미치는 폭력의 장면으로 번역되어 들어온다는 조건에서만 이해되고 채택될 수 있다. 이런 의미에서 만약 번역이 없다면, 어떤 이가 우리에게 제기한 주장에 윤리적으로 반응하는 일은 존재하지 않을 것이다. 그렇지 않으면 우리는 우리가 이미 알고 있는 언어로 우리가 이미 말한 것을 말하는 이들에게만 윤리적으로 묶여 있을 것이다. 그러므로 비유대인과 비유대적인 것과의 관계를 유대성에 대한 요구와 윤리적 의무로 간주한다면, 내가 번역의 역사적 궤도라고 기술하고 있는 것은 곧바로, '민족nation'의 일부로 완전히 인정받을 수 없는 이들이 제기하는 주장에 반응하는 윤리적 움직임이 된다. 그리고 이들의 윤리적 위상은 윤리적 관계의 배타적 프레임이 되는 민족의 전치displacement를 함의한다. 이런 전치에서 유래할 결과는 그 지역의 인구 전체를 위해 평등과 정의의 원칙을 제정할 정치적 통치 형태를 찾으려는 집단적인 투쟁이다. 이런 식이라면 우리는, 평등과 정의는 종교, 인종, 국적, 기원과 무관하게 모든 사람에게 쓸모 있을 것이기에 사회적 정의와 민주적 정치관으로 나아갈 유대인의 길이 존재한다고 말할 수 있게 된다. 종교적 제휴와 무관하게 어떤 인구에게 평등이 보장되어야 한다는 통찰로 이끌 유대적 길이 있다고 말한다면 이것은 역설일지 모른다. 그러나 이것은 그 기원적 형태와의 단절일 뿐 아니라 그 형태가 형성되어간 능동적인 궤적을 저 궤적과 함께 동원하는 보편화의 결과다.

∷ 이민족주의의 비참한 형태를 넘어서

물론 역사적인 팔레스타인 땅에서 팔레스타인인과 유대인 모두를 위해 평등에 토대한 정치체를 수립하려고 하면서 정치적 시온주의에 반대하고, 이스라엘 국경 안에 존재하는 인종차별적 시민권 형태에 반대하고, 팔레스타인인들의 자결권을 지지하고, 전체 인구에게서 국제적으로 인정된 권리를 박탈하고 불법적 점령을 유지하려는 경찰과 군대의 잔혹한 무력 사용에 반대하면서 수십 년에 걸친 이스라엘 국가의 토지 수탈과 식민적 정착을 멈추고 뒤집기 위해서, 자명한 세속적 프레임 안에서 명료하게 표명된 탁월한 논증들이 있음은 말할 나위도 없다.[22] 이런 논증들은 보편적인 것으로 간주되는 언어로 말한다는 훌륭한 장점이 있다. 그것들은 실질적인 자치, 이동성, 시민권을 박탈당한 그 어느 인구에게라도 적용될, 식민적 정복에 대항할 권리를 호소한다. 그런 논증은 강력하다. 나는 다음에서 그런 논증 가운데 몇 가지를 제시하려고 한다. 이 중요한 세속적 전통에서 내가 유일하게 이탈한 부분은, 우리 중 누군가는 다른 형성을 통해서 이들 원칙에 도착하는데, 우리의 형성은 우리가 다음과 같은 통찰에 도착한 순간 꼭 무효가 되지는 않을 것이라는 데 있다. 오직 정치적 시온주의—유대의 주권성 원칙에 이스라엘 국가의 토대를 두려는 고집으로 해석되는—가 종식될 때에만 더 넓은 정의正義의 원칙이 이 지역에서 실현될 수 있다는 통찰. 이는 문화적 시온주의, 곧 반드시 특수한 국가 형성을 옹호하는 것으로 이어지지 않으며, 한 민족으로 이해되는 **이스라엘**Israel과 특정한 땅으로 간주되는 **에레츠 이스라엘**Eretz Yisrael을 구분하자고 주장하기도 하는 문화적 시온주의의 질문과는 무관하다. 실상 1920년대와 1930년대의 초기 시온주의자들은 영토에 대한 권리 주장까지 시온주의에 포함되는가를 두고 논쟁을 벌일 수 있었다. 그런 말들이 우리가 사실상 잊어버린 역사적 역전과 변성을 관통한다는 것을 그 차이의 역사가 보여준다고 생각하지만, 나는 문화적 시온주의자나 정치적 시온주의자로서 글을 쓰고 있는 게 아니다.

미국에서 "당신은 시온주의자인가요?"라는 질문을 받는다면 그것은 대체로 "이스라엘이 존재할 권리를 믿나요?"란 뜻이다. 그 질문은 기존의 국가 형태가 그 존재를 적법화하는 토대를 제공한다는 가정을 항상 전제한다. 누군가 기존 국가의 형성뿐 아니라 국가의 존재를 위한 현행의 토대가 적법하지 않을 수도 있다고 주장한다면, 그것은 인종 학살을 암시하는 입장으로 간주된다. 따라서 그 지역의 국가를 적법화하는 토대를 구성하는 것은 무엇인가 하는 정치적 토론은 즉각 묵살된다. 왜냐하면 적법성에 대해 (어떤 대답이 있을지 사전에 알지 못한 채) 묻는 것은, 어떤 민주적 정치체를 성찰하는 본질적인 순간이 아니라 특정한 인구를 절멸된 것으로 보려는 소망이 감춰진 질문으로 간주되기 때문이다. 그런 조건에서는 적법성에 대한 어떤 신중한 토의도 불가능할 것이 분명하다. 더 나아가 시온주의가 이전에 팔레스타인 사람들이 소유하고 거주했던 땅에 대한 유대인의 주권성 주장과 동의어가 되었음에 유념한다면, 다음과 같은 질문이 더 나을지 모른다. 현재 유대인과 팔레스타인인으로 구성된 이스라엘 사람들과 점령 치하에서 살아가는 팔레스타인 사람들이 거주하는 땅, 그리고 수십만 명에 이르는 팔레스타인 사람들—지속적인 정착민 식민주의 프로젝트의 일환인 체계적이고 반복적인 영토 몰수 패턴을 통해 자신들의 땅을 박탈당한—이 더 이상 거주하지 못하게 된 땅에 어떤 정치체 형태가 적법한 것으로 간주될 수 있을까? 어떤 정치체가 이 모든 요청을 경청할 수 있을지 묻는 사람이 있다면, 그는 현재 통용되는 의미로서는 더 이상 시온주의자일 수 없음이 분명하다. 이런 시나리오에서는 영토권 주장을 거부했던 다양한 시온주의 형태와 또 이민족주의를 확립하기 위해 연방 제도를 추구했던 초기 시온주의 형태는 찾아볼 수 없다. 꼭 그렇지는 않은 게 분명한데도 이민족주의를 옹호하는 것은 반시온주의 입장으로 치부된다. 어떤 경우든 현시대 시온주의의 형성에 유념한다면, 시온주의자이면서 식민적 정복의 정당한 종식을 위해 싸울 수는 없을 것이라는 게 내 생각이다. 키부츠 운동의 특징이었던 사회주의 실험마저도 정착민 식민주의 프로젝트의 일부로 통합되었다. 이는 이스라엘에서 사회주의가 식민적 정복 및 팽창과 양립할 수 있는 것으로 이해되었음을 의미한다.

물론 유대적 형성과 제휴에 속한 많은 사람들이 반시온주의적 입장에 도달했고, 따라서 그들은 자신이 더 이상 유대인일 수 없다는 결론을 내렸다. 내 느낌에 이스라엘 국가는 그들의 이런 결론을 경축할 것이다. 실상 이스라엘 국가의 현행 정책을 반대하거나 더 일반적으로 시온주의를 반대하는 사람이 더 이상 유대인으로서 제휴할 수 없다는 결론을 내린다면, 그런 결정은 사실상 유대인이란 곧 시온주의자라는 생각―유대성이 사회 정의를 위한 투쟁과 연관을 맺어야 한다면 도전을 받을 게 분명한 역사적 등치―을 승인하게 된다. 현재의 이스라엘 국가 정치가 자신들의 입을 막고 있음을 알게 된, 유대적 형성과 제휴에 속한 이들이 여전히 존재한다. 그들은 매우 자주 점령을 혐오하고, 가자 지구 시민들에게 자행되는 이스라엘군의 공격에 경악하고, 심지어 때로는 그 지역에 더 공정하고 실행 가능하며 덜 폭력적인 정치 구조를 제공할 수 있는 이민족주의 형태를 염원한다. 그러나 그들은 그런 비평을 지지하는 것이 반유대주의를 촉발하지 않을까 두려워하면서, 유대 민족에 대한 반유대주의와 폭력 범죄의 증가에 빌미가 될 공적 비평을 제공하는 것은 수락할 수 없다는 입장을 지킨다. 이런 이중 구속이 디아스포라 중의 많은 유대인을 구성하는 성분이 되다시피 했다.

유대 민족Jewish People 자신의 탈예속desubjugation에 가장 중요했던 원칙들을 소리 높여 지지할 수 없다는 것은 무슨 뜻일까? 나는 앞으로 이 말 못할 난관이 프리모 레비와 한나 아렌트 두 사람의 공적 담론에 어떻게 작용하는지를 살펴볼 것이고, 그것이 동시대 공적 비평과 그 비평이 스스로에게 부과한 한계 및 그것이 무릅쓰는 위험에 어떤 의미를 띠는지 다뤄볼 것이다. 왜냐하면 만약 이스라엘에 대한 모든 비평을 사실상 반유대주의적인 것으로 간주한다면, 우리는 침묵할 때마다 그런 특수한 등치를 승인하는 셈이 되기 때문이다. 이스라엘에 대한 비평을 곧 반유대주의로 간주하는 데 대항할 유일한 방법은, 이스라엘에 대한 비평은 정당하며, 여타 다른 인종주의와 마찬가지로 반유대주의의 모든 형태를 절대로 받아들일 수 없다고 거듭해서 분명히, 또 강력한 집단적 지지를 통해 천명하는 것이다. 이러한 이중적인 입장이 공적 담론에서 분명해질 때에만 '평화를 위한 동반자'로서 자격을 갖춘 유대인 좌파, 반시온주의자, 그리고 비유대적 유대인 좌파를 '이해'하는 일이 가능해질 것이다.

내 관점이 분명해져야 하겠지만, 중요한 것은 내가 특히 철학 공부를 촉발한 유대교 회당 교육 프로그램에 참여하고 유대인 공동체 안에서 학교생활과 유년기를 보낸 특수한 형성 과정을 통해 이러한 특수한 가치관과 원칙에 이르렀다는 점이다. 나는 내 유년기와 청소년기의 구성 요소로서 형성되었던 바로 그 가치관의 일부가 지금 시온주의에 대한 나의 윤리적이고 정치적인 저항에서 반복되고 있다고 생각한다. 물론 내게는 개인사가 아마 몇 가지 있다. 그러나 그런 특수한 이야기(비록 다른 자리에서라면 나는 나치 체제하에 잃은 가족 이야기, 그것이 젠더에 관한 나의 작업과 사진과 영화에 대한 이해에까지 영향을 미친 방식 같은 것을 설명했겠지만)를 따라가지 않기 위해 자전적인 요소는 이 단계에서 이 정도로 밝히는 데 그친다. 이 목적을 위해 나는 다음 몇 가지를 지적하고 싶다. 곧 (a) 디아스포라적인 유대의 가치에 대한 이해가 민족주의와 호전성에 대한 비판을 정립하는 데 결정적이라는 것. (b) 비유대인과의 윤리적 관계는 윤리적 관계성, 민주적 복수성, 전지구적 동거 모델들에 대한 비분리주의적이고 비동일성주의적인 접근 방식의 일환이었고 현재도 그렇다는 것. (c) 합법적인 국가폭력의 불법적인 사용(이것은 경제적 착취와 빈곤에 대한 통제를 승인하고 유지하기도 한다)에 저항하는 것은 급진적 민주주의 사회운동—이런 운동은 헤게모니적이거나 전체주의적인 통제를 유지하려는 국가가 인구에 자행한 고의적 파괴에 반대하고, 모든 형태의 식민적 정복과 강압적인 영토 몰수와 더불어 법적으로 인가된 형태의 인종차별주의에 저항하는 유대인들을 중심으로 전개되었다—의 역사에 속한다는 것. 게다가 (d) 무국적자와 난민의 조건은 인권, 민족국가에 대한 비판, 투옥과 구금, 고문, 법과 정책에 의한 고문 승인에 대한 나의 이해에 결정적인 구실을 했고, 결국 몇 년 뒤에 한나 아렌트—특히 민족국가와 시온주의에 대한 아렌트의 비판은 유럽에서 유대인이 겪은 박탈과 팔레스타인 사람들을 포함해 강압적으로 집, 땅, 정치적 자결권을 빼앗긴 모든 이들의 정의로운 요구를 연결하는 중요한 이음매를 제공했다—에 대한 연구로 나를 이끌었다. 마지막으로 (e) 유대 전통 안에 존재하는 애도의 관행들(쉬바shiva에 앉아서 카디쉬Kaddish를 읊는)*은 계속 삶을 긍정하는 방식으로서 상실에 대한 공적인 인정과 공통적인 것the communal의 중요성을 고집스럽게 주장한다는 것. 오직 삶만을 긍정할 수는 없다. 삶은 내가 그 앞에서 공개적으로 슬퍼할 수 있고 나와 함께 애도해줄 수 있는 타인들의 집합을 필요로 한다. 그러나 이 인구만이 애도 가능하고 저 인구는 그렇지 않게 된다면, 이쪽 사람들의 상실을 공개적으로 애도하는 것은 저쪽 사람들의 상실을 부정하는 도구가 된다. 유대인이 오직 분쟁 중인 중동 유대인의 상실만을 애도한다면, 이는 오직 같은 종교나 국가에 속한 이들만 애도를 받을 가치가 있다고 단정하는 셈이다. 이런 식으로 가치 있는 인구와 무가치한 인구를 차별하는 방식은 폭력적인 분쟁의 여파로만 출현하는 게 아니다. 그런 방식은 분쟁 자체의 인식론적인 조건을 제공한다. 우리가 이스라엘에서 되풀이해서 듣는 공적인 담론은 이스라엘인 단 한 명의 목숨이 무수한 팔레스타인인의 목숨보다 소중하다는 것이다. 그러나 그런 역겨운 계산법이 명확히 실패할 때, 그리고 모든 인구가 애도할 자격을 갖게 될 때 사회·정치적인 평등 원칙이 통치를 시작할 것이다. 애도가능성은 이런 의미에서 가치의 전제

---

*　유대교에서 망자의 직계 가족은 망자를 묻은 날부터 7일간 한집에 모여 방문객을 맞이하고 기도문을 읊으며 망자를 애도한다. 쉬바는 히브리어로 7일을 뜻하고, '쉬바에 앉아서'란 애도 과정을 가리키는 말이며, 카디쉬는 기도문이다.

조건이며, 모든 삶이 폭력과 파괴로부터 보호받을 권리를 평등하게 갖는다는 것이 먼저 이해되지 않고서는 동등한 대우란 있을 수 없다.

지금 내가 의지하고 있는 게 종교적 개념이라고 해도, 내 논증의 '토대'를 종교에 두려고 그러는 것은 아니다. 오히려 나는 특수한 종교적 형성, 문화적·역사적 소속 양태, 자기반성과 분석의 패턴, 저항의 양태들과 사회적 정의의 이상에 대한 표명을 통치하는 관습에서 파생된 어떤 원칙들의 일반화를 추적하는 중이다. 그저 나의 형성과 환경에서 추출된 나라는 피조물이 도달한 보편적 원칙들의 적법성과 적용가능성은 내가 거기에 도달하느라 걸었던 길에서 완전히 분리된다고 쉽게 말할 수도 있을 것이다. 만약 그것이 사실이라면 나의 형성—물론 모든 문화적 형성—은 어떤 목적에 도달하기 위해 올라가야 하지만 일단 목적을 달성하고 나면 사라지거나 내던져야 하는 사다리 같은 것일지 모른다. 사실 우리가 정치적 쟁점들에 부여하는 가치는 얼마간 문화적 형성에서 출현한다. 실상 우리는, 종종 종교가 일군의 관행이자 주체 형성의 매트릭스로 기능할 때 기존에 확립된 주체가 과연 어떤 '믿음'을 고수하느냐 마느냐 하는 문제로 종교에 대한 질문을 환원하는 실수를 틀림없이 저지른다. 아마 하느님에 관한 특수한 종교적 믿음의 꾸러미(형이상학적인 환원)나 이성과 동떨어진 믿음의 양태들(인식론적인 환원)을 전혀 포함하지 않은 종교적인 형성이 있었기에 지금의 내가 있었다고 본다. 어떤 가치는 관행에 깊숙이 박혀 있기에 관행에서 쉽게 '추출될' 수 없고, 명제로 정립되어 명시적인 '믿음'이 된다. 그것들은 어떤 가치의 매트릭스 안에서 형성되고 유지되는 육화된 관행으로서 체험된다.

어쨌든 내가 그런 용어들에 얼마간 경도되어 있다(때로 내가 원하지 않는데도 분명히 그렇다)는 것을 알아챈다고 해도 그 형성이 그다지 나를 결정하지는 않기에, 나는 항상 예측 가능하지 않거나 실상 널리 공유되지 않은 일군의 치환transposition과 갈등하고 있다. 이와 유사하게, 이런 형성을 공유하지 않는 다른 사람들과 함께 세상에서 살아가고 있기에 나는 나의 지향 안에서 나 자신이 방향을 상실하고 그 프레임에서 축출되는 것을 보게 된다. 이것은 윤리적이면서 항헤게모니적인 움직임의 방향상실적인 궤도다. 프레임들이 상호 경쟁하는 상황을 맞닥뜨리고서, 내 형성의 어떤 국면을 헤게모니적이거나 민족적인 것(정치적 시온주의와 같은)의 표시자로 확립하고자 하는 특수한 정치적 형성을 인식할 때, 나의 지향을 탈지방화脫地方化하는 문화적 번역의 과정을 위한 시야가 펼쳐진다. 실제로 나는 일군의 개입과 기존 프레임의 치환을 통해 일반화가 가능한 원칙들에 도달한다. 심지어 보편화 과정도 더 특수한 번역 형태들을 통해 발생할 수 있고 또 발생하기에, 보편은 언제나 최종 협상된 담론들의 결합에 (또는 **그 결합으로서**) 존재한다.[23]

보편의 어느 체제는 제한된 것으로 드러나거나, 도구화되어 무슨 요청들을 선취하거나 어떤 요청이 만들어지는 양태를 소거하기도 한다. 따라서 보편화 과정에 관용적이거나 이질적으로 보이는 것이 그 과정의 '보편적' 성격과 경합한다. 보편화 과정이 특수한 담론들을 확립된 체제로 동화시키는 과정이 된다면, 그 체제의 특수주의는 보편적인 것의 위상으로 끌어올려지고, 그럼으로써 그것의 헤게모니적 권력은 사실상 은폐된다. 그런 권력의 체제들과 가장 효과적으로 경합하는 보편화 양태들은 '동화 불가능한 것'이 현행 보편화 양태의 전제 조건임을 폭로하는 동시에, 동화 불가능한 것의 이름으로 보편화 과정의 와해와 재정립을 요구한다. 핵심은 동화 불가능한 것을 동화 가능한 것으로 전환하는 것이 아니라, 자기들 규범에 동화되라고 요구하는 체제에 도전하는 것이다. 오직 그 규범들이 분쇄될 때에만 보편화는 급진적인 민주적 프로젝트 안에서 스스로를 갱신할 기회를 갖게 된다.

유대주의는 아니라고 해도 유대성의 경우 이러한 전치는 디아스포라적 사유의 연쇄를 특징짓는다. 그리고 우리의 문화적 자기정의를 지배하는 규범들에 대해 어떤 민족적·문화적·종교적·인종적 유사성도 쉽게 내보이지 못하는 사람들과 우리를 묶는 일군의 윤리적 가치를 바로 그것이 확증한다. 우리가 알지 못하고 우리가 선택하지 않은 사람들에게 우리가 묶여 있으며, 그런 구속이 엄격히 말해서 전前계약적이라는 레비나스의 주장은 흥미롭다. 물론 레비나스는 한 인터뷰에서 팔레스타인 사람들은 얼굴이 없다고 주장하면서,[24] 자신의 유대-기독교적 기원과 그리스 고전기의 기원에 의해 하나로 묶인 이들에게만 윤리적 구속을 확장하려고 했다.[25] 어떤 점에서 레비나스는 우리에게 자신이 배반한 바로 그 원칙을 제공했다. 그리고 이는 우리가 자유로울 뿐 아니라, 그가 그렇게 하지 못한 바로 그 이유 때문에 우리는 팔레스타인 민족에게도 그 원칙을 확장해야 할 의무가 있음을 의미한다. 또한 결국 레비나스는 우리가 직접 소속된 권역을 초월해서, 그리고 어떤 선택이나 계약과 상관없이 우리가 속할 이들에게 윤리적으로 반응하도록 하는 윤리적 관계라는 발상을 우리에게 제공했다.

레비나스와 아렌트 사이의 묘한 접점이 여기서 나를 이끌어준다. '아이히만은 자신이 지구에서 함께 살아갈 사람을 선택할 수 있다고 생각했던 것'이라고 주장할 때 아렌트는 옳았다. 그녀의 생각에 동거는 선택이 아닌 우리 정치적 삶의 조건이다. 우리는 계약에 앞서, 모든 의지적 행위에 앞서 서로에게 묶여 있다. 우리 각자가 앎과 의지로써 계약을 맺는다고 상정하는 자유주의 프레임은 우리가 결코 선택하지 않은 이들, 우리와는 다른 언어를 사용하는 이들과 이미 함께 지구상에서 살아가고 있다는 점은 고려하지 않는다. 아렌트가 보기에 근본적으로 학살을 용인할 수 없는 한 가지 이유는, 사실 우리는 지구상에서 누구와 함께 살아갈지 선택할 수 없다는 점이다. 다양한 인구가 항상 우리보다 먼저 존재한다. 그들은 항상 복수이고 여러 언어를 사용하고 공간적으로 광범위하게 분포한다. 어떤 특정한 인구도 지구를 자기 것이라고 주장할 수 없다. 지구를 자기 것이라고 주장하는 것은 학살 정책으로 들어가는 일이다. 이는 무의지적 근접성과 무선택적 동거가 우리 정치적 실존의 전제 조건임을 의미하며—이 사실은 아렌트가 민족국가(그리고 그것이 가정하는 동질적인 국가)를 비판하는 데 토대가 된다—, 또 이질적일 수밖에 없는 인구를 위해 평등의 양태를 확립한 정치체 속에서 지구상에 살아갈 의무를 함의한다. 또한 무의지적 근접성과 무선택적 동거는 인간 인구의 어떤 부분도 파괴되거나 삶이 생존 불가능한 것이 되지 않도록 해야 할 우리 의무의 토대 기능을 한다. 아렌트가 옳다면 정착민 식민주의는 전혀 적법하지 않다. 또 국적이나 종교를 이유로 토착 인구를 추방하는 것, 구체적으로 말해 팔레스타인 민족에 대한 몰수와 강제이주 조치를 지속하는 것도 적법하지 않다. 정치적 평등의 원칙에서는 시온주의의 정당성을 발견할 수 없다. 이런 이유로 시온주의는 실질적인 민주주의의 조건에 다가가지 못했다. 시온주의의 용어들은 토착적인 것의 종속, 궤멸, 축출에 기초해서 민족국가를 요구하고 확장하기 때문에, 그 안에서는 결코 해결책을 찾을 수 없다.

나치 대학살 시기와 그 이후 유대인에게 이스라엘은 역사적이고 윤리적인 필수품이 되었음이 종종 깨우쳐진다. 그러나 아렌트와 같은 이들이 생각하기에 우리가 학살에서 배울 수 있는 교훈은, 민족국가들이 순수한 민족 관념에 들어맞지 않는 모든 인구를 박탈함으로써 스스로를 세울 수는 결코 없다는 것이었다. 그리고 다시는 민족이나 종교의 순수성을 빌미로 인구에 대한 박탈이 자행되는 것을 원치 않는 난민들이 보기에, 시온주의와 시온주의의 국가폭력 형태는 유대인 난민들의 긴급한 필요를 해결할 정당한 대답은 아니었다. 역사적인 억류와 박탈의 경험에 근거해서 정의의 원칙들을 추론해낸 이들의 정치적 목적은 언어와 종교를 막론하고 문화적 배경과 형성과 무관하게, 우리 중 누구도 선택하지 않은(또는 우리가 선택했다고 인정하지 않은) 사람들, 그리고 우리가 함께 살아갈 방법을 찾아야 할 지속적인 의무가 있는 이들에게 평등을 확장하는 것이다. 왜냐하면 '우리'가 누구든 간에 우리 역시 결코 선택되지 않았던 사람들이고, 모든 사람의 동의를 받지 않은 채 지구상에 출현한 이들이고, 처음부터 더 폭넓은 인구와 지속 가능한 지구에 속한 이들이기 때문이다. 그리고 이런 조건은 역설적으로, 민주주의를 자처하는 유해한 식민주의의 비참하고 탐욕스러운 속박을 넘어설 사회성과 정치의 새 양태를 지향하는 급진적인 잠재성을 산출한다. 우리는 모두 이런 의미에서 선택받지 못한 자들이지만, 그럼에도 함께 선택받지 못한 자들이다. 이를 기초 삼아 사회적 유대를 새롭게 생각하기 시작할 수 있을 것이다.

비단 아렌트만이 아니라 레비, 마르틴 부버, 한스 콘Hans Kohn 등등도 이스라엘 국가를 적법화하는 담론의 일부 서사에 문제를 제기했다. 2차 세계대전 이후 유럽의 유대인 난민과 비유대인 난민이 보호받을 필요가 있었다는 말은 분명히 옳다. 그러나 알다시피 유대인들이 어디로 가고 싶어 하는지, 어떤 문화적 열망을 품었는지를 두고 열띤 논쟁이 벌어졌다. 요세프 그로드진스키Yosef Grodzinsky의 《홀로코스트의 그늘에서》는 정치적 이데올로기와 시온주의 문제를 둘러싸고 강제수용소에서 벌어진 갈등에 관한 중요한 기록을 보여준다.[26] 그로드진스키에 따르면 일부 유대인들은 경제적인 수단과 그 외 강압적인 수단에 의해 팔레스타인으로 이주하게끔 유도되었고, 그들 중 시온주의에 헌신적인 사람들은 많지 않았다. 그러나 수용소 안 유대인들과 시온주의자 사이에 첨예한 갈등이 있었고, 오래 지속되었다. 어떤 이들은 미국과 영국이 부과한 유대인 이민 허용 한도를 높여야 한다고 주장했고, 어떤 이들은 유럽에 남는 것을 선호했다. 또 다른 이들은 공산주의 국가에 합류하려고 했다. 그리고 우리가 알다시피, 이민족주의의 한 양태이자 국제기관이 운영하는 연방commonwealth으로서 팔레스타인 내 연방정부federal authority가 있어야 하는가, 혹은 유대인 인구에게 다수결 원칙을 보장하는 유대적 주권성에 기초한 국가가 있어야 하는가를 놓고 추방당한 유대인들 사이에서 열띤 논쟁이 일었다. 그러나 이디스 제르탈Idith Zertal을 비롯한 역사가들이 보여주듯이 1948년 이후 서사적 연결고리들은 계속 날조되었고, 그 결과 '합리적인' 사람들도 이제는 나치의 유대인 대학살로 인해 이스라엘 국가 정초가 요구되었다고,

곧 호전적인 정착민 식민주의의 무력 실행에 관여한 다비드 벤구리온*
이 지지한 유대적 주권성 원칙에 기초해서 나크바Naqba**—팔레스타
인 사람들의 집, 땅, 소유물의 마치 재앙과도 같은 파괴—를 동반하는
이스라엘 국가의 정초가 요구되었다고 믿는다.

  곧 이 지점에서 엄청난 혼돈이 일게 된다. 그런 토대에 근거해서 국
가를 정초하는 것은 유대 민족을 보호하기 위한 역사적 필연성으로 해
석되었기에, 이제 많은 사람들은 이스라엘 국가에 대한 어떤 비평도
국가의 위신을 실추시키고, 그래서 역사적 인과성을 역전시켜 유대 민
족을 자꾸만 나치의 대학살로 형상화되는 새로운 파멸로 이끄는 것으
로 상정한다. 그러나 그 역사를 정초적 파국으로 이해하는 것, 그 우연
적인 출현의 터를 다른 곳이 아니라 그런 특수한 국가 형성에 위치시
키는 것이 역사적이고 정치적인 책무라면, 우리는 이러한 서사적 제약
바깥에서 생각하기 시작할 수도 있을 것이다. 한편의 주장은 그 땅에
한 국가가 필요했고, 나치 수용소의 난민들을 위한 권리는 다른 땅에
서 보장받아야 한다는 것이다. 또 다른 주장은 유대인들이 안전할 만
한 땅에 한 국가가 필요했다는 것이다(이것이 꼭 정치적으로 시온주의적인
주장은 아니다. 다른 모든 가능한 난민보다 유대인의 안정을 더 소중히 하는 견해
라고 해도). 하지만 팔레스타인 주민을 희생하더라도 유대인 자치를 보
장할 국가는 필요했다는 또 다른 주장이 있다. 끝으로, 나치의 학살과
그에 따른 외상적 전치를 완전히 이해한 사람이라면 살아남은 유대인

---

*   생몰 1886~1973. 시온주의의 강력한 주창자였던 이스라엘 초대 총리.
**   아랍어로 '재앙' '환란'을 뜻한다.

들은 난민이며 난민의 권리는 법적·정치적 수단으로써 존중되어야 한다는 견해를 전개할 수 있을 것이다. 그러나 새로운 난민 계급을 만들어낼 수단을 통해 어떤 난민 집단의 권리가 법적으로 부여되어야 한다는 주장이 여기서 또 등장하지는 않는다.

이러한 정초의 모순을 덮어 가리는 것이 다음과 같은 인과론적인 주장이다. 곧 나치의 학살에서 이스라엘 국가의 정초를 도출할 뿐 아니라 거기서 최소한 두 걸음 더 나아가 (a) 다른 토대가 아닌 바로 그 토대에 근거해서 국가를 세우는 것은 적법하며, (b) 축출, 점령, 토지 몰수 정책을 이유로 이스라엘 국가를 비판하려는 모든 시도는 역사의 진행을 거꾸로 돌려서 유대 민족을 학살의 폭력에 노출시키려 드는 '실추'나 진배없다고 주장하는 것이다. 이런 주장은 사후적으로 만들어져서 국가기구와 군사적 식민지 점령을 적법화하고, 민족주의적 특권 의식을 조장하고, 온갖 군사적 공격 행위를 필수적인 자기방어라고 고쳐 부르게 했다. 실상 이스라엘 국가의 정초를 문제 삼는 사람이나 정초하기를 재앙과 연결하는 사람이 있다면 그는 유대 민족의 파멸에 무감각한 사람으로 간주될 것이다. 그러나 그런 식의 추정이 유효하려면 우리는 나치의 학살이 정착민 식민주의, 그리고 새로운 비非시민, 불완전 시민, 무국적자 계급의 생산을 명령한다고 가정할 수 있어야 한다. 실제로는, 마치 다른 종류의 가치들과 정치적 열망들, 곧 모든 파시즘 형태와 모든 강압적 박탈 노력을 이해하고 미연에 방지하려는 가치와 열망들이 나치의 학살에 비춰져 출현했고 지금도 출현하고 있는 것 같다. 지금 나는 유대적 프레임으로부터 벗어나야 한다고 제안하는 것처럼 보일지도 모른다. 이는 사실이기도 하고 사실이 아니기도 하다. 내

의도의 일부는 유대성이 어떻게 시온주의에서 분리되었고, 분리되어 있고, 분리되어야 하는지를 보이려는 것이다. 그리고 이 책을 쓰는 내 기획의 일부는 바로 시온주의 문제를 사유하는 데 유대 중심 프레임을 벗어나고, 유대성의 위치를 비유대적인 것과 마주치는 순간에, 그런 마주침에서 유래하는 자기의 분산에 두는 것이다. 바로 이런 이유로 독자는 여기서 팔레스타인 작가들의 작업, 특히 에드워드 사이드와 마흐무드 다르위시의 작업이 두드러지게 거론되는 것을 보게 될 것이다.

내가 주장하려고 하는 것은, 역사적으로 형성된 공동체주의적인 정박지에서 벗어날 수 있게 되기란 어렵지만 꼭 필요한 싸움이고, 유대적 윤리의 어떤 면모들은 오직 유대 민족의 취약성과 운명만을 고려하는 데서 벗어날 것을 우리에게 요구한다는 것이다. 나는 이러한 우리 자신으로부터의 벗어남이 단연코 비자기론적nonegological이고 윤리적인 관계의 조건임을 제시하려고 한다. 그것은 이타성의 요청에 대한 반응이고, 윤리의 토대를 분산에 두는 일이다.

그렇긴 하지만 이 책은 출발점에서 멀어져서, 시온주의 프레임 안에 머무르려는 유대적 사유의 수많은 시도를 특징짓는 감상적이고 맹목적인 공동체주의와 맞서 싸우고 있다. 이것은 바라건대 나와 유사한 싸움에 가담했던 이들에게 유익할, 형성과 단절에 관한 우회적 기록 작업이다. 나는 이 책이 유럽의 반시온주의 유대인의 사유를 다룬 지성사이길 바라지 않는다. 이 책은 주로 유럽의 지적 전통에서 나온 몇몇 텍스트와 맞붙어 싸우면서, 의지적·무의지적 근접성의 어려움에 대한 사이드의 정치적 시각과 다르위시의 시적 표현이라는 한 쌍의 시험대에 그 텍스트들을 올린다. 텍스트는 나 자신의 형성에 의해 비틀어질 것이다. 그러나 이것에는 한 사람의 형성으로 무엇이 일어날 수 있고 일어나야 하는지, 그것이 어떻게 새로운 방식으로 반복되어야 하는지, 형성으로부터의 떠남이 어디에서 윤리적·정치적 의무가 되는지(바로 그 형성의 내적, 외적인 이유들 때문에)를 문서화하려는 의도가 있다. 그래서, 이런 것이다. 나의 증상, 나의 실수, 나의 희망…….

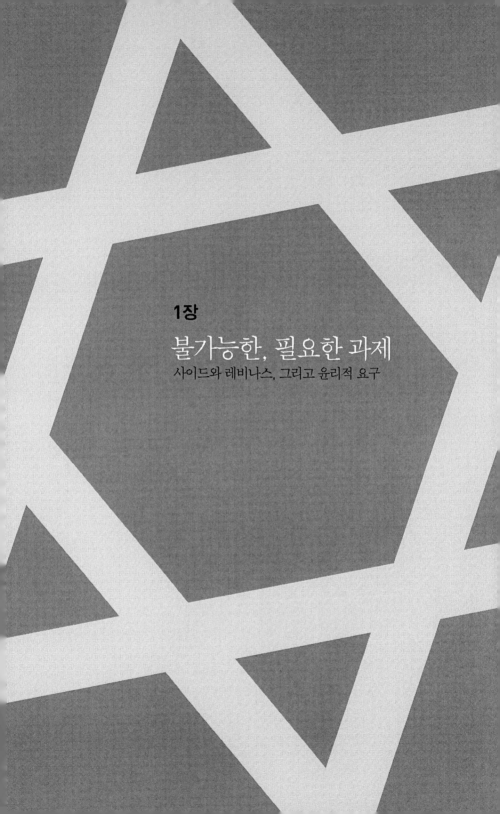

1장

불가능한, 필요한 과제
사이드와 레비나스, 그리고 윤리적 요구

이 글은 2004~2006년 초고가 쓰였고, 《로고스Logos》 3, no. 1(2004년 겨울호)에 〈유대인과 이민족주의적 전망Jews and the Binational Vision〉이라는 제목으로 실린 비공식 초기본이 인터넷에 공개되었다. 이 글은 내 주장의 초기 형태를 드러내며, 이 책의 출간에 맞춰 수정된 것이다.

흔히 '한 국가 방안one-state solution'과 이민족주의binationalism의 이상은 심지어 이 개념에 우호적인 이들마저 하나같이 실행할 수 없는 목표라고 주장한다. 그러나 어느 누구도 한 국가 방안을 요구하지 않고 어느 누구도 이민족주의를 더 이상 사유하지 않는 세계는 끔찍하리만치 빈곤한 세계일 것 역시 틀림없다. 나는 평화주의에 대해서도 같은 것을 이야기해야 한다고 생각한다. 현실 정치력이 없다는 이유로 평화주의를 불신할 수도 있다. 그러나 평화주의자가 더 이상 존재하지 않는 세계에 살기를 바라는 사람이 과연 있을까? 도대체 그런 세계는 어떤 세계일까?

에드워드 사이드의 말기 저작 중 하나인 《프로이트와 비유럽인》[1]을 읽은 것은 내게 놀라운 경험이자 선물이었다. 그 책에 등장하는 모세가 너무 생생한 형상으로 다가와서 그렇고, 사이드에게 모세는 두 가지 테제—내가 보기에 고려할 가치가 있는—를 접합할 기회가 되기 때문에 그랬다. 첫째 테제는 이집트 사람인 모세가 유대 민족의 창립자라는 것인데, 이는 아랍이란 무엇인가를 정의하는 데 관련되지 않고서는 유대주의가 불가능하다는 것을 의미한다.[2] 그런 정립은 유대성에 대한 아쉬케나지들의 헤게모니적 정의에 도전한다. 여기에는 유대주의의 더 디아스포라적인 기원 역시 함축되어 있는데, 이는 유대인을 비유대인과의 관계 없이는 정의할 수 없게 만드는 조건이 근본적인 위상에 부여되어 있음을 암시한다. 이는 유대인은 디아스포라 안에서 비유대인들과 함께 살고 있으며 그렇게 살아야 한다는 것, 그리고 유대인은 종교적·문화적인 이질성 한가운데에서 삶을 영위하는 법을 성찰해야 하며, 유대인은 유대인이 아닌 사람들 사이에서 살아가는 법에 관한 물음과 완전히 분리될 수 없다는 뜻이기도 하다. 그러나 모세의 형상은 훨씬 더 단호한 논점, 곧 유대인과 아랍인이라는 범주는 아랍 유대인의 삶 속에 공생하며 함께 체현되어 있기 때문에 완전히 양분할 수 없는 범주라는 논점을 만들어낸다.[3] 물론 성서에 나오는 은유적 기원에 의지하는 데 의심을 제기할 만한 이유들이 있다. 그러나 여기서 사이드는 우리가 다르게 사유하기를 촉구하면서 사유 실험을 진행한다. 그는 모세의 형상으로 돌아가서, 유대주의를 정초하는 어떤 순간, 곧 유대 민족에게 율법이 전달되는 순간의 한가운데 아랍인과 유대인 간에 어떤 체험적 차이도 존재하지 않은 형상이 있다는 것을 보여준다. 이편과 저편이 얽혀 있다. 또한 이것은 두 정체성이 현재—유대적 주권성의 원칙에 기초한 국가를 표상한다고 주장하는 이스라엘이 시민권 박탈, 점령, 토지 몰수, 추방을 통해 팔레스타인인들에게 식민 통치의 형식들을 행사하고 있는—의 용어 밖에서 어떻게 서로를 통해 명료해지는지 알게 하는 형상인가?

이 텍스트의 두 번째 차원은 사실상 첫 번째 차원에서 유래하는데, 왜냐하면 사이드의 텍스트는 '추방displacement'이 팔레스타인 민족과 유대 민족 양자의 역사를 특징지으며, 그렇기에 그의 관점에는 가능하고 바람직하기까지 한 연합의 토대를 구축한다는 점을 고려하라고 선동하고 간청하는 텍스트이기 때문이다. 이들의 추방 형태가 동등하거나 유사한 것은 분명 아니다. 이스라엘 국가는 팔레스타인 사람들의 강제적 추방과 지속적인 종속에 책임이 있다. 유럽에서 유대인들이 추방당하고 궤멸한 것은 유대인만의 독자적인 수난사를 구성한다. 어떤 공통의 혹은 중립적인 기준으로 측정될 수도 비교될 수도 없는 역사적으로 특수한 재난의 양상이 있다고 가정하자. 그러나 스스로 박탈당했던 역사에 근거하여 다른 이들이 당한 박탈을 이해하면서 그것에 반대하고 저항하는 길은 없을까?

사이드는 유대 민족이 이스라엘에 의해 박탈을 당했던 이들과 연합하려면 권리와 땅을 박탈당했던 유대 민족 스스로의 경험에 유념해야 한다고 호소한다. 사이드의 호소는 이스라엘에 대한 유대인의 저항이 있을 수 있고 또 있어야 한다고, 유대 민족은 이스라엘이 따랐던 것과는 다른 역사적 경로를 따를 수 있다고 가정한다. 유대인 억압이라는 단수의 역사는 마땅히 승인해야 하지만 그렇다 해도 모든 정치적 시나리오에서 유대인이 늘 희생자이고 유대인의 폭력은 항상 정당한 자기방어로 간주될 것은 아니다. 사실 한 역사의 단수성singularity을 승인하는 것은 암묵적으로 그런 모든 역사의 단수성에 헌신하는 것이고, 이 지점에서 우리는 다른 종류의 질문을 제기하기 시작할 수 있다. 핵심은 시온주의가 나치즘과 비슷한가 혹은 시온주의가 유대인 대신 팔레스타인인에게 무의식적으로 나치즘을 반복하는가를 확증하는 게 아니다. 그런 유비는 국가사회주의와 정치적 시온주의를 특징짓는 바로 그 정복, 박탈, 치명성과 같은 양태를 고려하지 못한다. 그보다 핵심은 어떻게 일군의 역사적 조건들을 이해하기 위해 다른 일군의 역사적 조건들로부터 특정한 원칙들을 외삽할지extrapolated를 묻는 것일 텐데, 이는 이 경험을 저 경험에 동화시키길 거부하고, 마찬가지로 이러저러한 역사적 박탈 사례들에 대한 비교 고찰에 근거하여 난민권 관련 원칙들을 명시하는 모든 방법을 부인하는 것과 같은 특수주의도 거부하는 정치적 번역 행위를 필요로 하는 움직임이다. 사실 나치의 유대인 학살(사실은 여러 소수자 인구에 자행된 학살이었다)이 남긴 도덕적·정치적 유산이 있다면 그것은 모든 형태의 국가인종주의와 폭력의 양태에 반대하는 태도다. 이는 영구적인 소수자로서(이스라엘에서), 혹은 피점령민으로(서안과 가자에서), 혹은 영토와 권리를 박탈당한 채(1948년과 1967년 이후 디아스포라가 된 팔레스타인 사람들)로 존속하는 모든 인구에게 자기결정권이 부여되도록 재고하는 일이다.

이민족주의는 불가능성일 수 있다. 그러나 그 단순한 사실이 이민족주의를 반대하는 데 충분한 이유가 되지는 않는다. 이민족주의는 그저 장차 '도래할' 이상, 더 이상적일 미래에 도달할지 모르는 희망 사항에 불과한 것이 아니다. 이민족주의는 정착민 식민주의라는 특수한 역사적 형태, 그리고 일상적인 군사적·규제적 점령 행위를 통해 재생산되는 근접성과 배제로서 살아 있는 비참한 사실이다. '유대인'이나 '팔레스타인인' 모두 단일체적 인구가 아니다. 그런데도 그들은 폭력적이거나 비폭력적인 형태의 저항 운동을 생산해왔던 이스라엘의 법과 군대 폭력 체제를 통해 다루기 힘든 방식으로 이스라엘/팔레스타인에 함께 묶여 있다. 그러나 유대인과 팔레스타인인이 어떻게 함께 묶이게 되었는지를 이해하고자 시온주의의 역사를 식민 프로젝트로서 다루기 전에, 사이드는 우리가 성서 속 기원을 재고할 수 있다고 제언한다. 이는 성서가 어떤 정치 질서를 정초하는 적법한 토대였기 때문이 아니고(사실 그렇지 않았다), 그것이 우리가 새로운 방식으로 사유하는 데 일조할 형상을 제공하기 때문에 그렇다고 한다. 모세는 성서 속에서 카섹시스 cathexis*의 표상이고, 살아 있는 국면conjuncture이다. 그리고 모세를 유럽인이 아닌 것으로 간주한다면, 이것은 비유럽계 유대인인 아랍 유대인이 유대주의에 대한 우리 이해의 기원—'아랍'과 '유대'를 분리 불가능하게 만드는 형상—에 놓여 있다는 것을 의미한다. 이 사실은 오늘날의 우리에게도 시사하는 바가 크다. 유럽이 기원으로 추정되지 않는 방식으로, 그래서 미즈라힘과 세파르딤을 중심에 포함해서 유대 민족사를 재고하도록 할 뿐만 아니라, '아랍 유대인'이 유대인의 삶을 정초하는 원리로서 결합, 교차, 동거(이타성과의 공동접합으로 해석될)를 구성한다는 점을 이해하도록 시사해준다.

그리하여 사이드는 아쉬케나지 유대인의 관점에서 본 비유럽인이 유대주의의 의미에 본질적인 것이라고 지적한다. 이 주제를 위해 사이드의 발언을 읽으면서, 나는 그가 없었다면 도달하지 못했을 유대성에 대한 이해를 얻은 데 감사했다. 이런 식으로 사이드는 다시 유대 민

---

* 정신분석 용어로, '에너지 투여'나 '에너지 집중'으로 번역된다.

족을 '정초'할 수 있을 '비유럽인'으로 행동한다. 자만심으로 비칠 수도 있겠지만 그의 이러한 태도는 독창적이고 대체 불가능한 연합을 떠올릴 감동적인 기도처럼 내 마음을 움직였다. 사이드는 후기구조주의와 후기구조주의의 주체 비판에 결코 심취하지 않았지만(가령 그는《오리엔탈리즘》에서 푸코의 휴머니즘 비판을 경계한다),[4] 모세를 비유럽인, 유대인을 정초한 이집트인으로 포용한 프로이트에게서 사이드가 가장 좋아한 것은 모세의 형상이 엄밀히 말해 동일성주의적인 정치에 제기한 도전임은 분명하다. 모세를 통해 오늘날의 정치적 열망을 대변한다면, 그것은 국가적, 종교적 혹은 인종적 동일성 원칙에 근거해 배타적으로 조직되기를 거부하는 열망이고, 사회적 삶의 되돌릴 수 없는 조건으로서 불순과 뒤섞임을 수용하는 열망이다. 더 나아가 사이드에게 프로이트는 가장 정의 가능한, 가장 동일시 가능한, 가장 집요한 공통의 정체성—그리고 프로이트가 보기에 이것이 유대인의 정체성이었다—마저도 저마다 한계가 있고, 그렇기에 단일체로 통일된 배타적 단수單數 정체성으로 완전히 흡수될 수 없다는 통찰을 대담하게 예시한 인물이다. 사이드는 정체성만 따로 떼어서 사유할 수 있다거나 정체성만이 따로 작동될 수 있다고 주장하지 않는다. 정체성을 구성하고 상상이라도 할 때는, "억압되지 않을 철저한 기원적 단절이나 오점이 반드시 있게 마련이다. 모세는 이집트인이었고, 그렇기에 항상, 수많은 이들이 그 안에 있으면서 고통을 겪고, 아마 나중에 결국 이겨낸 내부의 정체성 바깥에 존재했기 때문이다."[5]

여기서 주목할 부분은 유대주의의 기원을 성찰할 때 사이드가 거기 그 기원의 장소에서, 유대인임의 본성을 구성하는 것으로 밝혀진 불순, 타자성otherness(대륙 철학자들이라면 근절 불가능한 이타성alterity이라고 부를)과의 혼합을 발견한 것이다. 사이드는 "이런 사유의 힘은 다른 포위당한 정체성들에게서 …… 골치 아픈, 장애를 초래할, 불안정한 세속적 상처로서 …… 분명히 명시될 수 있고, 그 정체성들에게 말을 걸 수 있다"(FNE, 54)고 말한다. '세속적 상처'가 무엇을 의미하는지는 즉각 분명해지지 않지만, 사이드에게 세속주의란 정치적 소속의 비세속적인 양태들을 상처 입히거나 파열시키는 것인 듯하다. 이런 의미에서 세속적인 것은 전통적인 것으로 추정되는 사회적 유대에 상처를 입힌다. 그러나 상처가 생긴 뒤에 비로소 새로운 소속의 형태가 가능해지는 것 같다. 오직 타자와 함께, 그리고 타자를 통해서만 정체성을 획득하는 방법으로 해석된 디아스포라적인 것이 이민족주의의 토대가 된 곳에서, 디아스포라적으로 함께 살아가는 두 민족에 대한 이런 사유를 우리가 계속 사유할 수는 없는지 사이드는 묻는다. 이 사유는 디아스포라적 삶의 정치 조건을 열망할 수 있을까? 사이드는 다음과 같이 묻는다. 디아스포라적 삶의 정치는 혹시 "이스라엘과 팔레스타인이 각각의 역사와 기저의 실재를 적대하기보다 함께 부분으로 참여하는"(FNE, 55) 이민족 국가의 유대인과 팔레스타인인의 땅에서 '그리 불확실하지 않은' 토대가 될 수는 없을까? 나는 그 이상으로 이렇게 묻고 싶다. 바로 어정쩡한 정체성을 **긍정하는** 정치를 통해서 이민족주의가 사유 가능한 것이 되는 것 아닐까? 그리고 우리는 아랍계 유대인과 팔레스타인계 이스라엘인 양쪽에 의해 거짓으로 판명될 유대인/팔레스타인의 이분법 너머로 우리를 이끌 이민족주의를 사유할 수 있지 않을까?

나는 그런 프로젝트—이민족주의, 어정쩡한 정체성, 그리고 이 두 가지를 정치적으로 유념하는 게 가치가 있는 이유—에 전념하면서, 오늘날의 지적·정치적 현상인 시온주의에 저항하는 유대인이란 질문에 주의를 기울이길 희망한다. 이 질문은 모세가 예시한다는 점에서 '고풍스러울' 뿐 아니라 20세기 내내 유럽의 유대인 역사에서 일반적으로 인정받지 못한 수많은 방식으로 정립된 역사를 갖고 있다. 나는 시온주의에 선행한, 혹은 초기 시온주의의 일환이었던 포스트시온주의의 역사적 징후들—시온주의의 매트릭스 내부에서 형성되어 시온주의의 와해를 호소했던 징후들을 말한다—을 발견할 수 있다고 생각한다.

이상한 일이지만 고전적 자유주의에 입각한 태도가 으레 '포스트시온주의'로 간주된다. 이는 18세기의 정치적 프레임이 시온주의 프로젝트에 향후에 미칠 위협으로 형상화됨을 시사한다. 그러나 고전적 자유주의—특히 시민권의 필요조건이 인종, 종교, 종족성에 토대를 두어서는 안 된다는 입장—는 강력한 중상에 내몰린다. 어떤 이스라엘 사람이 자신은 세속적 국가, 곧 종교·종족성·인종을 빌미로 차별하지 않는 나라에서 살고 싶다고 공적으로 논평했을 때, 그 입장(과 사람)은 유대 국가의 '파괴'를 사주하고 후원하고 반역죄를 저지른 것으로 매도당하기 쉽다는 말을 듣게 된다. 팔레스타인 사람(이스라엘인이건 아니건)이 똑같은 입장, 곧 시민권은 종교적이거나 인종적인 지위에 근거해서 결정되어서는 안 된다는 입장을 지지한다면, 그것은 '테러리스트'의 행위로 간주될 수 있다. 고전적 자유주의의 가르침이 21세기 초에 테러리즘과 또 집단학살과 등치되는 일이 어떻게 역사적으로 가능해질 수 있었던 것일까?

　이런 비난, 이런 '파괴'라는 말을 어떻게 이해할 수 있을까? 우리는 그 말을 자주 듣는다고 나는 생각한다. **파괴**라는 단어는 물론 다른 문구, 곧 유대 민족의 파괴—결국 히틀러의 집단학살이 목적했던—와 공명한다. 시온주의에 비판적인 관점을 취한 데서 유래한 비참한 결과로 **파괴**라는 단어를 또 듣게 될 때, 그 관점을 지지한 사람을 반대하는 데 그 용어의 반향이 동원된다. 인구의 파괴가 아니라 부당한 체제의 와해를 주장한 사람은 그럼에도 불구하고, 오직 부당한 체제만이 유대인 인구를 보호할 수 있음이 분명하다는 것을 이해하는 데 실패한 사람으로 형상화된다. 따라서 정의를 요청한 사람은 집단학살을 요청한 사람으로 형상화된다. 따라서 시온주의에 대한 비판은 유대인들에 대한 나치의 집단학살에 근본적으로 무감각했기에 출현한 것으로, 혹은 바로 그 집단학살에 공모한 형식으로 해석된다. 시온주의 비판과 소수자들을 겨냥한 국가폭력에 관여하는 시온주의 구조에 대한 비판은, 따라서 그 자체로 유대인들에 대한 엄청난 폭력, 차마 입에 올릴 수도 없는 재앙의 반복, 따라서 히틀러의 정치에 가장 비양심적인 부역을 하는 것으로 연관 지어진다. 그런 연관 짓기가 확실해지면—이런 일은 대부분 순식간에 일어난다—대화는 끝나고, 너무 이상한 일이지만 그 관점은 정치적으로 용인되는 발화의 영역에서 배제된다. 시온주의를 반대하는 비평가가 요청한 것이 고전적 자유주의에서 벼려진 원칙들에 근거한 새로운 정치체 수립이라면—곧 형식적이면서 실질적인 모든 시민권의 조건과 확연히 분리된 종교와 나란히. 이런 주장을 위해서라면 로크나 몽테스키외로도 족하다—, 고전적 자유주의가 이스라엘 국가를 위협하는 바로 그것인 셈이 된다. 따라서 그 국가의 '파괴'가 시민권의 조건과 종교는 분리되어야 한다는 견해를 고수한 결과로서 출현할 때, 시민권의 비배타적 기준이 그 지역에서 발전하고 그 지역에서 시행될 수 있을 것인가를 놓고 벌어지는 공개적인 논쟁의 사실상 폐제廢除, foreclosure가 있게 된다. 이런 견해를 고수하면서 엄격한 평화주의자인 사람도 있을 것이고, 또 이런 견해를 고수하면서도 그처럼 새로운 정치체로 이행하는 것은 비폭력적인 수단을 통해 수십 년의 토지 몰수를 보상하는 토지 재분배 프로젝트와 새로운 법 형태를 정교화하는 과정을 거쳐 이뤄져야 한다고 믿는 사람도 있을 수 있다. 그러나 이 경우, 이런 견해를 지지하는 사람은 "이런 관점이 유대 국가의 파괴를 초래한다"는 말과 같은 비난을 받으면서 '파괴'와 '폭력'의 혐의를 뒤집어쓰게 된다.

그러나 이 노선을 주의 깊게 살펴보면, "이런 관점이 유대 국가의 파괴를 초래한다"는 비난은 "이런 관점이 유대 민족의 파괴를 초래한다"는 주장에, 혹은 축약해서 "유대인의 파괴를 초래한다"는 주장에 무단으로 의지하고 있음을 알 수 있다. 그러나 유대인과 비유대인이 동등하고 평화롭게 살 정치적·경제적인 조건들을 추구하고 현 체제에서 한 국가 방안이나 연방제 형태를 구성할 체제 이행을 필요로 하는 정부의 형식에 대해 생각해보는 것과, 국가의 폭력적 파괴나 국가의 기존 인구에 대한 폭력을 요청하는 것은 다른 문제다. 시온주의 이후에 있을 새로운 정치체를 상상할 이유는, 당연히 어떤 국가도 그 땅에서 살아가는 토착 소수자 인구의 폭력적인 종속을 통해 공정하게 자체를 유지할 수는 없음을 인정하는 데 기초를 둔다. 시온주의의 뒤를

잇게 될 정치체를 구상하는 것은 당연히 폭력과 파괴를 벗어날 유일한 방법일지 모른다.

그런 관점의 공적인 언표행위enunciation는 좀 더 포괄적으로 평등이 배분되고, 팔레스타인 민족에 대한 차별, 차별적 폭력, 일상적인 괴롭힘의 현 형태를 종식시킬 공식적인 행동에 착수할 것을 고려하라고 이스라엘 국가에 요구한다. 이 관점은 새로운 시민 개념, 국가의 새로운 헌법적 토대, 새로운 토지 분할과 불법적인 재산 배분의 철저한 재편, 최소한으로는 그 땅의 유대인, 아랍인, 기독교인 거주민에게 확장되는 다문화주의 개념까지 요청한다. 이런 제안이 비합리적이고 어설프다는 이유를 들어 반대할 수도 있다. 그러나 그럴 때조차 우리는 평등, 폭력으로부터의 보호, 공정한 토지 재분배와 같은 원칙에 근거하여 정치체를 재조직하지 않고 거부하는 것이 사실은 유대인의 인구통계학적 우위 또는 문화적·종교적인 순수성 관념에 대한 암묵적이거나 명시적인 욕망에 기초한 것은 아닌지 물어야 한다. 내가 보기에 이 지점에서는 민족주의의 정서적인 지분이 정치적으로 용인되는 발화의 영역을 사실상 한정짓는 것 같다.

비슷하게, "이스라엘이 존재할 권리를 인정하십니까?"란 질문이 (반복적으로) 팔레스타인 사람들에게 제기될 때 그 질문은 곧잘 "당신은 이스라엘인의 재산, 생명, 기관, 그리고 확고한 전체로 간주되며 기존의 영토 범위로서 이해되는 이스라엘의 물리적 파괴에 찬성합니까?"와 동의어로 간주된다. 물론 존재할 '권리'에 관한 질문은 계통이 다르지만, 그 질문은 이스라엘의 영토 주장과 국가기구가 적법한 토대에 정초해 있는지(그리고 분리 장벽과 새로운 정착민들을 위해 새로운 경로를 통해 끊임없이 벌어진 영토 팽창은 불법적 영토 약탈과는 다른 것인지)를 묻기 때문이다. 가령 정초 행위는 전혀 적법하지 않았지만, 실제 정치는 이스라엘 국가와 협상이 이뤄져서 팔레스타인인들과 기존의 이스라엘 국가 사이에서 협력의 양태가 발견되기를 필요로 한다는 주장이 있을 수 있다. 또한 이런 현실주의자의 관점에서, 정초 행위는 불법이었다고 해도 이스라엘이 1948년 이후 강탈한 땅과 추방한 인구에게 배상할 수 있고 배상해야 하는 구체적인 방도가 있다고 주장할 수도 있다. 달리 말해 이스라엘의 정초와 땅에 대한 지속적인 요청의 적법성을 문제 삼으면서 이견을 제기하는 것이 현행 이스라엘 국가의 폭력적 파괴에 찬성한다는 뜻을 함축하는 것은 아니다. 오히려 그것이 함축하는 바는 추방, 살인, 시민권 박탈과 같은 불의不義가 국가를 정초하는 특징일 뿐 아니라 국가와 국가 적법성의 효과를 재생산하는 기초 양태로서 지속되어왔고 지금도 지속되고 있다는 것이다. 그런 관행의 중지와 새로운 지역 정치체를 요청하는 것이 정치적 관점을 구성한다. 또 그것들은 하이파나 텔아비브에 겨눠진 대포와 같을 수 없다. 분석은 당연히 왜 무력에 시달리는 박탈당한 민족이 그런 불의에 저항하고 불의를 전복하려고 자기 군대에 의지하는지를 밝혀줄지 모른다. 그러나 여기서 나는 나의 목적을 위해 다음과 같은 주장, 곧 우리가 이스라엘 국가의 적법성과 정치적 토대에 근거한 그 정치체에 대한 질문을 시작한다면, 정치적 성찰과 협상은 새롭고 적법한 토대에 국가를 수립하는 수단일 수 있다고 생각할 이유가 존재한다는 것만을 지적하고 싶다. 그러나 적법성에 대한 질문을 제기하는 것이 전쟁 선포로 간주된다면, 적법성 질문은 정치의 국면으로는 받아들여질 수 없는 것이고, 따라서 바로 그 질문에 대한 거부가 전쟁을 그 정치적 전망의 표현에 필수적인 양태로 확립한다.

:: 부버에서 아렌트로_뒤섞인 유산

한나 아렌트는 1940년대 말과 1950년대 초에 유대적 주권성 개념에 기초한 국가인 이스라엘을 거부할 때 무기를 거의 휘두르지 않았다. 그녀는 이제 포스트시온주의의 출처, 심지어 포스트시온주의의 역사적 시작에 앞서 존재한 포스트시온주의의 흔적이 되고 있다. 어쩌면 아렌트는 20세기에 가장 열렬히 시온주의를 비판한 유대인이었다. 그녀는 왜 자신이 이스라엘 국가 수립을 불법이라고 생각했는지를, 그 국가의 정치체에 대한 전쟁을 호소하지 않은 채로 표명할 수 있었다. 그녀를 세속적 유대인이라고 부르는 것은 복잡한 주장이다. 그녀가 지지했던 세속주의는 종교적 유대주의를 넘어서고 종교적 유대주의에 반대하는 것으로만 해석될 세속주의이기에 그렇다. 가령 그녀는 세속적 기독교인이 아니었다. 이는 뭔가 다른 것을 의미하는 것일 수도 있다. 아렌트의 세속주의는 그녀가 거부했던 특수한 종교성과 연관해서만 이해될 수 있다. 달리 말해 아렌트는 자신의 세속주의를 통해 유대주의를 살아갔다. 나는 심지어 아렌트가 자신의 세속주의에 매우 특수한 유대적 지향을 유지했다고, 이로 인해 아렌트는 망명한 독일 유대인의 정체성을 유지할 수 있었다고 주장할 수도 있다. 이런 의미에서 아렌트의 세속주의는 그녀 자신의 유대주의를 부인한 게 아니라 유대주의의 특수한 생활 양태를 구성한다. 바로 이런 이유로 '세속적 유대인'이란 용어는 모순된 게 아니고 1900년대 중반 이후 역사적으로 적절한 표현법이 되었다.

이스라엘의 정초에 대한 한나 아렌트의 신랄한 비판은 《파리아로서의 유대인The Jew as Pariah》에서 확인되는데, 이 책은 최근 쇼켄 출판사에서 《한나 아렌트의 유대적 글쓰기》란 제목으로 출판되었다. 아렌트는 유대인이었지만 이스라엘은 유대인 국가여서는 **안 된다**고 주장했고, 국가폭력을 통해 영토권을 정당화하려는 이스라엘의 노력을 오직 영구적 분쟁을 낳을 인종차별적 식민주의 형태로 생각했다. 또한 그녀는 말하자면 1948년 방안 조성에 관여했던 초강대국들의 역할에 반대했다. 아렌트는 대중적이고 민주적으로 자유가 실천되지 않으면 어떤 정치체의 정초도 유지도 불가능하다고 주장했다. 실로 1948년 방안, 곧 실제로 그 땅의 주민이 아니었던 열강들에 의해 부분적으로 공동체에 강요된 방안은 그녀가 《혁명론》에서 개관한 민주주의 혁명—합의된 행동을 통해 복수성이 작동하면서 연방제적인 법·정치 질서를 정초하게 되는—과 정반대되는 것이었다.

아렌트는 1930년대에는 시온주의를 지지했지만, 1972년의 한 인터뷰에서 자신은 더 이상 같은 입장을 취할 수 없음을 분명히 밝혔다.

"저는 더 이상 어떤 집단에도 속하지 않아요. 시온주의자 집단은 한때 제가 속했던 유일한 집단이었죠. 오직 히틀러 때문으로, 충분히 이해할 만한 일이죠. 1933년부터 1943년까지만이었어요. 그 후로는 관계를 끊었죠."[6]

아렌트의 이스라엘 국가 비판은 민족국가와 식민주의에 대한 비판에서 유래했다.[7] 그와 달리 마르틴 부버는 세속주의적 시온주의자가 아닌 문화적 시온주의자였다. 협동 투자를 옹호했던 부버였지만, 정착민 식민주의의 한 형태로 이스라엘을 비판하는 데는 실패했다. 부버의 시온주의는 오늘날의 시온주의 프레임에 비추어 본다면 너무나 혐오스러운 것이어서, 이제 그것은 '포스트시온주의적'인 것으로, 혹은 단순히 반反시온주의적인 것으로 읽힌다. 그의 정치적 입장은 1948년 이스라엘이 유대인 국가로 수립되었기에 실패했고, 그는 이스라엘 국가의 수립을 시온주의 자체의 명확한 훼손으로 이해했다. 그 무렵 이후드Ichud* 조직에 속한 그와 다른 이들은 1948년 벤구리온이 선포한, 유대인 국가 이스라엘의 정치적 주권 선언에 대해 그 적법성을 부인했다. 유다 마그네스Judah Magnes, 한나 아렌트와 함께 부버는 1946~1947년 연방제 모델로 통치되는 이민족주의 정치체를 지지했다. 그 무렵 미국과 영국은 유대인의 이민을 더 이상 받지 않는 쪽으로 방향을 틀었다. 지금 우리가 알고 있듯이 벤구리온은 오직 팔레스타인에서만 성소를 찾으려는 유대인의 수를 충분히 확보해서 아랍인보다 유대인이 다수 인구를 구성할 수 있도록, 그 시기에 주요 강대국들에게 유대인의 이민 신청을 거부해달라고 요청했다. 그러고 나서 벤구리온은 1948년 유대인 주권을 원칙으로 삼아 이스라엘 국가의 수립을 선포했다.

초기 키부츠 운동에 에토스를 제공하면서 신망을 얻었던 부버의 관점은 이상주의적이라는 이유로 자주 기각되었다. 그러나 결과적으로

---

* 히브리어로 '통일'을 뜻하는 이후드는 1942년 결성된 소규모 이민족주의 시온주의 정당으로 마르틴 부버, 유다 마그네스 등이 창설했다.

부버의 입장이 보인 가장 큰 맹점은 정착민 식민주의에 의해 확립된 조건에 근거해서 협동의 이상을 배양하려는 시도의 불가능성을 그가 이해하지 못했다는 점이다. 부버는 정착민 식민주의 기획에 의한 토지 몰수와 팔레스타인 노동자들의 예속이 부버 자신의 협동적 이상을 실현할 가능성을 훼손했음을 이해하지 못한 것 같다. 초기 저작에서 부버는 영토권 및 민족적 국권 주장과 거리를 유지할 시온주의적 영성주의를 지지했지만, 그는 땅과 함께하는 실천을 이상화하게 되었고, 토지 수탈에 필요한 네오로크주의적인 근거를 자신의 사유 안으로 끌어들였다. 부버는 유대 민족을 위해 정치적 주권성을 주장하길 거부했지만, 그 땅에 정착하는 것을 시온주의의 실현으로 이해했다. 대신에 부버는 협업적 농업을 시도하는 게 모든 미래에 가능할 정치체의 토대라고 상상했다. 고통스럽지만, 그럼에도 그는 유대인의 정착을 중립적인 의미에서 '식민지화'로 표현했고, 심지어 식민지화에 장점이 있다고 생각하기까지 했다. 역설적이지만 그는 자비로운 식민지화 형태를 추구했고, '팽창주의적' 식민주의보다는 스스로 집중적 식민주의라 불렀던 것을 옹호했다.[8] 1940년대 초반에 **집중적**concentrative이란 단어를 사용하면, 독일어 **강제수용소**Konzentrationslager가 연상되어 끔찍한 반향을 수반했을 것이 분명하다. 그런데 서안, 그리고 가장 강력하게는 가자, 곧 집중적 모델과 직결되어 삶의 조건이 옹색하고 궁핍해진 곳에서 집중적 식민주의가 '성공'했음을 생각하면, 일은 훨씬 더 심각해진다.

부버는 식민주의 비판에 착수할 준비가 되어 있지 않았던 게 분명하다. 그러나 그는 유대인과 팔레스타인인의 문화적 자율성이 유지될 수 있고 다수가 결코 소수를 압제할 지위를 차지하지 않는 연방제를 역시 고수했다. 또 그는 1948년에 몰수되어 1950년에 불법적으로 분배된 토지를 아랍인에게 반환할 것과 경제 협력 사업을 호소했고, 아랍인들의 신뢰를 깨뜨리고 협동 자치, 경작지의 공정한 분배, 소유권에 대한 공정한 판결, 이웃에 대한 인도주의적 인정에 착수하지 않았음을 들어 이스라엘 사람들을 꾸짖으면서, 왜 팔레스타인 사람들이 유대인에게 폭력 행위를 저지르는지 이해할 것을 이스라엘 대중에게 촉구했다.[9] 부버는 경제적 협력과 민간 협력의 양태가 아랍인과 유대인이 공유하는 생활 방식에 기초한 통치 형태를 유기적으로 만들어갈 수 있으리라고 상상했다. 그는 문화의 층위에서 삶 자체의 조직과 함께 시작될 평화와 협동의 과정을 주장했고, 국가 형태가 강요되어서는 안 된다고 생각했다. 그의 관점에서 보면 그 지역에 어울릴 내적으로 복합적인 연방정부 형태는 함께 만든 공통의 삶으로부터 유래할 수 있고 또 그렇게 될 것이었다.[10] 부버가 이해하지 못한 것은 어떤 '공통의' 프로젝트도 이미 벌어진 토지 몰수를 외면할 수 없고, 그가 유대인의 토지권을 주장한 토대로 인해 그의 협동 개념 한복판에 공격적인 민족주의가 자리하게 되었다는 점이다. 흥미롭게도 부버는 자신의 문화적 시온주의 형태와 구별되는 정치적 시온주의의 목적이 시온주의의 정신을 '왜곡하고 있다'고 이해했다. 1948년 이전에 대중을 상대로 쓴 글들에서 그는 시온주의가 정치적 영토 및 국가와 완전히 무관해야 한다는 주장을 전개했다. 그와 비슷하게 프란츠 로젠츠바이크Franz Rosenzweig는 《구원의 별》에서 유대인의 삶은 정의상 유랑과 기다림의 삶이라고 썼다. 땅에 도착해서 유대성을 국가와 재산의 문제로 만드는 것은, 그의 시각에는 유대적 가치의 디아스포라적 토대를 오해한 것이었다.

:: 레비나스

사이드가 정립한 내용으로 돌아가 보면, 모세의 형상이 부버의 '협동' 개념과는 다르게 구상된 '동거cohabitation' 개념을 제공한다는 것을 이해할 수 있다. 모세의 형상은 모세라는 사람person 안에 유대적, 비유대적인 이질적 전통들을 하나로 묶는다. 유대인이 유대적 삶의 조건으로 비유대인에 묶여 있다면 유대와 비유대는 분리 불가능한 것이다. 우리가 상호 관계의 유효성을 알지 못한다 해도 적어도 비유대인 없는 유대인은 생각할 수 없다. 유대인이라는 것은 동일성주의적인 폐쇄를 거부할 방법을 찾으면서, 비유대인과의 관계 속에서 산다는 것을 의미한다. 이런 식으로 사이드는 부버보다는 레비나스의 윤리적 입장에 더 가까이 있는 것 같다. 결국 레비나스가 보기에 주체는 타자에 의해 구성되고 가끔은 '무한한' 타자를 의미하지만, 무한성은 그 얼굴, 무한한 요구를 담지한 다른 사람의 얼굴을 통해서만 알려진다는 것 역시 레비나스는 분명히 한다. 다른 사람은 '저기 밖'에 있고 '나는 아니'기에, 명확한 위치를 점유할 수 있다는 의미에서 '이타성'이라고 볼 수 있을 것이다. 그러나 동시에—그리고 이런 생각은 어느 정도는 함께 사유되어야 한다—그 타자 역시 나를 구성하고, 나 자신을 구성하는 조건으로서 '저기 밖'과 동시에 '여기 안'에도 분리 불가능하게 존재하는 윤리적 요구에 의해 나는 안에서부터 쪼개진다.

이 입장은 부버의 '나-너', 문화적으로 변별되는 각자의 정체성을 주장하면서 그럼에도 협업적 대화와 투자에 가담하는 입장과는 다르다. 레비나스의 입장은 주체와 타자 관계의 비대칭성을 가정한다. 또 이 타자는 이미 나이되 나의 '일부'로 동화되지 않는다는 것을, 나 자신의 연속성을 방해하는 동화 불가능한 것임을, 따라서 '자율적인' 타자와 어느 정도 거리를 둔 '자율적인' 자기를 불가능하게 만든다는 것을 가정한다. 레비나스의 입장을 진지하게 살펴보면 그의 입장은 피상적으로는 부버의 입장과 공명하는 듯 보이지만, 그럼에도 대화에 관한 부버의 철학적 개념을 반박하는 것을 알 수 있다. 나는 레비나스가 말하는 타자에 의한 '개입', 자기의 존재론을 구성하는 토대로서 나의 한가운데에서 먼저 분출하는 타자 개념이 자율적인 주체와 문화다원주의의 한 판본—문화란 자율적으로 구성된 영역이고 문화의 임무는 다른 문화와의 대화를 설정하는 것이라고 가정하는—에 대한 비판을 함축한다고 말하고 싶다. 레비나스의 관점에서 보면 나의 존재에 선행하며, 내가 나타나 되어야 할 자율적 주체autonomous subject I appear to be를 끊임없이 탈중심화하는 이질성이 존재한다. 또한 그것은 위치location에 대한 질문을 영구적으로 복잡하게 만든다. '나'는 어디에서 시작하고 끝나는가? '타자'가 위치할 수 있는 한도는 무엇인가? 이런 입장은 아주 이상하지만 부버보다는 사이드와 더 밀착된 관계를 유지한다. 결국 사이드가 모세를 이용한 방식에 함축된 이종교배miscegenation의 정치가 더 급진적 대안을 이루는 것 같다.

내가 처음에 기대한 것은 타자에 대한 윤리적 의무에 관한 가장 강력한 유대적 진술이 레비나스에게서 나올 수 있지 않을까 하는 것이었다. 그런 의무는 우연적인 것일 수 없을 테고, 이타성 안에서 이타성에 의한 주체의 구성으로부터 유래할 것이기 때문이었다. 물론 좌파 정치를 위해 레비나스를 이용하는 것은 그의 시온주의를 거스르고, 팔레스타인인들이 유대 민족에게 정당한 윤리적 요구를 제기한다는 것을 받아들이지 않은 그의 태도를 거스르는 독해다. 철학적으로 레비나스는 대부분의 상황에서 우리가 타자의 생명을 보존할 의무를 짊어지게 되는, 우리가 거기서 조우한 이타성에 의해 의무를 짊어지게 되는 윤리적 장면을 개괄한다. 그러나 더 가까이 들여다보면 이 장면, 우리에게 보편적으로 의무를 지우는 것 같은 이 장면은 문화적으로나 지리적으로 제한된 것임이 드러난다. 타자의 얼굴을 향한 윤리적 의무는 모든 얼굴을 향해 우리가 느낄 수 있거나 느끼게 되는 의무가 아니다. 어바인 캘리포니아대학교에서 이뤄진 강연 중에 데리다는 만약 자신이 모든 얼굴에 반응해야 한다면 자신은 어쩔 수 없이 무책임해질 것이라고 주장했다. 이 말이 옳다면 윤리적 요구는 문화적 자율성의 여러 관념에 선행하는 게 아니다. 윤리적 요구는 문화, 종족성, 종교와 같은 관념에 의해 사전에 구획되고 제한된다. 이는 '살인하지 말라'라는 계명을 이해하는 데 구체적인 함의가 있다. 레비나스가 보기에 폭력이 금지되는 것은 내게 요구를 하는 얼굴을 가진 이들에 한정된다. 그러나 이 '얼굴들'은 그들의 종교적·문화적인 배경에 의해 차별된다. 이때 그의 관점 안에서는 '얼굴이 없는' 것으로 나타난 사람들, 혹은 그의 논리를 확장한다면 얼굴이 없기에 전혀 나타나지 않는 이들의 생명을 보호할 의무가 과연 있는가 하는 질문이 열린다.

우리는 '얼굴 없는 이들faceless'에 대한 레비나스의 연구를 아직 보지 못했지만, 그런 연구가 진행되고 있다고 가정해보자. 레비나스에게 팔레스타인인들이 얼굴 없는 사람으로 남는다는(혹은 그들은 얼굴 없는 이들을 위한 패러다임이라는) 사실은, 레비나스가 살인 금지를 정치적으로 추론하는 데 많은 이유를 제공하기에 아주 당혹스럽다. 예를 들어 레비나스에게 메시아 전통은 명시적으로 보복 정치에 반대하려는 전통이다. 그래서 레비나스는 반反민족주의 정치와 폭력 최소화 노선을 지향하게 된 것이라는 결론을 독자는 추론해낼 수 있을 것이다. 보복에 반대하면서 레비나스는, 그가 나를 죽일까 봐 두려워 그를 죽이거나 나와 가장 가까운 이를 살해한 사람을 죽일 때 취해질 정의는 없다고 주장한다. 레비나스는 정의의 이름으로 자행된 폭력이 생산할 고통은 결코 마지막 심판final judgement으로 작용하지 않는다고 지적한다. 이것은 특이한 언급으로, 면밀한 고찰을 필요로 한다. 고통(겪기)은 '심판의 신호'가 아닐뿐더러, 심판을 처리하거나 관리하는 행위도 아니다. 따라서 우리는 그 결과 자기 자신의 고통을 심판으로 해석할 수 없고, 또 마치 그런 고통이 참되고 옳은 것에 대한 심판에 지나지 않은 것처럼 다른 이를 고통스럽게 할 수도 없다. 레비나스는 폭력으로 고통 받는 사람은 뭔가 잘못을 저질렀음이 분명하다는 생각이 잘못이라고 주장하는 것 같다. 그리스 비극의 가정은 고통에 대한 대단히 유대적인 관점에 의해 반박된다. 곧 역사의 범죄는 항상 무구한 이를 쓰러뜨리지는 않는다. 때로 역사의 범죄는 죄인을 쓰러뜨리지만, 그때 그것은 우연이다. 왜냐하면 심판의 질서와 고통의 질서(역사의 질서에 속하는)는 철저히 다른 것이기 때문이다. 범죄자들이 고통을 겪고 "쓰러질 때, 그런 쓰러뜨림 뒤에 신의 손은 없다. 그와 같은 역사적 사건들은 역사적 시퀀스의 윤리적 올바름이나 신의 목적을 중계하지 않는다. 당신이 맞고 쓰러졌다면 당신은 틀렸다는 심판을 받은 것이고, 또 그 타격 자체가 심판의 전달이라고 말할 수는 없다. '역사는 심판하지 않음을 랍비 힐렐은 알았다'"(DF, 23). 역사의 어떤 사건도 양심을 심판할 수 없다. 사건이 아무리 계획적이었다고 해도 사건 자체는 '무심한' 것으로 간주된다. 어떤 심판의 형식을 포함하거나 함축하지 않는다.

그렇다면 레비나스에게 메시아주의는 다음과 같은 사실, 곧 심판은 역사 속에서 일어날 수 없고 일어나지도 않는다는 사실과 연관이 있는 것 같다. 도덕의 질서는 역사적으로 전개된 사건들의 연쇄로는 증명되지 않으며, 우리는 역사적 사건이 아무리 끔찍하고 잔인하다고 해도 그 사건들이 어떤 도덕적 심판을 실연實演하거나 드러낸다고 생각할 수 없다. 그렇지만 말하자면 인간을 소환하는 심판의 형식이 존재한다. 그리고 그것은 반박이 불가능한 배정assignation, 연대기나 역사에서 일어나지 않는 배정, 역사적 시간과는 다른 양상으로부터 유래한 배정, 바로 역사의 선재성先在性, anteriority을 이루는 배정의 형식을 띤다. 우리는 윤리적으로 반응하라는 요청을 받는다. 이런 요청은 인간의 삶에 행해지는 메시아적인 것의 효과적인 작용이다. 메시아주의가 기다림, 메시아에 대한 기다림, 그러므로 결국 정의를 위한 기다림의 형식에 관여한다면, 그것은 역사적 시간 안에서는 완수될 수 없는 종류의 기다림인 것이다. 메시아주의는 종말론과 다르다.[11] 만약 시간 안에서 심판을 기다리는 사람이 있다면, 그는 시간이 **결코** 전달할 수 없는 것을 기다리는 것이다. 메시아적인 것에 의미가 있다면, 그것은 역사적 시간 바깥에 있는 어떤 것에 의한 역사적 시간의 중단에 있을 것이다. 벤야민은 특히 〈역사의 개념에 대하여Theses on the Philosophy of History〉* 에서 비슷한 관점을 가졌던 것 같다. 그리고 카프카에게서도 이런 함의를 볼 수 있음은 의심할 여지가 없다.

〈오늘날의 유대 사상Jewish Thought Today〉에서 레비나스는 탈무드 학자들 사이에 전개된 토론에 대한 라시Rashi**의 주석에 한 가지 해석을 제공한다. 그들은 "누가 메시아인지 우리가 어찌 알까?"를 질문했고, 어떤 학자는 "메시아는 어쩌면 나일 수도 있다"(89)고 결론을 내린다. 라시는 이런 의견에 침묵으로 반응했고, 질문을 계속 내버려 두었다. 실상 그것은 영원히 열려 있는 질문이다. 메시아가 나일 수 있지 않을까? 따라서 '누구, 나?'는 이 문장에서 물음표와 함께 온다. 이것은 명확한 대답이 있을 수 있는 질문이 아니다. 그것은 질문을 제기하는 모든 '나me'가 다른 사람이기에 오직 반복되기만 할 질문이다. 바로 그것이 레비나스식 의미로 윤리적 요구의 '무한성'이 수사적으로 작동하는 방식이다. 메시아가 고통 받는 데 적임자라면, 이 특수한 주석에 따른다면 그는 다른 이들의 고통을 떠안은 사람이며, 메시아적인 것의 특성인 무한히 분배되는 책임을 짊어질 사람이기도 하다.

비록 우리의 고통이 심판을 반영하지는 않을지라도, 다른 사람들의 고통은 끊임없이 우리에게 제기된 윤리적 요구의 실체를 정립한다. 레비나스가 보기에 이런 책임을 '회피'하기는 불가능하다. "다른 이들의 고통이 부과한 부담을 피하지 않는다는 사실이 자기를 정의한다." 그리고 그는 이렇게 진술한다. "모든 사람이 메시아다." 그리고 "자기〔Moi〕는 이 세계 전체에 대한 책임을 지겠다고 스스로 약속한 사람이다"(DF, 89)라고.

---

* 이 글의 영어판 제목은 '역사철학에 관한 테제'라고 옮길 수 있으나, 독일어판 전집을 저본으로 삼은 발터 벤야민 선집 5 《역사의 개념에 대하여 외》(최성만 옮김, 도서출판 길, 2008)의 번역에 따랐다.

** '랍비 슐로모 이츠하키'의 약칭. 생몰 1040~1105년. 중세 프랑스에서 활동한 랍비로 탈무드에 주석을 달았다.

그러므로 메시아적인 것은 기다림과 고통의 경험일 뿐 아니라, 자기와 공외연적公外延的, coextensive인 타자에 대한 책임을 만드는 계명에 대한 무의지적이고 무한한 수용성이기도 하다. 실로 타자에 대한 책임은 자기의 탈아적 구조를 구성하는데, 이는 내가 나의 밖에서 부름을 받는다는 사실, 그리고 이러한 이타성과의 관계가 본질적으로 나를 정의한다는 사실을 말한다. "누가 메시아일까?"를 물을 때 그리고 "그게 나일까?"란 질문을 제기할 때, 우리는 후자의 질문을 통해서 타자의 고통은 당연히 다른 누구도 아닌 바로 우리의 책임임을 가리키게 된다. 우리는 이렇게 묻는다. "내가 누군가의 고통을 수신하고 있는 것이겠지? 그렇다면 누구의 고통을?" 그래서 메시아적인 것이 보통 때 맞춰 오거나 오지 않을 단수의 사람과 동일시된다고 해도, 메시아적인 것은 레비나스가 보기에 우리가 '누구, 나?'란 질문을 제기하는 모든 순간에 작용한다. 그가 보기에 그런 순간은 엄격히 역사적인 것이 아니다. 곧 그것은 단지 이러저러한 고통의 상황에 대한 반응으로만 일어나지 않는다. 요구는 역사적 시간을 횡단하며, 역사적 위치에 의해 '상대화'될 수 없다. 따라서 우리가 그의 논증을 끝까지 따라가서 논증의 논리적 결론에 이르게 된다면 요구가 나타날지 모른다. 메시아적인 것은 공시적共時的인 시간 안에 나타나지 않는다. 메시아가 '누구'인지 최종적으로 검증하기는 불가능할 것이다. 메시아적인 것의 전체적 핵심은 '누구'란 질문을 계속 열어두는 것이기 때문이다. 메시아적인 것은 윤리적 요구를 명시하는 질문 형식 안에서 간접적으로 또 무한히 빛난다. **누구, 나?** 사실 그게 나여야 한다는 것이 그 질문 밖에서 발견될 이유는 전혀 없다. 다만 그 질문의 수신자는 모든 사람이기에(그리고 아마 모든 사람에게 수신되기에) 나는 그 질문에 연루된다.

그러나 이런 요구가 비역사적 지대, 그가 사건의 질서, 곧 역사인 바의 질서와 구분되는 심판의 질서라고 부르는 것에서 온다면, 우리가 의무로서 반응해야 할 바로 그것이 무엇인지는 이해하기 어려워진다. 그것은 우리의 역사적 상황이나 특수한 고통의 역사적 형태일 것 같지는 않다. 레비나스가 보기에 메시아주의는 역사와 정치를 모두 자의적이고 정당하지 않고 심지어 터무니없는 것으로 만드는 관점을 확립한다. 역사에서 터무니없는 요소를 느낄 수 없다면, 우리의 메시아적 감수성의 일부가 상실된다.

《어려운 자유Difficult Freedom》에서 레비나스는 특수한 집단인 유대인, 곧 그가 보기에 역사적 사건들의 자의적인 폭력을 경험했던 이들의 메시아적 감수성을 가리킨 것이 분명하다. 그리고 이런 윤리적 관점이 역사적 시간을 횡단한다고 말했던 레비나스이지만, 이제 그는 자신의 수칙을 망각한 듯 역사적 장소, 민족, 국가로서 이스라엘을 검토하는 쪽으로 재빨리 옮아간다. 레비나스는 더 나아가 유대인의 운명은 보편주의적 특수주의universalist particularism의 차원에서 행동하는 것이라고 주장한다. 이것은 전혀 자의적인 운명이 아닌 필연적인 운명이다. 그리고 그의 관점에서 역사적 사건들은 유대인에게 자의성을 띠지만, 유대인의 임무—그들의 운명—는 특수와 보편의 화해다. 한편으로 이 임무는 운명이고, '역사 안에서' 일어나지 않는다. 이것은 선택된 단수의 임무 혹은 운명이고, 특수한 역사적 사건들에 무심한 채로 재발하는recurrent 운명이다. 다른 한편으로 이러한 몰역사적 '운명'은 역사적이고 동시대적인 현실로서 시온주의를 지지하는 그의 논증에 토대가 된다. 만약 이런 운명이 필연적이고 몰역사적인 것이라면, 그것은 심판과 도덕의 영역과는 구분되는 사건들의 장이자 자의적인 시퀀스로 이해되는 역사와 같은 것이 아니다. 인간이 겪는 사건의 부조리성이 환기된 것은, 역사적 고통이 고통 받는 이들에게 도덕적으로 가해지는 '심판'의 형식이라는 생각을 일소하기 위해서다. 그러나 시온주의는 역사 **안에서** 어떤 필연성을 실행하는 '운명'이 된다.

따라서 비판적인 질문이 출현한다. 시온주의는 역사적으로 형성된 운동, 믿음과 실천의 집합인가? 아니면 시온주의는 일종의 필연성에 의해 역사 속에서 재발하는 몰역사적 '운명'인가? 역사적이라면 그것이 존재하는 데는 어떤 도덕적 이유도 없다. 몰역사적이라면 그것은 역사적 시간을 횡단하는 도덕적 필연성을 구성하고, 그 의미는 모든 역사의 바깥에 있게 된다. 이와 유사하게 우리는 윤리적 관계에 대한 레비나스의 서술이 자기의 박탈을 필요로 하며, 이는 시온주의에 대한 그의 서술, 곧 자율성과 정체성에 대한 기존의 확고한 개념과 또 유대인을 위한 박탈의 극복(그러나 유대인이 함축적으로 보편적이고 따라서 특수주의의 특권적인 형태인 경우를 제외한다면 모든 사람을 위한 극복은 아닐)을 호소하는 서술에 위배된다는 것을 알게 된다. 가령 레비나스는 이렇게 쓴다. "시온주의와 이스라엘 국가의 창조는 유대인의 사유에서, 온전한 의미로서의 자기 귀환과 수천 년 동안 지속된 소외의 종식을 의미한다"(DF, 164). 일찍이 메시아주의는 역사와 무관한 것으로 정의되었지만 이제 시온주의는 메시아주의를 벗어나게 된다. 따라서 가령 메시아 전통과 시온주의의 정치적 자기정당화 전략을 굳게 연결한 재클린 로즈Jacqueline Rose의 《시온의 질문*The Question of Zion*》을 독해하는 데 문

86

제를 야기한다.[12] 예를 들어 레비나스는 이렇게 쓴다. "이스라엘의 영적인 인격은 박해받은 소수자였다는 이유—박해받았기에 깨끗한 손을 갖게 될 기회가 모든 이에게 돌아가지 않는데도!—로 세계사에 거의 참여하지 않았음에도 수세기 동안 용서를 받았다면, 이스라엘 국가는 정의로운 세계를 불러옴으로써 역사 속으로 진입할 첫 번째 기회다"(DF, 164).

그러나 이스라엘 국가가 불러왔다고 하는 이 정의는 무엇인가? 레비나스가 보기에 그것은 특수주의에 구현된 보편주의의 한 예에 부여된 형식인데, 이는 이 민족 곧 유대인이 시간의 흐름 속에서 특수한 운명으로서 보편주의를 짊어지고 있음을 의미한다. 이런 보편주의, 이런 정의가 역사 "속으로 진입"하고, 이는 그것이 원래는 공시적인 것인 비역사적 관계에서 발원해 어떻게든 역사적이거나 통시적인 것으로 넘겨졌음을 시사한다.

이런 윤리적 관계는 무엇인가? 그리고 레비나스는 이러한 윤리성의 양태를 명시하고 보호하는 게 이스라엘의 특수한 임무라고 주장하는 것인가? 우리가 책임감을 사유하는 일상적 방식이 레비나스의 정립에서 바뀐다는 것을 중요하게 기억하자. 우리는 고통의 원인이 우리라는 게 명확할 때에만 타자의 고통을 책임지지 않는다. 곧 우리는 우리가 했던 분명한 선택과 거기서 초래된 결과에 대해서만 책임을 지지 않는다. 물론 그런 행위는 책임을 설명하는 데 중요한 요소지만, 그것이 책임감의 가장 근본적인 구조를 제시하는 것은 아니다. 레비나스에 따르면 우리는 우리와 타자가 맺은 관계의 한복판에서 부자유를 확인한다. 그리고 이것을 인정할 때에만 우리는 책임감을 이해하게 된다. 다시 말해 나는 타자가 무엇을 하건, 내가 무엇을 의지하건, 나와 타자의 관계를 부인할 수 없다. 책임은 의지를 배양하는(칸트철학에서처럼) 데 관련된 일이 아니라, 무의지적 감수성susceptibility을 타자에게 반응하기 위한 자원으로 인정하는 일이다. 타자가 무엇을 했건 타자는 여전히 나에게 윤리적 요구를 하는 사람이고, 내가 반응해야 하는 '얼굴'을 갖고 있다. 이는 말하자면 내가 결코 선택하지 않은 이들에게 반응하는 관계, 바로 그것 때문에 내가 복수를 하지 못한다는 의미다.

물론 자신이 책임지겠다고 전혀 선택하지 않은 사람들을 윤리적으로 책임진다는 것은 폭행일 수 있다. 그러나 바로 이 지점에서 레비나스는 모든 가능한 선택의 조건에 앞서 그 조건을 마주하는 타자의 삶에 연루되어 있다는 것의 여러 양태에 주목한다. 앞서 지적했듯이 아렌트는 비슷한 입장, 곧 무의지적 동거는 우리 정치적 삶의 조건이지 우리에게 그것을 파괴할 자격이 있는 것은 아니라는 입장을 전개할 것이다. 지구상에서 누구와 함께 살지 선택할 수 있는 이는 아무도 없다(바로 이것이 아이히만의 지대한 실수였다). 레비나스가 보기에 타자의 '얼굴'에 반응하는 것이 끔찍하고 불가능한 상황, 심지어 살의에 불타는 복수의 욕망이 압도해 저항할 수 없게 되는 상황이 존재한다. 그러나 타자와의 일차적이고 무의지적 관계는 우리가 주의주의主意主義, voluntarism와 함께 자기보존을 위한 이기주의에서 초래된 충동적인 공격도 포기할 것을 요구한다. 따라서 '얼굴'은 박해자를 향한 충동적인 공격을 막는 엄청난 금제禁制를 전달한다. 〈윤리와 정신Ethics and Spirit〉에서 레비나스는 이렇게 쓴다.

얼굴은, 얼굴의 부분 때문에 위반할 수 없다. 절대적으로 보호받지 못한 채로 있는 저 눈, 인체에서 가장 벌거벗은 부분은 그럼에도 소유에 대한 절대적인 저항, 살인에의 유혹이 각인된 절대적인 저항을 제공한다. 타자는 우리가 죽이고 싶다는 유혹에 빠질 수 있는 유일한 존재다. 이러한 살인 유혹과 이러한 살인 불가능성이 바로 얼굴의 비전vision을 구성한다. 얼굴을 보는 것은 이미 "살인하지 말라"를 듣는 것이고 "살인하지 말라"를 듣는 것은 '사회적 정의'를 듣는 것이다. (DF, 8)

타자에 의한 '박해'가 우리 의지와 무관하게, 때로 우리 의지에 반反하여 일방적으로 강요된 행동 범위를 의미한다면, 레비나스가 상해와 최종적으로는 나치의 학살에 대해 이야기할 때 그것은 더욱 글자 그대로의 의미를 띤다. 레비나스는 놀랍게도 "박해의 외상에서" 윤리적인 것이란 "직접 겪은 폭행에서 박해자에 대한 책임으로 …… 고통에서 타자를 위한 속죄로 이행"하는 데 있다고 쓴다.[13] 따라서 책임은 박해받은 자에게, 곧 박해에 대한 반응으로 살인을 할지 말지가 주요한 딜레마일 박해받은 자에게 제기된다. 그것은 살인 금지의 한계 사례, 살인 금지의 정당화가 가장 의문시될 때의 상황이라고 볼 수 있다.

1971년에 레비나스는 박해와 책임을 고찰할 때 자신에게 홀로코스트가 어떤 의미를 갖는지를 솔직히 성찰했다. 그는 박해받음에서 책임감을 도출하는 것이, 유대인을 비롯해 나치의 학살에 희생당한 이들의 운명을 그 피해 당사자들의 탓으로 돌린 이들에게 공명하는 셈이 될 위험이 있음을 분명히 인식한다. 그러나 레비나스는 그런 관점을 명확히 거부한다. 그는 박해를 일종의 윤리적 장면, 혹은 적어도 중단될 수 없는 윤리의 차원으로 확립한다. 그는 박해와 책임의 특수한 관계를 유대주의의 심장부에, 심지어 이스라엘의 본질로 자리매김한다. 그는 '이스라엘'이란 단어를 모호하게, 또 결과론적으로 유대 민족과 팔레스타인 땅 모두를 가리키는 데 사용한다. 그는 다음과 같은 논쟁적인 정립을 제공한다.

> 이스라엘의 궁극적인 본질은 선천적인(innée) 무의지적 희생의 경향, 박해에의 노출에서 유래한다. 이스라엘이 주인으로서 완수할 신비적인 속죄를 생각할 필요 때문이 아니다. 박해받는다는 것, 아무런 죄를 짓지 않았는데도 죄인이라는 것은 원죄가 아닌 보편적인 책임감, 어떤 죄보다도 오래된 타자(l'Autre)에 대한 책임감의 이면이다. 이는 비가시적인 보편성이다! 이는 심지어 자기가 선택받기를 자유로이 선택하기 전에 **자기**(moi)를 내놓는, 선택하기의 반대다. 이것을 이용해먹을지(abuser) 말지는 **타자들의 몫**이다. 이런 책임에 한계를 두느냐 전적인 책임을 주장하느냐는 자유로운 자기(moi libre)의 몫이다. 그러나 오직 그 근원적인 책임감의 이름으로, 이런 유대주의의 이름으로만 그리할 수 있다.

(DF, 225)

위 문단은 여러 가지 이유로 복잡하고 문제가 많다. 특히 그가 나치즘 치하 유대인의 고통과 이스라엘—1948년부터 그가 이 글을 쓰던 1971년까지는 **땅**과 **민족** 둘 다를 뜻하는 것으로 이해된—의 고통을 직접적으로 유비한 것이기에 그렇다. 이스라엘의 운명이 유대인의 운명과 등치된다는 것은 그 자체로 논쟁적이다. 그렇다면 유대주의의 디아스포라적이며 동시에 반시온주의적인 전통은 배제되기 때문이다. 더 강조해서 말하자면 지속된 전쟁, 점령, 이후에도 연년세세 팔레스타인 사람 수천 명의 삶을 앗아갔던 이른바 초사법적extrajudicial 살인은 말할 것도 없고, 1948년 한 해에만 75만 명에 달하는 팔레스타인 사람이 집과 마을에서 강제로 쫓겨난 것을 놓고 볼 때, 그 기간에 이스라엘 국가가 **유일하게** 박해를 받았다고 하는 것은 분명 틀린 주장이다. 여기서 레비나스가 '박해'를 구체적인 역사적 현상에서 추출하면서도 그것을 명백히 시간을 초월하는 유대주의의 본질로 확립하려 든 것은 기이하고 문제가 있는 부분이다. 결국 그는 유럽의 유대인을 절멸하려 한 나치의 운동을 역사적 사건으로 거론하면서도, 수정주의를 암시할 가능성이 있는 여지를 모두 피하고자 모호하게 말해야 했던 것 같다. 이제 '박해'가 유대인의 '운명'을 특징짓고, 따라서 재발하는 몰역사적 실존 차원을 의미하게 된다면, 유대인들만이 항상 박해를 받는 상황에 있지 않았음을 제시하는 모든 역사적 논증은 정의定意상의 토대—정의상 유대인은 박해받는 이들이기에 박해할 수 없다는 토대—만으로도 반박될 수 있을 것이다. 박해를 정체성의 필연적이면서 정의 가능한 특질로서 '이스라엘'에 귀속시키는 것은 주체의 전前존재론적인 구조에 대한 레비나스의 관점 덕분에 입증되는 것 같다. 보편성의 메시지를 전달한다는 바로 그 이유에서 유대인들이 '선택된 민족'으로 간주된다면, 그리고 레비나스의 관점에서 박해와 윤리적 요구를 통해 주체를 취임시키는 구조화가 '보편적인' 것이라면, 유대인은 이러한 전존재론적인 박해의 모델이자 사례가 된다. 따라서 유대인은 더 이상 역사적이지 않다. 사실 문제는 유대인이 역사적으로나 문화적으로 구성된 존재론에 속한 범주라는 것이다(그것이 무한자 자체에 접근하기 위해 필요한 이름이 아니라면). 따라서 유대인이 윤리적 반응성에 관해 '선택된' 위상을 유지한다면, 그럼으로써 전존재론적인 것과 존재론적인 것의 충만한 혼융이 레비나스의 작업에서 완수된다. 유대인은 존재론의 일부도 역사의 일부도 아니게—유대인은 역사적 시간의 질서에 속한 존재로 이해될 수 없다—되지만, 레비나스는 이런 열외를 이용해서 그 자체 역사적으로 형성되고 유지되었던 이스라엘의 역할을 영원히 배타적으로 박해받는 것으로, 그리고 정의상 결코 박해하지 않는 것으로 주장한다. 그 결과 우리는 이 역사적·정치적 국가를 생각함에 시간을 초월해 고통 받는 박해를 염두에 둘 것을 요구받고 있다—특수한 역사(팔레스타인인들에 대한 박해를 포함한)와 현재(레바논에 거의 백만 명에 달하는 강제이주자를 만들어낸 것을 포함한), 그리고 일군의 있을 수 있는 미래(박해를 자신의 조건으로 가정하지도 재강화하지도 않는 새로운 관계성 관념을 지향하면서, 박해받았음으로 자기를 무한히 정당화하는 주장과 보복의 정치를 넘어서려는 노력을 포함한)를 가진 국가로서가 아니라.

두 영역에 걸친 똑같은 혼란이 다른 맥락에서 분명해지는데, 레비나스는 유대주의와 기독교가 윤리적 관계성 자체의 문화적·종교적 전제조건이라고 주장하고, "아시아 민족의 셀 수 없이 많은 대중(des masses innombrables de peuples asiatiques)과 미개한 민족들의 발흥"이 유대 보편주의의 "새로이 발견된 진정성을 위협한다"(DF, 165)는 호전적인 인종차별주의적 경고를 발한다. 이는 이제 윤리가 "이국적 문화들"에 토대할 수 없다는 경고로 돌아온다. 그는 우리가 윤리적으로 타자의 배고픔을 매도하지 않을 수 있다고 말하지만, 한 걸음 더 나아가서는 "이

렁듯 희망을 품고 살려는 이 수많은 유목민 무리의 탐욕스러운 눈 밑에서 유대인과 기독교인은 역사의 주변부로 밀려나고, 그렇게 되면 어느 누구도 성가시게 유대인과 기독교인, 가톨릭 신자와 프로테스탄트의 차이를 확인하려 들지 않을 것이다"고 말하기까지 한다. 레비나스는 심지어 한때 이들 종교를 새롭게 통일하려고 했던 보편주의인 마르크스주의조차 "이렇듯 광대한 이질적인 문명과 철옹성 같은 과거 속으로 사라질 …… 것이다"(DF, 165)라고 적는다. 그는 "그저 야만주의라 불릴 수밖에 없을 것"의 이러한 발흥을 막으려는 싸움을 위해 기독교인과 유대인 간의 새로운 친족 관계를 요청한다.

나는 레비나스가 전존재론적인 '박해'의 의미—모든 존재론에 앞서 일어난 충돌과 연관된—와 전적으로 존재론적인 의미의 '박해'—민족의 '본질'을 정의하게 되는—사이에서 동요한다는 것을 여기서 강조하고 싶다. 비슷하게, "근원적인 책임감의 이름"과 "이런 유대주의의 이름"이 문단의 마지막에 동격으로 나란히 배치되면서 이런 근원적이고 따라서 전존재론적인 책임감은 유대주의의 본질과 같은 것임이 확실해지는 듯하다. 이것이 유대주의의 변별적 자질이 되려면 모든 종교의 변별적 자질이어서는 안 된다. 그는 "성인들의 역사와 아브라함, 이삭, 야곱"(DF, 165)을 언급하지 않는 모든 종교적 전통을 주의하라고 경고하면서 이 점을 분명히 한다. 비록 유대 민족과 이스라엘을 동일시하는 문제가 있으며 유대 민족을 결코 박해하지 않고 단지 박해받는 민족으로만 형상화하는 그의 표현을 황당무계한 설명으로 간주한다고 해도, 말하자면 레비나스를 그의 의도와 반대로 읽으면서 다른 결론에 이를 수 있다. 여기서 상처와 폭행을 전달한 레비나스의 말은 그 말을 읽은 이들에게 윤리적 딜레마를 제기한다. 그는 특정한 종교적 전통을 윤리적 책임의 전제 조건으로 한정하고 그럼으로써 다른 전통들은 윤리성을 위협하는 것으로 배제해버리지만, 레비나스가 그런 일은 일어날 수 없다고 주장한 바로 그 지점에서, 말하자면, 우리는 면대면의 만남을 주장하는 게 사리에 맞는다. 게다가 여기서 그의 말은 우리에게 상처를 주지만, 아니 그의 말이 여기서 우리에게 상처를 준다는 바로 그 이유 때문에, 설령 이러한 비상호성 관계가 고통스러울지라도 우리는 레비나스에게 책임이 있다.

그는 박해받는다는 것은 타자에 대한 책임의 이면이라고 말한다. 양자는 근본적으로 연결되어 있고, 우리는 얼굴의 이중적인 원자가 valence에서 이것의 객관적인 상관 현상을 보게 된다. "이러한 살인 유혹과 이러한 살인 불가능성이 바로 얼굴의 비전을 구성한다." 박해받음의 반응으로 살인이 일어날 수 있고, 심지어 어떻게 보아도 복수를 부르는 상해를 가한 사람이 아닌 이들에게 살인적인 공격을 가하는 일이 일어날 수 있다. 그러나 레비나스가 보기에 윤리적 요구는 바로 얼굴의 인간화humanization에서 출현한다. 내가 자기방어적으로 살인 유혹을 느낀 이 사람은 '내게 자신의 권리를 주장하면서, 거꾸로 내가 박해자가 되지 않도록 막아주는 사람'이다. 물론 박해받는 상황에서 책임이 유래한다는 주장은, 특히 책임감이 나를 다른 사람이 유해한 행동을 하는 원인으로 규정하지 않는다면, 강제적이고 반反직관적인 주장이다. 그러나 역사적으로 구성된 어떤 민족 집단이 정의상 항상 박해받을 뿐 결코 박해하지 않는다는 주장은 존재론적인 층위와 전존재론적인 층위를 뒤섞는 것일 뿐 아니라, '자기방어'란 이름으로 무한한 공격 의지와 용납할 수 없는 무책임을 인가하는 일인 것 같다. 물론 유대인에게는 반유대주의, 유대인 학살, 600만 명 이상이 학살당한 강제수용소의 고통을 포함해 문화적으로 복잡한 역사가 있다. 그러나 많은 경우 전前시온주의적인, 종교적·문화적 전통과 실천의 역사도 역시 존재한다. 또 문제적이고 심지어 수용하기 힘든 이상과 정치 형태로서의 이스라엘과 관련된, 통상 인정되는 것보다 더 골치 아픈 역사가 존재한다. 박해가 유대주의의 본질이라고 말하는 것은 유대주의를 빌미로 수행된 공격과 행위성을 무시하는 처사일 뿐 아니라 문화적·역사적인 분석—유대 민족을 정의하는 초역사적 진리로 규정되며 보편적인 것으로 이해되는, 단수의 전존재론적 조건에 의지함으로써 복잡하고 특수해진 것이 틀림없는—을 선매해버리는 것이다.

:: 누가 얼굴을 가지는가?

그렇다면 레비나스의 논문에서 말하는 얼굴에 무슨 일이 일어난 것일까? 인간화하라는 얼굴의 지령, 타자의 불확실한 삶에 맞춰 머무르라는 얼굴의 명령, 항상 타자를 우선시하는 관계성 안에서 나는 박탈당하게 된다는 얼굴의 요구는 어디에 있는가? 갑자기 얼굴이 아니라 얼굴 없는 유목민 무리horde의 형상이 있다. 유목민 무리는 이 나this me 뿐만 아니라, 메시아주의에 대한 이해와는 반대로 홀로, 혹은 기독교도 친족과 함께 보편성의 정신 자체를 짊어진 역사적 위치에 있는 집단적인 '우리'도 집어삼키려 위협한다. 여기에는 명명할 수 있는 이슬람도, 명명할 수 있는 아랍도 존재하지 않는다. 오직 얼굴 없는, 위협적인 집어삼킴, 모호하게 **아시아적인** 어떤 것, 보편성을 짊어질 임무를 위해 선택된 민족을 위협하고, 따라서 보편성 자체를 위협하는 어떤 것이 있을 뿐이다. 이런 타자의 얼굴에서 유래한 계명은 전혀 있을 수 없다. 이 얼굴 없는 타자는 얼굴이 출현해 나올 전통 전체, 계명의 유산 전체를 훼손하려 위협할 것이기 때문이다.

여기서 우리는 레비나스식 윤리적 장면에 동의할 아쉬케나지적인 가정, 곧 실체로서 유대인의 역사는 유럽 유대인Jewry의 역사이지 세파르딤(스페인과 포르투갈 계통인)의 것도 미즈라힘(북아프리카와 아랍계 유대 문화 계통인)의 것도 아니라는 생각을 볼 수 있다. 그리고 우리가 행간에서나 문장의 말미에서 읽을 수 있는 것은 이스라엘의 다수를 형성하는 유대인의 통치를 지지하는 대담한 논증이다. 잠식에 대한 레비나스의 두려움은 권력의 공유나 동거가 의미할지 모르는 것을 두려워하는 이스라엘 사람들에게서 듣게 되는 바 바로 그것이다. 시온주의가 동거 철학으로서 가질 수 있을 의미는 모두 시야에서 사라졌다. 레비나스는 유대주의의 '예외적인 운명'을 마음대로 언급하면서, '정초된 종교'인 이슬람—이는 이슬람이 생각 없는 민족과 함께했던 지도자의 카리스마를 통해 유발되었다는 의미다—에 반대한다. 그러나 분명한 것은 레비나스가 유대주의 역시 이집트 사람인 모세에 의해 정초되었다는 사실을 망각함으로써만 이슬람에 그런 결함이 있다고 주장할 수 있다는 점이다.

이 마지막 부분은 결과론적인 태만이고 등한시다. 따라서 유대주의가 뭔가를 의미할 수 있다면 그것은 유대적이지 않은 것에 정초적 함의를 두고 있기에 그럴 것이라는 점을 유념한 프로이트, 그리고 그 점을 환기한 사이드를 참조하는 것이 중요하다. 레비나스가 두려워한 이 '굶주린 유목민 무리', 그의 '문명' 관념의 유대-기독교적 토대를 파괴할 듯 들고일어날 것을 위협하는 이 무리는 사이드의 관점에서 보면 환란에 처한 민족, 박탈당한 자들, 디아스포라적인 유대주의가 윤리적 연대를 유지할 난민들이다. 역설적이지만 그런 순간에 유대주의의 비유럽적인 설립자, 혹은 유대주의를 적어도 유대인이 아닌 이들과 구성하는 관계로 되돌리자고 간청하는 이가 바로 사이드다. 사이드가 "엄청난 인구 이동이 일어나는 이 시대"에 "난민, 망명자, 국외 거주자, 이민자들"(FNE, 53)과 유대인을 같은 대열에 있게 만든 유대적 삶의 추방된 디아스포라적 성격을 언급한다는 점을 기억하자. 레비나스는 바로 이와 같은 '유목민 무리'에서 유대주의를 빼내 보호하려고 했는데, 사이드가 보기에 그 무리는 바로 윤리적·정치적 요구를 우리에게 제기한 바로 그 인구이고, 역사적으로 박해와 추방을 겪었던 유대인들이 어떻게든 그들에게 화답할 충분한 이유가 있다. 이런 반응성이 바로 레비나스가 윤리적인 것의 의미라고 생각한 그것인 것 같지만, 유목민 무리가 '얼굴 없는' 사람들이라면 반응은 전혀 불가능할 것이고 의무도 아닐 것이다.

그럼에도 의무적인 반응이 요구하는 것은, 레비나스가 명시적으로 제기했던 미래와는 다른 정치적 미래를 구성하는 사람으로 사이드를 이해해야 한다는 것이다. 타자는 단순히 폭력적으로 강요되고 유지되는 국경 저편에 있는 사람이 아니다. 타자의 고통에 반응할 것을 요구하는 윤리를 무화할 수 있는 분리 장벽은 전혀 존재하지 않는다. 인구를 차별하고 그들의 혼용을 막고 인구 전체를 얼굴이 없는 것으로 만든 국경을 가로지르면서 그런 책임감을 생각할 수 있을까? 부버는 '함께 살기'란 개념을 반대할 사람들이 언제나 존재할 것이라고 보았지만, 분리 장벽을 상상하지는 못했다. 그러나 '따로 살기'가 폭력적으로 감시·통제되는 국경과 장벽의 위임통치를 받고 있는 지금, 글자 그대로 더 이상 얼굴이 보이지 않고, 매체가 얼굴을 보여주지 않고, 《하아레츠Haaretz》*가 그래픽 사진의 도움을 받으며 이스라엘 빈민을 위한 기금은 마련하지만 폭력적으로 감시·통제되는 가자 지구의 경계 안쪽에서 살아가는 영양실조 상태의 사람들—체계적으로 고통이 감춰지고 있는—을 위한 기금은 마련하지 않는데, 우리가 어떻게 타자에 대한 의무를 생각할까? 정치적 제휴의 형태는 비제도적인 방식으로 함께 살고 일하는 것을 수반한 삶의 방식에서 출현할 수 있고, 또 그런 제휴는 해결이 어려운 갈등에서 벗어날 비폭력적이고 공정한 해결책을 추구하는 공동 협의체의 토대와 모델을 제공할 수 있다고 믿었다는 점에서 부버는 적절했다. 그런 공동체들—이중언어 교육기관, 이중언어 연극 제작, 협동적인 저항 운동—을 만드는 게 중요한 것은 맞지만, 더 큰 문제는 지배적인 매체에 규범으로 작용해온 어떤 얼굴 없음과 관련이 있다. 이스라엘 민족에 소속되는 것이 윤리적 태도의 전제조건이라면 민족국가의 벽 바깥에 있는 이들에 대해서는 어떤 윤리적 태도도 지닐 수 없을 것이고, 그 지점에선 어떤 타자도 존재하지 않을 것인데, 이는 윤리적 요구가 무화되었다는 것을 의미한다. 게다가 부버는 식민주의 구조 안에서 공존coexistence을 추구할 수 있으리라고 생

---

* 이스라엘의 유력 일간지.

각했고, 더 많은 땅을 주장할 유대인의 권리를 긍정했다. 그의 관점—이민족적이고, 식민주의적이고, 문화적으로 시온주의적인—은 식민적 정복의 구조 내부에서 함께할 수 있다고 생각한 공존 프로젝트를 따라다니며 계속 출몰한다. 오직 식민적 정복을 붕괴시킬 때에만 공존을 먼저 생각할 수 있게 될 것이다.

그러나 식민자들을 움직여서 평등과 사회적 복수성 원칙에 근거해 그 정치체의 구조 변경을 고려하도록 만들 수 있는 것이 무엇일까? 사이드는 누군가의 민족주의 옆에서 살아가면서 국경을 분석의 중심으로 삼고, 민족주의적 에토스의 탈중심화를 용인함으로써만 획득될 수 있는 윤리적·정치적인 동맹을 지향한다. 나는 이것이 군국주의적 민족국가의 민족주의인지 아니면 결코 국가를 알지 못했던 이들의 민족주의인지가 중요하다는 점을 덧붙이고 싶다. 그리고 우리는 모든 있을 수 있는 미래의 민족(이스라엘, 팔레스타인, 이스라엘/팔레스타인)을 사유하는 방식으로서, 어떻게 자기 민족에 대한 헌신이 다른 민족과의 동거에 대한 동시적인 헌신을 수반할지 사유하는 방식으로서 사이드의 주장을 고려할 수 있을 것이다.

:: 민족들

민족주의를 무효로 만들고 민족주의의 주장에 반대하고 민족주의의 영향력 바깥에서 생각하고 느끼는 실천을 시작한다는 것은 무슨 뜻일까? 이것은 정체성이 그 자체로 완전히 돌아가지 않고, 차이를 근절하거나 단순한 동일성으로 돌아갈 수 없는 관계망에서 쫓겨난 채로 있는, 새로운 정치체를 위해 사이드가 디아스포라적인 조건을 유지하는 것의 중요성에서 보았던 것과 비슷한 것일까? 이것은 단지 내 본모습이 나me 아닌 '너'에게 의존하고 있다는 것을 발견하는 문제가 아닌, 바로 나의 애착 능력, 사랑과 수용성에 관한 능력이 이런 '나ı'의 지속적인 박탈을 필요로 한다는 것을 발견하는 데 관한 문제다. 곧 이것은 부버의 나와 너 개념보다는 더 급진적인 생각이라는 게 내 견해다. 그것은 디아스포라적인 레비나스, 에드워드 사이드의 작업에 가장 흥미롭게 체현되어 있음을 확인할 수 있는 레비나스에 속한다.

민족주의적 주장 바깥으로 움직이기 위해, 결국 우리가 사랑할 수 있는 것이 무엇인지 고려해야 한다는 것은 놀라운 일이다. 하나는 아렌트에게서, 다른 하나는 마흐무드 다르위시에게서 갖고 온 두 인용문을 생각해보자. 둘은 서로 대화를 나누었을 것 같은데, 나는 민족주의의 옆에서 살아갈 방법의 사례로 두 사람의 문장을 인용한다. 주지하다시피 아렌트는 《예루살렘의 아이히만》을 출간한 후에 게르숌 숄렘을 위시한 사람들에게 비판을 받았다. 아렌트가 당시 유대 정치의 부적합한 전망으로 여긴 것에 집중했다는 이유로 숄렘은 그녀에게 "무정하다"고 했다. 숄렘은 1963년 예루살렘에서 아렌트에게 다음과 같이 썼다.

"유대 전통에는 우리가 **아하바트 이스라엘**Ahabath Israel, 곧 '유대 민족에 대한 사랑……'이라고 알고 있는, 구체적으로는 정의하기 어려운 개념이 있습니다. 친애하는 한나, 독일 좌파 출신의 많은 지식인이 그렇듯이 당신에게서 저는 그것의 흔적을 찾아볼 수가 없습니다."

아렌트는 우선 자신은 독일 좌파 출신이 아니라고 밝히고(실상 그녀는 마르크스주의자가 아니었다), 유대 민족을 충분히 사랑하지 않는다는 비난에 대단히 흥미로운 대답을 제시한다. 그녀는 이렇게 썼다.

당신이 한 말은 다 옳습니다. 저는 두 가지 이유에서 그런 식의 '사랑'에 감흥이 없습니다. 저는 일생 어떤 민족이나 집단을 단 한 번도 '사랑'하지 않았습니다. 독일 인민, 프랑스인, 미국인, 노동 계급, 뭐 그런 식의 것은 단 한 번도 말이죠. 저는 '오직' 제 친구들을 사랑했고, 제가 알고 믿는 유일한 종류의 사랑은 사람들persons에 대한 사랑입니다. 둘째, 이런 '유대인에 대한 사랑'은 저 자신이 유대인이어서인지 아주 의심스러워 보여요. 저는 저 자신이나, 제가 알기에 저라는 사람의 일부나 구성 요소인 그 어떤 것을 사랑할 수 없습니다. 이 점을 분명히 하기 위해 제가 이스라엘에서 어떤 저명한 정치 인사와 나눈 대화를 들려드리죠. 그는 이스라엘 국가와 종교의 비분리를 옹호하는 사람이었어요(제겐 재난 같은 일이죠). 정확히 기억나지는 않습니다만, 그가 했던 말은 이런 것이었어요. "물론 저는 사회주의자로서 신을 믿지 않는다는 것을 아실 것입니다. 저는 유대 민족을 믿습니다." 저는 이게 상당히 충격적인 진술이라고 느꼈고, 충격을 받았기에 당시엔 대답을 하지 못했습니다. 어쩌면 이런 대답을 했을 수도 있습니다. 유대 민족의 위대함은 한때 신을 믿었고, 신을 향한 믿음과 사랑이 두려움보다 더 클 정도로 신을 믿었다는 데 있습니다. 그런데 이제 유대 민족은 오직 자기 자신을 믿습니까? 거기서 어떤 선이 나올 수 있죠? 글쎄요. 이런 의미에서 저는 유대인을 '사랑'하지 않고, 또 유대인을 '믿지' 않아요. 저는 그저 당연한 일로서, 논쟁이나 반박과 무관하게 유대 민족에 속한 사람일 뿐입

니다.[14]

1982년 발발한 베이루트 폭격을 문학적으로 설명한 다르위시의《망각을 위한 기억 Memory for Forgetfulness》에는 다르위시가 유대인 애인과 함께 있는 장면이 나온다. 함께 사랑을 나눈 뒤 다르위시는 약간 졸린 상태다. 다르위시는 자신이 투옥되거나 영원히 추방당하지 않으려면 이스라엘 경찰에 보고를 해야 한다는 것을 알고 있다. 다음에 나오는 장면에서 그의 목소리는 1인칭이다.

내가 물었다. "경찰이 이 집 주소를 알까?"

그녀가 대답했다. "아닐걸. 하지만 헌병은 알 거야. 넌 유대인이 싫어?"

나는 말했다. "지금 나는 너를 사랑해."

그녀가 말했다. "그건 분명한 답이 아니야."

나는 물었다. "질문이 분명하지 않았잖아. 내가 너한테 아랍인을 사랑하느냐고 물으면 어떨 것 같아?"

그녀가 말했다. "그건 질문이 아니야."

내가 물었다. "그럼 네 질문은 어째서 질문이지?"

그녀가 말했다. "왜냐하면 우리는 콤플렉스가 있거든. 우리는 네가 하는 대답보다 더 많은 대답이 필요해."

나는 말했다. "너 미쳤어?"

그녀가 말했다. "약간은. 그렇지만 너는 유대인을 사랑하는지 싫어하는지 내게 대답하지 않았어."

나는 말했다. "모르겠어. 그리고 알고 싶지 않아. 그렇지만 에우리피데스의 연극이나 셰익스피어의 연극을 좋아한다는 것은 잘 알아. 나는 생선 튀김, 삶은 토마토, 모차르트의 음악, 하이파 市를 좋아해. 포도, 지적인 대화, 가을, 청색 시대의 피카소가 좋아. 와인을 좋아하고 무르익은 시의 모호함을 좋아해. 유대인은 말야, 그들은 사랑하는지 싫어하는지 물을 대상이 아니야."

그녀가 말했다. "너 미쳤어?"

나는 말했다. "약간."

그녀가 물었다. "커피 좋아해?"

나는 말했다. "커피랑 커피 향을 좋아해."

그녀는 벗은 채로 일어나 내게서 멀어졌고, 나는 사지가 절단 나버린 듯한 고통을 느꼈다.[15]

뒤에 그는 어조를 바꾸지만 결국 그것을 또 이렇게 바꾼다. 그녀가 묻는다. "너는 무슨 꿈을 꿔?" 그리고 그는 대답한다. "널 사랑하기를 그만두는 꿈." 그녀가 묻는다. "날 사랑해?" 그는 대답한다. "아니, 사랑하지 않아. 너희 엄마 사라가 우리 엄마 하갈을 사막으로 내쫓은 것 기억 못 해?" 그녀가 묻는다. "그게 내 탓이야? 그것 때문에 나를 사랑하지 않아?" 그리고 그는 대답한다. "아니, 네 탓이 아니야. 그런데 그 이유 때문에 너를 사랑하지 않아. 아니, 널 사랑해"(125).

마지막 연은 역설적이다. 나는 너를 사랑하지 않아, 아니 널 사랑해. 이런 마지막의 이어지는 어긋남을 어떻게 읽어야 할까? 이것은 근접성이면서 동시에 혐오다. 그것은 불안정하다. 그것은 한 마음에서 나온 게 아니다. 그것은 정동情動, affect, 불가능하면서 필수적인 화합의 정서적 취지, 가버리려고 하면서도 집요하게 머무르려는 사람의 이상한 논리라고 말할 수 있다. 이민족주의는 분명 사랑이 아니다. 그러나 정체성을 조롱하는 필요하고도 불가능한 애착, 민족주의적 에토스를 탈중심화하는 데서 출현하며 영구적으로 윤리적 요구의 기초를 형성할 양가성이 존재한다고 말할 수 있다. 해소되지 않은 어떤 것, 양가성의 불안, 새로운 정치체의 디아스포라적인 조건들, 불가능한 임무, 그리고 그렇기에 더욱더 필요한.[16]

2장

죽일 수 없는

레비나스 대 레비나스

이 글은 처음에 〈면대면으로 타자와 관계 맺기, 그러면 죽일 수 없다Être en relation avec autrui face à face, c'est ne pas pouvoir tuer〉라는 제목으로 다음 책에 실렸다. Danielle Cohen-Levinas et Bruno Clément eds., *Emmanuel Levinas et les territoires de la pensée* (Paris: Presses Universitaires de France, 2007). 수정을 거쳐 이 책에 재수록했다.

"자기 자신the oneself은 상해와 폭행에 노출된 채 책임감에 걸맞은 감정을 느끼면서, 대체 불가능한 것으로, 타자에게 내맡겨진 것으로, 사임할 수 없는 채, 따라서 스스로를 제공하고 고통을 겪고 주기 위해서 구현되는 것으로 촉발된다."

—레비나스,《존재와 다르게》에서

:: 얼굴이 명령하는 것

레비나스는 자주 "얼굴은 우리가 죽일 수 없는 것이다"고 언급했다. 이는 우리가 신체는 살해될 수 없다, 더불어 어떤 얼굴은 살해될 수 없다고 글자 그대로 알고 있을 때에만 주목할 수 있는 논평이다. 레비나스가 옳다면—그가 옳다는 전제하에 시작하자—설사 신체는 살해될 수 있다고 해도 얼굴은 신체와 함께 살해되지 않는다는 결론이 나올 것 같다. 레비나스는 얼굴이 영원하고, 그렇기 때문에 절멸될 수 없다는 말을 하는 게 아니다. 오히려 얼굴은 살인 금지, 곧 그 얼굴을 만나고 얼굴이 전달한 금지에 종속된 사람을 속박할 수밖에 없는 살인 금지를 전달한다. 살인 금지에 도전하려는 사람이 있다면 그에게는 이제 얼굴이 보이지 않을 것이다. 얼굴을 보지만 금지는 보지 못하는 이가 있다면 그는 또 다른 식으로 얼굴을 잃는다. 얼굴이 살인 금지를 가리키는 또 다른 말, 동의어라고 말할 수 있다면 그것으로도 충분하겠지만 얼굴은 말이 아니고, 설사 말로 전달될 수 있다고 해도 단지 말에 불과한 게 아니다. 얼굴이 계명을 실어 나른다면, 말은 '얼굴'을 통해 말한다. 계명이 무엇을 보여주건 그것은 얼굴이 된다. 또 우리는 살인 금지가 얼굴과는 다른 수단을 통해 전해질 수 있는지 물어볼 수 있다. 그러나 이런 질문을 통해서 우리는 얼굴을 너무 글자 그대로 다루고 있다. 금지가 전달된다면, 우리는 금지에 묶이게 되고 이것은 우리가 얼굴에 종속되었다는 것을 의미한다. 따라서 결국 얼굴을 금지 자체에서 분리할 방법은 존재하지 않는 것으로 보인다. 아니 오히려 얼굴을 우리가 종속된, 우리가 종속될 수밖에 없는 바로 그 엄정한 만남, 마치 우리에게 강요된 금지에 의해 그렇게 되듯이 요컨대 묶이고 구속되는 것 외엔 다른 어떤 선택도 불가능할 그런 만남에서 분리할 수 있는 방법은 없다. 그것은 우리가 거부할 수 있는 금지가 아니다. 분명히 우리는 우리가 갖지 않았거나 적어도 가져서는 안 되는 권력을 찬탈해 가끔 우리가 할 수 없는 바로 그 일을 하기도 하지만, 그 얼굴은 우리가 외면할 수 있는 것이 아니다.

그렇다면 이런 살인 금지에는 우리가 '할 수 있는' 것에 대한 질문, 따라서 능력이나 권력(pouvoir)에 대한 질문이 함축되어 있다. 우리는 다음의 역설을 이해해야 한다. 사람들이 항상 얼굴을 외면하는 것은 사실이지만, 우리는 이 얼굴을 외면할 수 있는 권력 없이 존재한다. 사람들은 얼굴을 외면할 수 있다. 그리고 외면할 때 사람들은 이런 무능(sans pouvoir)을 회피하려고, 권력을 쥔 주체가 되려고 분투해왔다. 얼굴을 외면할 수 있고, 외면해왔고, 항상 외면한다고 말한다면, 이는 전혀 권력이 존재하지 않는 곳에서 권력을 단언하는 것이고, 따라서 우리가 외면할 수 없다는 주장을 제거하는 것이며, 우리 자신의 것이 아닌 권력에 의지해서 얼굴에 대한 반응은 선택에 앞선다고 말하고 있는 것이다. 그러나 그렇게 말한다고 해도 우리는 왜 어떻게 이런 외면이 일어나는지를 이해해야 한다. 가령 우리는 사람들이 항상 외면한다고 주장할 때, 그들은 권력의 결핍과 함께 머무르라는 요구에 맞서 어떤 권력을 취한다고 말한다. 이것은 정치적인 것이 윤리적인 것을 대체한다고 주장하는 또 다른 방법이다. 물론 이런 반응도 가능하다. 모든 사람이 항상 외면한다는 사실은 우리가 그런 윤리적 요청을 지지하면서 권력의 영역, 정치적인 것의 영역을 집단으로 포기해야 하고, 또 정치적인 것이 항상 수행하는 윤리적인 것의 붕괴를 고려해야 한다는 신호다. 그러나 이런 결론은 사실상 정치적인 것을 거부한다. 그리고 레비나스는 이것이 가능하리라는 생각은 분명 하지 않았다.

레비나스 자신은, 얼굴이 요구하는 윤리적인 것은 정치적인 것의 영역과 똑같지 않다고 명시했다. 정치적인 것은 그저 윤리적 한 쌍인 '나'와 '너'만이 아닌 무수히 많은 사람들을 포함한다. 그런 한 쌍을 무너뜨리는 것은 '세 번째'인데, 그것은 3인칭으로 거명될 사람들, 우리가 보지 못한 얼굴을 가진 사람들, 그렇지만 우리를 대체 가능한 사람으로 만드는 계약 조건 아래 우리와 함께 살아가도록 되어 있는 사람들을 가리키는 축약된 방식이다. 한 쌍을 넘어설 세 번째와 함께 우리는 계산가능성의, 분배적 정의의, 다수성이 통하는 법의 질서 안으로, 그리고 따라서 형식화할 수 있는 규칙의 집합으로 간주된 정치적인 것의 영역으로 들어가게 된다. 정치적인 것의 사회적 차원은 윤리적인 것과 윤리적인 것의 요청을 부인하지는 못하지만, 그 윤리적인 요청이 어떤 방식으로 사회적·정치적인 영역 안에서 계속 살아가는지live on를 말하기는 어렵다. 결국 윤리적인 것은 '살인하지 말라'는 계명을 중심으로 돌아가는 것 같지만 레비나스의 정치는 평화주의를 지지하지 않는다. 얼굴은 정치적인 것의 영역에서 생존할까? 또 만약 생존한다면 어떤 형태로 그렇게 할까? 그것의 흔적은 어떻게 남을까?

이런 질문을 하는 것은, 레비나스에게 '살인하지 말라'는 계명은 절대적이며 정초적이라고, 얼굴이 전하는 것은 바로 이 계명이라고, 이 계명은 바로 얼굴의 의미와 얼굴의 '말하기〔le dire〕'를 구성한다고 말하고 싶은 유혹에 빠질 수 있기 때문이다. 레비나스는 타자의 얼굴을 "모든 흉내에 앞서 …… 모든 언어적 표현에 앞서〔avant toute mimique ... avant toute expression verbale〕"(EN, 169 ; EN-F, 175) 있는 것으로 언급한다. 그때 얼굴은 목소리이고, 목소리는 얼굴로부터 입을 통해 출현하는 게 아니라 얼굴을 가리키는 또 다른 이름이고, 따라서 적합한 명명이 결코 이뤄질 수 없는 것에 주어진 이름이다.[1]

이 얼굴이 목소리로서 주어지고, 따라서 보이는 것과 들리는 것의 특수한 은유적 혼합을 용인할 것이 우리에게 요청된다. 얼굴인 목소리는 "명령"(une voix qui commande: DF, 175)이고, 따라서 '말걸기', 나를 수신자로 삼고 내가 '그 죽음에 무심해지지 말 것'을 명하는 말걸기이기도 하다. 타자의 죽음은 얼굴에 있지만 레비나스가 이것을 통해 의미한 바는, 타자가 세계에 대면할 때 사용하는 수단인 '시선〔le regard〕'에 이중의 의미가 실린다는 것이다. 우선 그것은 연약하고 불확실하며, 다른 한편으로 그것은 '권위〔une autorité〕', 명령 자체의 권위이기도 하다. 따라서 타자의 얼굴에서 우리는 그 타자의 취약성, 곧 타자의 삶이 불확실하고 죽음에 노출되고 죽음에 종속되어 있다는 것을 알게 된다. 그러나 **또한** 우리는 우리 자신의 폭력, 타자에게 죽음의 원인이 될 수 있는 우리 자신의 능력, 타자를 붕괴시키는 행위주체agent가 될 수 있는 자신의 능력을 깨닫기도 한다. 따라서 얼굴은 타자의 불확실성을 의미하고 따라서 나 자신의 폭력이 야기할 수 있을 손상 역시 의미한다. 그리고 레비나스가 "나 자신의 무구한 의도에도 불구하고 내 존재가 저지를지 모르는 모든 폭력과 찬탈에 대한 두려움(crainte pour tout ce que mon exister, malgré l'innocence de ses intentions, risque de commettre du violence et d'usurpation)"(EN, 169 ; EN-F, 175)이라고 말한, 나 자신의 폭력에 대한 내 안의 두려움을 만들어내는 폭력에 대한 금지를 의미하기도 한다.

내가 가정하는, 아니 이 순간 나를 요구하는 책임은 내가 본 불확실함의 결과, 내가 원인일지 모르는 폭력, 그 폭력에 대한 두려움이다. 그 결과 두려움은 폭력을 점검해야 하지만 이 일은 단 한 번에 일어나지는 않는다. 사실 내가 타자에 대해 짊어지는 무제한적인 책임은, 계명에 의해 내 안에서 유도된 두려움과 나의 실존이 잠재적으로 타자에게 가한 폭력 사이에서 벌어지는 지속적인 갈등의 결과 바로 그것이다. 내가 타자를 두려워한다면 이는 타자가 나와 같은 존재들에 의해 파괴될 수 있다는 것을 내가 알기 때문이다. 내가 타자의 죽음에 무심하지 말아야 한다면, 이는 그 타자가 여럿 중의 하나가 아닌 내가 걱정하고 근심하는 바로 **그 사람**이기 때문이다. 따라서 레비나스는 이렇게 쓴다.

마치 타자가 인간의 복수성 안에서 급작스럽게 역설적으로—종種,

genus의 논리(la logique du genre)에 맞서서—특별히 **내게** 관심을 가진 사람으로 밝혀진 것과 같다. 마치 여럿 중의 하나인 내가 나 자신—**주어** 또는 **목적어**I or me로서—이 부름 받았음(assigné)을 알게 되고, 독점 수신자(destinataire exclusif)로서 명령을 들은 것과 같다. 마치 그 명령이 오직 내게만 온 것으로, 무엇보다(avant tout) 나를 향해 온 것과 같다. 따라서 마치 선택받았으며(élu) 유일무이한 존재인 내가 타자의(d'autrui) 죽음에 책임을 져야 하고, 따라서 타자의 삶에 책임을 져야 하는 것과 같다.

(EN, 193 ; EN-F, 198~199)

따라서 타자의 얼굴은 모든 형식주의를 파열케 한다. 형식주의는 내가 모든 타자 하나하나를 **똑같이** 대우하게 할 것이고, 따라서 어떤 타자도 내게 단독으로 요청을 하지 않을 것이기 때문이다. 그렇지만 우리가 실제로 형식주의 없이 행동할 수 있을까? 그리고 형식주의—철저한 평등 원칙을 포함한—없이 행동할 수 없다면, 그런 정치적 규범들과 관련해서 어떻게 얼굴을 사유할까? 얼굴은 항상 단수여야 하는가, 아니면 얼굴은 복수성으로 확장될 수 있는가? 얼굴이 꼭 사람의 얼굴일 필요는 없다—소리나 울부짖음일 수도 있다—면, 또 한 개인의 얼굴로 환원될 수 없다면, 얼굴은 내게(그러나 그의 관점에서는 반인간적 동물nonhuman animals은 빼고 오직 사람들에게만) 중요한 것과 마찬가지로 다른 한 사람 한 사람에게도 그렇게 일반화될 수 있을까? 이것은 복수성에 대한 사고방식의 파열인가, 아니면 그것이 바로 복수성 자체의 정립에 윤리적인 것이 도입됨을 함축할까? 그것은 복수성의 탈형식화를 함축할까? 얼굴은 내가 모르는 얼굴, 말 그대로 바로 그 얼굴을 가진 이들을 포함해서 모든 개인에게 폭력을 금지하는 명령으로 사용될 수 있을까? 비폭력의 정치를 레비나스식 명령에서 도출할 수 있을까? 그리고 다중multitude의 얼굴에 반응하는 게 가능할까?

:: 어디서 얼굴을 발견할 수 있을까?

비록 정치 영역에 '선행하는' 명령이기는 하지만 윤리적 명령은 레비나스가 보기에 바로 정치적 갈등의 용어들 안에서 출현한다는 점을 나는 제시하고 싶다. 레비나스에게 정치와 윤리는 분명 나뉠 수 있는 영역이지만, 윤리적 요구는 특수한 정치적 맥락에서 우리에게 특수한 의미를 띠게 되는 것 같다. 타자의 얼굴을 취약한 것으로, 우리 자신의 공격성으로부터 보호될 필요가 있는 것으로 만날 때, 이미 우리는 사회성, 곧 자신의 역사와 현재의 일부로 이미 갈등을 포함한 사회성의 한가운데서 그렇게 만나는 것 같다. 이미 어떤 관계를 맺고 있지 않은 타자에 대해서도 죽이고 싶은 유혹이 들까? 취약한 타자를 눈앞에 두고 그 취약성에 대면해서 살인 욕망이 출현하는 것일까? 아니면 내가 나 자신의 취약성을 저 너머에서 보고 그것을 견디지 못하거나, 공격할 수 있는 나의 능력을 저 너머에서 보고 그것을 견디지 못하는 것일까? 레비나스는 다음과 같이 쓰면서 그 점을 분명히 지적한다. "타자의 얼굴에 깃든 불확실성과 무력함은 내게는 죽이고 싶은 유혹이면서 동시에 평화에 대한 호소, 곧 '죽이지 말라'이기도 하다(le visage d'autre dans sa précarité et son sans-défense ... est pour moi à la fois la tentation de tuer et l'appel à la paix, le 'Tu ne tueras pas')"(PP, 167 ; PP-f, 344).[2] 그렇다면 자기 자신의 폭력에 맞선 싸움은 타자의 얼굴과 관련해서 일어난다.

누군가가 먼저 내게 해를 입히지 않았음에도, 혹은 누군가가 내게 해를 입힐 것 같지 않은데도 나는 그 타자를 죽이고 싶어 할까? 단도 직입적으로 정치적 이야기로 들어가면 결국 우리는 거기서, 정치 한가운데서 윤리적 요구를 만나게 되는 것일까? 레비나스는 여러 사례를 들어서 윤리적인 것은 이미 진행 중인 싸움의 한가운데서 출현한다고 말한다. 그리고 설사 우리가 사회성 및 복수성과 단절하는 방식으로 타자를 만난다고 해도, 얼굴의 출현 때문에 부서지고 방해받는 사회적 장은 그런 얼굴과의 만남에 꼭 필요한 배경을 이루는 것과 똑같은 사회적 장인 것 같다.

레비나스가 얼굴과의 만남을 '살인 유혹과 동시에 살인 금지'인 것으로 서술할 때, 그는 금지를 생산하는 불안과 욕망도 거론한다. 내가 어딘가에서 지적했듯이,[3] 레비나스는 야곱과 에서의 이야기를 들려준다. 야곱은 에서가 오길 기다리고, 유산과 땅에 대한 권리를 두고 전쟁이 벌어질 것이라는 느낌 때문에 그 장면에는 팽팽한 긴장이 흐른다. 레비나스는 성서를 이렇게 인용한다. "야곱은 이미 두렵고 불안했다〔angoisse〕." 성서 주해자 라시가 보건대 이때 야곱은 "두려움fright과 불안anxiety의 차이"를 예시한다고 레비나스는 적고, "야곱은 자신이 죽을까 봐 두렵고, 자신이 살인을 해야 할지도 몰라서 불안했다"고 결론을 내린다(PP, 164). 야곱이 살인을 하게 된다면 그건 자기 목숨을 위해서일 것이다. 그러나 자기 목숨을 지키기 위해 타자의 목숨을 파괴하는 것은 바로 얼굴을 외면하는 일이다. 레비나스에게는 자기보존을 위한 살인이 아무런 정당성도 없는 일이라는 점은 자못 흥미롭다. 그렇다면 레비나스는 절대적 평화주의, 모든 심급에서 얼굴을 향하며 폭력을 외면하는 자기희생의 정치를 제안하는 것일까? 계명은 정치로 번역되면서 성서를 모든 폭력에 대한 절대적 금지의 초석으로 제공하는 것일까?

분명 그렇지 않다. 레비나스는 누군가가 너를 죽이려고 오는 것을 안다면 서둘러 일어나 먼저 살인할 준비를 마치라는 탈무드의 조언을 환기시킨다. 따라서 얼굴에는 예외가 있다. 레비나스는 실제로는 자기보존을 결코 궁극적인 가치로 확증하지 않지만, 자기방어는 또 다른 문제로 나타난다. 야곱은 에서를 죽이지 않으려면, 자신의 살인 욕망, 내적으로는 죽음에 대한 두려움과 연관된 욕망을 갖고 행할 뭔가 다른 일을 찾아내야 했을 것이다. 형제가 전쟁을 치르지 않을 유일한 방법은 스스로와 또 계명과도 싸우는 것이다. 따라서 비폭력이 출현한다면 그것은 오직 또 다른 전쟁의 결과로서만, 살인 욕망에 불타는 자신의 충동이 살인의 실현을 배척하는 금지와 벌인 전쟁의 결과로서만 나타난다.

따라서 레비나스가 보기에 비폭력은 평화로운 장소보다는 오히려 폭력을 겪을 것이라는 두려움과 폭력을 입힐 것이라는 두려움 사이의 끊임없는 긴장으로부터 도래한다. 평화는 폭력과의 생생한 싸움이고, 평화가 저지하려 하는 폭력이 없다면 평화도 있을 수가 없다. 평화는 이런 긴장의 이름이다. 왜냐하면 평화란 항상 어느 정도는 폭력적인 과정이고, 비폭력이란 이름으로 벌어지는 일종의 폭력이기 때문이다. 사실 내가 타자에 대해 져야 하는 책임은 그 타자로부터 박해를 받고 그에게 폭행을 당하는 데서 직접적으로 발생한다. 따라서 처음부터 관계에 폭력이 존재한다. 곧 내 의지와 무관한 채로 나는 타자의 부름을 받고, 타자에 대한 나의 책임은 바로 이런 종속으로부터 출현한다. 타자의 죽음에 무심하지 말 것을 명령하는 것이 얼굴이고 내가 할 수 있는 모든 선택에 앞서 그 명령이 나를 붙든다고 생각한다면, 그 명령은 나를 박해하고 나를 인질로 삼은 것이라고 볼 수 있다. 그래서 타자의 얼굴은 처음부터 박해적이다. 그리고 그 박해의 실체가 살인 금지라고 한다면, 나는 평화를 유지하라는 명령에 의해 박해를 받는 것이다.

물론 역설적이지만 살인하지 말라는 계명은 내게 폭력적으로 부과된다. 곧 그것은 내 의지에 맞서 부과되고 그렇기에 아주 엄밀한 의미에서 폭력적이다. 계명은 내가 도덕적으로 틀렸음을 전하지 않는다. 내가 어떤 특수한 죄를 저질렀기에 계명이 나를 비난하는 게 아니다. 얼굴이 '비난'한다면, 그것은 문법적인 의미에서 그렇다. 곧 그것은 내 의지와 무관하게 나를 자신의 대상으로 취한다. 박해하고 비난하는 것으로 다양하게 해석되는, 얼굴의 '폭력적인' 작동인, 자유와 의지의 이 같은 폐제는 명령을 통해 일어난다. 이런 폭력이 없다면 나는 폭력 금지에 종속될 수 없다. 레비나스는 《존재와 다르게》에서 "바로 박해의 순간 주체는 로고스의 매개 없이 도달되거나 만져진다reached or touched"[4]고 말한다. 곧 살아 있는 방식으로, 의식 없이, 대의명분 없이, 어떤 원칙도 따르지 않으면서. 나는 어떤 이유 때문에 박해를 받는 게 아니고, 다른 주체에 의해 박해를 받는 것도 아니고, 오직 아무 이유 없이 모든 의지에 선행해서 나를 만지는 얼굴, 목소리, 계명에 의해 박해받는다. 또한 《존재와 다르게》에서 레비나스는 고통(la souffrance)이 책임의 기초이고, 인질로 붙잡혀 있지 않다면 책임도 존재하지 않는다고 언급한다.[5] 이런 식의 박해가 나를 원래의 상태로 두지 않는다는 점이 중요하다. 곧 이런 박해는 내가 절대 온전한 상태가 아니었음을 보여준다. 나는 타자가 한 일에 대한 책임을 지는데, 이는 내가 그 일을 했다는 뜻은 아니다. 곧 이는 내가 그 일 때문에 고통을 받는다는 것, 고통을 받으면서 그 일을 책임진다고 가정한다. 나는 더 이상 내 자리를 차지하지 못한다. 나는 타자의 자리를 떠맡았던 것이지만, 더 중요하게는 타자가 나의 장소를 떠맡았고, 나를 빼앗고, 나를 인질로 붙잡았다. 뭔가 '다른' 것이 내 자리에 들어서고 오직 그때에만 나는 내 장소를 이미 다른 이가 차지한 이 장소로 이해할 수 있다. 타자는 '저쪽에[la bas]', 건너편에 있는 게 아니라 근본적으로 나를 구성한다. 타자는 단지 나를 구성하기만 하는 게 아니라 나를 **차단하면서**, 이런 차단을 내 본연의 모습 한가운데에 확립한다. 여기서 내가 '점령'을 은유적으로 사용하고 있다면 혼합된 의도로 그런 것인데, 왜냐하면 레비나스 자신은 점령이나 박해를 엄격히 은유적으로 이해하길 거부할 것이기 때문이다. 가령 그는 박해의 **역사적 경험**이 책임 윤리의 토대라고 언급한다.

물론 사르트르가 뭐라 말할 수 있건, 우리는 유대주의를 반유대주의에 빚지고 있지 않다. 그러나 이스라엘 역사—명백히 보편적인 이 역사, 모두에게 선명히 보일, 모두를 위한 이 역사—의 특징을 이룰 자유에 앞선 이스라엘의 세속적인 본질, 어쩌면 이스라엘의 궁극적인 본질은 무의지적인 희생을 당하는 선천적 성향, 박해에의 노출에서 유래한다. ······ 박해받음이 ······ 원죄는 아닐 테지만, 그 어떤 죄보다 오래된

보편적 책임—타자에 대한 책임—의 이면이다.   (DF, 225)

Nous ne devons certes pas le judaïsme à l'antisémitisme, quoi que Sartre ait pu en dire. Mais, peut-être, l'ultime essence d'Israël, son essence charnelle antérieure à la liberté qui aura marqué son histoire—cette historie manifestement universelle, cette histoire *pour tous*, à tous visible—peut-être l'ultime essence d'Israël tient-elle à sa disposition innée au sacrifice involontaire, à son exposition à la persécution. ... Être persécuté, ... n'est pas péché originel, mais l'envers d'une responsabilité universelle—d'une responsabilité pour l'Autre—plus ancienne que tout péché.[6]

물론 위 인용문에서 레비나스가 제공한 병치는 상당히 의미심장한 모호성을 드러낸다. 박해는 "무의지적인 희생을 당하는 선천적 성향"일 뿐더러 "박해에의 노출"이기도 하다. 곧 첫 번째 심급에서 레비나스는 이와 같은 무의지적인 노출이 유대인에게 특수한 것으로 간주하는 듯하지만, 두 번째 심급에서는 이 박해가 역사적으로 유대인의 경험에 특유한 듯 보인다. 세 번째 정립에서 이런 내적이거나 역사적인 특수성은 우리가 아는 바와 같은 책임감을 정초하는 박해로 해석된다. 이 경우 레비나스를 읽을 수 있는 방식은 여럿이다. 한 가지 방식은 유대인 박해에서 출현한 책임은 유대적인 프레임 안에서 형성되는 어떤 책임을 필연적인 것으로 만든다고 보는 것이다. 그러나 나는 이 부분을 이른바 결을 거슬러 읽고 싶고, 이런 식으로 민족적이거나 종교적인 프레임 안에서 책임감을 이해하는 것은 우리가 따르는 레비나스의 사유 노선과 양립할 수가 없다고 주장하고 싶다. 결국 레비나스는 책임의 의미를 정교하게 만들기 위해 '점령'을 은유적으로 사용한다. 그런 맥락에서 우리가 배우는 것은, 어떤 장소에 존재한다는 것은 이미 그 장소에 있는 다른 이들에게 방해를 받고 그 사람들에 의해 정의되어야 하는 것이라는 점이다. 이것은 대체 행위, 가끔 그가 찬탈이라 부른 것이다. 그러나 바로 그것이 타자에 대한 책임의 토대다. 이는 타자의 자리를 자신의 토대로 삼은 '민족'은 모두 그 타자에 묶이게 되고, 그 타자에 대해 무한한 책임을 지게 됨을 함축할 것인데, 이것은 고故 사이드의 입장과 공명한다. 타자가 그 자기, 그 민족적 주체를 박해한다고 해서 타자로 인해 민족적 주체의 책임이 사라지지는 않는다. 반대로 책임은 바로 그 박해로부터 태어난다. 그 책임이 수반하는 것은 바로 비폭력을 위한 투쟁, 보복 윤리와의 투쟁, 타자를 죽이지 않으려는 투쟁, 타자의 얼굴을 만나고 그 얼굴을 존경하려는 투쟁이다.

물론 레비나스가 이러한 이스라엘의 문제, 이스라엘이 점령한 땅, 장소를 빼앗기고 지금은 찬탈당한 그 장소에서 지금도 살고 있는 타자들, 그 장소의 한가운데에 존재하고 존재했던 타자들의 질문을 어떻게 다루는지를 보는 것은 흥미로운 일이다. 그러나 나는 레비나스와의 불화를 위해 레비나스와 함께 사유하고, 그의 윤리와 정치를 위해 그가 추구하지 않았던 방향을 따르길 선호한다. 뭔가가 나를 대체하거나 나의 자리를 차지하면, 이는 그 무엇이 한때 내가 있었거나 지금은 내가 없는 곳에, 내가 어떤 식으로든 대체되어 완전히 부인되는 곳에 있음을 의미하지는 않는다는 것을 기억하자. 타자는 요청을 하지만 나는 이미 그 요청에 취약한 채로 노출되어 있고, 이런 상황은 레비나스가 보기에는 비상호적일지 모르지만 우리는 이런 노출과 요청의 리듬 속에서 어떤 수난이 치러짐을 알 수 있다. 사실 대체가 함축하는 것은 '목적어로서의 나me'와 타자 간의 타동성transitivity이 환원 불가능하고 내 통제를 벗어나 있다는 것이다. 이런 의미에서 대체는 전혀 단수의 행위가 아니다. 사실 대체는 행위의 단수성을 불가능하게 만든다("대체는 행위가 아니다. 대체는 행위로 변환이 불가능한 수동성이다(la substitution n'est pas un acte, elle est une passivité inconvertible en acte)": AE, 185). 어쨌든 대체가 일어난다고 말할 수 있다면 그것은 항상 일어나고 있다. 나는 항상 다른 어딘가의 지배를 당하고, 인질로 붙들리고 박해당하고 내 의지에 어긋나는 영향을 받는다. 그리고 그럼에도 박해당하고 있는 '주어로서의 나I', 아니 '목적어로서의 나me'가 존재한다. 나의 '장소'가 이미 다른 이의 장소라고 말하는 것은, 장소 자체는 결코 단수로서 점유되지 않는다는 것, 동일 장소에서 동거한다는 문제는 피할 수 없는 것이라는 말이다. 바로 이런 동거란 문제에 비추어서 비폭력이란 문제가 등장한다. 만약 내가 박해받는다면 그것은 내가 타자에 묶여 있다는 신호다. 내게 제기된 이런 요청의 박해를 받지 않는다면 나는 책임에 대해 전혀 알지 못할 것이다. 나를 박해하는 것은 내게 제기된 살인하지 말라는 윤리적 요청이고, 그것은 내가 살인하는 쪽으로 움직일 수 있기에 혹은 살인하지 말라는 계명의 메시지가 내게 전달되는 순간에 내가 내 의지를 포기할지도 모르기에 나를 박해한다.

시몬비젠탈센터Simon Wiesenthal Center*에서는 예루살렘의 팔레스타인 분묘 위에 관용 박물관museum of tolerance을 지으려고 했다.[7] 이 박물관을 지으려면 다른 곳으로 유골을 이장하는 데 드는 경비가 자그마치 1억 5000만 달러에 이른다. 박물관이 천명한 목적은 "유대인들 서로 간에, 또한 모든 종교의 교도 사이에 화합과 존중을 촉진하려는" 것이다. 이 땅은 천 년간 묘지로 사용되었는데, 시몬비젠탈센터는 과거에 그 땅을 누가 소유했건 지금 그 땅은 법적으로 이스라엘의 것이라고 주장한다. 팔레스타인 사법위원회는 "믿을 수 없이 부도덕한 일이다. 다른 민족의 무덤 위에 관용 박물관을 지을 수는 없다. …… 관용에 어긋나는 일이 일어나게 될 것이다"라고 논평한다. 따라서 불관용의 상황이 관용 박물관의 기초와 토대를 이룰 것이기에, 우리는 이 관용에 대한 호소가 그것이 지어지게 될 땅과 어떤 관계를 맺는지를 물어야 한다. 그 땅의 주인이 누구인가를 놓고 이미 법적 논쟁이 벌어지고 있지만, 잠시 멈추고 땅, 소유, 권리에 대한 질문에 선행할 이 특수한 장소 문제를 사유할 수 있지 않을까? 누군가가 살아가면서 기억을 위한 장소를 짓고 세우고자 하는데, 그 자리가 이미 다른 이들이 오랫동안 살아오면서 유적을 남긴 장소이고 죽은 자의 유물을 명예롭게 기리는 장소인 것이다. 이스라엘은 팔레스타인인들의 기억을 삭제함으로써 자신의 기억을 건립한다. 이런 일은 바로 땅, 두 진영이 공유하지만 한쪽은 안뜰로 들어가고 다른 쪽은 거리로 내몰리는 땅에 의지함으로써만 일어난다. 우리는 말하자면 땅을 쪼갤지 모를 윤리적 관계를 사유할 수 있고, 아니면 소유한 땅을 이미 타자가 점하고 있다는 것, 그리고 장소 문제를 다스리는 것이 책임이라면 책임은 바로 대체를 윤리적

---

* 1977년 미국 로스앤젤레스에 설립된 미국 유대인 인권단체.

관계로 이해함으로써 진행되어야 한다는 것을 보여줄 수 있다.

대체가 함축하는 것이 '나me'와 타자 간의 타동성은 환원 불가능하며 나의 통제 너머에 있음이라면, '내가 있는' 장소는 이미 타자의 요청에 의해 방해받고 있고 따라서 나를 타자에 묶는 찬탈은 이미 일어난 것이다. 전자는 사법적이거나 폭력적인 싸움 속에서 타자에 묶여있으리라 예상할 수 있지만, 레비나스는 우리에게 그런 구속을 상상할 또 다른 방법을 제공하는 것 같다. 이미 전자의 자리에 있는 후자에게 묶여 있다는 것은 '장소'를 그런 윤리적 관계성의 터전으로 인정하는 것, 후자의 얼굴을 존경하고 따라서 살인하지 말며 장소에 대한 배타적인 장악을 주장하지 말라고 구속하는 요구를 인정하는 것이다. 배타적인 요청은 타자가 이미 거기에 있다는 사실, 이런 동거가 바로 윤리적 관계성의 장면이라는 사실을 고려하지 않는다. 전자는 소유권을 주장하고 자기가 있는 장소에서 타자를 말살하고픈 유혹을 받을 수도 있지만, 그렇게 하려면 계명이 금지한 폭력을 지지하면서 계명의 폭력을 거부해야 한다. 타자에 대한 이런 의무로 인해 박해를 받는다면 그는 이미 자신의 장소가 자기 자신만의 장소가 아니라는 것을, 이미 처음부터 타자의 장소이기도 하다는 것을 인정한 셈이다. 이런 인정에서 어떤 정치가 전개되어 나오건 그 정치는 땅에 대한 정치적 횡령, 그리고 이미 그 땅의 인구에게서 공민권을 박탈하는 데 결부되었던 찬탈을 거스르게 될 것이다. 이제 찬탈은 반대 방향으로 움직이게 될 것이다. 누가 자기 것이라고 주장하는 것은 어떤 것이건 이미 그의 것이 아니며, 이런 정립만이 우리가 무엇을 원하건 상관없이 우리를 묶고 있는 끈을 명예롭게 할 비폭력 추구를 허락할 것이다.

《탈무드 새로 읽기》에서 레비나스는 탈무드를 읽되 "전통적인 박식함 없이" 읽겠다고 밝힌다.[8] 이 책에서 그는 실제로 조건법을 이용해서, 정말이지 길고 지루한 변증론 형식으로 자기 변증론을 전개한다.

> 만약 내가 전통적인 박식함 없이, 그런 박식함의 전제이거나 더 나아가 그런 박식함으로 정련된 예리한 정신을 겸비하지 않은 채 이렇게 탈무드 읽기를 하겠다고 수긍한 것이라면, 이는 이념에 진중한 사람이라는 조건하에 한 '아마추어'가 이렇게 어려운 텍스트—이것이 없다면 유대주의는 더 이상 존재할 수 없을 것인데 이런 텍스트의 언어와 관심은 처음부터 너무 낯선 것이기에 우리, 오늘날의 유대인은 그 텍스트로 돌아가는 데 얼마간 고통을 겪게 마련이다—에 피상적으로 접근할 때에도, 자신의 지적 생활을 위해 모든 시대의 인간성, 말하자면 근대적인 인간성을 괴롭히는 질문들에 관한 어떤 본질적인 제안을 끌어낼 수 있는지를 시험하려는 독특한 의도를 가지고 하는 일이다.　　　(NTR, 48)

한편 레비나스는 글을 시작할 때 자신은 아마추어라고, 자신은 전통적인 학자들의 전제이자 그들이 갈고닦는 전통적인 박식함과 예리한 정신마저 없다고 고백하지만, 또 이런 자신의 주장을 의심하기도 한다. 그가 "이념"에 진중하다는 것이 뭔가 다른 것, 자신이 할 수 있고 자신이 정말로 한 일이라고 제시할 때, 그리고 이런 "이념에 진중함"이 '유대주의의 존재에 반드시 필요한 것'이라고 제시할 때, 처음에 겸손하게 보였던 움직임은 건방지지는 않다고 해도 뭔가 대담한 것으로 바뀐다. 따라서 처음부터 우리에게 제기된 듯 보이는 것은 일군의 대안, 전혀 단순하지 않은 문법으로 표현된 대안들이다. 오직 전통적인 박식함만이 탈무드를 읽는 데 필요한 예리한 정신을 받쳐준다고 생각하는 이들이 있는 듯한데, 레비나스는 "이념에 진중함"이 언제든 가능하며 박식함에 의존하지 않는다고 제언하는 것 같다. 탈무드 읽기는 현재에서 과거로 거슬러 오르는 고단하고 힘든 여정을 수반한다는 점을 받아들이면서도 레비나스는 이 여정이 어떤 특수한 해석학적 활동을 필요로 하지는 않는다고 생각하는 것 같다. 현재를 살아가는 우리는 이들 텍스트로 돌아가면서 "얼마간 고통을 겪게 마련"이고, 고통은 우리에게 필연적으로 낯설고도 어려운 것이다. 그렇지만 우리가 거기서 발견하는 것은 역사적으로 특수한 것이 아니다. 우리가 발견하는 것이 언어에서 이념을 해방시키기 불가능하게 만드는 방식으로 문구나 문장에 옭매여 있는지 나는 확신하지 못한다. 적어도 여기서, 어쩌면 자신의 실천에도 불구하고, 레비나스는 이념들과 질문들은 자체의 시간과 텍스트성에서 해방될 수 있고 또 해방되어야만 한다고 제언한다. 그리하여 레비나스는 "본질적인" 것을 "끌어내는" 것이 과제라고 쓸 수 있는데, 그것은 "모든 시대의 인간성, 말하자면 '근대적인 인간성'을 괴롭히는 질문들"인 것으로 밝혀진다.

마지막의 병치는 물론 어색하다. 왜냐하면 "근대적인" 것이 "모든 시대"에 걸친, 그리하여 "보편적으로"(NTR, 48) 인간에 관한 질문을 산출한 것으로 나아가기 때문이다. 레비나스에게 근대성은 보편성이나 일반성이 출현하는 터전, 텍스트주의와 역사주의 양쪽 모두와 동떨어진 지점인 게 분명해진다. 레비나스 자신의 독서 실천은 발굴로 묘사되고, 그 일은 어떤 형상들을 아주 진지하게 다루는 것으로 이뤄진다. 단어를 하나 발굴한 사람이 있다면 그는 역사적 맥락에서 그 단어를 빼낸 것이다. 바로 이런 탈맥락화를 기화로 단어가 "타오르게"(NTR. 48) 된다. 레비나스는 단어가 점화되어 타오르도록 단어를 "호흡해야" 한다고 쓴다. 그때 그는 자신의 접근 방식에서 비변증론적인 현재주의presentism처럼 보이는 것을 정당화하기 위해 카발라주의적인 수사를 사용한 게 분명하다. 단어는 명확해져야 하고, 그렇게 되려면 오직 올바른 방식으로 "호흡해야" 한다. 들숨exhalation은 다른 데서 오지 않는다. 들숨은 신의 들숨이 아닌 인간의 들숨, 구어口語의 방식에 의지하여 독법을 찾아나가는 독자의 들숨이다. 누구의 단어인가? 레비나스의 단어인가?

나는 지금 레비나스의 독서에서 반反해석학적인 차원을 지적하면서, 그의 독서가 들숨으로 형상화된 어떤 읽기를 통해 이념을 단어에서 풀어내려고 한다고 제언하고 있다. 그러나 나는 단어에서 해방된 '이념'이 과연 '보편적인' 이념인지를 묻는 질문으로 돌아가야 한다고 생각한다. 적어도 이 점에서 레비나스는 모든 조건하의 모든 민족에게 소용이 있지는 않을, 재발하는 호흡법을 가리킨 것일 수 있다. 이러한 '이념'에 진중함이 추상화의 실행이나 이성의 사용과 같은 것은 아니다. 관건이 되는 것을 더 명확히 하려면 레비나스의 〈평화와 근접성〉(1984)에 의지해서 그가 제안한 이런 실행이, 일반적으로 받아들여지는 합리성의 기준에 맞춰 '보편적'이지 않은 채 어떻게 '유대적'일 수 있으며 '유대적'인지를 이해하는 편이 이치에 맞을 것 같다.

레비나스는 〈평화와 근접성〉에서 "유럽의" 의식은 내적으로 그리스 전통과 히브리 전통으로 나뉜다고 주장한다. 그의 관점에 따르면 그리스 전통에서 파생된 평화의 이념은 "평화를 기다리는 일의 토대는 참 the True이다"(PP, 162)고 믿는 것이다. 이렇듯 그는 그리스적인 입장을 오직 "지식", 곧 표면상 불일치하기만 하는 사람들을 "화합"케 할 지식에 토대해서만 평화가 도래할 것이라고 믿는 것으로 규정한다. 이런 "평화"의 이념은 통일, 곧 "타자가 모든 이 안에 있는 동일자의 정체성과 화해하게 하는"(PP, 162) 차이 극복을 추구한다. 또 그는 이런 그리스적인 생각이 "설득"에 의지하며, 이런 설득을 통해 각 개인은 자신(그/그녀)이 "전체"에 참여하고 있음을 깨닫게 되고, 이런 화합에서 "평정"을 발견하고 "휴식"하게 된다고 쓴다. 레비나스의 이런 규정에 반대할 수는 있다. 그러나 레비나스에게 무엇이 중요한지를 이해하려면 그의 규정을 그 자체로 이해하는 것이 분명 중요하다. 그는 무엇보다도 먼저 그런 그리스적인 자만심을 믿는 유럽은 유혈의 역사, 파시즘, 제국주의, 착취의 출현을 설명할 수 없다고 강조한다. 레비나스는 다소 신랄하게 소크라테스의 금언, 곧 "자기의식에서 전체 우주를 찾기 위해 일찍이 '너 자신을 알라'라는 말로 제기되었던, 이론적 이성의 보편성에 난 틈새"(PP, 163)를 추구한 금언을 조롱한다. 레비나스는 "아리스토텔레스의 논리와는 다른 논리"의 흔적을 유럽 안에서 발견하면서, 그것을 시험적으로 식민 전쟁에 대한 "회한으로 설명될지 모를 들숨", 그리고 "세계 전체의 슬픔에 대한 오랜 무심함"(PP, 163)의 결과인 듯한 들숨으로 묘사한다.

그러므로 여기서, 보편화하는 이성의 측면에 존재하는 인간의 양상들—**들숨, 회한, 슬픔**—을 통해 또 다른 전통, 단호하게 비그리스적인 전통의 흔적이 들어오는 것 같다. 그는 그리스 전통이 학살과 슬픔을 설명할 수 없는 이론적 이성을 세운다고 고발한다. 스스로의 전쟁사를 대면했을 때, 유럽은 폭력을 휘두를 수 있는 자신의 능력에 대한 불안으로 빠져든다는 것이다. 그는 이렇게 적는다.

"그것은 실재의 비일관성이라는 유럽의 드라마에 의해 거짓으로 판명 난 시스템의 지적 기만이 아니다. 또 그것은 단지 모든 사람을 두려움에 떨게 만드는 죽음의 위험도 아니다. 심지어 그 개념들이 서로 동조할 때에도 범죄를 저지를 때의 불안이 존재한다. 타자의 죽음이나 고통이 모든 이에게 지우는 책임의 불안이 존재한다"(PP, 164).

타자의 목숨에 대한 이런 불안과 책임을 토대로 해서, 바로 그 보편화 불가능한 요구가 내게 전달된다. 이 요구는 개인에게 제기되는 요구이고 계명이 전달하는 요구다. 따라서 그것은 한 사람 한 사람에게 전달되는 게 당연하면서도 결과로서 보편화할 수 없는 윤리적 의무다. 단수의 말걸기address는 요청의 보편성을 훼손한다. 바로 이런 이유에서 우리는 다른 이들도 정확히 똑같은 방식으로 '동일한' 요청을 존중하고 있는지 알아보고 점검할 수 없다.

이런 배경을 뒤로 하고, 그리고 비폭력이 출현한다면 레비나스에게 그것은 자기의 살인 욕망에 대한 자기 내부의 전쟁 결과라는 지식을 갖고서, 우리는 근대성 안에서 탈무드를 읽는다는 것이 무슨 의미인지, 어떤 종류의 질문이 그 텍스트에 대해 제기되는지, 그리고 어떤 종류의 이념들이 레비나스가 제안하는 종류의 읽기를 통해 타오르고 밝혀질 수 있을지 하는 문제로 돌아갈 수 있다. 〈자기란 누구인가Who is One-Self?〉로 번역된(그러나 '자기 자신에 관해서……'로 번역되어야 하는) 《탈무드 새로 읽기》의 3장에서, 레비나스는 아브라함이 "나는 재이고 먼지입니다"(NTR, 109)라고 말했기에 보상받았다고 랍비 라바Raba가 언급한 내용이 나오는 탈무드의 〈비제사용 도살편Tractate Chullin〉88b∼89a를 분석한다. 레비나스는 랍비의 다음과 같은 말씀을 인용한다.

"세계는 오직 모세와 아론의 덕을 통해서만 존속한다. 그들이 전하는 말씀의 가치는 이런 것이다. '우리는 무無다we are nothing'(혹은 '우리는 무엇인가?')"(NTR, 112).

두 문장은 어떤 면에서는 동등한 것으로 이해된다. 우리는 무이기에 우리가 무엇인지를 묻는다. 우리는 우리가 무엇인지를 묻고 우리가 무라는 것을, 곧 그 질문에는 어떤 대답도 없다는 것을, 이런 식으로 자신에 대해 질문하는 '우리'를 정의하거나 안심시켜줄 실체는 없다는 것을 발견한다. 레비나스가 보기에 우리는 단수로 계명의 호명을 받고, 그렇기에 보편성이 불가능해지는 방식으로 서로서로 차별화된다. 다른 한편으로 우리가 무'이기에are', 또 그런 호명은 '나'나 '우리'를 위해 어떤 존재론적인 해결책도 내포하지 않기에, 우리는 우리가 존재론적인 층위에서 바로 이 요구에 의해 박탈당했음을 인정하게 된다. 계명에 의해 전달된 요구는 우리에게서 모든 존재론적인 실체를 소거한다. 인간 피조물은 궁핍하지만 의미심장하게도 바로 이런 궁핍을 토대로 타자의 삶을 보호하라는 의무가 정교해진다. 곧 "자기 자신을 부인할 때, 자신의 먼지와 재 속에서 …… 또 다른 조건, 또 다른 인간적인 것의 층위를 향한 고양高揚이 존재한다. 자신의 필멸성이 부단히 위협을 당하는 중에 진정한 인간적인 것의 층위가 타자들에 대한 보호를 생각하는 그 사람으로 남는다"(NTR, 114). 따라서 아브라함은 "먼지이고 재"다. 그러나 탈무드의 말씀이 그렇듯이 아브라함의 말도 "재"

인 것 같다. "토라는 정확하다. 우리는 불꽃이 인간에게 온화하게 나타날 수 있도록 이념과 이미지의 '재'를 불어 날려 보내야 한다. 그럼에도 불구하고 우리는 타자에 대한 헌신으로 확증되며 그것이 의무이기에 **존재하는** '나me'의 어떤 흔적을 얻었다"(NTR, 121).

당연히 이 의무는 의무들을 보편화하려고 하는 윤리 체계와 법을 보증한다. 그러나 또한 그런 의무의 성문화는 어떤 것이건 레비나스가 그런 의무의 "무원리주의anarchism"라 부른 것을 덮어 쓴다.[9] 이런 '무원리주의'는 로고스로부터의 이탈이고, 인간 관계성 자체에 대한 사유의 또 다른 '지반'을 구성한다. 그의 관점에서 보면 인간 관계성은 그리스적이지 않을 뿐더러 어떤 확립된 방식에서 보아도 이성적이지 않다. 오히려 인간 관계성 개념은 다음과 같은 측면, 곧 인간의 궁핍을 타자들의 삶을 보호하려는 어떤 책임과 연결하는 측면을 작동시키는 형상들을 통해서만 정교해질 수 있는 것이다. 마치 우리가 덧없는 존재, 먼지, 재와 같기에, 바로 그렇기에 우리는 삶을 보호해야 한다는 것이다. 삶은 쉽게 사라질 수 있는 것이다. 따라서 우리는 삶이 사라지지 않도록 투쟁해야 한다. 쉽게 사라질 수 있다는 바로 이 사실에 토대해서 살인적인 공격도 어떤 니힐리즘의 형태도 아닌 의무가 출현한다. 이렇게 소멸하기 쉬운 점에 관해 우리는 주의를 게을리할 수가 없다. 왜냐하면 바로 그것에 주의하라는 명령, 우리를 위해서가 아니라 타자를 위해서 그것에 주의하라는 명령을 통해서 우리는 그것을 알기 때문이다. 당연히 이것은 계명의 한 판본이다. 그러나 그것이 로고스는 **아니다.** 그것은 삶, 호흡, 슬픔, 회한, 주의, 그리고 결단코 보편화할 수 없는 의무를 나타낸다. 계명을 따르라는 요구를 받은 그 '사람'은 그런 말걸기에 의해 존재론적으로 정복당한 것이고, 말하자면 먼지와 재로 환원된 것이다. 단지 이런 의무에 지나지 않은 것이 되면서 계명 자체에 의해 삶이 지속되고, 따라서 이 말걸기에 의해 존속되면서 정복당한 셈이다. 이는 자기란 실체가 아니라는 것, 계명은 성문화할 수 있는 법이 아니라는 것, 그리고 자기와 계명은 각자 선별하고 정복하고 강제하는 메시지 전달의 방식으로만 존재한다는 것을 의미한다. 탈무드를 따라 레비나스는 낯선 무원리anachy, 그가 윤리적 요구를 받아들이는 이와 요구 자체가 맺는 모든 관계를 특징짓는 것으로 생각한 무원리에 도달한다. 이런 사유는 레비나스에 앞서 발터 벤야민의 저작에서 먼저 등장한다. 벤야민은 사법 체계를 통해 작동하는 폭력에 대한 비판을 지속한다. 체계를 격파하는 데 필요한 것은 법에 우선하는 윤리적 요구와의 무원리적 관계다. 물론 레비나스가 보기에 윤리적인 것은 항상 이런 무원리 관념과 결부되지만, 본질적으로 정의에 관련된 정치적인 것은 형식화할 수 있는 법을 통해 기능한다. 그러나 형식적인 법의 지배가 부당하다면 무슨 일이 벌어질까? 그런 조건에서 무원리를 위한 장소는 어디일까?

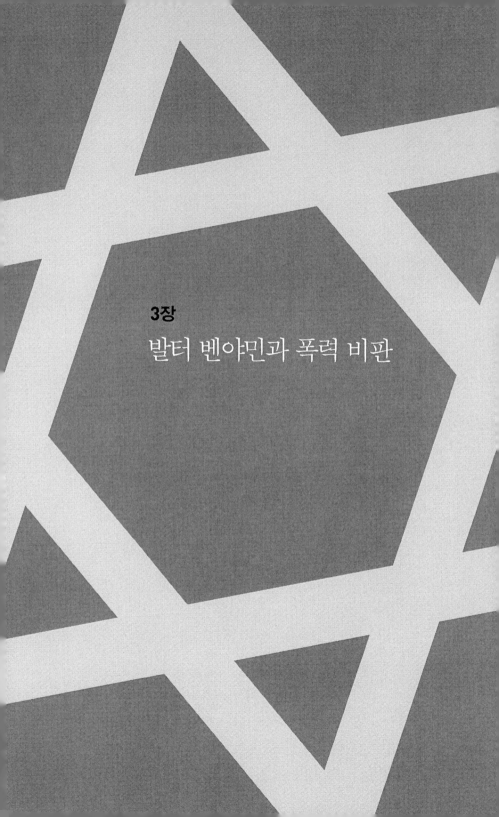

3장

발터 벤야민과 폭력 비판

이 글을 이루는 각 절의 초기 형태는 〈벤야민의 「폭력 비판」에 나타난 비판, 강제, 그리고 성스러운 삶Critique. Coercion. and Sacred Life in Benjamin's "Critique of Violence"〉이라는 제목으로 다음 책에 실렸다. Hent de Vries and Lawrence E. Sullivan, eds., *Political Theologies: Public Religions in a Post-Secular World* (New York: Fordham University Press, 2006).

우리는 시온주의에 대한 벤야민의 관점에 대해 질문하면서 게르숌 숄렘과 벤야민이 장시간에 걸쳐 진행한 토론을 참조해서 시온주의 정치를 알아볼 수도 있을 것이다. 그러나 나는 여기서 벤야민이 1920년대와 1930년대에 시온주의에 대해 제기했던 특수한 질문들보다는 폭력, 특히 사법적 폭력에 대한 벤야민의 관점에 더 관심이 있다. 게르숌 숄렘이 벤야민에게 팔레스타인으로 이주하여 히브리어를 배우라고 설득했지만 벤야민이 그 제안을 거절했다는 이야기는 잘 알려져 있다. 한번은 숄렘이 히브리대학교에서 벤야민에게 연구비를 지급하게끔 주선했지만 벤야민은 그 돈을 가지고 러시아로 갔고, 그에 대해 후원자들이 납득할 만한 설명을 결코 하지 않았다. 그러나 벤야민이 시온주의에 보인 양가적 관계보다 더 중요한 것은 국가폭력에 대한 비판 및 역사와 억압에 대한 관점이었다. 3장과 4장에서 나는 어떻게 벤야민이 유대적 출처와 비유대적 출처를 이용해 (a) 다름 아닌 자체의 법적 구조를 통해서 국가들이 저지르는 법적 폭력 비판과 (b) 시간을 거치며 이상을 실현한다는 진보적 역사의 여러 형태에 대한 비판으로 시온주의에 대해 분명한 비판을 함축한 견해를 제공하는지 이해하려고 한다. 벤야민의 첫 번째 관점은 법을 폭력의 대안으로 다룰 수 없음을 보여주지만, 또한 그것은 불의한 체제에 대한 무비판적인 복종의 형식들을 거부하는 것이 어떻게 가능한가란 질문을 열어놓기도 한다. 메시아적인 것the messianic이 어떻게 역사를 재배치하는가 하는 벤야민의 생각을 중심에 둔 두 번째 관점은 피억압자들의 역사, 곧 단일한 민족에 속하지 않지만 시·공을 가로질러 정화하는 억압의 치환을 필요로 하는 그 역사의 현재 형식을 발견할 가능성을 강조한다.

  메시아적인 것은 벤야민의 저작에서 각기 다른 형태를 취하고, 그가 그 단어를 성찰하고 환기할 때마다 바뀌게 된다.[1] 회화를 다룬 초기 저작에서 벤야민은 메시아적인 것을, 감각적인 장을 조직하는 의미의 비감각적인 핵nonsensuous core으로 이해하려고 하면서 '이름'의 전달성 transmissibility과 분산에 초점을 맞춘다. 〈번역자의 과제〉를 읽으면서 우리는 메시아적인 것이 어떻게 전달성 면에서 어떤 단절—부분들을 복구해서 원래의 통일된 모습으로 만들 수 없는 '깨진 그릇'이라는, 아주 많이 논의된 개념을 통해 형상화된—을 이루는지 생각하게 된다. 초기 벤야민의 성찰 중 일부는 용서의 형식, 모든 죄의 표지標識, marker에 대한 망각을 필요로 하는 용서의 형식으로서 메시아적인 것에 초점을 두지만, 그의 〈폭력 비판〉(1921)은 법적 폭력과의 단절로서(또한 이는 죄에 대한 무죄 증명이기도 하다) 신적 폭력의 메시아적 힘을 상상하는 경향을 보인다. 〈역사의 개념에 대하여〉에서 벤야민은 강요된 망각에서 피억압자들의 역사를 구하려는 투쟁과 메시아적인 것을 연합한다. 벤야민에게 메시아적인 것의 단일한 독트린 같은 건 없다. 그러므로 우리는 죄, 복종을 생산하고, 법적 폭력을 확장하고, 피억압자들의 역사를 가리는 현세의 체제들과 단절하려는 항抗독트린적인 노력이 메시아적인 것임을 확증하면서 우리의 고려 사항들을 다루기 시작해야 할 것 같다. 초기 글에서는 메시아적인 것이 망각을 옹호하는 것 같고 후기 글에서는 망각에 맞서 싸우는 것으로 보인다면, 이는 죄의 역사가 억압의 역사와 똑같지 않기 때문이다. 억압의 역사를 삭제하려는 데 맞서 싸워야 한다는 그의 생각이 점점 더 강해져갔다면, 그것은 죄의 세계가 증대하는 데 봉사하기 위함이 아니다. 법이 야기했고 여전히 야기하고 있는 파괴를 덮어 가리려는 법과 폭력의 판본에 단단히 묶여 있는 이가 죄인이다. 그러므로 메시아적인 것은 고통스러운 과거의 나머지—도덕적이면서 동시에 물리적인 폭력을 자행하는 체제를 종식시키기 위해 행동할 것을 우리에게 간접적인 방식으로 촉구하는—를 산발적인 형식으로 회복하기 위해 그 특수한 연대기와 역사를 분쇄하는 방식으로서 출현한다.

벤야민의 소론 〈폭력 비판〉을 고찰할 때는 가장 근본적인 질문, 곧 폭력 비판에서 **비판**은 어떤 의미를 지니는가 하는 질문으로 시작하는 것이 타당하다. 폭력 비판은 폭력의 조건이 무엇인지를 묻는 질문이지만, 또 우리가 폭력에 대해 제기하는 질문에 의해 어떻게 폭력이 사전에 구획 지어지는지를 묻는 질문이기도 하다. 그렇다면 폭력에 대해 질문을 제기할 때 폭력은 무엇인 것이고 또 무엇이 적법한 형태의 폭력이고 무엇이 불법 폭력인지를 묻기 전에, 이 질문을 어떻게 다뤄야 할지를 알 필요가 있지 않을까? 나는 벤야민의 소론이 **법적** 폭력, 곧 법이 주체들subjects[*]에게 구속적 위상을 임명하고 유지함을 통해 행사하는 폭력에 대한 비판을 제공한다고 생각한다.[2]

　벤야민은 비판을 통해 적어도 두 가지 다른 설명을 제공한다. 우선 그는 법적 폭력이 어떻게 가능해지는가를 묻는다. 폭력을 필요로 하거나, 적어도 주체들에게 구속력을 갖기 위한 강제적 효과를 필요로 하는 법은 무엇인가? 또한 이러한 법적 형태를 취할 수 있는 법은 무엇인가? 질문을 통해 벤야민은 자신의 사유에 두 번째 궤도를 개방한다. 폭력의 또 다른 형태, 곧 강제적인 법의 폭력에 맞서 불려 나올 수 있고 싸울 수 있는 비강제적인 폭력의 형태가 존재할까? 그는 더 나아가 이렇게 묻는다. 강제와 맞서 싸울 수 있을 뿐 아니라 그 자체로 비강제적인 폭력, 그런 의미에서 뭔가 다른 것이 아니라면 근본적으로 비폭력적인 폭력이 존재할까? 그는 이러한 비강제적 폭력을 '무혈無血' 폭력이라고 했는데, 이는 인간의 신체와 생명에 맞서 싸우지는 않는다는 뜻을 함축한 것 같다. 앞으로 보겠지만 그가 이 약속에 성공할 수 있는지는 결국 분명하지 않다. 그가 성공할 수 있다면 그는 강제를 파괴하는 폭력, 과정 중에 어떤 피도 흘리지 않는 폭력을 지지하게 될 것이다. 그것이 비폭력적인 폭력이라는 역설적 가능성을 구성할 텐데, 나는 이제부터 벤야민의 소론에서 그 가능성을 고찰하기를 희망한다.

　벤야민의 이 소론은 난해하기로 악명이 높다. 다뤄야 할 차이점이

---

[*]　이 장에서 주체는 권력에 종속된 신민이자 권력의 효과란 (후기)구조주의적인 주체 개념 안에서 움직인다. '신민'이라고 옮기는 편이 더 나은 경우도 있지만, 그것이 이미 주체 개념 안에 함축되어 있기에 구분하지 않았다.

많은데, 마치 한순간에 그것들을 정리하고 내려놓을 수 있을 듯 보인다. 벤야민이 하려고 하는 것을 이해하고자 하는 사람이라면 우선 두 집합을 구별 지어야 한다. 첫째는 **법정립적**〔rechtsetzend〕 폭력과 **법보존적**〔rechtserhaltend〕 폭력의 구분이다. 법보존적 폭력은 법정이나 특히 경찰이 행사하는 폭력으로, 법이 통치하는 인구에게 계속 구속력을 발휘하려는 반복적이고 제도화된 노력을 표상한다. 곧 주체들에게 미치는 법의 구속력을 유지하기 위해 반복되는 일상적인 방식을 표상한다. 법정립적 폭력은 다르다. 법은 정치체가 존재하게 될 때 행사되는 것으로 상정되고, 만들어진다. 그러나 또한 법은 제멋대로인 인구를 다루기 위해 강제적 행동을 도입할 때 군대가 발휘하는 특권일 수도 있다. 군대가 맥락에 따라 법정립적 권력이면서 또 법보존적 권력의 사례일 수도 있다는 것은 흥미로운 점이다. 우리는 또 다른 종류의 폭력, 곧 법정립적 폭력과 법보존적 폭력 양자를 넘어서고 그 두 가지 폭력에 대항하는 제3의 폭력이 가능한가를 물을 때 다시 이 지점으로 돌아올 것이다. 법을 제정하는 행위 자체는 또 다른 법에 의해, 또는 법의 성문화에 선행하는 이성적 정당화에 의지해서는 정당화되지 않는다. 또 법은 유기적인 방식으로, 곧 문화적 관습과 규범이 완만한 발전을 통해 실정법으로 변해가는 식으로 형성되는 것도 아니다. 이와 달리 법 제정은 정당화 절차와 숙의가 이뤄지게끔 할 조건을 창조한다. 그것은 말하자면 명령에 의해 그렇게 한다. 바로 이것이 이러한 정초 행위founding act의 폭력이 의미하는 것의 일부분이다. 요컨대 법정립적 폭력이라는 **폭력**은 "이것이 법일 것이다"라거나 더 단호하게는 "이제 이것이 법이다"라는 주장으로 요약될 수 있다. 법적 폭력에 대한 이 같은 개념—법정립적 폭력의 종류일—은 벤야민에게는 특별한 의미를 띠는 용어인 운명의 작용operation of fate으로 이해될 수 있다.[3]

운명은 그리스 신화의 영역에 속한다. 법보존적 폭력은 보존되는 법이 바로 이미 취임해 있는 법이기에 많은 면에서 법정립적 폭력의 부산물이다. 법이 자체의 구속적 성격을 반복함으로써만 보존될 수 있다는 사실은, 법은 되풀이해서 구속적인 것으로 단언됨으로써만 '보존된다'는 것을 시사한다. 결국 운명으로 해석된 법정립적 폭력 모델, 명령에 의해 선포되는 모델은 법보존적 폭력을 작동시키는 메커니즘이기도 하다.

법을 만들면서 동시에 법을 보존하는 제도의 예시가 군대라는 사실은 이 두 가지 폭력 형태의 내적 연계를 이해할 수 있는 모델을 군대가 제공한다는 것을 시사한다. 법이 보존된다는 것은 법의 구속적 위상이 누차 확언된다는 것이다. 그러한 재확언은 다시 법을 구속하고, 따라서 규제된 방식으로 정초 행위를 반복한다. 게다가 우리가 이를 통해 알 수 있는 것은 법이 스스로를 갱신할 수 없고 또 보존할 수 없게 된다면, 그때 법은 작동을 멈추고 보존되기를 멈추고, 다시 구속되기를 멈춘다는 점이다. 이런 법 붕괴의 장소가 군대다. 군대는 법을 보존하면서 동시에 강요하는 범례인 것 같고, 따라서 법이 정지하고, 작동을 멈추고, 심지어 파괴에 종속될 장소가 될 만하기 때문이다.

법정립적인 폭력과 법보존적인 폭력, 양면으로 폭력이 작동한다는 것을 이해하고자 한다면, 운명 개념으로나 그리스적인 혹은 '신화적 폭력'으로 이해될 수 없는 다른 폭력을 고려해야만 한다. 신화적 폭력은 스스로의 폭력을 전혀 정당화하지 않은 채로도 법을 수립한다. 오직 법이 수립되어야 우리는 법의 정당화를 이야기하기 시작할 수 있다. 결정적으로 법은 정당화 없이, 정당화에 대한 참조 없이, 설령 법이 법 정초의 결과로서 정당화에 대한 참조를 가능케 한다고 해도 정당화 없이 정초된다. 우선 주체가 법에 묶이고 나서 법적 프레임이 나타나 법의 구속적 특성을 정당화하게 된다. 그 결과 법에 설명 가능해지면서, 법 앞에 있는, 법적 설명가능성과의 관계에 의해 정의되는 주체들이 생산된다. 이러한 법의 영역 너머로, 그리고 이러한 법의 영역에 반대해서, 그것을 정초하고 보존하는 양쪽의 심급에서, 벤야민은 '신적 폭력', 곧 법적 설명가능성을 수립하는 바로 그 틀을 겨냥하고 비판하는 폭력을 단언한다. 신적 폭력은 그 법적 프레임의 **강제적 힘**에 맞서, 주체를 특정한 법체계에 묶어서 바로 그 주체가 그 법체계에 대한, 혁명적이지는 않더라도 비판적인 관점을 개발하지 못하게 방해하는 설명가능성에 맞서 저항하도록 촉발된다. 법적 체계가 훼손되어야 할 때, 혹은 그것의 강제성이 결과적으로 그런 강제하에 고통 받는 이들의 폭동을 낳을 때, 그 설명가능성의 유대가 파괴된다는 것이 중요하다. 실로 **수립된 법에 따라 옳은 일을 하는 것, 바로 그것이 수립된 법체**法體**—부당한 것인—를 없애기 위해 중지되어야 하는 것이다.**

이는 바로 조르주 소렐이 《폭력에 대한 성찰》에서 주장했던 것이다. 이 책은 국가 장치state apparatus 전체의 해산을 낳게 될 총파업에 대한 벤야민의 견해에 상당히 많은 영향을 미쳤다. 소렐에 따르면, 총파업은 어떤 특정한 사회 질서 내부에서 이런저런 특수한 개혁을 이행하려는 대신에 특정한 국가의 모든 법의 근간을 무효화하려고 한다. 벤야민은 소렐의 입장을 메시아적 사유—자신의 관점에 신학적이면서 동시에 정치적 의미를 부여한—와 결합한다. 신적 폭력은 강제된 설명 가능성의 형식들, 강요되었거나 폭력적인 의무의 형식에서 단지 사람들을 해방시키기만 하는 것이 아니다. 이러한 해방은 죄에 대한 속죄이기도 하면서 강제적 폭력에 대한 대항이다. 사람들은 이 모든 것 뒤에 무정부주의나 중우정치가 등장할 것이라고 두려워할지 모른다. 그러나 몇몇 명제에 유념해야 한다. 벤야민은 단 한 번도 모든 법적 체계에 반대해야 한다고 주장하지 않았다. 그리고 이 텍스트에 근거하여 그가 어떤 법의 규칙이나 또 다른 규칙에 반대한 것인지 확인한다는 건 불명료한 일이다. 게다가, 그가 여기서 무정부주의와 교통하고 있다면, 우리는 최소한 이 맥락에서 무정부주의가 무엇을 의미하는지 잠시 멈춰서 생각해보고, 벤야민이 "살인하지 말라"란 계명을 진지하게 다뤘다는 점에 유의해야 한다. 역설적이게도, 벤야민은 법적 설명가능성과 죄로부터의 방면을 삶의 덧없음과 삶의 고통겪기를 이해하는 방법으로, 도덕적이거나 법적인 설명가능성의 프레임을 통해 항상 설명될 수는 없는 것으로 구상했다. 고통겪기와 덧없음에 대한 이러한 이해는, 그의 시각에서 일종의 행복으로 귀결된다. 오직 메시아적인 것이라는 벤야민의 개념에 의지할 때에만 우리는 어떻게 고통겪기—도덕적 설명가능성에 기대서는 설명 불가능한 삶의 영역에 속하는—에 대한 이해가 일종의 행복으로 이어지는지 혹은 행복을 구성하는지를 알 수 있다. 나는 이 장에서 마지막으로 〈신학적·정치적 단편Theologico-Political Fragment〉을 보면서 이러한 행복 개념을 다룰 것이다.

벤야민은 〈폭력 비판〉을 쓸 때, 소렐의 《폭력에 대한 성찰》, 헤르만 코엔Hermann Cohen의 《순수의지의 윤리학》, 숄렘의 카발라주의적인 탐구를 포함한 몇몇 자료를 활용했다. 그는 다음 두 궤도, 곧 신학적 궤도와 정치적 궤도를 동시에 따르며 작업했다. 한편으로는 모든 법적 체계의 마비와 해산을 초래할 총파업의 조건들을 상세히 다루면서, 다른 한편으로는 **강제적 법으로 환원되지 않을 명령을 제공할** 계명을 갖춘 신성한 신divine god의 개념을 상술했다. 벤야민의 이 소론을 이끄는 두 가닥의 흐름을 함께 읽어내기는 항상 쉽지 않다. 신학이 파업 이론에 봉사하고 있다고 말하는 사람들이 있는가 하면, 총파업은 신의 파괴성의 한 사례일 뿐이라고, 혹은 그것의 유비라고 말하는 사람들도 있다.

　그럼에도 불구하고 여기서 중요한 것은 신적 폭력이 독재적이지도 강제적이지도 않은 계명을 통해 전달된다는 점이다. 실제로, 그에 앞선 로젠츠바이크와 비슷하게, 벤야민은 계명을 법적 폭력에 구속되어 있지 않으며 법적 폭력이 강제할 수 없는 일종의 법으로 파악했다.[4] 법적 폭력에 대해 말할 때 우리가 언급하는 종류의 폭력은 법의 정통성과 강제성을 유지하는 폭력, 법을 어겼을 때에 대비한 처벌 체계, 법 체계를 뒷받침하는 경찰과 군사력, 개인들이 법에 따라 행동할 수밖에 없도록, 실로 자신들의 시민적 정의를 법과의 관계를 통해 획득할 수밖에 없도록 강제하는 법적·도덕적인 설명가능성의 형식들이다.

　벤야민이 국가폭력, 곧 여러 면에서 법을 만들고 강제하는 이중의 능력에 의해 예시되는 폭력을 바로 성서의 계명, 특히 "살인하지 말라"는 계명을 재고하면서 명시한다는 것은 대단히 흥미롭다. 비록 우리가 신의 계명을 무조건적인 방식으로 작동하는 것으로, 우리 편에 행동을 명령하고 우리가 복종하는 데 실패하면 일군의 처벌적인 반응을 내놓을 준비가 되어 있는 것으로 생각하는 데 익숙하다고 해도, 벤야민은 계명을 이해하는 유대인의 다른 방식, 법이 명시하는 명령을 법의 강제성이라는 문제에서 떼어내는 이해 방식을 사용한다. 계명은 어떤 방식으로건 스스로 전하는 명령을 강제할 능력 없이 명령을 전달한다. 그것은 격노한 채로 복수심에 불타오르는 신의 발성vocalization이 아니다. 그리고 이런 관점에서 더 일반적으로 보아 유대법은 확실히 처벌적이지 **않다**. 여기서 유대 하느님과 관계된 계명은 죄와 **대립**되고, 심지어 죄에 대한 속죄를 추구하는데, 이는 벤야민에 따르면 신화적이거나 그리스적인 전통에서 유래한 특수한 유산이다. 분절되고 잠정적인 형태로 쓰인 벤야민의 소론은 유대법이 복수, 처벌, 죄의 유도에 관계된 것이라고 잘못 이해하는 사람들을 역습할 가능성을 제공한다. 강제적이고 죄를 유도하는 법 관념 너머로 그리고 그 관념에 맞서, 벤야민은 계명을 오직 명령이 전하는 윤리적 칙령과의 개별적인 갈등을 요구하는 것으로서 환기한다. 이것은 호령하지 **않는** 명령, 그 명령을 거부할 수 있는 조건을 포함하여 해석의 적용가능성과 가능성의 양태를 **열어두는** 명령이다.

벤야민의 소론은 유대 신학적 출처들에 의해 얼마간 고쳐진 국가폭력 비판, 곧 그가 "살아 있는 것의 영혼"〔die Seele des Lebendigen: CV, 250〕이라고 부르는 것을 공격하는 폭력에 비판을 제기한다. 이 부분은 조심스럽게 다뤄야 하는데, 왜냐하면 이 소론이 '유대적 비판'을 구성한다고 말하는 것은 설사 유대 신학의 흐름이 소론 전체를 관통한다 해도 실수일 것이기 때문이다. 또한 벤야민이 유대인이었기에 이것을 '유대적 비판'이라고 말하는 것은 이치에 맞지 않다. 비판이 유대적이라고 보는 게 정당하다면 벤야민이 심혈을 기울인 비판적 출처 중 몇몇의 결과로서만 그럴 수 있다. 숄렘이나 코엔만큼이나 이 소론에 영향을 미친 게 확실한 소렐은 유대인이 아니었고, 자신의 비판에(이 점에서 베르그송을 고려하지 않는다면) 명확히 유대적인 출처를 염두에 두지 않았음을 기억하는 것이 중요하다. 벤야민이 비폭력의 가능성과 의미를 모호하게 남겨둔 것은 분명하지만, 나는 벤야민이 생각한 것과 같은 계명은 법적 폭력 비판의 토대일 뿐만 아니라 비폭력과의 지속적인 갈등을 핵심으로 삼는 책임론의 조건이라는 점도 제안할 것이다.

:: 다른 유대주의

내가 주목하고 싶은 독해에는 적어도 두 가지 정치적 함의가 존재한다. 유대주의는 보복, 처벌, 죄의 주입에 근거한 신 관념이나 법 구상에 동의한다는 것이 유대주의에 대한 통속적인 표상의 일부일 때, 우리는 벤야민의 사유에 영향을 끼친 카발라주의적 흐름들에서 다른 유대주의를 조명하는 나머지를 찾을 수 있다. 따라서 유대주의의 의미에 대한 대중적인 표상에서 우리가 직면하게 되는 유대주의 환원은 일부분 유대주의를 격노하고 처벌하는 신과 동일시하고, 기독교를 사랑이나 **박애**caritas의 원리와 동일시하는 것일 때, 우리는 이들의 차이를 재고해야만 할 것이다. 또한 나는 우리가 로젠츠바이크와 궁극적으로는 마르틴 부버의 작업, 곧 영성적 쇄신 개념과 관련이 있고 동화 정책과 랍비 정통주의에도 우려를 표명했던 작업에 영향을 주었던 20세기 초반反랍비 운동의 흔적을 찾을 수 있다고 생각한다. 이 운동은 유대주의를 위해 법적·정치적 영토성을 수립하려는 노력에 대해서도 비판적이었고, 이 운동에서 제기한 몇몇 논증은 시온주의에 대한 오늘날의 비판에 중요한 의의를 지닌다.

예를 들어 로젠츠바이크는 법적 강제에 반대했을 뿐만 아니라, 계명을 비강제적인 법 형상화 방식으로 간주하고 그것에 의지했다. 그는 계명의 특수한 조항이 어떻든 간에 각각의 모든 계명은 신을 사랑하라는 명령을 전달한다고 평한다.[5] 로젠츠바이크는 《구원의 별》에서 신의 계명들은 "나를 사랑하라!"는 진술로 환원될 수 있다고 썼다. 1910년대와 1920년대에 로젠츠바이크와 말년의 부버는 모두 유대 민족을 위한 '국가' 관념에 반대했고, 유대주의의 비판적이고 영성적이기까지 한 힘이 법적 강제와 그 토대가 되는 주권을 가진 국가의 수립에 의해 파괴될 것이라고, 혹은 부버의 말을 빌리자면 '타락할' 것이라고 생각했다.[6] 로젠츠바이크는 너무 일찍 죽었고, 따라서 자신의 입장을 정교하게 다듬지 못했지만, 부버는 '두 민족'이 공동으로 동등하게 관리할 연방federated state을 아우를 시온주의의 한 판본을 포용하게 되었다. 내가 아는 한 벤야민은 시온주의의 이름으로 정초될 국가에 대해서는 아무런 생각도 없었고, 친구인 숄렘이 서신을 통해 압박을 가했을 때도 자주 그 질문을 회피했다.[7] 그 시기를 사유하는 데 벤야민의 텍스트를 문화적 출처로 사용하고 싶은 사람들에게 여기서 중요한 듯 보이는 것은 적어도 양면적이다. 곧 그의 텍스트는 때때로 유대성을 끔찍한 유혈 상태로 환원하는 반유대주의와 같은 것에 반대하면서 동시에 국가 폭력과의 비판적인 관계를 확립한다. 이러한 비판적인 관계는 이스라엘 국가 시민권의 입헌적 토대에 반대하지 않는다 해도, 현행 정치에 반대하는 비판적인 유대적 관점을 동원하려는 시도의 일환임은 분명하다.

물론 벤야민의 소론을 비난하는 오늘날 많은 사람들은 이 글이 법치와 의회 제도에 대한 파시즘의 공격을 예측하지 못했다고 주장할 게 분명하다. 1921년 벤야민이 쓴 소론과 오늘날 그것을 읽는 독자들 사이에 천만 명 이상이 살해된 나치 수용소를 포함해 많은 역사적 재난이 있었다. 혹자는 바로 주체들에게 구속력 있는 것으로 간주되는 법치를 통해 파시즘에 반대했어야 한다고 주장할 수도 있다. 하지만 주체들을 구속하는 법 자체가 파시즘의 법적 장치에 속한다면 그런 장치가 바로, 우리가 그 구속력에 반대해야 하고 그 장치가 실패할 때까지 저항해야 하는 법이라는 주장도 역시 등장한다. 그러나 벤야민의 법 비판은 비특정적이었고nonspecific, 따라서 전쟁, 고문, 불법 구금과 같은 미국 외교 정책의 관행을 특징짓는 헌법과 국제법 모두에 대한 위반뿐 아니라 파시즘의 발흥까지 고려한다면, 법의 구속력과 심지어 그 강제적인 성격도 일반론적으로 반대하는 것은 일단 별로 바람직해 보이지 않는다. 유럽 파시즘의 발흥을 조망하는 견지에서 일부 비평가들이 벤야민의 소론과 거리를 두었던 것은 분명하다.

벤야민의 소론은 데리다의 〈법의 힘〉에서 신랄한 독해의 대상이 되었고, 한나 아렌트의 〈폭력에 관하여〉에는 논쟁적인 광채를 안겨주었다. 벤야민에 관해 글을 쓰면서 데리다는 벤야민의 글을 관통하는, 그가 '메시아적 마르크스주의'라고 부른 것에 대해 공개적으로 우려를 표명했고, 파괴라는 주제에서 해체를 떼어내려고 했고, 그 어떤 특정 법이나 실정법도 초월하는 정의의 이상을 긍정적으로 평가하려고 했다. 물론 그 후 데리다는《마르크스의 유령들》과 종교에 관한 여러 글에서 메시아주의, 메시아성, 마르크스주의를 다시 논의하게 된다. 벤야민에 관한 글에서 데리다는 '벤야민이 의회민주주의를 지나치게 비판했다'고 생각한다는 점을 분명히 밝혔다. 어느 부분에서인가 데리다는 벤야민이 파시즘을 운반한 것과 똑같은 물결인 '반反의회 물결'을 탔다고 주장한다.[8] 또 데리다는 벤야민이 〈폭력 비판〉을 발표한 해에 카를 슈미트*에게 편지를 썼다는 점에 우려를 표명하지만, 편지의 도대체 어떤 부분이 근심을 유발했는지 알려주지 않는다. 두 줄 분량쯤 되는 편지에서 벤야민은 슈미트가 책을 보내준 것에 감사를 표한다. 하지만 그 형식적인 감사 표현을 근거로 벤야민이 부분적으로나 전체적으로 슈미트의 책을 용인했다고 추론하기는 거의 불가능하다.

아렌트 역시 〈폭력에 관하여〉에서 벤야민식 관점은 공동체의 결속에 법이 얼마나 중요한지를 이해하지 못한다고 유감을 표하면서, 벤야민은 국가의 정초가 비강제적인 시작일 수 있고 또 그래야 한다는 것, 또 이런 의미에서 국가의 기원이 비폭력적일 수 있고 비폭력적이어야 한다는 것을 이해하지 못했다고 주장한다.[9] 아렌트는 민주적 법의 토대를 폭력과 강제와는 뚜렷이 다른 권력 개념에 두려고 한다. 이런 의미에서 아렌트는 약정적約定的, stipulative 전략이라 불릴 수 있는 것에 관여해서, 몇몇 정의定義를 고정적으로 만듦으로써 문제를 해결하려고 애쓴다. 아렌트의 정치 용어 목록에서 폭력은 강제로, 권력은 비폭력적인 것으로서 구체적으로는 집단적 자유의 행사로 정의된다. 아렌트

---

* 생몰 1888~1985년. 독일의 법학자·정치학자로, 주권적 권위자의 '결단'이 법과 정치질서를 정당화한다고 주장했다. 2차 세계대전 전에 나치에 협력했고, 나치 법학에 이론적 토대를 제공했다고 평가된다.

는 폭력에 기초한 법이 있다면 그 법은 따라서 불법일 것이라고 주장한다. 그리고 법이 폭력에 의해 정립되거나 보존된다고 말할 수 있다는 주장을 반박한다.

아렌트는 혁명이 법을 정립하고 혼연일체가 된 인민의 동의를 표현한다고 이해했다면, 벤야민은 운명이라 불리는 어떤 것이 법의 기원이라고 주장한다. 또 데리다가 벤야민의 소론을 읽으면서 법 자체를(그리고 법정립적 권력, 운명, 신화의 국면 역시) 존재하게 만드는 수행적인 작용에 메시아적인 것을 위치시키는 데 비해, 벤야민이 보기에 메시아적인 것은 사법적 프레임 자체—신화적 권력과는 구별되는 대안—의 파괴와 연관된 게 분명하다. 이제 남은 부분에서 나는 운명과 신적 폭력의 차이를 검토하고, 벤야민의 메시아적인 것이 비판 문제에 어떤 의미를 지니는지 생각해볼 것이다.

:: 폭력, 운명, 법

국가폭력을 정초하는 조건을 고찰하고자 한다면, 벤야민이 〈폭력 비판〉에서 적어도 서로 중첩되는 두 가지를 구분하고 있음을 기억하자. 하나는 법정립적 폭력과 법보존적 폭력의 차이, 다른 하나는 신화적 폭력과 신적 폭력의 차이다. 바로 신화적 폭력의 맥락에서 법정립적 폭력과 법보존적 폭력을 설명하게 되기에 우선 거기서 무엇이 중요한지를 이해해보기로 하자. 법체계를 존재하게 만드는 것은 폭력이다. 그리고 이 법정립적 폭력은 아무런 정당화 없이 작용하는 폭력이다. 운명이 법을 생산하는데, 신의 분노가 발현됨manifesting을 통해서 처음 그렇게 된다. 이 분노는 법의 형태를 띠지만, 그것은 어떤 특수한 목적에 봉사하지 않는 법이다. 그것은 순수한 수단을 구성한다. 그것의 목적은 말하자면 스스로의 발현이다.

이를 보여주기 위해 벤야민은 그리스 신화 속의 니오베 이야기를 끌어온다. 그녀의 큰 실수는 인간mortal인 그녀가 다산의 여신인 레토보다 훨씬 더 다산을 했다고 주장한 것이었다. 그녀는 레토를 화나게 했고, 게다가 그런 말을 통해 신과 인간의 차이를 무너뜨리려고 했다. 아르테미스와 아폴론이 니오베를 벌주려고 현장에 나타나 그녀의 아이들을 죽이려 했을 때, 벤야민의 관점에서 이 신들은 법을 정립한 것으로 볼 수 있다. 하지만 이 입법 행위는 우선 현행법을 어기며 저질러진 범죄에 대한 처벌이나 징벌로 이해될 수는 없다. 벤야민에 따르면, 니오베의 오만은 법에 대한 위반이 아니다. 만약 그랬다면, 우리는 법의 위반에 앞서 법이 제자리에 있었다고 가정해야 한다. 오히려, 니오베는 오만한 발화 행위를 통해 운명에 도전하거나 운명을 건 것이다. 따라서 아르테미스와 아폴론은 운명의 이름으로 행동한 것이고, 운명이 제정되는 데 수단이 된 것이다. 운명은 이 전쟁에서 이기고, 그 결과 운명의 승리는 바로 법 자체의 정립이 된다(CV, 250).

곧 니오베 이야기는 법정립적 폭력을 예시한다. 왜냐하면 신들이 법을 수립함으로써 상해에 반응했기 때문이다. 상해는 먼저 법 위반으로 경험되지 않는다. 오히려 그것은 법의 수립을 촉진하는 조건이 된다. 그러므로 법은 상해에 반응한 분노 행위의 구체적 결과다. 하지만 상해나 분노 중 어느 것도 법에 의해 사전에 미리 그 구획이 정해지지 않았다.

그 분노는 니오베를 표시하고 변형하기 위해 수행적으로performatively 작동하고, 그녀를 바위처럼 굳은 모습의 죄지은 주체로 확립한다. 그리하여 법은 유죄의 순간에 생명life을 정지시키고 주체를 석화한다. 그리고 니오베 자신은 살지만, 그 살아 있음living 내에 마비된다. 그녀는 영원히 유죄이고, 죄는 그것을 떠맡은 주체를 바위로 바꾼다. 신들이 그녀에게 가한 응징은 그녀의 속죄처럼 명백히 무한하다. 어떤 면에서 그녀는 벤야민이 다른 데서 주장한 대로 신화의 영역에 속한 무한한 응징과 속죄의 경제를 표상한다.[10] 그녀는 죄 안에 그리고 죄에 의해 부분적으로 굳어 있지만, 슬픔에 가득 찬 채로 돌로 굳어진 원천으로부터 끊임없이 흘러나오는 울음으로 흐느끼고 있다. 처벌은 법에 묶인 주체—책임이 있는, 처벌할 수 있는, 그리고 처벌되는—를 생산한다. 만약 그런 슬픔, 그런 눈물이 아니었다면 그녀는 죄에 의해 완전히 죽었을지 모른다. 그래서 벤야민이 속죄를 통한 방면을 고려할 때 돌아간 지점이 바로 이 눈물이라는 점은 의미심장하다(CV, 250). 그녀의 죄는 처음에 외면적으로 부과된다. 그녀가 마법적인 인과관계를 통해서만 자식들의 죽음에 책임이 있게 된다는 점을 중요하게 기억하자. 어쨌든 그들은 그녀의 손에 살해된 것이 아니다. 하지만 그녀는 신이 휘두른 타격의 결과로 이 살해에 대한 책임을 떠맡는다. 그렇다면 니오베가 법적 주체로 바뀌는 데에는 운명에 의해 취해진 폭력이 그녀 자신의 행위에서 유래하는 폭력으로 재설정되고, 이에 대해 그녀가 직접적인 책임을 떠맡는 일이 수반되는 것 같다. 이런 용어들 안에서 주체가 된다는 것은 주체에 선행하는 폭력을 책임지는 것인데, 그 폭력의 작동은 자신이 겪는 폭력의 원인을 자신의 행위에 돌리게 되는 주체에 의해 차단된다occluded. 자신이 겪는 것의 유일한 원인으로 자기 자신을 세움으로써 폭력의 작동을 차단하는 주체의 형성은, 따라서 그 폭력의 추가 작용이다.

법이 정립되는 양태의 특징이 운명이라는 것은 대단히 흥미로운 점이지만, 운명은 법이 혹은 특히 법적 강제가 어떻게 훼손되고 파괴될 수 있는지 설명해주지 않는다. 오히려, 운명은 죄지은 주체를 명시함으로써 법의 강제적인 조건을 확립한다. 그 결과 사람person이 법에 묶이고, 주체는 자신이 겪는 것의 단일한 원인으로 확립되고, 죄책감 형태의 책임에 깊이 연루된다. 또한 운명은 그러한 주체로부터 출현하는 영구적인 슬픔을 설명하기도 한다. 하지만 벤야민에게 운명은 그러한 강제적 조건들을 폐지하려는 노력을 기술하는 이름일 수 없다. 후자를 이해하려면 운명에서 신으로, 혹은 운명이 속한 영역인 신화에서 비폭력적 파괴의 영역인 신적인 것the divine으로 옮기가야 한다. 비폭력적인 파괴가 정확히 무엇인지 완전히 명확해지지는 않았지만, 벤야민이 상상한 것과 같은 파괴는 법의 프레임 자체를 겨냥하는 것 같고, 그런 의미에서 법의 프레임이 필요로 하고 그 프레임이 집행하는 폭력과는 다른 것인 듯하다.

벤야민은 소론의 끝부분에서 급작스럽게 모든 법적 폭력의 **파괴**는 의무가 되었다고 단언한다(CV. 249). 하지만 우리는 이것이 특수한 법적 구조에 의해 실행되는 폭력인지 아니면 더 일반적인 법에 상응하는 폭력인지 모른다. 벤야민의 논의는 일반성의 층위에 머무르고, 따라서 독자는 그것이 그에게 문제를 제기한 법 일반을 가리키는지 추정해야 한다. 벤야민이 모든 법적 폭력의 파괴를 의무라고 쓴 것은, 그의 소론에 묘사되지 않은 어떤 맥락과 순간에 글을 썼기 때문일 수도 있다.

일찍이, 그는 법정립적인 정치적 총파업과 국가권력을 파괴하는 총파업, 그리고 모든 법의 구속적 성격을 보장하는 강제력인 법적 폭력 자체를 구분했다. 그는 두 번째 종류의 총파업이 파괴적이지만 **비폭력적**(CV, 246)이라고 쓴다. 여기서 그는 이미 비폭력적인 파괴성의 형태를 제안한다. 그는 이러한 비폭력적인 파괴성의 형태를 예시하고 이해시키려고 마지막 쪽에서 신에 대한 토론을 진행한다. 신은 총파업과 관련된 것이라고 말해지는 듯하다. 왜냐하면 신과 총파업은 모두 파괴적이면서 동시에 비폭력적인 것으로 간주되기 때문이다. 또한 신은 벤야민이 무정부주의라 부른 것과 관계가 있지 법 제정과는 관계가 없을 것이다. 그러므로 바로 신이 우리에게 율법을 부여하거나, 율법이 무엇이어야 하는지 모세를 통해 구술한 것이라면, 우리는 계명이 실정법—강제를 통해 권력을 유지하는—과 다르다는 것을 다시 한 번 고려해야 한다. 법의 형식으로서 계명은 비강제적이고 강요될 수 없는 것이다.

만약 신적 폭력 속의 신적인 것이 법을 정립하지도 보존하지도 않는다면 어떻게 해야 계명, 특히 계명의 정치적 등가물을 잘 이해할 수 있는지를 두고 우리는 곤경에 처할 것이다. 로젠츠바이크가 보기에 **계명은 결단코 법적 폭력이나 강압의 사례**가 아니다.[11] 모세의 하느님을 계명을 준 분으로 생각할 수 있지만, 벤야민이 보기에 계명은 법 수여의 사례가 아니다. 오히려 계명은 강제적으로 구속적인 법의 파괴를 낳는 법에 대한 관점을 확립한다. 계명을 신적인 폭력의 사례로 이해하는 게 이상할 수도 있을 텐데, 특히 벤야민이 거론하는 계명이 "살인하지 말라"이기에 그렇다. 그러나 우리가 법적으로 묶여 있는 실정법 체계가 살인을 요구한다면 어떻게 되는가? 그런 법적 체계의 정통성을 공격할 때 계명은 폭력에 반대하는 폭력이 되는 것 아닐까? 벤야민이 보기에 이러한 신적 폭력은 신화적 폭력을 파괴하는 권력을 갖는다. 신은 신화에 반대하는 것을 위한 이름이다.

　신적 권력이 신화적 권력을 파괴할 뿐 아니라 그 신적 권력이 **속죄한다**는 것도 중요하게 기억하자. 이것은 신적 권력이 죄의 효과를 벌충하려는 노력으로 죄에 영향을 미친다는 것을 시사한다. 신적 폭력은 법 제정과 신화의 영역 전체에 영향을 미치면서 어떤 인간적인 표현도 가정하지 않는 용서의 이름으로 그런 악행의 표시를 속죄하려고 한다. 따라서 신적 권력은 스스로 행위, 파괴적 행위를 하지만, 오직 신화적 권력이 죄지은 주체, 그것의 처벌 가능한 위반, 처벌을 위한 법적 프레임을 구성하고 나서야 그 행위를 할 수 있다. 벤야민은 유대 하느님이 죄를 유도하지 않으며, 따라서 질책의 두려움과 관계가 없다고 보는데, 이것은 대단히 흥미로운 점이다. 실로 신적 권력은 피를 흘리게 하는 일 없이 치명적인 것으로 묘사된다. 신적 권력이 공격하는 것은 몸을 굳게 만들고 무한한 슬픔에 빠지게 만드는 법적 족쇄다. 그러나 벤야민이 볼 때 신적 권력은 살아 있는 것의 영혼을 공격하지는 않는다. 신적 폭력은 살아 있는 것의 영혼의 이름으로 행위한다. 그렇다면 죄를 통해 주체를 마비시키는 법은 분명 살아 있는 것의 영혼을 위험하게 만드는 셈이 된다. 이 죄는 말하자면 영혼을 살해하겠다고 위협한다. 살아 있는 것의 영혼을 '생명' 자체와 구분함으로써, 벤야민은 우리에게 영혼이 파괴되고 나면 생명이 어떤 가치를 갖는지 고려할 것을 요청한다.

이렇듯 법적 폭력에 등을 돌리게 만드는 동기, 곧 법적 폭력을 파괴할 의무의 동기가 무엇인지 물을 때, 벤야민은 "더 자연적인 생명의 죄"(CV, 250)를 거론한다. 그는 〈괴테의 친화력〉에서 '자연적인 종류'의 죄는 윤리적인 죄가 아니라고, 그것은 악행의 결과가 아니라고 분명히 밝힌다.

"인간의 초자연적 삶이 소멸되면서 인간의 자연적 삶은 심지어 그가 윤리에 반하는 행동을 저지르지 않았음에도 죄로 변한다. 왜냐하면 이제 그것은 단순한 삶—스스로를 인간 안에서 죄로 발현하는—과 연합하게 되기 때문이다."[12]

벤야민은 〈폭력 비판〉의 어딘가에서 "단순한 삶〔blosse Leben〕"을 언급하지만, 그 글 안에서 이런 자연적 삶이란 관념을 정교화하지는 않는다. 그는 "신화적 폭력은 그 폭력 자체를 위해〔um ihrer selbst〕 단순한 삶에 가해지는 피의 폭력〔Blutgewalt〕이고, 신적 폭력은 살아 있는 자를 위해 모든 생명 위에 가해지는 순수한 폭력〔reine Gewalt über alles Leben um des Lebendigen〕이다"(CV, 250)라고 말한다.* 따라서 실정법은 "그 자체를 위해 생명"을 제약하려고 하지만 신적 권력은 생명 자체를 보호하기보다는 오히려 "살아 있는 것"을 위해서만 생명을 보호한다. 이런 관념에서 "살아 있는 것"을 구성하는 것은 누구인가? 그저 살아 있는 모든 사람일 수는 없는데, 살아 있는 것의 영혼은 다르기 때문이고 "살아 있는 것을 위해" 행해진 것은 당연히 단순한 삶의 제거를 수반

---

* 최성만 옮김, 발터 벤야민 선집 5 《역사의 개념에 대하여 외》, 도서출판 길, 112쪽.

할 터이기 때문이다. 이것은 가령 벤야민이 신적 폭력의 사례로 코라*의 곤경, 곧 신의 말씀에 충실하지 않은 탓에 신의 분노로 공동체 전체가 섬멸되는 성서 장면을 인용할 때 분명해진다.

그래서 "살인하지 말라"는 계명이 자연적 생명을 보호하려는 것인지 아니면 살아 있는 것의 영혼을 보호하려는 것인지, 그리고 그 둘을 어떻게 차별하는지를 물어야 할 때 우리는 당황스러워진다. 생명 자체는 실정법에 반대하는 데 필요하거나 충분한 근거가 아니지만 살아 있는 것의 '영혼'은 그럴지 모른다. 그런 반대는 살아 있는 것**을 위해**, 곧 능동적이거나 살아 있는 영혼 덕분에 살아 있는 것들을 위해 만들어질 수 있다. 소론의 초입에서는 "그 의미가 정당한 목적을 위한 폭력과 부당한 목적을 위한 폭력으로 구분하는 데 있다는 자연법론의 오해는 단호하게 배격될 수 있다"**고 지적한다. 그가 '신적'이라고 부르는 이런 종류의 폭력은 일군의 목적을 통해 정당화되지 않으며, '순수한 수단'을 구성한다. "살인하지 말라"는 계명은 파괴되는 법들의 질서에 근거한 법일 수 없다. 그것은 실정법의 통제를 받는 단순한 생명과 신의 명령의 핵심인 살아 있는 것의 영혼이 차별화되는 것과 같은 방식으로 법적 폭력에 반대하는 종류의 폭력이어야 한다. 아주 독특한 비틀기를 통해서 벤야민은 살인하지 말라는 계명을, '살아 있는 것의 영혼을 살해하지 말라'로 읽고, 따라서 그런 살해에 책임이 있는 실정법에 반대해서 폭력을 행사하는 계명으로 읽는다.

---

* 레위의 증손으로, 모세에게 반기를 들었다. 그 때문에 그와 그 일족과 재산이 모두 땅에 삼켜졌다고 한다. 구약성서의 〈민수기〉 16장 참조.
** 최성만 옮김, 앞의 책, 84쪽.

실정법이 단순한 생명을 포획하는 한 가지 사례가 극형이다. 법적 폭력에 반대하는 입장에서 이제 벤야민은 실정법의 폭력을 거의 완전하게 표명하고 예시하는, 법적으로 위임된 폭력으로서의 극형에 반대하는 듯하다. 주체에게 사형을 언도할 수 있고 언도할지 모르는 법에 대해, 그리고 그 법에 반대해서 계명은 그런 처벌에 맞서 바로 생명의 어떤 의미를 보호하도록 작동하는 종류의 법을 형상화한다. 그러나 어떤 의미인가? 이것이 단순히 생물학적인 삶이 아닌, 죄에 의해 야기된 죽음과 같은 상태, 니오베가 끝없이 눈물을 흘리게 될 바위 같은 조건이라는 것은 분명하다. 그러나 속죄는 바로 생명의 이름으로 니오베에게 지워지는데, 이것은 속죄가 법적 폭력에 항거하는 동기인가 아니면 항거의 끝인가 하는 질문을 야기한다. 스스로를 위해 극형을 예비해둔 사법 체계에 대한 설명가능성의 속박은 법적 강제 자체에 대한 항거에 의해 깨지는 것일까? '살아 있는 것'을 주장하는 어떤 것이 주체에 대한 법적 강제의 보유를 유지하는 죄를 속죄하는 총파업의 동기일까? **국가와의 법적 계약을 통해 공고해진 죄로부터 삶을 방면하려는 욕망—이것은 폭력에 맞서 폭력을 일으키는 욕망이며, 법과 맺은 죽음 계약, 살아 있는 영혼을 딱딱하게 굳혀버리는 죄의 힘에 의한 죽음에서 삶을 방면하려는 욕망일 것이다.** 이것은 모든 죄의 흔적을 제거하기 위해 폭풍처럼 인류를 뒤덮는 신적 폭력, 따라서 천벌이 아닌 신적 속죄의 힘이다.

　신적 폭력은 개인의 몸이나 개인의 유기적 삶을 공격하지 않는다. 그것은 법에 의해 형성된 주체를 공격한다. 그것은 죄인의 죄를 정화시키는 것이 아니라 법에 침수된 죄인을 정화시키고, 따라서 법의 규칙 자체에서 유래하는 설명가능성의 속박을 방면한다. 신적 권력을

'살아 있는 것을 위해 모든 생명에 가해지는 순수한 권력'(CV, 250)이라고 하면서 벤야민은 이런 연관성을 명백히 드러낸다. 신적 권력은 유혈 없이 내려치는 속죄의 순간을 구성한다. 살아 있는 존재로부터 이런 법적 위상을 분리하는 것(실정법의 족쇄로부터 살아 있는 존재의 속죄나 방면이 될)은 바로 강타, 파업의 효과, 그 무혈의 효과다.

그러나 코라의 이야기에서 볼 수 있듯이 이런 폭력이 인민의 절멸을 수반할 수 있다면, 혹은 그것이 자연적 생명과 살아 있는 것의 영혼에 대한 미심쩍은 구분에 근거한다면, 진정 무혈일까? '살아 있는 것의 영혼'이란 개념에 암묵적으로 플라톤주의가 작용하는 것 아닐까? 나는 이런 '영혼' 개념에 부착된 어떤 이상적인 의미도 존재하지 않는다고, 왜냐하면 그것은 바로 살아 있는 사람들에게 속한 것이기에 그렇다고 주장하고 싶다. 그리고 이것이 이 장의 결론적인 논의에 어떻게 작용하는지 밝히고자 한다.

::살아 있는 것의 이름으로

폭력은 '선, 옳음, 생명과 같은 것에 상대적으로' 가해질 수 있지만 결코 살아 있는 것의 영혼[die Seele des Lebendigen: CV, 250]을 완전히 절멸시킬 수 없다고 인정하고, 벤야민은 자연적 생명과 살아 있는 것의 영혼의 차이를 명료화하기 시작한다. 신적 폭력은 폭력이지만, 그것은 결코 절대적인 의미에서가 아닌 오직 상대적 의미에서만 '절멸시킨다.' 이러한 **상대적으로**[relativ]란 용어의 이용을 어떻게 이해할 수 있을까? 그리고 뒤이어 자신의 논지가 인간들 사이에 치명적인 힘을 행사할 수 있는 권력을 그 인간들에게 수여하는 것으로 이해될 수는 없다는 벤야민의 주장은 어떻게 나오는 것일까? "죽여도 됩니까?"라는 질문은 "살인하지 못한다"는 계명에서 환원 불가능한[Unverrückbare: 확고부동한, 고정된―문자 그대로, 미쳐버리거나 옆길로 새지 않는] 대답을 만난다. 그 계명이 부동이고 환원 불가능하다는 것은 해석될 수 없고 위반될 수 없다는 의미는 아니다. 그 계명을 따르는 사람들은 "홀로 있으면서 그 계명과 대결해야 하며[sich auseinanderzusetzen] 엄청난[ungeheuren] 경우에 처할 때 …… 그 계명을 도외시하는 책임을 스스로 떠맡아야 한다"(CV, 250).*

계명은 분노에 찬 행동이 처벌적인 법을 수립하는 신화적 장면 너머에서 그 신화적 장면에 맞서서, 죄의 표시와 똑같지 않은 힘을 행사한다. 수행적인 것인 신의 말씀은 발화 효과적 언어 행위perlocutionary speech act이며, 이는 근본적으로 조종 가능한 활용력에 의존한다. 신의 말씀은 오직 그 말씀의 전유를 통해서만 작용하고, 그렇기에 보증 불가능한 게 분명하다. 벤야민은 계명의 비非압제적 권력을 이렇게 서술한다. "계명은 이루어진 행위에 대해서는 적용할 수 없는 것, 비교할 수 없는 것으로 남는다"(CV, 250).** 이 문장은 계명에 의해 촉발된 두려움은 어떤 것이건 그 즉시 복종을 통해 주체를 법에 묶지 않음을 시사한다. 신화적인 법의 사례에서 벌은 죄와 두려움을 심는다. 니오베가 예시한 벌은 자신을 신에 견줄지 모를 모든 사람을 숨어서 기다리

---

* 최성만 옮김, 앞의 책, 113쪽.
** 위와 같음.

는 벌이다.

벤야민의 계명은 그런 벌을 전혀 수반하지 않으며, 계명이 필요로 하는 행위를 강제할 권력은 존재하지 않는다. 벤야민이 보기에 계명은 어떤 경찰력도 갖지 않는다. 계명은 요지부동이고, 계명은 발설되고, 계명은 계명 자체를 상대로 한 투쟁의 계기가 된다. 계명은 두려움을 고취하지도, 사실에 따른 판단을 강요하지도 않는다. 그러므로 벤야민은 "행위에 대한 판단은 계명으로부터 나오지 않는다"(CV, 250)고 기술한다. 계명은 행위를 명령할 수 없고, 복종을 강요하거나, 또는 계명의 명령에 순종하거나 순종하지 못한 인간을 심판할 수 없다. 계명은 일련의 행동에 대한 판단 기준을 구성하는 게 아니라, 한 가지 **행동 지침**〔Richtschnur des Handelns〕으로 기능한다. 그리고 계명이 명령하는 것은 사전에 최종 형태를 결정할 수 없는 계명과의 싸움이다. 벤야민의 놀라운 해석에 따르면 인간은 홀로 계명과 싸운다.

윤리적인 말걸기의 형식으로서 계명은 개인들이 각자 본받을 누군가도 없이 싸워야 하는 대상이다. 계명에 대한 한 가지 윤리적인 반응은 계명을 거부하는〔abzusehen〕 것이지만, 그 경우에도 우리는 그것을 거부하는 데 책임을 져야 한다. 책임은 계명과의 관계에서 우리가 떠맡아야 하는 것이지만, 계명이 그렇게 할 것을 명령하지는 않는다. 책임은 의무나 복종과도 분명히 구분된다. 싸움이 존재할 때, 그때 자유 비슷한 것이 존재한다. 우리는 자유로이 계명을 무시하지는 못한다. 말하자면 우리는 계명과 관련해서 자신과 싸워야 한다. 그런데 자신과의 싸움은 당연히 계명을 거부하거나 수정한 결과, 결정, 행동을 산출할 것이다. 그리고 이런 의미에서, 결정은 강요된 것이면서 동시에 자유로운 해석의 결과다.

우리는 벤야민이 폭력에 맞서 생명의 가치를 보호하고, 비폭력적인 폭력이란 개념을 주조해서 이러한 보호 행동, 법의 족쇄에 대항하는 파업, 속죄와 생명의 소생에 이름을 부여해주길 기대할 수도 있다. 그런데 그는 행복과 정의보다 현존재existence를 중시하는 사람들은 '거짓되고' '수치스러운(niedrig)' 입장에 들어선 것임을 분명히 한다. '현존재'를 '단순한 삶'으로 이해하는 데 반대한 벤야민은 현존재가 행복과 정의보다 더 소중한 것이어야 한다는 주장에 '강력한 진실'이 존재한다고 제언한다. 만약 우리가 현존재와 생명을 "'인간'이라는, 환원 불가능한 총체적 조건으로 간주한다면, …… 인간은 어떠한 경우라도 그 안의 단순한 생명과 일치하지 않는다"(CV, 251). 자기방어적 살인은 계명에 의해 금지되지 않는다는 유대교의 관점에 벤야민이 동의한 데서 분명히 알 수 있듯이, 살인을 금하는 계명은 생명 그 자체의 신성성(Heiligkeit)—죄와 연관된 관념—이 아닌 어떤 다른 것에 근거한다. 벤야민은 살생에 대항해서 계명의 토대와 목적을 확립하려고 할 때 신성한 것이라는 개념을 거부하지 않지만, 그가 단순하거나 자연적인 생명과 생명의 신성함을 구분하길 바라는 것은 분명하다.

벤야민이 영혼이나 신성한 것에 대한 내세적 교리에 찬성했다고 읽고 싶은 유혹은 그가 "이승의 삶과 죽음과 사후의 삶을 통틀어 동일하게 인간 속에 깃든 생명"을 언급할 때 일시적으로 출현한다(CV, 251). 설사 그렇다고 하더라도, 그는 오직 삽입 어구로 제시된 호소를 통해서만 신성한 것을 언급한다. "아무리 인간이 신성하다고 해도(so heilig der Mensch ist) …… 인간의 조건이 신성하다는 것은 아니다." 여기서 말하는 조건에는 육체적 삶과 그 삶의 위해성injurability이 포함된다. 신성한 것은 생명의 어떤 한정된 의미—이생과 사후에 동일한—인데 우리는 여기서 어떤 의미를 얻을 수 있을까? 벤야민은 신성한 것과 정의의 문제를 오직 유추의 맥락에 도입하는데, 이는 그것이 혹시라도 가능하다면 불명확한 미래에 속한 문제임을 시사한다. 벤야민의 주장을 어떻게 판단해야 하는 것일까? 이러한 또 다른 생명에 대한 호소, 육체를 넘어선 삶의 의미에 대한 호소는 폭력을 정당화하는 '목적들'을 제공하는 '정신적 테러리스트[der geistige Terrorist]'의 책략일까? 이는 벤야민의 앞선 주장, 곧 신적 폭력은 특정한 목적을 따라서가 아니라 오히려 순수한 수단으로서 행위한다는 주장과 상충되는 것 같다. 벤야민은 이런 주장을 통해서 신적 폭력은 과정을 완수하지 과정을 '초래'하지 않는다는 것, 우리는 그 폭력의 성취를 가능케 해주는 '수단'에서 그 폭력이 성취하는 '목적'을 해방할 수 없다는 것, 그리고 그런 종류의 도구적 계산은 여기서 제외된다고 제언하는 것 같다.

벤야민의 유추를 통해 출현한, 이렇듯 한정된 생명의 의미를 우선 이해해보기로 하자. 이 한정된 생명의 의미에 어떤 신성하거나 신적인 것이 존재한다면, 그것은 법강제적인 실정법의 폭력과 죄에 대립할 것이다. 그것은 법적 폭력의 형식에 저항하거나 반대할 테고, 이런 종류의 적대적인 대항폭력 자체가 구속되지 않은, 죄 없는, 혹은 속죄된 것의 표현임을 이미 우리는 확인했다. 그런데 이 소론에서 우리는 신적 폭력이 총파업과 혁명적인 것과 연합하고 있다는 것, 그리고 이제 국가의 법적 프레임과 경합하면서 그 법적 프레임을 황폐하게 만드는 것과 결합되어 있음을 알고 있다. 내가 제시하고 싶은 것은 이런 신성하거나 신적인 삶의 의미는 무원리적인 것the anarchistic, 원칙 너머 혹은 원칙 바깥에 있는 것과도 동맹하고 있다는 것이다. 우리는 고독한 인간이 어떤 본보기나 이유 없이 계명과 맞붙어 싸우는 것으로 출현할 때 이미 이러한 무원리적인 순간을 보았다. 그것은 무원리적인 싸움, 원칙에 의지하지 않은 채 일어나는 싸움, 계명과 그 계명에 연관되어 행동해야 하는 사람 사이에 일어나는 싸움이다. 어떤 이유도 그 둘을 연결하지 않는다. 이렇듯 고독한 계명과의 타협에는 일반화가 불가능한, 법의 토대를 파괴하는 순간, 생명의 이름으로 또 다른 법에 의해 불려 나오는 순간이 있고, 더불어 강제와 죄와 설명가능성의 족쇄—법적인 현 상황이 도전받지 않은 채 유지되게끔 하는—바깥의 살아 있는 것을 위한 미래의 희망이 존재한다. 공권력의 파괴 또는 절멸은 법정립적 폭력에도 법보존적 폭력에도 속하지 않는다. 법적 폭력의 혁명적 파괴나 폐지를 통해 한 시기가 정초된다고 해도, 이 장소에서 어떤 법도 만들어지지 않으며 파괴는 실정법의 새로운 정교화의 일환이 아니다. 파괴는 실정법에 대해 기이한 내구성을 띤다. 계명과 타협하려고 온갖 노력을 기울이는 무원리적인 순간이 실정법의 토대를 파괴하는 순간이라는 점을 고려한다면 이는 이치에 맞는다. 이 소론에서 벤야민이 타협한 메시아적인 것의 신학적인 의미, 곧 우리가 탐색해온 생명의 한정된 의미를 알려줄뿐더러 벤야민의 영혼 개념을 플라톤식으로 독해하는 것에 반대하는 그 의미를 고려할 때도 역시 타당하다.

벤야민이 말하는 무정부주의나 파괴는 또 다른 종류의 정치적 국가나 실정법에 대한 대안 중 어떤 것으로도 해석되어서는 안 된다. 오히려 그것은 실정법의 조건으로서, 그 법의 필수적인 한계로서 재귀한다. 그것은 아직 오고 있을yet to come 시대의 전조가 아니며, 온갖 법적 폭력의 기저를 이루고, 주체를 법에 묶는 모든 행위를 인수하는 잠재적 파괴성을 구성한다. 벤야민이 보기에 실정법 바깥의 폭력은 혁명적이면서 동시에 신적인 것—그의 용어로 말하면 순수한, 직접적인, 다른 것이 섞이지 않은 것—으로 형상화된다. 이는 벤야민이 법적 체계 전체를 마비시키는 총파업을 기술할 때 사용한 언어에서 차용된 것이다. 속죄하는 폭력은 인간의 눈에 보이지 않으며, 이승의 삶과 죽음과 사후의 삶에 똑같이 현존하는 인간의 생명이라는 영원한 형식과 연관된다는 벤야민의 주장은 어느 정도 사변적이다. 같은 시기에 쓰인 〈신학적·정치적 단편〉[13]과 함께 〈폭력 비판〉을 읽어보면 신중하게 고려할 만한 가치가 있는 주장을 확인할 수 있다. 첫째, 역사적인 것은 어떤 것도 메시아적인 것과 관련될 수 없다. 둘째, 속죄하는 폭력은 진짜 전쟁에서나 범죄자에 대한 다중multitude의 신적인 판단에서 발현될 수 있다(CV, 252).

이 지점에 걱정거리가 여전히 존재하는 것 같다. 벤야민은 모든 사법성 바깥에 있을 진짜 전쟁의 정당성, 혹은 봉기한 다중이 오직 그들 자신에 의해서 범죄자로 지목된 이를 공격할 수 있다는 정당성을 제공한 것인가? 신성한 처형에 대한 벤야민의 마지막 언급은 신성한 권력의 이름으로 온갖 물리적 폭력을 자행하려고 봉기한 무법적인 군중masses의 모습 같은 것을 떠올리게 하는 것 같다. 이때 벤야민은 위태롭게도 파시즘과 가까워지는 '반反의회 물결'을 탄 것일까? 아니면 이른바 신성한 처형이란 오직 실정법의 전체주의화만을 공격하는 것일까? 벤야민은 신적인 폭력에서 행위자와 신적인 것의 특수한 관계가 위태로워진다고 주장하는 것 같지만, 그는 이미 신적이거나 신성한 폭력은 일군의 목적에 의해 정당화될 수 없다고 주장했다.[14]

여기서 그의 주장을 최종적으로 어떻게 해석할까? 벤야민은 폭력에 호소하지 않는다. 도리어 파괴가 실정법과 생명 자체의 전제 조건으로서 이미 작동하고 있음을 시사한다. 우리가 파괴 자체를 일종의 영원성으로 이해하지만 않는다면, 신성한 것은 영원한 것을 가리키지는 않는다. 벤야민이 환기하는 신성한 것이라는 개념은, 파괴에는 어떤 목적도 없다는 것, 그리고 파괴는 법 제정에 의해서도 목적론적인 역사에 의해서도 회복될 수 없음을 함축한다. 이런 의미에서 파괴는 계명의 전유가 일어나는 무원리적 순간인 **동시에** 생명 없는 죄로 법적 주체에게 족쇄를 채우는 실정법 체계와 충돌이 일어나는 순간이다. 그것은 아주 엄밀한 의미에서 **메시아적**이기도 하다.

그렇다면 벤야민이 매우 공들여 주조하고 있는 메시아적인 것이라는 개념에서 파괴가 정확히 어떤 의미를 띠는지 생각해보자. 먼저 〈신학적·정치적 단편〉에 나오는, "세속적인 것은 모두 행복에서 자신의 몰락을 추구한다(im Glück erstrebt alles Irdische seinen Untergang)"(TF, 312~313)는 벤야민의 주장을 생각해보자. 이러한 몰락은 한 번 일어나지 않는다. 계속해서 일어나고, 생명 자체의 일부이며, 당연히 생명의 신성한 것, 곧 '살아 있는 것의 영혼'이 의미하는 그것을 구성한다. 〈신학적·정치적 단편〉의 벤야민에게, 윤리적 고독에 연관된 내적 인간은 메시아적인 강렬함의 장소다. 우리가 책임에 대한 벤야민의 관점—레비나스의 입장과 공명하면서 강제된 복종과는 철저히 다르고, 그런 복종에 대항하는 입장—을 구성하는 계명과의 고독한 싸움에 유넘한다면, 이것은 의미가 있다. 내적 인간의 메시아적인 강렬함은 불운이나 운명으로 이해되는 고통겪기에 의해 좌우되거나 야기된다. 운명으로 고통 받는다는 것은 정확히 자신이 그 고통의 원인이 아니며, 스스로의 통제를 넘어서는 사고나 힘의 결과로서 죄의 맥락 밖에서 고통받는 것이다. 그러나 운명이 실정법을 창조하는 데 성공할 때, 이 운명의 의미에 중요한 변화가 초래된다. 운명에 의해 초래된 법은 주체로 하여금 자기 삶의 고통을 책임져야 한다고 믿고, 자기 고통이 자기 행동의 인과론적인 결과라고 믿도록 만드는 데 성공한다. 다시 말해 운명은 그렇게 해서 법을 통해 주체 자신의 책임으로서 주체에게 귀속되는 고통을 가한다.

물론, 이는 어떤 책임감도 존재하지 않는다거나 존재해서는 안 된다고 말하는 것은 아니다. 그 반대다. 그러나 벤야민은 적어도 상호 연관된 다음과 같은 세 가지 논지를 보여주려는 것이다. 곧 (1) 책임감은 윤리적 요구와 벌이는 무원리적이고 고독한 싸움의 형식으로 이해되어야 한다는 것, (2) 강요되거나 강제된 복종은 영혼을 살해하고, 한 개인에게 부여된 윤리적인 요구와 그 개인이 타협할 수 있는 능력을 훼손한다는 것, (3) 법적 설명가능성의 틀은 인간 고통의 조건 전체에 접근해서 말을 걸 수도 그 조건을 교정할 수도 없다는 것이다. 벤야민이 언급한 고통겪기는 생명과 공외연적인 고통, 생명 안에서는 최종적으로 해결될 수 없는 고통, 그리고 어떤 적합한 인과론적이거나 목적론적인 설명이 주어질 수 없는 고통겪기다. 이런 고통겪기에는 어떤 타당한 이유도 존재하지 않는다. 어떤 타당한 이유도 때맞춰 나타나지 않을 것이다. 메시아적인 것은 몰락이 영원한 것으로 보이는 바로 이런 시점에 일어난다.

〈신학적·정치적 단편〉에서, 인간 행복의 영구적인 몰락은 일시성을 영원한 것으로 확립한다. 이는 오로지 혹은 항상 몰락만 존재한다는 의미가 아니라 오직 일시성의 리듬이 끝없이 재발한다는 의미다. 그의 관점에서 보면 불멸이라 불리는 것은 "몰락의 영원으로 이끄는 속세적인 원상 복구"와 일치하고, "이처럼 영원히 사멸해가는, 총체적으로 사멸해가는 속세적인 것, 그 공간적 총체성뿐만 아니라 시간적 총체성까지도 사멸해가는 속세적인 것의 리듬, 이 메시아적 자연의 리듬이 행복이다"(TF, 313).* 벤야민은 행복이 이러한 일시성의 리듬을 터득한 데서 유래한다고 이해한다. 실로 리듬 있는 고통의 차원은 고통과 쌍을 이루는 행복의 역설적인 형식에 토대가 된다. 메시아적인 것의 리듬이 행복이고, 리듬은 모든 것이 사라짐에 묶여 있고 몰락을 겪는다는 것을 이해하는 데 있다면, 이 리듬, 일시성의 리듬 자체는 영원하고, 바로 이 리듬이 사람의 내적 삶, 고통을 겪는 사람을 영원한 것과 연결한다. 이 점이 계명에 의해 환기되는, 한정된 생명의 의미를 설명해주는 것 같다. 일시성이 단순한 생명의 특징임이 분명하기에 그것은 '단순한 생명'의 반대가 아니다. 오히려 그것은 일시성의 리듬으로 포착된 단순한 생명이고, 이는 다음과 같은 관점, 곧 생명 자체가 유죄이고 죄는 우리를 법에 묶어야 하며 따라서 법은 생명에 필수적인 폭력을 행사해야 한다는 견해와 정반대되는 관점을 제공한다.

그렇다면 내적인 삶과 고통—곧 이러저러한 사람의 삶에 한정되지

---

* 최성만 옮김, 앞의 책, 131쪽.

않고 영원한—사이에는 일종의 상관관계가 존재한다. 이제 고통겪기로 해석된 내적 삶은 살인하지 말라는 계명과의 싸움에 일반화 불가능한 조건이기도 하다. 계명을 위반하는 것은 가능하겠지만, 그렇더라도 내적 삶은 고통을 겪어내야만 한다. 이러한 고독한 싸움과 고통겪기는 강제적인 법에 치명적인 움직임을 동기화하는 무원리주의가 의미하는 바이기도 하다. 강제적인 법은 모든 고통겪기를 잘못으로, 모든 불운을 죄로 바꾸려 한다. 적합한 범위 너머로 설명가능성을 확장함으로써, 실정법은 삶과 삶의 필수적인 일시성을, 삶의 고통겪기와 동시에 삶의 행복을 완파한다. 실정법은 자신의 주체를 통곡하는 바위로 만든다. 주체가 겪는 것의 책임을 주체가 짊어지게 만드는 것이 실정법이라면, 실정법은 죄에 물든 주체, 자기 자신의 행동에 속하지 않는 불운을 어쩔 수 없이 책임지는 주체, 혹은 오직 자기 의지의 힘을 빌려서만 자신의 고통겪기를 모두 종식할 수 있으리라고 생각하는 주체를 생산한다. 인간이 서로에게 해를 가하는 것은 분명 사실이지만, 우리가 겪는 것이 모두 다른 사람의 행동 때문인 것으로 밝혀지지는 않는다. 해로운 원인으로서의 주체라는 자기중심적인 개념이 아무리 박해해도 약화시킬 수 없을 고통겪기의 실현에 의해 완화되고 반대될 때, 신적 폭력을 통해 죄지은 주체의 속죄가 일어난다. 이런 속죄는 도피적인 죄의 나르시시즘에서 주체를 풀어내고, 삶, 단순한 생명이 아니고 저 너머 영원한 것도 아닌, 이런 의미에서 신성한 일시성의 삶으로 주체를 돌려보낼 것을 약속한다. 일시성이 영원하다는 것은 일시성이 결코 끝나지 않을 것, 그리고 소멸(하기)은 모든 삶의 리듬을 굴절시킨다는 것을 의미한다. 따라서 벤야민은 죽음에 맞서 삶을 보호하지 않는다. 그는 죽음에서 삶의 행복이 아니라면 삶의 리듬을 발견한다. 이는 주체에게는 죄로부터의 속죄 방면을 필요로 하는 행복, 그 주체 자체의 소멸을 낳는 행복, 그 바위 같은 현존재의 분해를 낳는 행복이다.

초기에 쓴 글에서 벤야민은 예술 작품의 영역에서 '비판적 폭력', 심지어 '숭고한 폭력'으로 불리는 것을 거론했다(CV, 340).[15] 예술 작품 안에서 살아가는 것은 유혹과 아름다움에 **반대해서** 움직인다. 예술은 어떤 진리를 오직 삶의 석화된 잔여물로서만 보여줄 수 있다. 미의 말소는 외양―이것은 아름다운 것the beautiful을 구성한다―의 말소를 필요로 하고, 죄의 말소는 표시marks의 말소를 필요로 하는데, 따라서 예술 작품이 자체의 진리를 나타내려면 결국 기호와 표시 양자가 억제되어야 한다. 이 진리는 언어의 형식, 절대적인 의미에서 말씀의 형식을 갖는 것이다(언어의 장linguistic field과 시각의 장visual field이 다르다는 것을 이해하는 데는 문제가 되는 견해). 벤야민이 보기에 말씀은 그 자체로 나타나지 않을지라도 나타난 것what appears에 조직적인 통일성을 부여한다. 그것은 나타남의 국면에 배태된 관념성을, 구조를 조직화하는 것으로 구성한다.

〈폭력 비판〉에서 말씀은 계명, 살인하지 말라는 계명이지만 이 계명은 나타남appearance의 영역을 조직하는 일종의 관념성으로 이해될 때에만 받아들여질 수 있다.[16] 일시성 속의 신성한 것은 일시성 밖에서는 발견되지 않으며, 단순한 생명으로 환원될 수도 없다. '단순한 생명'의 조건이 신성한 일시성에 의해 극복되어야만 한다면 단순한 생명은 살인을 금지하는 계명을 정당화하지 않는다는 결론이 나오게 된다. 그와는 반대로, 계명은 인간 삶 속의 신성하고 일시적인 것에, 벤야민이 메시아적인 것의 리듬이라고 부른 것에, 인간의 행위에 대한 반反강제적인 이해의 토대를 이루는 것에 수신될 수 있다. 벤야민은 초도덕적 일시성이란 개념이 죄에 기초한 도덕성 개념의 한계를 폭로하는 인간의 고통겪기에 대한 이해를 허락한다고 제안하는 것 같다. 곧 마비, 자기질타, 무한한 슬픔을 생산하는 도덕적 인과성의 메탈렙시스metalepsis*를. 이런 설명에 근거해 벤야민이 보존하는 무한한 슬픔 같은 것이 존재하는 것 같다. 결국 니오베는 자신의 했던 일을 후회할 뿐 아니라 자신이 상실한 것을 애도한다. 일시성은 도덕적 인과성을 뛰어넘는다. 그 결과로 니오베의 눈물은 신화적인 것에서 신적 폭력으로의 이행을 우리에게 이해시켜줄 형상을 제공하는 것일지 모른다.

니오베는 레토보다 자신이 아이를 더 많이 낳았다고 뽐냈고, 이에 레토는 아폴론을 보내 니오베의 일곱 아들을 죽이게 했다. 니오베는 자랑을 계속했고, 레토는 다시 아르테미스를 보내 니오베의 일곱 딸을 죽이게 했는데, 어떤 이들은 그중 하나인 클로리스는 살아남았다고 말한다. 니오베의 남편은 자결했으며, 그 뒤에 아르테미스는 니오베를 영원히 눈물을 흘리는 바위로 바꿔놓았다. 니오베의 형벌은 그녀 스스로 자초한 것이고, 그녀가 교만한 자랑의 죄를 지었다고 말하는 사람이 있을지 모른다. 하지만 그러한 형벌을 고안하고 니오베의 자녀를 죽이도록 사주한 것은 레토였다는 사실이 아직 남아 있다. 법적 권위를 시행한, 따라서 그 권위의 적법성을 사후에 구성한 것 역시 레토의 자식들인 아폴론과 아르테미스였다. 오직 그러한 형벌을 통해서만 법

---

* 비유적으로 쓰인 단어나 문장을 새로운 맥락 안에서 다른 뜻으로 바꿔 쓰는 방식.

이 출현하고, 법정립적 권력을 효과적으로 은폐하면서 완수하는, 죄를 지었기에 처벌 가능한 주체가 생산된다. 신적 폭력이 법의 제정에 수반되지 않으며 속죄의 권력으로 메시아적인 것을 동원한다면, 신적인 권력은 처벌당한 주체를 죄에서 풀려나게 하는 것이다.

니오베의 속죄는 어떤 모습을 할까? 우리가 상상해볼 수 있을까? 이 경우 정의는 추측, 추측가능성의 개방을 필요로 할까? 우리가 상상해볼 수 있는 것은 그저 바위가 녹아 물이 되었으리라는 것, 그녀의 죄가 끝없이 눈물을 터트렸으리라는 것이다. 이제 문제는 그녀가 한 일이 그런 처벌에 부합했는가가 아니라 어떤 처벌 체계가 그녀에게 그런 폭력을 부과했는가일 것이다. 우리는 그녀가 떨쳐 일어나 법의 잔인성에 질문을 던지는 것을 상상해볼 수 있고, 그녀가 자신에게 자행된 폭력적인 권위를 분노에 차서 거절함으로써 교만의 죄와 자녀들의 목숨을 앗아간 데 대한 무한한 슬픔을 벗어버리는 것을 상상할 수 있다. 만약 슬픔이 끝나지 않는다면, 그녀의 상실 지점에 슬픔은 계속되고 심지어 영원히 슬픔이 있는 것이다. 그것은 그녀의 상실을 파괴의 리듬, 생명에서 신성한 것과 삶에서 행복을 이루는 것을 구성하는 파괴의 리듬과 연결하는 '몰락'의 일환이기도 하다.

벤야민의 초창기 논고에서 이런 논증이 좀 어색하고 불편하다고 생각할 이유는 여전히 존재한다. 왜냐하면 벤야민은 모든 법적 폭력에 반대하는 것이 의무인지, 권력을 가진 자들이 폭력을 저지르지 않도록 강제로 제한하는 의무의 형식을 지지하는 것인지, 주체들은 어떤 식으로건 국가에 대한 의무를 짊어져야 한다는 것인지 우리에게 이야기하지 않기 때문이다. 그가 미래를 위한 기획을 제공하지 않는 것, 오직 시간에 대한 또 다른 관점을 제공한다는 것은 분명하다. 그의 글은 변혁보다는 차라리 파괴에 대한 언급으로 끝을 맺고, 그렇기에 어떤 미래도 정교해지지 않는다. 그러나 이것은 어떤 미래도 있을 수 없음을 의미하는 것은 아니다. 일찍이 그는 소렐이 보기에 프롤레타리아 총파업은 "순수한 수단으로 …… 비폭력적인" 폭력 같은 것에 관여한다고 언급했다. 그런 설명 가운데 그는 이렇게 적는다.

"외면적인 양보와 노동 조건상의 이런저런 수정에 따라 다시 작업을 재개할 태세로 일어나는 것이 아니라 오직 전적으로 변형된 노동, 국가에 의해 강요되지 않는 노동만을 재개하려는 결심에서 일어나기 때문에, 이런 종류의 파업은 전복(ein Umsturz)을 유발하기보다 오히려 수행한다(nicht sowohl veranlasst als vielmehr vollzieht)"(CV, 246).*

이렇게 완수하는** 전복은 총파업을 신적 폭력과 연결한다. 신적 폭력은 강제적인 집행 방식을 단절하며, 목적론적인 구조와 예측을 거부하는 시간의 의미를 열기도 한다. 특히 메시아적인 것은 목적론적인 시간의 전개를 좌절시킨다(메시아적인 것은 결코 시간 속에서 나타나지 않을 것이다). 메시아적인 것은 속죄, 죄로 인한 추방, 응보, 강제를 영원하거나 재발하는 일시성과 관련해서 더 넓은 고통겪기의 개념으로 대체한다. 이런 의미에서 법적 폭력에 대한 벤야민의 비판은 우리에게 삶, 상실, 고통겪기, 행복과 연관해서 이해하고 있는 것을 중지할 것, 고통겪기, '몰락', 행복의 관계에 대해 질문할 것, 그리고 국가폭력을 수단

---

* 최성만 옮김, 앞의 책, 103쪽 참조.

** 벤야민 선집의 번역자인 최성만은 독일어 vollzieht를 '수행한다'로 번역했는데 버틀러는 영어로 consummate로 번역했다. 여기서는 버틀러의 번역을 따른다.

으로 한 상실의 영구화와 삶의 죽음화에 대항하기 위해 어떻게 일시성이 신성한 가치를 지닌 것에 접근하는지 볼 것을 다그친다. 신성한 일시성은 국가폭력에 맞서 보호할 가치가 있는 단순한 생명이란 무엇인지 보여주는 원리로서 대단히 잘 기능할 수도 있다. 또한 그것은 "살인하지 말라"는 계명이 왜 혁명적 행동의 신학적인 토대가 아니라 생명의 가치를 이해하는 데 반목적론적인 토대로 기능하는지를 제시하기도 할 것이다. 우리가 겪는 고통이 되풀이되는 몰락의 리듬, 심지어 영원한 몰락의 리듬으로 이해될 수 있다면, 우리 자신의 고통은 되풀이되는 고통의 리듬으로 분산되는 것이고, 우리는 더도 덜도 말고 딱 다른 사람만큼 괴로워하는 것이고, 1인칭 관점은 탈중심화될 것이라는, 곧 죄와 보복 모두를 일소할 것이라는 결론이 나온다. 이러한 되풀이되는 몰락이 삶에 행복의 리듬을 부여한다면 이는 어떤 의미에서도 순전히 개인적이지는 않을 행복일 것이다.

또한 우리는 벤야민의 논의에서 비판의 조건을 확인할 수도 있을 것이다. 왜냐하면 우리는 실정법이 스스로를 정당화하고 자기보존적 권력을 획득할 때 동원하는 폭력에 대해 질문하고, 그것에 대항하는 관점에서 이미 떨어져 나왔음이 분명하기 때문이다. 법은 법의 이름으로 자행된 폭력을 정당화하고, 폭력은 법이 스스로를 정립하고 정당화하는 방식이 된다. 주체가 법의 족쇄를 던져버리거나 그 족쇄가 갑자기 제거되거나 와해되었음을 알게 될 때, 혹은 다중이 주체를 대신하고, 법의 요구를 수행하기를 거부하면서 결단코 전제적이지 않은 힘을 가진 또 다른 계명과 맞붙어 싸울 때 이러한 순환은 깨지게 된다. 계명과 싸우는 개인은 총파업을 택한 인구에 비유되는데, 이는 양쪽 모두 강제를 거부하고 그러한 거부 속에서 오직 인간 행위의 토대로서만 봉사하는 숙의의 자유를 실행하기 때문이다. 벤야민은 그런 엄격한 총파업의 조건하에서, 특히 군대가 자신들의 임무를 거부할 때, "행동은 실제적 폭력의 심급을 약화시킨다"(CV, 247)고 언급한다. 우리는 파업을 국가에 대항한 '행동'이라 일컫지만, 베르너 하마허Werner Hamacher에 따르면 파업은 국가의 법을 보여주고, 따르고, 승인하고 따라서 영속화하는 데 실패한 것이다.[17] 만일 행동 거부가 그 자체 폭력이라면, 그것은 행동하라는 명령 자체를 겨냥한 것이며, 법 정립을 반복적으로 거부함으로써 법의 권력과 힘을 약화시키는 방법, 시간을 거치며 법이 스스로를 정립하고 보존하게 해주는 수행의 반복을 거부하는 방법이다. 법은 '침몰'할 수 있고 또 침몰할 것이다. 곧 법은 자체의 '몰락'을 얻게 될 것이고, 이러한 몰락의 행위는 새롭고도 다른 시간의 이름으로 역사적으로 존재해왔던 것의 파괴—벤야민이 "전복"이라 부른—와 연결될 것이다. 비판을 제공하는 것은 법보존적 권력에 끼어들어서 그 권력을 반박하는 것, 법에 대한 순종을 철회하는 것, 법을 보존하는 데 실패하고 따라서 법의 파괴에 착수하는 잠정적인 범죄성을 점하는 것이다. 벤야민의 소론이 너무나 급작스럽게 끝을 맺는 것은 일종의 급작스러운 종식—신적 폭력, 곧 목적론적인 시간을 거스르는 파괴와 전복의 모델을 따른 비판의 작동 바로 그것—을 실연한 것으로 이해되어야 할 것이다.

할 수 있다면 상상해보자. 아폴론과 아르테미스가 어머니에게 자제를 부탁하고 그녀의 명령에 복종하기를 거절하는 것을, 또는 군대가 파업 진압을 거부하고 사실상 파업 자체에 가담해서 무기를 내려놓고 국경을 개방하고 검문 병력 배치나 검문소 폐쇄를 거부하는 것을, 또 너무 많은 슬픔과 비탄의 기억과 예감 때문에 차라리 행동을 자제했던 모든 구성원이 복종과 국가폭력을 유지하려는 죄에서 벗어나는 것을, 그리고 이 모든 것이 살아 있는 것의 이름으로 일어나는 것을.

:: 폭풍

다음 장에서 검토하겠지만, 벤야민에게 메시아적인 것은 도래할 미래에 관한 것이 아니다. 그것은 차라리 현재를 흠집 낼 또 다른 시간으로부터 오는 '부스러기들', '섬광'에 있다. 메시아적인 것은 미래에 대한 어떤 약속도 제공하지 않지만 현재를 그가 "지금-시간[Jetztzeit]"이라 부른 것으로 변형한다. 우리가 지금-시간을 획득할 수 있는지, 지금이란 시간이 우리에게 명백해질 수 있는지는 분명하지 않다. 왜냐하면 현재는 보복과 복수의 순환을 통해, 일어났던 것의 빚을 변상하라는 요구를 통해 아주 빈번히 과거에 의해 요청되기 때문이다. 지금을 획득하는 것, 아니 지금이 일어날 수 있도록 어느 정도 허락하는 일은 오직 어떤 속죄를 조건으로 해서만 일어난다. 가령 2006년 남부 레바논에서 일어난 전쟁이나 2008~2009년 가자 전쟁을 생각할 때 벤야민이 우리에게 도움이 될 수 있을까? 아니 좀 더 특정해서 이스라엘 국가가 호소한 '자기방어'란 개념이 보복에 기여하면서 작동할 것인지, 어떤 방식으로 그렇게 될지 물을 때 도움이 될 수 있을까? 공격당한 뒤 스스로를 방어하는 일은 합리적으로 보일 수 있지만(논리적으로는 팔레스타인의 자기방어로도 확장될 수 있는 합리적인 결론), 도대체 어떤 조건에서 자기방어는 자기보존의 문제에서 떨어져 나와, 걷잡을 수 없는 폭력을 정당화하는 조건으로 작용하게 되는 것일까? 자기방어 개념이 잘못 가는 데 대항하려고 메시아적인 것이란 개념에 의지하는 것은 이상해 보일지 모른다. 바로 우파 정착민들이 요청하는 것이 메시아적인 것이고, 좌파 측의 우리는 국가폭력에 반대하기 위한 더 견고하고 세속적인 토대에 의지해야 하는 것 아닐까? 이렇듯 아주 합리적인 가정두 가지 모두에 반대하면서, 나는 미래를 약속하는 주석note으로서나또 땅에 대한 권리를 주장하는 데 근거가 될 토대로 해석되지 않는 메시아적인 것에는, 국가폭력을 영구적으로 정당화하는 빌미가 되는 자기방어의 중단이 당연히 수반된다고 제언하고 싶다. 그런 방어가 영구적인 것이 될 때, 그것의 적법한 사용과 불법적인 사용의 차이를 구분하는 것은 더 가능하지 않을지 모른다. 그러니까 방어가 국가를 적법화하는 기능에 봉사하기에, 그것은 국가의 이름으로 행위하면서 항상옳고 항상 적법하다. 나는 이것이 위험한 결과를 낳는다고 제언하고싶다. 물론 나는 목적으로서 자기파괴를 지지하는 것이 아니다. 그것은 말도 안 된다. 그러나 나는 자기방어나 자기파괴가 오로지 가능한두 가지 대안이라고 전제하지 않는, 정치적으로 생각하고 행동하는 법을 단호히 요구하는 중이다. 그런 닫힌 변증법 안에서는 어떤 사유도최종적으로 가능할 수 없고 어떤 정치도 지지할 수 없음이 분명하다.

벤야민의 가장 초기 저작들로 돌아가서 용서와 속죄에 대해 생각하고, 그 뒤에 최근의 군사 공격에 비추어 보복과 그 책략을 고려하는 쪽으로 이동하는 게 가능하지 않을까? 이를 위해서 나는 벤야민의 초기 저작에 등장한 '폭풍'의 형상으로 돌아가고 싶다. 우리는 그 형상을

〈역사의 개념에 대하여〉의 천사에서 가장 분명하게 파악할 수 있는데, "천국에서 불어오고 있는" 폭풍은 "천사가 더 이상 날개를 접을 수 없을 만큼" 폭력적으로 천사의 "날개를 붙들고 있다"(TPH, 258).[18] 폭력과 천국의 이 낯선 결합은 무엇일까? 천사는 미래를 대면하지도 또 대면할 수도 없고, 오직 뒤쪽을 대면하고 있다. 역사적 진보에 대한 우리의 통상적인 느낌이 앞으로 발전하는 것이라면, 이와 달리 천사는 "하늘에 쌓여만 가는" "잔해"를 볼 뿐이다. 뒤를 향해 보고 있음과 잔해의 축적이 존재하기에, 폭풍이 우리가 "진보라고 부르는" 것이라는 사실도 대단히 놀랍다. 그리고 우리에게 요구된 것이 폭풍이 "천국"에서 불어온다는 게 무슨 뜻인지 이해하는 것이라면, 이 역시 우리를 무장해제할 뿐이다. 왜냐하면 이 축적된 잔해, 말하자면 우리가 앞으로, 그러므로 시간 속에서는 뒤로 움직임에 따라 증가하는 과거에서 도대체 어떤 천국에 속한 것이 발견될 수 있을지 의심스럽기 때문이다. 다른 어딘가에서 벤야민이 진보는, 역사의 실체로서 균질성과 연속성을 확립하는 단선적인 시간 개념을 구성한다고 분명히 언급했기에, 이렇듯 입을 벌리고 눈은 크게 뜬 채 자신의 의지와 무관하게 내몰려 있는 천사가 도입하는 "진보" 개념은 불가피하게 역사적 발전과 의지적 주체의 자만에 속한 진보를 반박한다. 또 폭풍의 형상과 폭풍에 날개를 붙들린 천사가 자본주의적 발전과 역사적 유물론의 판본들 양쪽의 진보를 구성하는 것으로 알려진 개념적 진군을 반박한다는 것 역시 중요한 것 같다.

그렇다면 도대체 어떤 의미에서 천국에서 폭풍이 불어오고 있다는 것일까? 천국이 메시지를 보내고 있는 것인가? 그렇다면 그것은 카프카에게서 발견할 수 있는 종류의 메시지, 메신저가 무한히 닫혀 있으며 뚫고 들어갈 수 없는 건물의 방해를 받고 있기에 결코 도착하지 않는 제국의 메시지일까? 뭔가가 파괴되고 있다면 그것은 아마도 앞으로 전진하는 움직임 아닐까? 이것을 일종의 메시아주의 형상으로 이해하는 것은 고사하고 어떻게 이것을 소중히 할 수 있을까? 벤야민이 메시아적인 것의 특수한 개념을 도입할 때 사용한 수단이 폭풍의 형상이라면, 메시아적인 것은 진보와 같은 게 아니라고 생각하는 쪽이 옳고, 또 그것이 가할 파괴는 어떤 파괴든지 그 자체로 파괴적인 것에 속할 것이다. 이와 동일한 테제에서 벤야민은 다음과 같은 정립을 파시즘에 대한 저항의 일환으로 결정한다. "진정한 비상사태를 도래시키는 것이 우리의 과제다" "파시즘에 승산이 있는 이유는 무엇보다 그 적들이 역사적 규범으로서의 진보의 이름으로 그 파시즘에 대처하기 때문이다"(TPH, 257).* 진보가 이런 종류의 규범이라고 한다면, 반드시 자신을 극복하게 될 미래를 생산하는 역사가 뒤이어 나올 것이다. 이제 파괴되는 것은 바로 이런 믿음이고, 천사가 그 잔해를 분명히 보게 되는 것이다. 어떤 펼쳐진 역사적 발전도 파시즘을 극복하지 못할 것이다. 오직 역사적 발전에 대한 믿음과 단절한 비상사태만이 파시즘을 극복할 것이다. 우리는 메시아적인 것의 견지에서 이런 비상사태, 입은 벌어지고 눈은 크게 뜬 채 저항이 불가능한 비상사태를 이해할 수 있을까? '도래하게 될' 것인 메시아적인 것이 아니라 차라리 지금의 메시아적인 특징, 벤야민이 "지금-시간"이라 부른 것을 이해할 수

---

* 최성만 옮김, 앞의 책, 337쪽.

176

있을까? 벤야민이 제안한 바와 같은 진보에 대한 비판에서 확립된 것은 "메시아적인 것의 부스러기가 가득한 '지금의 시간'으로서 현재의 개념"(TPH, 263)이다.

벤야민은 자꾸 메시아적인 것으로 돌아갔고, 초기 저작에서는 그것을 용서, 그리고 기억의 상실과 연관 지었지만, 〈역사의 개념에 대하여〉에서는 잊힌 채 망각된 역사를 전달하는 것의 중요성으로 옮아갔다. 벤야민은 숄렘과 긴밀히 접촉하는 중에 초기에는(1913~1920년) 메시아적인 것을 용서의 문제와 밀접한 연관이 있는 것으로 이해하려고 노력했다. 그리고 용서를 보복의 반대가 아니라 보복의 바깥으로 정립했다. '진보'와 '발전'은 항상 현재가 야기하는 미래의 견지에서, 혹은 현재를 낳는 과거의 견지에서 현재를 이해한다면, 보복은 항상 해로운 과거와 복수·보상의 미래에 비추어서 현재를 단언한다. 1921년경 벤야민이 용서에서 찾은 속죄는 총파업, 곧 노동자와 시민을 억압적인 국가 장치에 복종하는 구속에서 풀어주고 국가 장치를 중지시키는 총파업과 연결되는 것이 확실했다. 핵심은 이러저러한 국가 정책을 거부하는 것이 아니었다. 핵심은 국가 자체를 무효로 만든다는 것이고, 그무효는 사법 체계가 의존하는 죄의 속박에서 자유롭게 된다는 것을 함축한다. 우선 국가에 '아니오'라고 말하지 않고서는 죄의 속박에서 자유로워질 수 없다. 그러나 '아니오'라고 말하려면 우리는 이미 자유로운 상태에 있거나 그렇게 되는 과정에 있어야 한다. 전자가 후자를 낳는 것이 아니고 둘은 한 번에 서로를 낳는다. 바로 이런 '한 번에'란 시간이 위급한 현재 시간을 구성한다.

이런 '용서'의 행위를 '폭풍'—벤야민의 저작에서 내가 발견할 수 있는 첫 번째 '폭풍'—이 형상화한다는 게 중요하다. 그리고 이 폭풍의 효과는 모든 죄의 흔적, 도로 잘못된 행위로 이끄는 모든 암호를 뿌리째 뽑는 것이다. 우리는 이 폭풍에서 어떤 잔해나 부스러기가 남으리라 기대할 수 있지만, 이런 특별한 권력이 모든 잘못된 행위의 흔적을 뿌리째 뽑아버린다는 건 아주 이상하다. 벤야민은 가령 "최후의 심판, 곧 모든 악행을 저지른 후에 아주 확고히 미래로 도망가는 이 끊임없이 지연되는 날의 측정할 수 없는 중요성"을 언급한다. 그렇다면 최후의 심판은 아예 오지 않는다. 그것은 영원히 지연된 약속이고, 그렇기에 그것은 이런 식으로 최후의 심판 날, 상해에 보상이 주어지고 보복이 승리하는(어떤 보복이 되었건) 날이라는 관념을 격파한다. 최후의 심판 날은 **결코** 오지 않을 날이기에, '용서의 폭풍'은 최후의 심판을 불가능하게 만드는 바로 그것이다. 카프카의 작품 속 제국의 메시지처럼 심판은 더없이 행복하게도 결코 도착하지 않는다. 그 이유는 모든 증거가 이 폭풍에 의해 파괴되었기 때문일 것이다. 최종적으로 난파된 것은 보복의 프로젝트 자체다.

벤야민은 다음과 같이 쓴다.

최후의 심판의 중요성은 보복이 통치하는 법의 세계가 아니라 용서가 심판을 만나러 나오는 도덕적 우주에서 드러난다. 보복과 맞서 싸우기 위해 용서는 자신의 강력한 지지자를 시간에서 찾아낸다. 아테[도덕적 눈멂]가 악인을 좇는 시간은 두려움에 싸인 고독한 고요가 아니라 격정적인 폭우가 몰아치는 용서—최후의 심판의 돌격에 선행하고 아테가 앞지를 수 없는—이기 때문이다. **이 폭풍은 악인의 겁에 질린 울부짖**

음을 익사시키는 목소리에 불과한 게 아니다. 설사 진행 중의 세상을 그것이 황폐하게 만든다고 해도 그것은 그 악행의 흔적을 지우는 손이기도 하다.[19]

용서는 고요한 일도 정적주의자靜寂主義者의 용무도 아니다. 열정이 사그라지면 용서받을 수 있을 것이라는 모든 기대를 좌절시키는 것이 자연적이면서 신적인, 그렇지만 인간의 특징들—목소리와 손—로 구성된 폭풍의 형상이다. 목소리는 분명 엄청나게 크다. 그러므로 용서는 글자 그대로 청각적으로 벌에 대한 공포를 보여주는 비명을 압도하는 것이지만, 또 악행의 흔적들을 근절해야만 한다면 이 세계를 초토화해야만 하는 파괴적 힘, 악행을 제거할 힘을 가진 손이기도 하다. 이 폭풍은 신적인 힘을 휘두르는 게 분명하지만 정확히 신적인 것의 형상은 아니다. 그러나 그것이 신적인 형상이라면 그것은 보복의 형상이 **아니다.** 실로 우리는 신에 대해 많이 알지 못한 채 끝을 맞지만 우리는 이 폭풍, 분명하게 개념화할 수 없는 방식으로 인간적이고 신적인 특징들을 짜깁기한 듯한 이 폭풍에 대해 배운다. 카프카의 저 유명한 오드라데크Odradek, 어떤 형태분류학에도 들어맞지 않는, 일부는 인간이고 일부는 실감개인. 더 중요한 것은 이 용서의 폭풍이 속죄 **그리고** 보복의 닫힌 경제에 급진적인 대안을 이룬다는 점이다.[20]

이런 신적인 것의 개념이 복수심에 불타는 신이라는 유대 하느님의 관념과 일치하길 기대한다면, 우리는 여기서 작동하는 또 다른 유대주의를 고려해야만 한다. 손과 목소리를 지닌 이 폭풍은 최종적으로는 시간 자체, 보복의 순환에서 자유롭게 풀려난 시간, 죄와 죄의 모든 표지를 지운 시간(곧 메시아적인 것에 대한 대안 설명을 구성할 시간), 겁에 질린 인간의 외침을 떠내려 보낼 목소리를 가진 시간을 형상화한다. 만약 이것이 용서의 폭풍으로 역사를 뒤흔드는 노여움에 찬 신이라면, 그 신은 복수심에 불타는 신이 아니라 복수 자체를 파괴하려고 하는 신이다. 그리고 이것이 신이라면 이 신은 번개로 내려치는 신적인 분노에 반대하고, 그 분노에 선행하면서 악행의 표지들을 일소하고 원한의 플롯을 저지하는 신, 여타의 신과 전쟁을 벌이고 있는 신이다.

이런 신적인 것의 형상은 시간, 인간의 기억과 망각에도 불구하고 자신의 힘을 작동하는 시간과 대등하다. 이런 시간의 판본은 오직 인간의 시간 경험에 의해 결정되지 않기에, 설사 모든 인간사를 대할 때에도 인간적인 것에 무심한 시간, 기억되지도(기억될 수도) 잊히지도 않는(잊힐 수도 없는) 시간이기에 용서를 갖고 온다. 오직 그런 시간만이 속죄적이다. 그런 시간만이 모든 악행의 흔적들을 절멸할 힘을 생산하고 이런 식으로 용서의 과정을 완수하는 데 기여한다. 과거는 삭제되기에 용서받는 것이지, 어떤 인간 집단이 그것과 타협했기에, 곧 어떤 사회적 해결책이 발견되었기에 용서받는 것이 **아니다.** 해소될 수 없는 것은 해소될 수 없는 채로 남지만 이제는 문제가 되길 멈춘다. 벤야민이 보기에 시간은 전체적으로 신비스러운 방식으로, 비록 화해의 과정은 아니라고 해도 용서의 과정을 완수하는 데 기여한다.[21]

2006년 여름 이스라엘 일간지 《하아레츠》를 읽었다면 전쟁에 대한 대부분의 논쟁이 문제 삼는 것이 왜 이스라엘은 좀 더 효과적으로 전쟁에 승리하려 하지 않는가, 이스라엘이 정말 전쟁에 이겼는가, 이스라엘은 군사적 유효성을 상실했는가, 그게 누구 잘못 때문인가 하는 것임을 알아차렸을 것이다. 전쟁이 정당화될 수 있는가, 남부 레바논에서 파괴된 생명과 생활에 어떻게 대처할 수 있는가 하는 데 대한 담론이나 논쟁은 거의 찾아보기 어렵다. 몇몇 작가는 헤즈볼라가 마을과 민간인 지역에 잠입, 남부 레바논의 인구를 인간 방패로 사용했다고 냉소적으로 주장한다. 그와 같은 주장이 캐스트 리드 작전 기간과 그 후에도 가자와 관련해 등장했다. 팔레스타인 사람들이 광장에서 아이들을 인간 방패로 사용했다는 것이다. 그러나 이스라엘이라 불리는 곳의 북부 국경에 접한 이들 전초기지가 인간 방패로 가득 차 있다는 게 말이 되는가? 이 지역에서 복무하기로 동의한 군인들 역시 같은 방식으로 인간 방패인 것 아닐까? 우리가 전쟁에서 파괴당하는 모든 삶을 인간 방패 개념과 등치시킨다면 우리는 이미 기꺼이 살인을 정당화한 것이다. 왜냐하면 폭탄의 길에 있는 이들은 모두 거기에 의도적으로, 전술적으로나 합목적적으로 거기에 있는 것이고, 전쟁 노력의 일부일 뿐 아니라 방패, 전쟁의 도구로 구상된 이들이 되기 때문이다. 모든 인간의 목숨이 전쟁의 일환으로 도구화되고 그 결과 불확실한 상태에서 보호를 필요로 하는 가치 있는 삶을 의미하길 멈추었기에, 어느 지점에서는 인간 삶의 파괴에 대한 분노가 전혀 존재하지 않을 수 있다. 그리고 나는 그 국경의 양편에 인간 삶의 파괴에 대한 어떤 분노도 존재하지 않는다고 말하려 한다. 이스라엘 군인들의 삶이 인격화되고 이름과 가족을 부여받고 공개적으로 애도될 때, 레바논과 팔레스타인 군인과 시민의 삶은 이름 없이, 사실상 애도 불가능한 존재가 되는 게 나는 놀랍다.

'살아 있는 것의 이름'으로 행동하거나 산다는 것은 결국 누가 살아 있는 것으로 간주되는가 하는 질문을 열어놓게 된다. 우리는 "유대인은 생명이고 다른 이들은 아니"라고 말하지 않는다. 분명히 우리는 "이스라엘 국민은 생명이고 다른 이들은 아니"라고 말하지 않는다. 삶은 덧없음을 함축하고, 너무 쉽사리 상실될 수 있다는 바로 그 점 때문에 삶은 소중한 것이다. 삶은 사그라질 수 있기에 무가치한 것이 아니라 귀중한 것이 된다. "살인하지 말라"는 계명이 강력히 부과하는 명령은, 적법한 자기방어의 현실적 순간들과 무한히 자기를 정당화하는 공격에 자기방어를 왜곡하여 이용하는 경우를 구분하라는 것이다. 모든 살인이 사전이나 사후에 자기방어라는 이름을 얻는다면, 자기방어는 더 이상 살인을 정당화하는 믿을 만한 근거로 작동하지 않는다. 모든 살인은 모든 폭력을 계속 자기방어로 부르는 이들의 편에서 정당화되고 용인된다.

그러나 보호되어야 하는 이 '자기'란 무엇인가? 모든 살인이 자행된 뒤에 실제로 어떤 종류의 자기가 남는 것일까? 자기방어는 자기보존이 아닌 자기파괴를 낳는 것 아닐까? 이 '자기'를 이해하려면 우리는 어떤 소용이 있을 경계를 따라 그것이 스스로를 정의하는가를 물을 필요가 있지 않을까? 경계는 항상 그 경계에 의해 배제된 것과 관계를 유지하는 방식이다. 따라서 벽의 저편에 사는 이들이나 벽의 이편에서는 온전한 시민권을 금지당한 이들이 자기보존을 추구하는 이 '자기'를 정의한다. 비참하게도 그것은 경계를 보존함으로써 자신을 보존한다. 결국 경계는 매일 복귀되어야 하는 배제된 자 및 예속된 자와의 관계이며, 그 영구성의 효과가 군사 제도와 군사 행동을 통해 배양되어야 한다. 그렇다면 '보호되어야' 하는 것은 그것이 없다면 '자기'가 생존할 수 없는, 거부당한 예속의 양태다. 그렇지만 바로 이 예속이 그런 현상에 대한 저항을 낳을 수 있고 또 낳아야 하고, 그리하여 그 '자기'를 훼손하는 유령이 된다. 경계가 없다면 자기는 존재하지 않고, 경계는 항상 다중적인 관계의 장소이며, 관계가 없다면 자기는 존재하지 않기 때문이다. 자기가 바로 이런 통찰을 받아들이지 않고 자신을 보호하려고 한다면, 그것은 정의상 다른 이들과 자신이 연결되는 방식을 부인하는 것이다. 그리고 이런 부인을 통해 그 자기는 파괴하거나 파괴될 것이 유일한 선택지인 세계를 살아가다가 위험에 처하게 된다.

4장

섬광
벤야민의 메시아 정치

폭력에 대한 공적 비평을 진행할 권리를 이해하고, 또 동거와 기억의 가치—지나간 과거의 파괴가 남긴 능동적 흔적을 지우지 않는 것의 가치—를 명료화하기 위해 나는 계속 벤야민을 생각하려고 한다. 이 것은 당연히 해내야 할 유대적 임무이지만 또한 비유대적 임무이기도 하다. 내가 처음부터 이 책에서 주장해온 것은, 비유대적인 것과의 관계가 유대적 윤리의 핵심이라는 것이다. 이는 비유대적인 것이 없다면 유대적인 것은 불가능하다는 것, 그리고 우리는 윤리적이려면 윤리의 배타적 프레임으로서의 유대성을 벗어나야 한다는 것을 뜻한다. 유대/비유대의 상호적 함의를 이해하는 방법은 여럿이다. 나는 가령 반유대주의자가 유대인을 창조한다는 사르트르의 정식은 받아들이지 않을 것이다. 나는 오히려 비유대인들 사이로 유대인들이 흩어졌던 디아스포라에 속한 정치적 윤리를 서술하고, 그런 지리적 조건에서 일군의 원칙을 도출해내고, 그것들을 이스라엘/팔레스타인의 지정학적 실재로 바꾸려고 노력하고 있다. 나는 아렌트를 다룰 장 및 에드워드 사이드와 마흐무드 다르위시를 다룰 마지막 장에서, 이 원칙을 특별히 난민권과 연관해서 상술하겠지만, 지금으로서는 시온주의를 어떤 이상의 전개와 실현으로 간주하고 지지하는 진보적 역사의 역사서지학적 가정은 그런 진보주의 형태에 대한 비판의 반격을 받을 수 있고 또 받아야 한다는 것, 그리고 벤야민 덕분에 우리는 그런 비판을 정립할 수 있다는 것을 말하고 싶다. 이것은 부분적으로는 망각에 맞서 피억압자들의 역사를 보존하는 데 주력하는 메시아적인 것에 대한 교차적 읽기를 통해 완수될 수 있다. 더욱이 메시아적인 것은 사회적 이질성 및 수렴적인 시간성—두 개념은 축출과 종속의 토대, 그리고 축출과 종속을 지속시키는 형식에 의존하는 정치적 민족주의 형태들과 경합한다—과 연관된 흩어짐scattering 개념에 의존한다.

　피억압자의 역사를 생각할 때, 그런 역사는 엄격히 보아 전혀 유사하지 않으며 손쉬운 유비를 파열시키는 경향이 있는 방식으로 수많은 사람들에게 해당될 수 있고 실제로도 해당된다는 점을 인정하는 게 꼭 필요할 듯하다. 5장에서 한나 아렌트를 다룰 때 나는 이 점을 더 살펴볼 것이다. 그러나 여기서는 간략하게나마 아렌트에 의지해서 벤야민이 말년에 언급한 메시아적인 것을 복수성plurality 및 동거 개념과 연관지어 읽는 게 유용할 수 있다는 점을 지적하고 싶다. 이들 사이에 직접적인 연관성은 분명 없다. 그러나 벤야민이 〈역사의 개념에 대하여〉에서 지적한 피억압자들의 역사가 어떻게 난민의 위상, 혹은 아렌트의 《전체주의의 기원》에 나오는 무국적자들과 연관되는지를 고려해보면 그 관계는 좀 더 분명해진다. 벤야민은 피억압자들의 역사가 섬광

속에서 심지어 위험의 신호로 출현해서, 진보의 이름으로 진행된 역사의 연속체를 분쇄하거나 개입하는 순간들을 확인하려고 한다. 벤야민이 반대한 동질성은 연속적인 역사의 형태로 시간성을 독점하려 한 동질성이었다. 아렌트가 반대한 동질성은 민족국가, 민족의 통일과 동일성에 속한 동질성이다. 아렌트는 동질성이 그 어떤 국가의 토대로서도 존립할 수 없다고 생각했다. 아렌트는 이런 관점에서 두 가지 기본적인 주장을 제기했다. 첫째 주장은 동질적 관념으로서의 민족에 정초한 모든 국가는 민족에 속하지 않은 사람들을 축출하고, 따라서 민족국가와 무국적자의 생산이 맺고 있는 구조적 관계를 재생산하는 데 묶여있다는 것이었다. 둘째 주장은 적법성을 갖추기 위해서라면 국가는 아렌트가 복수성이라 부른 인구의 이질성을 받아들이고 보호해야 한다는 것이다. 여러 곳에서 아렌트는 이런 이질성이 대략 19세기에 시작된 모든 나라에 속한다고, 혹은 베스트팔렌 조약 이후의 민족국가에서 분명한 문제가 된다고 제시하는 듯하다. 그러나 다른 곳에서는 아렌트가 복수성의 존재론을 수립한 것 같다. 모든 인구의 복수성은 정치적 삶의 전제 조건이고, 복수성을 근절하거나 제한하려 드는 모든 정치적 국가, 정책, 혹은 결정은 학살적이지 않다 해도 인종차별적일 것이다.[1] 다른 곳에서 그랬듯이 여기서도 나는 아렌트가 《예루살렘의 아이히만》의 말미에서 아이히만을 고발한 것으로 추정되는 부분을 다뤄보려고 한다. 그 부분에서 아렌트는, 아이히만이 지상에서 누구와 공존할 것인지를 선택할 수 있다고 생각했기에 틀렸다고 분명히 주장한다.[2] 아렌트에게 동거는 정치적 삶의 전제 조건이다. 우리는 누구와 함께 침대를 쓸지, 누구를 이웃으로 삼을지를 놓고 어느 정도 선택을 할 수 있다. 그러나 지상에서 누구와 공존할지는 선택 불가능하다. 동거는 학살을 초래하지 않기 위해서라면 모든 정치적 결정의 무선택적 조건이다.

1940년대 말 팔레스타인 연방federated Palestine과 관련해서, 또 미국혁명과 관련해서 무선택적 동거에 대한 생각을 밀고 나가던 아렌트는, 그러나 그 두 경우에 시민권을 위한 토대로서 민족이나 종교를 인정하길 거부한다. 아렌트에 의하면 소속의 권리는 누구에게나 있지만, 기존 소속의 양태들은 그런 권리를 정초하거나 정당화하지 않는다. 아렌트보다 20년 정도 일찍 글을 쓴 벤야민은 시민권의 토대와 국가의 형성보다는 온갖 종류의 부스러기debris, 개중에는 인간 부스러기까지도 남기고 사라지는 역사를 더 우려했다. 카프카의 정신을 통해 부스러기는 한때 인간이었을 수도 있다고, 그렇지만 그것의 현재 윤곽—오드라데크와 그 부류—은 너무 흐릿해서 개념화할 수 없다고 말할 수도 있을 것이다. 서사적 권력의 체제들은 무국적자를 바로 그런 수많은 부스러기들, 거부당한 박탈의 역사를 보여주면서 이상하게 살아 움직이는 것으로 다루는 게 아닐까? 거기에, 그렇게 살아 움직이는 물건에, 그렇게 부분적으로 인간화해 있는 잔해에 여전히 역사의 형식이 있기는 한 것일까? 물론 그 형상은 일단 다른 종류의 역사가 말해질 수 있다면 아주 다르게 나타날 것이지만, 여기서 카프카는 제한된 방식으로 유익할 것 같다. 카프카를 통해 우리는 침묵당한 역사가 취한 형상의 형태figural form를 보게 된다. 버려진 자들이나 억압받은 자들의 역사를 뒤덮은 진보적 역사의 주체가 권리의 주체라는 주장이 제기된다면, 우리는 그런 삭제의 형식에 대해 질문해야 한다. 축출은 이미 일어났다. 뭔가가 혹은 누군가가 사람들에게 들려줄 언어나 신분이 없는 채 난민이 되었다. 그리고 역사가 앞으로 나가는 동안 계속 축출이 일어난다. 따라서 딱 한 차례 피억압자가 추방된 게 아닌 반복적 작용, 지속적 추방의 과정, 토지 수탈, 또는 그런 진보의 느낌을 가능케 할 조건으로 기능하는 축출이 있다. 따라서 앞으로 추동되는 주체와 피억압자의 역사는 서로 연결되어 있다. 우리는 이중의 움직임, 동시에 작동하지만 겉보기에는 어떤 분명한 목적도 없는 그런 추동과 축출의 움직임을 고려할 것을 요구받는다.

2차 세계대전 무렵 유럽에서 벌어진 국외 추방, 그리고 그 결과 등장한 엄청난 수의 난민을 고찰할 때 무국적자에 주목했던 아렌트는, 자신이 공동 기획자로 참여해 제안했던 이민족주의적 팔레스타인 연방정부를 무산시켰던 벤구리온이 포고한 정치적 시온주의 형태에 반대할 때에도 계속 무국적자를 염두에 두고 있었다. 아렌트는 새로운 난민 문제를 예견했다. 아렌트가 예견한 것은 단지 1948년 나크바 기간에 팔레스타인인 약 75만 명에게 닥쳤던 문제만이 아니고, 모든 사람이 자신과 마찬가지로 거부해야 한다고 생각했던 모델에 근거하여 이스라엘 국가가 민족국가로서 진척될 동안에도 계속 발생할 문제였다. 아렌트는 오늘날 거의 500만 명에 달하는 사람들이 1948년과 1967년 전쟁의 결과로 점령 치하에서, 난민수용소에서, 디아스포라 상태로 살아갈 것이라고는 예측할 수 없었을 것이다. 그러나 아렌트는 민족국가의 정치적 조건하에서 난민이 계속 생산될 것을 예측했다.[3] 동거를 호소한 아렌트는 평등주의에 근거한 무선택적 복수성을 적법한 정치의 전제 조건으로 단언하려고 노력했다. 그녀의 노력은 국가사회주의의 대학살 정치에, 그리고 이질성을 제거함으로써 국가를 동질화하려는 모든 국가에 의해 무국적자들이 끊임없이 양산되는 데 반대하려는 분명한 의도를 갖고 있었다. 동질적인 민족이 전진한다면, 그것은 단지 그 민족의 과거 역사를 덮어 가리기만 하는 게 아니다. 그것은 더 이상 역사에 의해 주체로 수립되지 못할 사람들을 계속 뱉어내 쌓아놓을 것이다. 그 사람들은 어질러진 풍경과 구분되지 않는 부스러기처럼 민족에 의해 추방당한다.

아렌트는 벤야민이 말한 순간을 신비주의에 가까운 것으로 생각해 반대했지만, 그때도 아렌트가 벤야민에게 큰 빚을 지고 있었음을 우리는 잘 알고 있다. 그러나 두 사람의 입장을 하나로 섞고 싶지는 않다. 그러나 나는 벤야민의 기억remembrance 개념에 주목하고 싶다. 요컨대 기억은 벤야민이 〈역사의 개념에 대하여〉에서 비판한 진보적 역사와의 역전된 관계를 통해 기능하는 것 같다. 이런 의미에서 기억은 역사를 증명하거나 역사를 말하는 것과는 관련이 없다. 벤야민이 《아케이드 프로젝트》에서 분명히 밝혔듯이, 기억은 결국 과거의 굴착과 뒤이은 과거의 기념비화에 대한 것이다. 더 중요한 것은 기억이 역사에 반대해서 작용하고, 역사의 매끈한 연속성을 훼손한다는 것이다. 벤야민이 말한 역사에서 동질성은 아렌트가 말한 민족국가의 동질성과 내적으로 연결되어 있는 것 같다. 두 사람은 어떻게 인구가 차별되는지, 곧 누구는 전진하고 누구는 승리자의 관점에서 쫓겨나 형태를 잃은 채 주조되는지를 묻는다.

무엇이 섬광처럼 번쩍이고 누가 섬광처럼 번쩍거리는가? 역사는 어떤 방식으로 번쩍인단 말인가? 역사는 어떤 서사 형식도 띠지 않은 채 급작스럽게 일시적인 빛으로서 출현한다. 이것은 나의 비판이론 친구들이 벤야민을 조심하라고 경고할 때 지적한 바로 그 위험한 신비주의일까? 그렇지 않다면 우리는 어떻게 그 역사에 개입하고 역사를 추동하면서 동시에 몰아내는 그 빛을 이해해야 할까? 그리고 그것은 아주 잠깐 역사에 개입하는 것일까? 아니면 진보의 경로를 멈추거나 바꿀 수 있는 것일까? 우리는 이 순간을 갖고 무엇을 할까?

벤야민의 초기 작업이 과연 내가 기억의 정치라 부르는 것을 이해하는 데 도움이 될 수 있을지 궁금한 이들이 있을 것 같다. 벤야민은 〈역사의 개념에 대하여〉에서 이상한 종류의 섬광, 획일성과 진보가 특징인 시간성 안에서 갑자기 다른 시간성이 출현하고 폭발하는 것 같은 섬광을 언급한다. 그것은 갑자기 나타나 사라진다. 벤야민은 이렇게 쓴다. "과거의 진정한 이미지는 휙 지나간다. 과거는 인식 가능한 순간에 인식되지 않으면 영영 다시 볼 수 없게 사라지는 섬광 같은 이미지로서만 붙잡을 수 있다"(TPH, 255).* 조금 뒤에는 이렇게 쓴다. "과거를 역사적으로 표현한다는 것은 그것이 '원래 어떠했는가'를 인식하는 일을 뜻하는 것이 아니다. 그것은 위험의 순간에 섬광처럼 번쩍이는(wie sie im Augenblick einer Gefahr aufblitzt) 어떤 기억을 붙잡는다는 것을 뜻한다"(TPH, 255).**

무언가가 섬광처럼 번쩍인다. 그러나 그 무언가는 또 시간을 "균질하고 공허하게" 제정하고 자연화하기까지 하는 "인류의 역사적 진

---

* 최성만 옮김, 발터 벤야민 선집 5 《역사의 개념에 대하여 외》, 도서출판 길, 333쪽.
** 같은 책, 334쪽 참조.

보"(TPH, 261)로 이해되는 역사적 연속체를 **통해서**만 번쩍인다. 때때로 이런 섬광은 벤야민이 "막 역사의 연속체가 폭발하도록 만들려고 하는 [행동하는 순간에 있는 혁명적 계급의] 자각"(TPH, 261)을 거론하듯이 폭발적 장치에서 나오는 것 같다. 이런 행위의 순간이 공허한 시간을 충만한 시간으로 역전시키는 것은 분명하지만 이런 경험은 행동가보다는 역사가에게 속하는 것 같다. 과거가 어떻게 현재로 계속 들어가는지를 이해할 때 우리는 '지금의 시간', 곧 "메시아적 시간의 부스러기가 관통한"(TPH, 263) 시간과 아주 가까이 있게 된다.

이제 관통(하기)을 통해 우리는 폭발이란 관념으로 돌아가게 되는 것 같지만 사실 여기서 우리에게 요구된 일은 폭발의 결과를 역사의 작업에서 발견하는 것이다. 현재 시간을 관통하는 그런 부스러기들은 분명 현재 시간의 동질성에 개입한다. 동질적이고 공허한 시간 바깥의 어떤 것이, 마치 어떤 것이 한 물건으로서의 자신의 근원적인 물질적 통합성에서 떨어져 나온 것처럼 부분들, 파편들, 부스러기들 속에서 자신의 궤도에 실린 채로 발견된다. 이 부스러기들이 메시아적인 것이라면 우리는 인간적인 형태 같은 것에서는 메시아적인 것을 발견하지 못할 것이다. 메시아적인 것은 의인화된 형태일 수도, 사건일 수도 없을 것이다. 그것은 차라리 깨진 것, 관통하고 있는 뭔가일 것이다. 깨진 것, 관통한 것, 지금 번쩍이는 것. 〈역사의 개념에 대하여〉의 여섯 번째 테제에서 메시아는 구세주일 뿐 아니라 "적그리스도를 극복하는 자"(TPH, 255)로도 해석된다는 것을 우리는 알게 된다("메시아는 구원자로서만 오는 것이 아니다. 메시아는 적그리스도를 극복하는 자로서 온다[Der Messias kommt ja nicht nur als der Erlöser; er kommt als der Überwinder des Antichrist]").[4] 그러나 우리는 그리스도가 상징하는 것이 무엇인지를 아직 전혀 알지 못한다. 벤야민은 테제의 마지막 줄에 "미래 속의 매 초는 메시아가 들어올 수 있는 작은 문이었다"(TPH, 264)*라고 쓴다. 놀라우리만치 카프카를 닮은 정식이고, 메시아적인 것은 도박과 같은 것으로 이해되어야 함을 시사한다. 메시아가 올 것이거나 오셨다는 게 아니다. 오히려 우리가 메시아라 부르는 것은 항상 '들어올 수도 있는'의 질서에 서 있다는 것이다. 여기서 다시 우리는 어떤 확립된 시간적 지평으로 들어오는 어떤 힘에 대한 느낌을 갖게 된다. 여기서 그것은 관통하는 것 혹은 섬광이 아닌, 누군가가 문을 열고 들어오거나 통로를 통해 들어오는 것과 같은 다른 시간으로의 어떤 열림, 단순히 들어옴이다. 그 문을 통해 들어온 것은 형상이 아닌, 시간성의 파열, 대안적 시간성이다. 중요한 것은 우리가 어떤 것을 선택하느냐일 텐데, 한 가지 독서—분명히 텍스트로 뒷받침된 독서—에서 메시아적인 것은 시간을 종식하고 '사건의 중지'를 구성한다〔einer messianischen Stillstellung des Geschehens〕.[5] 그러나 다른 독서에 근거해서 보면 어떤 일군의 잊힌 역사, 피억압자들의 역사에 속한 이들이 섬광처럼 빛을 발하면서 급작스럽게 자신을 주장한다. 첫 번째 읽기에서 핵심은 우리가 알고 있는 역사를 중지시키는 것, 현행 시간의 체제에 맞서 파업을 하고 심지어 행동하지 않는 것이다. 그러나 두 번째 읽기에서는 피억압자들의 잊힌 역사가 좁은 문을 통해 그 문 안으로 들어올 수 있는 데서 현재 시간에 대한 어떤 재배치 혹은 재구성이 일어난다. 우리는 심지어 기억이 폭발해 현재로 들어오

---

* 최성만 옮김, 앞의 책, 350쪽.

고, 역사라 불리는 사람, 기억이 실천인 사람이 이런 "지금—시간"의 취임에 결정적인 것 같다고 말할 수도 있다. 역사가는 메시아가 아니다. 하지만 뭔가 메시아적인 것이, 아마도 비상 브레이크의 시간이 역사를 잡아당기는 것처럼, 긴급한 주의를 호소하는 어떤 섬광 혹은 어떤 관통 덕분에 여기 출현한다.

벤야민에게 급작스러운 계시illuminations는 역사를 갖는다. 계시는 여기저기 흩어져 있는 천사, 또 회수되지 않은 역사들과 연관이 있다. 섬광이 기성의 확립된 역사적 연속체 안으로 들어가면서 빛을 발한다는 것이 무엇을 의미하는지를 이해하고, 또 이것이 기억에, 또 완곡하게는 동거에 어떤 의미를 갖는지 이해하기 위해 벤야민의 저작에서 섬광이 지닌 간단한 계보를 제시하는 게 유익할 듯하다. 내가 벤야민의 텍스트에 관해 이런 질문을 제기하는 것은 내기를 하기 위함이고, 그렇지 않았으면 진군—파괴적 추동의 시간적 형식으로서의 진보—의 일종으로 해석되었을 현재 시간으로 피억압자들의 역사가 들어가게 하고, 현재 시간에 개입해 변형하거나 빛을 쐬고 지연시키고 재구성하는 것이 어떤 일일지를 상상하기 위함이다. 솔기 없이 매끈하게 진행되는 진군은 단지 부스러기를 남기기만 하는 게 아니다. 그런 부스러기는 진보가 수행한 삭제 덕분에 무시간적이지는 않을지라도 무역사적이게 되기도 한다. 우리는 일반적으로 정치에서 진보의 편을 들어야 한다고 생각한다. 그것은 우리가 전진과 후퇴를 놓고 선택을 해야 한다는 의미이지만, 둘 중 어느 쪽도 실상이 아니다. 아마도 우리는 그 자체 승리의 역사인 어떤 진보의 형식이 어떻게 다른 역사, 패한 자들에 속하는 역사를 삭제하는지를, 그럼에도 불구하고 어떻게 반反역사가 스스로를 자각되게 만드는지를, 자신의 요구를 실행하고 바로 진보의 용어들이 방향을 상실하게 만드는지를 물어야 한다. 진보가 의미하는 것이 파괴, 정복, 삭제의 움직임이라면, 오직 그런 방향 상실과 중지에 토대해서만 전진은 진보와 다르게 움직이기에 전진을 진보에서 구분해낼 수 있을 것이다. 벤야민은 다른 시간이 아닌 과거의 '진정한 이미지', 덕분에 과거가 공간적 형태를 띠게 될 이미지를 단호하게 요구한다. 어떤 발광하는 덧없는 형태, 정확히 인간의 모양은 아닐 형상들의 질서 내부 어떤 일그러짐disfigurement에 불과할 것이 섬광처럼 일순간 번쩍일 것이다.

이 지점에 카프카가 문을 두드리거나 이미 문지방에 서 있을 것 같다. 특히 〈가장의 근심〉에서 오드라데크의 형상, 바스락거리는 나뭇잎처럼 웃는 나무로 만들어진 실감개, 일정한 거처는 전혀 없는 듯 보이는 실감개가 그러고 있을 것 같다.[6] 오드라데크를 묘사하기는 불가능하다. 만약 오드라데크가 오드라데크라면, 그는 그런 소리를 내는 잎사귀들이 있었을지 모르는, 우리가 잎사귀들의 소리를 들을 수 있는 존재였을지 모르는 또 다른 시간으로부터 남겨진 더미다. 지금 오드라데크는 가족이 살 것 같은 집과 이어진 계단에서 끊임없이 무한히 떨어지면서 자신이 한때 누군가의 아들이었는지 묻고 있는 것 같은데, 이 일은 한 번만 일어나는 것이 아니라 계속해서 일어난다. 오드라데크는 무한성의 시간을 그의 현 상태에 취임시키는 것 같다. 또 다른 시간의 메아리를 실어 나르는 오드라데크는 또한 무한히 반복되는 현재 시간의 형상으로서 고통스럽게 생존하기도 한다. 우리는 오드라데크에게서 무엇이 나올 수 있는지, 그가 어떤 소외 상태로 존립하는지를 물어볼 수 없다. 오직 오드라데크가 이전 시간에 속한 물건, 한때 통합되어 있던 물건에서 전해진 부스러기, 부분대상, 잔해인지, 아니면 오드라데크는 의인화anthropomorphism의 붕괴가 메시아적인 것의 이름으로 일어나는, 목적도 끝도 없이 계속 일어나기를 반복하는 현재를 위한 겨우 판독 가능한 이름인지만 우리는 질문할 수 있다.

가까스로 판독되는 오드라데크라는 형상이 **휙 날아간다**flit by는 것은 의미심장하다. 바로 이 점 때문에 나는 오드라데크가 벤야민이 "휙 날아간다"고 주장한 "과거의 진정한 이미지"〔das wahre Bild der Vergangenheit huscht vorbei〕[7]는 아닐까 궁금해진다. 그 형상이 덧없이 지나갔다면 단지 그것은 일시적이었다고 말하면 된다. 그러나 그것이 스쳐 날아간다면 그것은 특이한 종류의 활동에 관여한 것이다. 그것은 가볍고 빠른 몸이 가담한 활동이다. 과거의 참된 그림은 오직 한 번 스쳐 날아가는 것 같다고 해도 우리는 벤야민이 제공한 정식을 좀 더 살펴볼 필요가 있을 것이다. 문장은 이렇다. "과거는 인식 가능한 순간에 인식되지 않으면 영영 다시 볼 수 없게 사라지는 섬광 같은 이미지로서만 붙잡을 수 있다." 좋다. 그러나 이때 우리는 그것이 휙 날아가고 오직 한 번밖에는 볼 수 없는 것인지, 아니면 그것은 다시는 볼 수 없는 채로 계속해서 휙 날아가는지를 물어야 한다. 곧 오드라데크에게 정해진 거처가 없음에도 그가 작품 속 화자보다 더 오래 살면서 그 집에 거주하는 것 같은 방식으로, 현재에도 지속되는 이 이미지에 '결코 다시 볼 수 없음'이란 속성이 존재하는 것인가? 나는 그런 이미지를 **인식한다**거나 포착한다〔festzuhalten〕는 게 무슨 뜻인지 전혀 확신이 없다. 그것은 지나가는 시간 안에서 그리고 지나가는 시간으로서만 우리 눈에 보인다.

과거의 진정한 이미지라면 그것이 그 과거와 일치하는 진실은 아닐 것이다. 오히려 그것은 현재에 잠입해서 계속 거기서 지속되는 것으로서 과거의 진정한 이미지다. 벤야민의 말을 빌리자면 "과거를 역사적으로 표현한다는 것은 그것이 '원래 어떠했는가'를 인식하는 일을 뜻하는 것이 아니다"(TPH, 255). 인식은 다른 형태를 띤다. 그것은 우리에게 영원성이나 객관성 중 어떤 것도 주지 않는다. 오히려 인식이 의미하는 것은 "위험의 순간에 섬광처럼 번쩍이는 어떤 기억을 붙잡는 것"(TPH, 255)이다. 그리고 여기서 다시 수수께끼 같은 문구가 등장한다. "메시아는 구원자로서만 오는 것이 아니다. 메시아는 적그리스도를 극복하는 자로서 온다."

메시아를 붙잡는다는 것은 기이해 보이지만 우리는 그런 노력을 기울이는 모든 흥미로운 예술을 상상해볼 수 있다. '붙잡는다'로 번역된 이 문구에서, 우리는 땅에 메다꽂을 필요가 있는 불량배인 것처럼 메시아의 목깃을 움켜쥘 수 있을 것 같다. 그러나 메시아적인 것이 의인화와 목적론 둘 다를 넘어서 있는 것이라고 한다면 그것은 인간이나 신체가 아니라 다른 시간, 혹은 오드라데크처럼 인간 형태로는 완전히 판독되지 않을 형상을 위한 이름일 것 같다. 아니면 메시아적인 것은 그저 **이** 시간, 과거에서 오는 시간, 적어도 시간적 연쇄가 뒤죽박죽된 채 미래로부터 오는 것처럼 들어오는 시간의 다른 이름 같다. 만약 그것이 다른 시간에서 온 고통의 기억이라면 그것은 꼭 한 사람의 **고유한** 기억은 아닐 것이다. 그런 기억은 누구에게도 속하지 않으며 누군가가 인식적으로 소유한 것으로 볼 수 없다. 그것은 현재 시간에서 순환하고 흩어지고 현재 시간에 투숙한다. 그것은 사물이 전달하는 기억, 아니 그것들이 갈가리 찢겨 파편이 되는, 아마 부분대상의 형식으로, 부분적으로는 살아 있고 부분적으로는 비유기적이고 기이하게 신적인 파편으로 찢어지는 원칙인 것 같다. 뭔가가, 명확히 실체는 아닌 것 같은 뭔가가 이렇듯 개념화가 불가능한 혼합물에서 섬광처럼 번쩍인다. 빛, 모양, 느닷없을 뿐 아니라 기이한, 폭발하고 투숙하고 빛을 발하는 부스러기들. 이 시간의 정치에 개입하고 방향을 잃게 만들고 고장을 일으키는 것이 그것의 효과다. 그것은 카발라주의의 세피로트sephirot* 를 상기시키면서 빛의 형태로 순간적 형태를 갖는 기억,[8] 현재의 의심스러운 연속성과 함께 현재가 의례적으로 완벽히 수행하는 기억상실과 축출을 모두 붕괴시키는, 흩어졌다가 거의 천사처럼 나타난 계시다. 열일곱 번째 테제에서 분명한 것은 역사에 어떤 제동 장치를 걸건, '사건의 중지'가 일어나건 안 일어나건—그것이 정말로 일어난다면—그것은 일어날 것에 거는 내기일 것 같다. 역사의 연속체에 속하지도, 역사의 미래 전개에 속하지도 않지만 내기는 일어난다.

메시아적인 것은 몇몇 역사유물론 판본에 속한 냉혹한 전개의 서사에 단절을 도입한다. 그런 순간, 그런 국면에서 생산되는 것은 벤야민의 말을 인용하자면 "억압받은 과거를 위한 싸움에서 나타나는 혁명적인 기회의 신호"(TPH, 263)다. 억압받은 과거를 **위해** 싸운다는 것은 단지 그리고 오직 그것을 기록하는 것도, 심지어 그것에 기념비적인 형식을 부여하는 것도 아니다. 오히려 그것은 시간의 기억상실적 표면을 깨부수고, 그럼으로써 우리를 향해 오고 있는 듯 보이는 것, 문을

---

* 카발라에서 창조주 신이 세상에 드러내는 속성을 가리킨다고 전해지는 열 가지 숫자.

열고 들어오는 것처럼 보이는 것이 현재에 작용을 가하는 기억, 파편적으로 흩어진 형태를 띤 기억이 되도록 하는 것이다. 우리는 갑자기 억압당한 과거를 위해 분명히 역사가로서 싸울 기회를 얻을 때, 정확히 어떤 종류의 시간에 있는지 더 이상 알지 못한다. 우리는 그 과거를 회복하고 더 낫게 만들고 그것을 새로운 민족주의적 꿈을 위한 토대로 이용하려고 하지 않는다. 사물은 훼손된 채로 남아야 한다. 사물은 수집되거나 한데 묶여 너무 빨리 새로운 형태로 넘어가면 안 된다. 벤야민의 기억은 헤겔식 재빠른 욕망의 해결책에 대한 저항을 실연한다. 내가 제대로 이해한 것이라면, 내가 그 텍스트들을 읽으면서 텍스트적 순간을 인식하거나 포착했다면, 핵심은 다른 지금-시간을 위해 '기회' 혹은 내가 부르는 식으로 '내기'를 붙잡는 것이다. 문제는 한때 고통의 역사가 있었고 이제 그것을 발굴하고 회상해야 한다는 것이 아니다. 오히려 고통의 역사는 삭제가 지속됨에 따라 지속된다. 특히 민족에 속하는 서사인 진보적 서사가 진행됨에 따라 그런 삭제가 필요해지고 재실연되면서 다음과 같은 형식을 취하게 된다. "당신은 결코 상처를 입지 않았다. 우리는 비난을 받을 일이 없다." 상해에 대한 부인은 상해에 다시 상처를 낸다. 그리고 이런 부인, 이런 부정은 진보의 전제조건일 뿐 아니라 진보의 반복적 활동이기도 하다. 바로 진보를 추진하는 서사로서, 또 그 서사를 통해 한 시간성이 부인되고 부스러기로 변한다. 그렇다면 무엇이 내기일까? 피억압자들의 역사는 승리자의 역사를 분쇄할 것이고, 진보에 대한 요청을 불안정하게 만들고 진보라 불리는 고통의 발동기에 제동을 걸 것이다. 그것이 사실이라면 이것도 진보라고 말할 수 있을까? 혹여 그것은 다른 것이 아닐까? 혹여 그것은 내기의 시간, 우연chance의 시간성은 아닐까? 뭔가가 들어오고 뭔가가 일어날 수 있다. 곧 이상한 가능성이 역사 안에 투숙한 것이다. 고통의 역사에서 삭제가 지속된다면, 섬광처럼 번쩍인 것은 일어났던 것이 아니라 여전히 일어나고 있는 것으로서 바로 피억압자들의 역사인 것이다. 그리고 비상 브레이크가 그 역사를 잡아당긴다면 고통을 지속시키는 삭제 역시 멈추게 된다. 물론 아주 완전히 중단되지는 않을 것이다. 삭제가 일어날 가망성은 있을 것이다. 그러나 우리가 여기서 인식하는 것과 같은 메시아적인 것은 사건도, 해프닝도 아닌 우연, 냉혹한 진보의 급작스러운 취약함, 고통의 역사를 부인하고 따라서 그 역사를 지속시킬 기억상실의 내부에서 터져 나온 폭발일 것이다.

우리는 메시아적인 것의 섬광을 갖고 무엇을 할지, 설사 데리다가 적어도 두 번 벤야민의 천사와 비슷한 계시를 갖고 씨름을 했기에 여기서 우리의 안내자가 되어준다고 해도, 여전히 알지 못한다.[9] 어쩌면 우리는 데리다에게서 실마리를 얻어서 좀 더 일찍 나온 책, 억압과 마르크스주의의 단편들이 아주 분명히 등장하지는 않았던 책을 참조할 수도 있다. 벤야민은 〈미메시스 능력에 대하여〉를 상이한 언어 사이에 있을 수 있는 번역의 가능성에 대한 숙고와 함께 끝을 맺는다.[10]

그의 곤경은 어떻게 다양한 언어가 동등한 효용성과 서로 다른 수단을 갖고 같은 것을 의미할 수 있는가를 이해할 숙제를 남긴 바벨의 곤경이다. 벤야민은 다른 언어들을 연결하고, 같은 것의 장소에서 닮지 않은 이름들의 수렴을 용이하게 만드는 말들 사이의 비감각적 유사성을 주장한다. 벤야민은 언어의 이질성을 받아들이지만 그 이질성이 감각적이라고 주장한다. 유사성들은 비감각적이다. 우리는 유사성을 볼 수도 증명할 수도 없지만 유사성은 감각적인 형태를 취한 모든 지시행위 안에서 활성화된다. 명백히 우리는 그런 말들의 형태론이나 음성학적 구성을 검사해서 그 말들을 함께 연결하는 것이 무엇인지를 발견할 수는 없다. 말들의 감각적인 표명 중 어떤 것도 우리에게 닮음을 보여주지 못한다. 그러나 이런 유사성이 그것의 작용 방식을 인식하게 해줄 기회를 우리에게 줄 경우가 있을 법하기는 하다. 벤야민이 보기에 유사성은 구어보다는 문어를 통해서 더 자주 소용이 있다. 곧 문어는 구어보다 더 효과적으로 빛을 발하고 방출한다. 여기서 벤야민이 자신의 흔적을 문어로 남긴 작가의 무의식도 환기한다는 것은 흥미롭다. 이 말들이 〈유사성론〉에서 벤야민이 "비감각적인 유사성, 비감각적인 상응 관계의 서고書庫"라 부른 것이다.[11] 글쓰기 행위에서 무의식적인 것은 어느 것이건 글쓰기 자체 안에 감춰진 이미지들을 설치하는 것 같다. 육필인 서고는 영원히 정착되지도 봉인되지도 않는다는 것이 중요하다. 왜냐하면 누군가는 계속 쓰고 누군가는 계속 읽기 때문이다. 그 결과 서고는 계속 행위하고 가끔 섬광처럼 빛을 발하고 계속 그런 이상한 종류의 역사를 알려지게 만든다. 섬광과 화염은 역사에 대한 테제보다 몇 년 앞서 나온 이 텍스트 곳곳에 나타난다. 내가 보기에 이들 두 글 사이에는 연관성이 없지 않아 있다.

〈미메시스 능력에 대하여〉에서 벤야민은 "언어의 모든 미메시스적인 것은 흡사 불꽃이 그런 것처럼 일종의 전달자에게서만 현상되어 나타날 수 있다"고 쓴다. 그리고 "그처럼 단어들 또는 문장들의 의미 연관이 전달자이며, 이 전달자에게서 비로소 섬광처럼 유사성이 현상화되어 나타난다"(722)*라고 이어간다. 의미 연관이 섬광을 전달하는 것일까? 의미 연관은 어떤 활동 중에 확립되는 것일까? 벤야민은 그 다음으로 미메시스적 요소, 기호적인 것, 유사성까지 상술하면서 이렇게 이야기한다. "왜냐하면 인간에 의한 유사성의 생산은—인간에 의한 그것의 지각과 마찬가지로—많은 경우, 특히 중요한 경우에 번득이며 지나가버리고 마는 순간에 묶여 있기 때문이다. 유사성은 휙 스쳐 지나간다"(722).** 너무 많은 스침들, 곧 메시아적 섬광, 오드라데크, 심지어 더 초기에 보이는 상이한 언어의 단어들 사이에 존재하는 비감각적 유사성—기호론적 요소들과 융합된 모방적 요소. 이 초기 논고에서 그 주제에 대한 벤야민의 마지막 논평은 "언어 영역에서 기호적인 것과 미메시스적인 것의 융해 과정을 상승시키는"(722)*** "글쓰기와 읽기의 빠른 속도"를 언급한다. 이렇게 벤야민은 한동안 빛과 화염에 관심을 갖고 있었고, 이때조차 모든 언어의 근본인 미메시스적 요소를 '불꽃 같은' 것으로 기술한다. 이는 유비가 설명하려고 하는 미메시스를 유비가 되풀이한다는 것을 의미한다. 이런 미메시스의 회로에서 빠져나올 방법은 없는 것 같지만, 이런 섬광, 그가 여기서 미메시스의 **발현**이라 부른 것을 조건 짓는 것은 지속적 활동인 읽기와 글쓰기의 빠른 속도인 것으로 밝혀진다. 어떤 전달자, 사람 손의 흔적들, 혹은 어떤 대본이 필요하다. 이 전달자가 없다면 유사성의 섬광은 존재하지 않는다. 이것들은 신적인 번쩍임인가, 그것들은 미메시스와 기호론의

---

* 최성만 옮김, 발터 벤야민 선집 6 《언어 일반과 인간의 언어에 대하여 외》, 도서출판 길, 215쪽 참조.
** 같은 책, 215쪽.
*** 같은 책, 215쪽.

혼용인가, 아니면 어떤 의미에서는 둘 다인가? 읽고 쓰는 데서 뭔가가 일어난다. 아마 바로 이것이 역사가들의 과제가 의미하는 바로 그것일 것이다. 무의식적인 영역의 어떤 것이 쇄도하고 지나가지만, 그것은 이미 글쓰기 자체에 투숙해 있는 것으로 밝혀진다. 글쓰기는 자신이 서술할 수 없는 역사를 입증한다. 무엇인가가 빽빽하게 대본 전체에 흩뿌려져 있고, 대본을 서고처럼 만들거나, 닮음을 비감각적인 연관고리로 만들어 언어들을 그 핵심에서 융해하고, 번역을 가능하게 만들지만, 또 대본의 유토피아적인 약속을 무한히 지연시키기도 한다.

  벤야민의 많은 저작이 상술한 것들은 개념적인 엄정함을 결여한다. 이는 그것이 어지럽게 뒤섞여 있다는 뜻은 아니다. 오히려 개념의 테두리에 뭔가 이해되고 인식되어야 할 것이, 과거와 심지어 기억의 문제에 중요한 것이 존재한다는 것을 뜻한다. 벤야민은 〈언어 일반과 인간의 언어에 대하여〉[12]에서 이렇게 말한다. "인간의 언어가 사물의 언어에 대해 갖는 관계 속에는 우리가 '과다명명'이라고 얼추 칭할 수 있는 무언가가 놓여 있다. 곧 과다명명은 **모든 슬픔**과 (사물의 측면에서 봤을 때) 모든 말없음**의 심원한 언어적 근거**다. 슬픈 존재의 언어적 본질로서 과다명명은 언어의 또 다른 희한한 관계를 시사하는데, 말하는 사람들의 언어 사이의 비극적 관계를 지배하는 과다규정이 바로 그것이다."(73)* 너무 많이 명명하거나 너무 잘 명명하는 일이 있는 것이다. 그런 실천이 슬픔melancholy을 생산한다면 이는 이름이 자신의 대상을 붙잡으려 하고 그래서 대상의 삭제 위험을 감수하기 때문이다. 결국

---

* 최성만 옮김, 앞의 책, 93쪽 참조.

우리가 명명하려고 하는 것을 명명하는 다른 방법이 항상 존재하고, 사용하는 이름을 너무 진지하게 선택하거나 그 이름을 너무 완고하게 사용한다면 이름의 필연성을 단언하는 셈이고, 그러면 동등한 권리를 갖고 그 대상에 접근할 다른 이름들과 다른 언어를 실재화하는 데 실패할 것이다. 곧 이름을 부를 때 우리는 비교문학자여야 할 것이고, 한 민족의 언어를 명명의 특권적 장소로 생각한다면 크나큰 실수일 것이다. 우리는 모든 다른 언어를 잃을 뿐 아니라 비감각적인 닮음의 전체 국면을 잃게 된다. 우리의 이름짓기 실천이 가장 확실하다는 확신 때문에 우리는 우리가 잃어버린 것, 곧 우리의 슬픔을 실재화하는 데 실패하고 만다. 어떤 것은 다른 어떤 것과 함께 울려 퍼져야 한다. 그렇지 않으면 우리는 섬광을 인식할 수가 없다. 글쓰기를 통해 형태를 갖추는, 또는 거기서 어떤 섬광을 방출하는 무의식의 서고가 있다면, 우리는 너무 많이 혹은 너무 잘 명명할 때, 혹은 훨씬 더 엄정한 형식들을 통해 대상을 포착하리라고 생각할 때 그 서고를 거부하게 된다. 이 서고는 우리가 계속해서 싸워야 하는 이유인 피억압자의 역사와 연관이 있는 것 같다. 그 역사는 "엄청난 단축"(TPH, 263) 혹은 "불가해한 생략"이라고 불린다.[13] 벤야민이 언급한 과거의 진정한 이미지에 소용이 있으려면 아마 우리는 보들레르가 했다는 말처럼 조금 더 산만한 상태여야 할 필요가 있다. 내가 여기서 분명히 했으면 하고 희망하는 정치적 의미에 중요할 몇몇 층위에서, 어떤 방향 상실이 피억압자들의 역사를 뒤엎거나 회수하기 위해서가 아니라 그 역사를 위해 싸울 기회를 우리에게 열어줄지 모른다. 그것이 현재로 개입해 들어와서 '지금-시간'을 일으킬 수 있도록 한다면.

우리는 역사에 관한 후기 텍스트와 연관해서 이런 이상한 시간적인 모반을 생각해볼 수 있지 않을까? 그런 메시아적인 부스러기들이 바로 현재 시간의 급작스럽고 일시적인 개입을 제공할 방식으로서 계시, 섬광, 점화인 것 아닐까? 혹은 차라리 우리는 잠정적인 상황주의자가 되어야 하고, 싸울 기회가 나타날 때 그 기회를 붙잡아야 하지 않을까? 우리의 싸움이 피억압자들의 상실된 역사를 위한 것이라면 그 상실이 지금도 여전히 일어나고 있으며 〈역사의 개념에 대하여〉가 지적한 진보적 역사의 바깥을 구성하기에, 우리는 현재 안에서 싸운다. 억압과 상실의 역사가 일어나길 중지한 게 명백한데도 그런 역사들이 어떻게 계속해서 일어나고 있는지를 이해하기 위해서는, 토착민들에 대한 대학살이나 아르헨티나에서 실종이 지속되는 역사와 같은 모델도 분명히 사용할 수 있다. 그러나 1948년이라는 역사의 관점에서도 그것은 역시 잘 이해될 수 있을 것이다. 이스라엘 국가 건립, 유대인들을 위한 영구적 성소의 수립으로서 누군가는 환호했고 다른 이들은 나크바(대재앙)—이스라엘 국가가 세워진 바로 그 시점에 75만 명 이상을 자기 집과 땅에서 쫓아냈으며, 현재까지 수백만 팔레스타인인의 시민권 박탈을 야기해온 강제 추방—였기에 애도했던 것.

팔레스타인 땅으로 수렴되는 두 가지 디아스포라적 조건의 가능성을 놓고 사이드가 제안한 명제들과 벤야민의 성찰을 연결할 방법은 없을까? 1장에서 보았듯이, 팔레스타인 민족의 추방 조건과 유대 민족의 추방 조건을 동일시한 사이드는 난민의 권리가 무엇보다 중요한 땅, 이질성을 최소화하려고 노력하는 중에 어느 누구도 시민권을 박탈당하지 않을 땅을 위한 새로운 정치의 가능성을 그 역사들이 생산할 수는 없는지 물었다. 이런 식으로 사이드는 아렌트의 관점을 반복했다. 곧 종교, 종족성, 민족적 동일성이나 인종적 원칙에 근거한 국가를 떠받치기 위해 적극적으로 땅과 권리를 박탈당하는 어떤 영구적인 난민 집단도 존재해서는 안 된다는 관점 말이다. 사이드의 핵심과 아렌트의 핵심은 윤리의 토대를 이질성, 통상적으로 디아스포라적인 사유와 연관되는 이질성에 두는 것으로, 이는 이민족주의 문제로 돌아가는 것이다. 나의 제안은 이 정립이 다음과 같은 질문 역시 열어준다는 것이다. 이민족주의는 민족주의의 파괴일 수 있을까? 물론 이런 질문은 무장한 민족국가 형태 안에서 살아가는 이들이 더 자주 제기하는 질문이지만, 아직도 민족을 접하지 못한 이들에게는 훨씬 더 어려운 질문이다. 그리고 팔레스타인 민족주의는 그 자체가 내적으로 복잡한 문제로, 가끔은 국가 프로젝트와 연결되고 가끔은 그렇지 않다.[14] 그렇지만 모든 민족적 노력은 자신의 '바깥'—내부와 외부의 이타성들 모두—을 다뤄야 하고, 또 전지구적 동거의 이름으로 포스트민족적인 것에 대한 약속도 다뤄야 하는 것 같다.

벤야민은 〈브레히트와의 대화〉에서 브레히트식 개입과는 다른 것을 제안하면서, "삶의 진정한 척도는 기억"이라고 주장했다.[15] 이렇게 재구성된 대화에서 브레히트는 벤야민의 "유대 파시즘"을 비난하는 사람으로 형상화된다. 브레히트가 이 "기억" 사업에 어떤 신비주의적 요소들, 벤야민을 좀 더 적절한 행동주의에서 멀어지게 할 요소들이 있다고 제언하고 있기에 이 순간은 분명 아주 거친 순간이다. 그러나 이 기억에는 어떤 방식으로 행동주의의 섬광이 존재하는가? 아흐마드 사디Ahmad Sa'di와 릴라 아부루그호드Lila Abu-Lughod가 편집한 《나크

바: 팔레스타인, 1948, 그리고 기억의 주장들Nakba: Palestine, 1948, and the Claims of Memory》에 벤야민이 자주 등장한다.[16] 이 책은 우선 인류학자인 레마 하마미Rema Hammami의 이야기로 시작한다. 하마미는 어린 시절에 살았던 자파의 아버지 집을 1948년에 잃어버렸다가 마침내 되찾게 된 이야기를 들려준다. 그 집에 살고 있던 거주민들은 그녀에게 벽화를 보여준 뒤, 유대인들이 승리에 차 팔레스타인 땅으로 돌아온 이야기의 진실을 이해할 필요가 있다고 말한다. 그녀를 충격에 빠뜨리고 혼잣말을 하게 만든 것은 유대 구원에 대한 강의다. 엄청난 상실의 자리, 수세대에 걸쳐 전해져 온 자리가 승리자의 서사와 대립한다. 그러나 또한 승리자의 서사는 고통과 추방이 민족주의로 해소되는 서사이기도 하다. 서사가 구원의 이야기로 바뀌지 않은 채로 이런 고통의 문제에 접근하는 또 다른 방법은 없는 것일까? 한 가지 상실이 그 순간 또 다른 상실과 함께 울려 퍼질 수 있다. 이것은 단지 상실은 같다는 말이 아니다. 이것은 언어와 역사를 횡단하는 어떤 번역 행위가 거기서 가능할 수도 있었으리라는 것, 심지어 어딘가에서는 가능할 수 있다는 말이다.

도입부는 이렇게 말한다. "우리는 이런 기억들이 과거에 대해 우리에게 들려주는 이야기에는(설사 그 기억들이 1947년과 1948년의 사건들에 대한 지속적인 재구성에 풍부한 소재를 제공한다고 우리가 생각한다 해도) 현재 그 기억들이 하고 있고 할 수 있는 것만큼 관심을 기울이지 않는다"(2). 도입부는 "역사는 불완전하고 항상 승리자에 의해 쓰인다"고 주장한 사람 중 하나로 벤야민을 거론하지만, 저자들은 "기억은 역사의 조수가 배반해왔던 이들에게 소용이 있을 몇 안 되는 무기 중 하나다. 기억은 미끄러져 들어와서 벽을 덜거덕거리게 할 수 있다"(6)고 덧붙인다. 책의 많은 부분은 외상의 역사에 의지하려고 한다. 이 저작에서 분명하게 표현된 시간 감각은 많은 부분 유대인에 대한 나치의 학살에 근거한 시간 감각인데, 이것은 대부분의 연속적인 서사들에서 지나간 것으로 간주되는 역사의 연속성을 강조한다.

팔레스타인 영화에서 볼 수 있는 외상을 고찰한 논문 중 한 편은 "갈등의 연속성뿐 아니라 과거에서 뻗어 나와 현재의 심장부에 도달한 고통과 외상의 연속성"에 대해서 논평한다.[17] 논문의 저자인 하임 브레시스Haim Bresheeth는 강제수용소의 외상에 대한 캐시 커루스Cathy Caruth의 작업을 끌어들인다. 이는 두 역사가 같아서가 아니라 외상의 시간성이 두 영역을 횡단하기 때문이다. 그는 〈실종의 연대기chronicle of a Disappearance〉와 〈1948〉을 포함한 최근 여러 편의 영화에서 벤야민의 "역사의 천사"를 떠올리게 된다고 지적한다. "역사를 뒤돌아보고 있는 천사는 오직 잡석 더미와 파괴만을, 대량학살과 고난의 불협화음만을 볼 수 있을 뿐이다"(TPH, 175). 그는 지난 10년간 만들어진 영화들이 얼마나 자주 기억상실에 저항하면서 싸우고 있는지를 지적한다. "1948년 이후 이스라엘에서 살고 있는 팔레스타인 사람들의 경우에 기억상실을 가정하기란 불가능하겠지만, 강요된 일종의 공적 기억상실을 수십 년간 〔그 공동체가〕 경험했다. …… 기억하고 추모하기 위한 조건은 이스라엘 지배가 그와 같은 모든 활동을 금지했기에 존재하지 않았다"(175). 오늘날 이스라엘이 독립을 경축함에 따라, 교육적이거나 예술적으로 나크바를 표현하기 위해 공적 기금을 마련하는 것을 일절 금지하는 법안의 검열적인 결과와 경합을 벌이는 법적 투쟁이 오늘날에도 이어지고 있다. 〈증언의 정치〉란 제목의 또 다른 논문에서 다이애나 앨런Diana K. Allan은 레바논 팔레스타인 난민촌의 더 오래된 기억들과 나눈 대화를 중계한다.[18] 그녀는 팔레스타인 민족주의자들의 노력, 단일한 민족적 기억을 세울 목적으로 기억을 회복하려는 노력을 거부한다. 그녀가 찾은 것은 그런 정치적 전유에 유익하지는 않을 기억의 파편들이다. 뿌리뽑힘uprootedness의 기억은 그 자체로 추방당한 기억이다. 그녀는 "외상적 기억의 한가운데에 놓인 역설, 사건은 완전히 회상되지도 삭제되지도 않기에 증언하기의 붕괴와 망각이 기억의 행위와 불가분하게 연결되어 있다는 역설"(266)을 발견한다.

마지막 문장에 첨가된 주석은 또다시 캐시 커루스, 도리 라웁Dori Laub, 쇼샤나 펠먼Shoshana Felman을 언급한다.[19] 그들이 쓴 것은 앨런이 기술한 장면에 적용될 수 있을 것이다. 이는 그녀가 그런 고통의 양태들을 등치시키거나 어떤 인과론적인 관계를 끌어내거나 유비를 역전시키기 때문은 아니다. 여기서 그 누구도 유대인들이 자신이 겪었던 고통을 타인들에게 겪게 했다고 말하지 않는다. 그와는 반대로 뭔가 닮음이나 심지어 공명과 비슷한 것이 존재한다. 어쩌면 우리는 포착하고 인식할 가장 중요한 것인 반향reverberation을 잃을까 하는 두려움에 그 순간을 과다명명해서는 안 된다. 자신의 저작에서 증언하기의 붕괴를 입증했던 프리모 레비는 잘 기억하려는 자신의 의지를 극복했던 망각의 순간들을 강조했다. 그리고 그들 세계의 상실에서 살아남은 팔레스타인 사람들의 깨진 증언들을 설명할 때 커루스가 인용된다. 외상적 기억의 맥락에서 우리가 있는 곳은 "기억의 생략과 엄밀한 회상의 사이"(281)다.[20]

아부루그호드는 《나크바》의 서문에서, 나치 대학살에 토대한 대부분의 외상 연구는 유익할뿐더러 "명민한" 연구이지만 때로 유대인 예외주의를 재생산할 위험이 있다고 경고한다. 번역을 가능케 하는 공명을 붙드는 것인, 벤야민이 말한 기억은 가야 할 약간 다른 길, 민족의 프레임 안에 머무를 수 없고 머무르지 않을 길, 이질성을 전제로 하고 아렌트의 동거 개념과도 제휴할 수 있는 길을 제공한다. 이 길을 따라 우리는 어쩌면 추방당한 두 민족이 서로 수렴하고 공명하는 박탈의 역사에 근거하여 사회적 정의의 원칙을 확립할 수 있을 것이라는 사이드의 놀라운 제안으로 되돌아갈 수 있을지 모른다. 그렇게 하는 것은 시온주의의 진보적인 구원 서사에 개입하는 것, 혹은 차라리 그 서사가 생산한 그 수많은 수수께끼 같은 파편 더미, 계속 생산하는 더미를 면밀히 조사하는 것을 뜻한다. 억압당한 과거를 위해 싸울 기회를 붙든 이들은 특히 시간 속에서 정의가 전개되거나 표명될 것이라는 어떤 역사적 보증도 존재하지 않을 때, 고통을 바꾸어 정의를 위한 정치적 주장으로 만들기 위한 싸움에 가담한 것이리라. 지금의 시간은 여타의 파괴와 같은 그 파괴가 인식될 기회가 있는 시간이고, 그런 인식은 우리의 시간 감각 자체를 바꾸고 피억압자들의 시간이 승리자들의 시간 안으로 들어갈 수 있게 할 것이다. 그 지점에서 뭔가 다른 것을 위한 기회가 존재할 것이다.

기억이 삶의 진정한 척도라면 그것은 진정한 이미지와, 다양한 양상의 형식 속 진실과 밀접한 관계를 맺을 게 확실하다. 그러나 당면한 양상들은 매끈한 서사도, 민족적 이야기도, 통치를 칭송하거나 그들의 권력을 보여줄 기념비도 아니다. 기억은 그렇게 반복되는 역사 안에서 피억압자들의 역사를 재천명하기 위해 개방되어야 할 것에 유념할 뿐 아니라, 이제 역사가 행동할 방식에도 유념한다. 삶의 척도는 역사가 현재에도 계속 행동하는 방식인데, 이는 물론 그러한 우연적인 순간들의 현존이 기회, 내기, 이어지는 섬광, 과거를 위한 투쟁을 축적한다는 것, 그리고 그것이 현재를 바꿀 유일한 길임을 의미한다. 아마도 메시아적인 것의 목적은 바로 구원인데, 메시아적인 것은 이런 식으로 '적그리스도적'이다. 누군가의 기억은 다른 누군가의 진군을 방해하는데, 아마 그것은 저쪽 누군가의 고통이 이쪽 누군가의 고통과 공명하고 모든 것이 멈추기 때문에 일어나는 일이리라. 기억은 수렴하고 공명하는 역사들에 의해 개방되는 공존의 형식을 발견하기 위해 기억상실에 맞서 싸우는 것 이상도 이하도 아닐 것이다. 아마 이 때문에 우리는 여전히 정확한 이름을 갖지 않는 것이리라.

5장

유대주의는 시온주의인가?

아렌트와 민족국가 비판

이 장의 일부는 2009년 10월 코넬 웨스트, 찰스 테일러, 위르겐 하버마스와 함께 참여한 '공공 영역에서의 종교'에 관한 심포지엄에서 처음 발표되었다. 그리고 다음 책에 수록되었다. Jonathan Antwerpen and Eduardo Mendietta, eds., *The Power of Religion in the Public Sphere* (New York: Columbia University Press, 2011).

명시적인 종교적 언급을 뺀 채 이스라엘 시민권을 위해 유대성을 정의하는 방법을 포함해서, 시온주의를 사유하는 명백히 반종교적인 방법들이 있기는 하지만, 종교가 공적 삶으로 들어간 경로 중 하나가 시온주의인 것은 확실하다. 이런 논쟁에서 '유대'의 범주는 복잡한 것으로 드러난다. 왜냐하면 랍비의 율법은 명백히 세속적인 이스라엘 국가법—다른 관점에서는 스스로를 랍비의 율법과 단호히 구분하는—을 위해 유대성을 정의하기 때문이다. 어떻게 이런 모호함이 요즈음 우리와 아주 밀접히 연관된 듯 보이는 종교와 공적 삶에 대한 더 일반적인 차원의 논의에 영향을 미치게 되었을까?

공적 삶에서 '종교'를 언급할 때 대단히 신중해야 함은 의심할 여지가 없다. 왜냐하면 종교를 공적 범주로 보고 토론하는 것은 결국엔 가능하지 않을 수 있기 때문이다. 어떤 종교를 염두에 두느냐에 따라, 종교와 공적인 것the public의 관계는 다를 것이다. 공적 삶에서 종교의 위치는 다양하고, 종교적 용어 안에서 공적 삶을 생각하는 방법 역시 다양하다. '공적 삶'에서의 '종교'를 묻는 것으로 논의를 시작한다면, 우리는 단순히 다양한 특수 종교들로 '종교'의 범주를 채우게 될 우려가 있다. 그러니까 '공적 삶'의 국면은 어느 정도 안정적으로 닫혀 있고, 종교 바깥에 있다. 공적 삶으로 종교가 진입하는 것이 문제라면, 우리는 종교를 공적 삶 바깥에 있게 했던 프레임을 전제로 삼아서, 어떻게 종교가 공적 삶 안으로 정당한 또는 보장된 방법으로 진입하는지, 과연 진입할 수 있는지를 묻고 있는 셈이다. 그러나 그 프레임이 조작적인 가정이라면, 우리가 먼저 물어야 할 것은 어떻게 종교가 사적인 것으로 바뀌었고, 종교를 사적인 것으로 만들려 했던 노력이 과연 정말로 성공했는가 하는 것일지 모른다. 이런 탐구에 내포된 질문의 전제가 종교는 사적인 국면에 속한다는 것이라면, 우리는 우선 다음과 같이 물어야 한다. 곧 '어떤 종교'가 사적인 것으로 강등되었는지, 그리고 만약 그렇다면 어떤 종교가 공적인 국면에서 아무 문제 없이 유통되는지를 물어야 한다. 그때 우리는 아마 탐구해야 할 또 다른 과제, 곧 합법적 종교와 불법적 종교를 구분 짓는 문제, 세속적인 공적 국면을 암묵적으로 지지한다고 간주되는 종교와 세속적인 공적인 것을 위협한다고 간주되는 종교를 구분하는 문제, 혹은 공평하게 말해서 기독교처럼 공적인 것의 문화적 전제—공적인 것 내부에서 자유로이 유통되는 상징을 보유한—를 제공한다고 이해되는 종교와 세속적인 삶의 토대를 위협하는 것—공적인 삶 내부에서 유통되는 이것들의 상징은 과시적인 것이거나 민주주의 자체를 위협하는 것으로 간주된다—으로 간주되는 종교를 구분하는 문제를 보게 될 것이다. 여러 학자들이 주장해왔듯이 공적 국면이 프로테스탄트의 성취라면, 공적 삶은 지배적인 종교 전통을 세속적인 것으로 전제하면서 그것을 재확증한다. 세속주의가 과연 그 이름대로 종교적인 범위에서 벗어났는지 의심할 많은 이유가 있다면, 우리는 세속주의에 대한 이런 통찰이 어느 정도는 공적 삶 일반에 관한 우리의 주장에도 적용 가능한지 물을 수 있을 것이다. 다시 말해 어떤 종교는 이미 공적인 국면 '내부에' 있을 뿐 아니라 사적인 것과 공적인 것을 나누는 일군의 기준을 확립하는 데 일조한다. 어떤 종교가 공적 국면 자체를 지지하고 한정하는 기능을 할 때, 어떤 종교는 '바깥'—'사적인 것', 혹은 공적인 것 자체를 위협하는 것—으로서 강등된다. 종교를 사유화하려는 프로테스탄트적인 명령이 없이는 공과 사를 구분할 수 없다면, 그때 종교 혹은 지배적인 한 종교 전통은 우리의 작용이 일어나고 있는 프레임 자체를 보증한다. 이는 공적 삶에서의 종교에 대한 비판적인 탐구에 착수하는 데 아주 다른 출발점을 구성한다. 왜냐하면 공과 사 모두 어떤 중요한 의미에서는 처음부터 종교 '안'에 있었을지 모를 이접적離接的인 관계를 형성하기 때문이다.

나는 탈랄 아사드Talal Asad, 사바 마흐무드Saba Mahmood, 마이클 워너Michael Warner, 윌리엄 코널리William Connolly, 찰스 테일러Charles Taylor, 재닛 제이콥슨Janet R. Jakobsen, 앤 펠레그리니Ann Pellegrini, 찰스 히르슈킨드Charles Hirschkind가 훌륭하게 설명해왔던, 세속주의에 대한 문제들을 시연하려는 데 관심이 있는 게 아니다. 이 새로운 학문적 성취에 기초해서 보면, 세속화는 분명히 종교가 생존할 수 있는 일시적 방도가 될 것이다. 그리고 우리가 의미하는 것이 어떤 세속화의 형태와 노선인지 우리는 항상 물어야 한다. 나의 요지는 첫째 '공적 삶' 속 '종교'에 대한 어떤 일반화도, 만약 우리가 개념적 장치 자체에 어떤 종교가 전제로 들어가 있는지를 사유하지 않는다면, 특히 공적인 것이란 개념을 포함한 모든 개념적 장치의 계보와 세속화 프로젝트를 이해하지 않는다면, 처음부터 의심스러운 것이라는 제언이다. 세속적인 가톨릭 신자가 아니라 세속적인 유대인을 언급하는 것은 다른 의미를 지닌다. 양자 모두 종교적 신앙을 떠났다고 가정할 수는 있을 테지만 신앙을 전제하거나 요구하지 않는 다른 소속의 형태가 있을지 모른다. 세속화는 당연히 유대인의 삶이 유대적으로 지속되는 한 가지 방법이다.[1] 종교가 신앙과 같아지고, 그렇기에 신앙은 신에 대한 어떤 사변적인 주장들—종교적 실천을 설명하는 데 항상 작동하지는 않을 신학적인 가정—과 연관된다면 우리는 역시 오류를 저지른 것이다. 종교적인 믿음과 비종교적인 믿음의 인식적인 위상을 구분하려는 노력은 종교가 아주 빈번히 주체 형성의 매트릭스로, 가치화의 뿌리 깊은 프레임으로, 소속과 체현된 사회적 관행의 양태로 기능한다는 사실을 간과한다. 물론 국가와 종교의 분리라는 법적 원칙은 지금 우리의 거의 모든 담론에 출몰하고 있지만, 사법적인 개념이 공적 삶 속의 종교라는 더 큰 문제를 이해하는 데 프레임으로 봉사하기엔 불충분하다고 생각할 많은 이유가 존재한다. 한편에는 수정헌법 1조, 다른 한편에는 종교적 소수자를 차별과 박해에서 보호하려는 움직임을 두고 대대적인 불일치를 생산해왔던 종교적 상징과 도상들에 대한 논쟁도 역시 충분하지 않다.[2]

　나는 이 논쟁에 또 다른 문제, 곧 종종 그렇듯이 이스라엘 국가폭력에 대한 공적 비판이 반유대주의적이거나 반유대적인 것으로 간주될 때 종교와 공적 삶 사이에 출현하는 긴장을 포함시켜볼 것이다. 나는 이런 비판 중 어떤 것은 반유대주의적인 수사와 논증을 사용한다는 점, 따라서 이런 비판에는 결단코 단호하게 반대해야 한다는 점을 분명히 기록해두고 싶다. 적법한 비판이 많이 있지만, 이런 비판은 그렇지 않다. 그러나 사회 정의를 위한 유대인들의 싸움 안에서 출현한 이스라엘 국가폭력에 대한 비판(유대인만을 위한 사회 정의 투쟁과는 다른)은 적법한 비판에 포함된다. 1897년 스위스 바젤에서 열린 국제 시온주의 대회에서 헤르츨Theodor Herzl이 건국을 제안하자, 시온주의에 반대하는 유대인의 움직임도 같이 일어났다. 그리고 그때부터 그런 움직임은 결코 멈추지 않고 지속되었다.[3] 시온주의가 예시한 국가폭력을 비판하는 것은 절대로 반유대주의도 자기혐오도 아니다. 만약 그것이 반유대주의나 자기혐오라면, 국가폭력에 대한 비판 불능이 유대성을 정의하는 한 요소가 될 것이다. 그러나 분명히 그렇지 않다. 나의 질문은 반反공동체주의적인 용어로 해석된 유대적 가치관이 국가폭력에 대한 공적 비판—이는 여전히 설명이 필요한 용어라고 생각한다—을 보장하느냐다.

　이런 질문을 하는 것은, 누군가가 공적으로 공공연히 이스라엘 국가폭력을 비판한다면 때때로, 특정한 환경에서는 거의 항상, 그 사람은 반유대주의자로 간주되기 때문이다. 또 공적으로 공공연히 이스라엘 국가폭력을 비판하는 것은 어떤 점에서는, 종교적이면서 비종교적이기도 한 유대적 프레임 안에서 제기되는, 그런 식의 국가폭력에 반대하는 좀 더 방대한 움직임들—따라서 유대적이면서도 동시에 유대성을 벗어난—에 필요한 유대를 유지하려는 의무적인 윤리적 요구다. 물론 여러분은 이런 정립에 의해 도입된 두 번째 곤경을 이미 알 것이다. 한나 아렌트가 초기 저작에서 분명히 했던 것처럼, 유대성과 유대주의가 항상 같은 것은 아니다.[4] 그리고 이스라엘 국가에 대한 그녀의 정치적 입장이 점점 성숙해지면서 확실하게 보여주었듯이, 유대주의나 유대성 모두 반드시 시온주의를 받아들이는 쪽으로 귀결되지는 않는다.

시온주의의 가치를 두고, 점령의 불의함을 두고, 혹은 이스라엘 국가의 호전적인 파괴성을 두고 유대인들 사이에 서로 다른 입장이 존재한다는 주장을 반복하려는 게 내 목적은 아니다. 그것들은 복잡한 문제이고, 그 모든 것과 관련해서 상당한 불일치가 존재한다. 또 나의 논점은 설사 유대인들 아니 차라리 우리에게는 이스라엘을 비판할 의무가 있다는 게 사실상 내 생각이라고 해도 단지 그것을 입에 올리려는 것이 아니다. 이스라엘이 유대 민족의 이름으로 행동하고 스스로를 유대 민족의 합법적인 대표로 자임하는 상황에서, 유대 민족의 이름으로 시행된 것을 둘러싼 갈등이 존재하고, 따라서 지속되는 호전적 폭력에 근본적으로 의지하는 민족주의보다 사회적·정치적인 정의를 우선시하는 정치를 위해 그 전통과 윤리를 교정할 훨씬 더 중요한 이유도 존재한다. 진보적 유대인들의 현존을 확립하기 위한 노력은 어떤 동일성주의적이고 공동체주의적인 가정에 고착될 위험이 있다. 어떤 이들은 반유대적인 반유대주의의 모든 표현에 반대하고, 또 어떤 이는 이스라엘 국가폭력과 인종주의의 제도화 폐지를 추구하는 프로젝트를 위해 유대성을 교정한다. 그러나 우리가 그런 비판을 의무로 간주할 여러 윤리적·정치적인 프레임이 있다는 것을 고려한다면, 그렇듯 특수한 형태의 해법은 도전을 받는다.

게다가 내가 제안하려고 노력했듯이, 유대인임은 비유대인들과의 윤리적 관계를 떠맡는 것을 함축한다고까지 말할 수 있는 한, 유대성은 반동일성주의적 프로젝트로 이해될 수 있고 또 그렇게 이해되어야 한다. 그리고 이는 유대성의 디아스포라적인 조건, 곧 평등을 조건으로 사회적 복수複數의 세계에서 살아가는 일이 윤리적·정치적인 이상인 디아스포라적 조건에서 유래한다. 만약 이스라엘 국가폭력에 대한 공적인 비판을 수행하는 데 걸맞은 유대적 전통이 사회성의 규범으로서 동거에 의지하는 것이라면, 그로부터 나올 수 있는 것은 단지 대안적인 유대인의 공적 현존(미국이스라엘공공문제위원회AIPAC*와는 분명히 다르고 제이스트리트J Street**와도 다른)이나 대안적인 유대인 운동(가령 '유대인 평화의 소리Jewish Voice for Peace', 영국의 '독립 유대인의 소리Independent Jewish Voices', '팔레스타인의 정의를 위한 유대인Jews for Justice for Palestinians'과 같은) 수립**뿐 아니라**, 처음 들을 때만큼이나 역설적인, 유대성이 필요로 하는 정체성의 전치를 확증할 필요다. 오직 그 경우에만 우리는 유대인'임'이 무엇인지 이해하게 해줄 종교적·역사적인 열쇠를 제공하는 윤리적 관계성의 양태를 이해할 수 있을 것이다. 결국 그것은 어떤 다른 문화적·종교적 집단에 맞서, 그리고 그들보다 우월한 방식으로 유대인의 존재론을 특정하는 데 대한 것이 아니다. 그런 짓을 하려는 노력이라

---

* 미국 정가에서 이스라엘을 위해 활동하는 로비 단체.
** 평화주의를 표방하는 미국의 친이스라엘 시민단체로, 이스라엘-팔레스타인 두 국가 공존안을 지지한다.

면 의심할 이유가 충분하다. 오히려 그것은 유대주의 안에 공적 삶에서의 종교를 배치하는 방식으로 비유대인과의 관계를 이해할 수 있는가 하는 질문이다. 지정학적으로 흩어져 있다는 게 핵심이 아니다. 핵심은 새로운 정치적 정의의 개념화에 봉사할 수 있는 흩어진 삶scattered existence에서 일군의 원칙을 도출하는 것이다. 그런 개념화는 난민의 권리에 대한 공정한 기조, 그리고 점령·토지 몰수와 팔레스타인인에 대한 정치적 감금·추방을 유지하는 국가폭력의 민족주의적 양태에 대한 비판을 필요로 할 것이다. 그것은 정착민 식민주의 종식을 그 출현 조건으로 하는 동거 개념을 함축하기도 할 것이다. 더 일반화시켜서 정립한다면, 불법적인 민족국가 폭력에 대한 비판을 어떤 예외도 없이 전개할 수 있으려면, 또 전개해야 한다면, 반드시 이런 동거 개념이 토대가 되어야 한다.

물론 공적 비판에는 위험과 의무가 동시에 따른다. 가령 이스라엘 국가폭력에 대한 비판은 종속 상태의 인구나 소수자 인구의 생활 기반에 대한 점령, 침입, 파괴의 관행에 관여했던 다른 모든 국가에 대한 비판과 똑같은 토대에 근거해서 유대인 국가에 대한 비판으로 해석될 수 있는 것이 사실이다. 혹은 그것이 유대인 국가에 대한 비판으로 해석되면서 그 국가의 유대성을 강조하고, 따라서 이 국가가 **유대인의** 국가이기에 비판을 당한다는 두려움을 유발할 수도 있다. 따라서 반유대적인 동력이 비판을 몰아간다는 우려가 종종 일어난다. 그러나 그런 염려는 종종 여기서 명료해진 적법한 고려 사항, 곧 어떤 국가가 다수 인구와 소수 인구의 차별적인 시민권 층위를 창조하기 위해 (심지어 법으로 규정된 교과 과정과 공적인 담론 내부에서 세파르딤과 미즈라힘의 문화적 기원은 제쳐두고 아쉬케나지의 기원과 민족 서사에 가치를 매기면서) 한 종교적·민족적 집단이 인구학상 다수를 유지할 것을 고집하는 것은 부당하다는 점을 도외시하게 만든다. 그때 위 상황이 문제라고 한다면, 그럼에도 그것을 공언하기란 여전히 어려운 일이다. 진짜로 뭔가 다른 속내가 있다거나, 인구학상으로 다수인 유대인을 위한 요구를 특별히 문제 삼는 사람의 동기는 유대 민족의 고통—오늘날 경험하고 있는 위협을 포함해서—에 대한 무감각, 아니면 반유대주의, 또는 양쪽 다라고 의심하는 사람들이 있을 것이기 때문이다.

물론 1948년 이후 정치적 시온주의의 특징을 이뤘던 유대적 주권성 원칙을 비판하는 것과 불법적이고 파괴적인 점령만 한정해서 비판하는 것(그리고 1967년 시작한 역사 속에 자기 자신을 위치 짓는 것), 그리고 더 한정해서 분명한 전쟁범죄를 수반한 2008~2009년의 가자 공격이나 정착촌 증가, 그 밖의 지속적인 토지 몰수, 현재 이스라엘 우파 정권의 정책들을 포함해 특정한 군사적 행위를 시온주의나 점령 자체와는 분리해서 비판하는 것, 이들 사이에는 차이가 존재한다. 그러나 그 각각의 경우, 과연 비판이 유대인들에 대한 혹은 유대성에 대한 공격과는 다른 것으로 등재될 수 있는가 하는 질문이 존재한다. 우리가 있는 곳이 어디인지, 그리고 우리가 이야기하는 사람이 누구인지에 의존하는 입장 중 어떤 것은 다른 입장들보다 좀 더 쉽게 이해될 수 있다. 그리고 우리가 알다시피 그와 같은 비판이 우리 귀에 들릴 때 그것을 표명하는 사람이 유대인에게 반대할 뭔가를 갖고 있다거나, 혹시 그녀가 유대인이라면 자기 자신에게 반대할 뭔가를 갖고 있을 것이라고 직접적으로 의심할 맥락이 존재한다. 게다가 그 모든 경우에서 우리는 오늘날의 공적 국면을 구성하는 청취가능성audibility의 한계와 직면하게 된다. 언제나 존재하는 질문이 하나 있다. 나는 이것을 들어야 하는가, 아닌가? 내 말을 듣는 사람이 있을까, 혹은 사람들이 내 이야기를 잘 못 듣고 있지는 않을까? 공적 국면은 어떤 식의 배제를 통해서, 보이지 못하는 이미지, 들리지 못하는 말에 대한 배제를 통해서 계속 구성된다. 그리고 이는 시각장과 청각장의 규제—더 일반적으로는 감각의 규제—가 '적법한' 정치 국면의 어떤 판본 내에서 무엇이 논쟁을 일으킬 수 있는 쟁점이 되는가를 구성하는 데 결정적임을 의미한다.[5]

토착 인구와 다른 모든 공동 거주민을 희생하고서라도 온전한 시민권을 어떤 종교적·종족적 집단에만 한정하는 국가에는 무조건 반대해야 한다고 말하는 사람이 있다면, 그 사람은 이스라엘 국가의 예외적이고 독특한 성격을, 더 중요하게는 그런 예외를 주장할 만한 역사적이유를 이해하지 못했다는 비난을 받을 수 있다. 그러나 국제적인 정의의 기준에 비추어 그 국가가 '제외'된 것이라면, 혹은 그 국가가 평등과 비차별 원칙을 분명히 폐지한 것이라면—이 순간에는 그 나라가 자유주의를 위반한 것만 주목하자—, 그 국가의 실존은 그 나라가 오직 폭력이나 철저한 변형을 통해서만 '해소'할 수 있을 모순에 얽매인다. 아렌트가 보기에 그 지역이 동거 원칙을 정치적으로 구현할 수 있도록 연방정부나 이민족주의를 재고하자는 호소는, 그 땅 모든 인구의 파괴를 낳을 도정보다는 오히려 폭력에서 빠져나올 방법을 구상한다. 팔레스타인 민족을 파괴로부터 보호하지 않고서는 유대 민족을 파괴로부터 보호할 수 없다는 게 정치적 핵심이다. 파괴 금지를 보편화하는 데 실패한다면, 우리는 오직 파괴를 통해서만 살아남을 수 있을 것이라는 가정과 더불어 '타자' 파괴를 추구하게 될 것이다. 그러나 팔레스타인 사람들의 생활과 살림 파괴는 그 파괴를 자행했던 이들에 대한 파괴 위협을 증대할 뿐이라는 게 진실이다. 왜냐하면 그것은 폭력적·비폭력적인 판본을 두루 갖고 있는 저항 운동에 지속적인 토대를 제공하기 때문이다. 이런 논점을 이해하기 위해 헤겔을 열심히 공부한 우등생일 필요는 없다. 이런 시나리오를 갖고서는 팔레스타인 사람들의 잘못을 고려하지 못할 것이라며 내 주장을 반박하는 사람이 있을 수 있다. 나는 그 사람에게 식민적 점령에 대한 저항 운동을 계속 진행할 더 좋고 나쁜 방법들이 분명히 존재한다고 대답하겠다. 그러나 팔레스타인인들의 전략에 대한 평가는 모두 정치적 저항의 프레임에서 이뤄져야 할 것이다. 입장이 동등했던 적은 결코 없다. 그러므로 이스라엘과 팔레스타인의 관계를 분쟁의 '양편'으로 간주하는 것은 터무니없다. 이스라엘과 팔레스타인이 똑같이 기여했다고 가정하는 모델은 평등을 설명 모델로 세우면서 현장의 불평등을 삭제한다. 일단 평등의 정치적 조건이 확립되고 나면, 오직 그럴 때에만 우리는 평등의 차원에서 이야기를 시작할 수 있을 것이다.

나는 이 노선에서 한나 아렌트에 관해 사유할 것을 제안한다. 그녀는 정치적 견해로 인해 많은 사람들에게 그 유대성의 진정성에 대한 의심을 샀다. 1944년, 1948년, 1962년 정치적 시온주의와 이스라엘 국가에 대한 빼어난 비판으로 인해 스스로 유대 민족에 속한다는 아렌트의 주장은 심각한 의심을 받게 되었고, 그중 가장 유명한 사례는 숄렘이 제공했다.[6] 이 책의 도입부에서 지적했듯이 숄렘은 정치적 시온주의 개념을 아주 빨리 포용했고, 10대와 20대의 부버는 영적·문화적 시온주의를 공공연히 적극 옹호했는데, 초기의 부버가 보기에 시온주의는 정치적 국가의 형태를 띠게 된다면 '타락'할 것이었다. 1940년대 무렵 아렌트, 부버, 마그네스는 이민족주의 국가를 지지하면서, 유대인과 아랍인이 각자의 문화적 자율성을 유지할 수 있을 연방을 제안했다. 프란츠 로젠츠바이크 역시 《구원의 별》에서 시온주의에 반대하는 디아스포라적 관점을 분명히 표현했다는 것도 짚고 넘어가자. 이 책에서 로젠츠바이크는 유대주의란 영토권 주장이나 국가에 대한 열망이 아니라 근본적으로 기다림과 유랑에 묶여 있다고 썼다.

1장에서 지적했던 것처럼 사이드는, 팔레스타인인과 유대인은 동질적이지 않은 사람들 사이에서 디아스포라 난민으로 살았다는 상호 중첩되는 추방과 망명의 역사를 갖고 있다고 말했다. 이것은 이타성이 어떤 사람의 본연의 모습을 구성하는 삶의 양태다. 사이드는 양자의 유배 전통이 어떤 점에서 중첩되는지를 분명히 밝히지는 않았지만, 엄격한 유비를 끌어내지 않으려고 신중을 기했다. 이는 비교, 병렬, 유비와는 다른 것을 요청하는 방식으로 어떤 한 민족의 역사가 다른 민족의 역사를 드러내거나 방해할 수도 있음을 시사하는 것인가? 부버와 아렌트는 가령 2차 세계대전 이후 발생한, 엄청나게 많은 난민에 유념하면서 민족적 소수자인 아랍인에 대한 배제와 시민권 박탈—70만 명 이상, 오늘날에는 90만 명 정도로 추산되곤 하는 팔레스타인인이 멀쩡한 고향에서 추방된 것으로 나타난—에 기초해 1948년 유대 국가가 수립된 것에 우려를 표현했을 때, 이와 유사한 문제를 생각했던 것 아닐까? 아렌트는 유럽에서 추방된 유대인과 새로 건국된 이스라엘에서 추방된 팔레스타인인 사이의 어떤 엄격한 유비도 거부했다. 아렌트는 1951년 《전체주의의 기원》에서 민족국가에 대한 일반적 비판을 전개하기 위해, 역사적으로 구별되는 수많은 무국적성의 상황들을 조사했다. 이 책에서 아렌트는 민족국가가 구조적인 이유로 어떻게 엄청난 난민을 양산하고, 스스로 대표하려 한 민족의 동질성을 유지하기 위해, 곧 민족국가의 민족주의를 뒷받침하기 위해 난민을 양산해야**만 하는지** 보이려고 했다. 이로 인해 아렌트는 유대적 주권성 원칙에 근거하여 이스라엘을 정초하는 것을 포함해서, 인구의 이질성을 환원하거나 거부하려는 모든 국가 형성에 반대하게 되었고, 그런 연유로 포스트주권적이고 포스트민족적인 연방의 성립 가능성을 숙고하게 되었음이 분명하다. 아렌트는 모든 거주민의 대중적 지지를 얻는 데 실패한 국가, 종교적이거나 민족적인 소속을 토대로 시민을 정의한 국가는 영구적으로 난민 계급을 양산할 수밖에 없으리라고 생각했다. 비판은 이스라엘로 확장되었는데, 아렌트가 보기에 이스라엘은 영원히 분쟁 상태에 놓이고(그리고 위험 수위를 스스로에게까지 높이게 될 테고), 대중의 의지에 토대한 민주주의적 적법성을 영원히 결여한 채 그 지역에서 정치적 권력을 유지하기 위해 끊임없이 '초강대국'에 의존할 것이었다. 아렌트가 일련의 무국적 조건에 대한 분석에서 무국적 조건으로서의 팔레스타인에 대한 고찰로 이동했다는 것은 의미심장하다. 독일 파시즘 치하에서나 파시즘 정권의 붕괴 이후 난민의 상황은 아렌트의 정치학에 중심이 되어왔다. 그러나 이는 시온주의가 나치즘이라는 말을 하려는 것이 분명 **아니다.** 아렌트는 그런 등치를 거부했을 것이고 우리도 그래야 한다. 논점은 설사 맥락이 다르고, 종속을 강요한 권력의 형식이 분명히 다르다고 해도, 오늘날 우리의 투쟁에 스며 있을 수 있고 또 스며 있어야 하는, 나치의 대학살에서 파생될 수 있는 사회 정의의 원칙이 존재한다는 것이다.

동거를 추방이 수렴되는 형식으로 해석할 수 있으려면, 그런 수렴을 서로 다른 상황 간의 엄격한 유비 형식으로 간주하지 않는 것이 중요하다. 에드워드 사이드는 팔레스타인 민족과 유대 민족 양쪽이 처한 추방의 조건을 놓고 그렇게 주장했고, 아렌트는 나치 체제하 무국적성의 조건들로 인해 민족국가가 어떻게 대량 난민 문제를 영구적으로 양산하는지에 대한 더 폭넓은 비판이 요구된다고 쓰면서 다른 식으로 그런 주장을 했다. 아렌트는 나치 독일 치하의 역사적 상황이 이스라엘의 상황과 같다고 말하지 않았다. 전혀 그렇지 않았다. 그러나 아렌트가 20세기의 무국적성을 역사적으로 설명하고, 무국적 개인 및 권리 없는 개인의 재생산에 반대하는 일반 원칙을 도출할 수 있었던 데는 나치 독일 치하의 역사적 상황이 어느 정도 역할을 했다. 어떤 면에서 그녀는 무국적성의 반복이 이질적인 인구들, 정치적 복수성, 동거에 대한 어떤 구상의 이름으로 민족국가에 대한 비판이 일어날 수밖에 없었던 조건임을 환기했다. 유대 역사가 정착민 식민주의 프로젝트 강요와 착취를 통해서 팔레스타인 역사와 관련을 맺게 된 것은 분명하다. 그러나 이들 역사가 상호 연관을 맺게 하는 또 다른 양태, 또 다른 조망을 제시할 양태가 여전히 존재하는 것 아닐까?

한 가지 끊이지 않는 질문은, 그렇다면 아렌트의 사유에서 무엇이 최종적으로 유대적인가 하는 것이다. 나는 아렌트의 정치적 사유에 어떤 종교적 출처가 있다고 생각하지만, 이 문제에 관해 나는 소수파에 속한다.[7] 가령 아우구스티누스에 대한 아렌트의 초기 저작은 분명히 이웃 사랑을 강조했다.[8] 아렌트는 시온주의에 대한 초기 저작에서 랍비 힐렐Hillel의 저 유명한 정론定論, "만일 내가 나 자신을 위해 존재하지 않는다면, 누가 나를 위해 존재하는가? 내가 다른 어떤 사람들을 위해 존재하지 않는다면, 나는 누구인가? 그리고 현재 그렇지 않다면, 언제 그러할 것인가?"에 의지하려 한다. 1948년 쓴 〈개정된 유대 역사〉란 논고에서 아렌트는 그 2년 전에 출간된 숄렘의 《유대 신비주의의 주요 흐름》의 중요성을 평가한다. 이 논고에서 아렌트는 신의 개념을 "비인격적impersonal"이고 "무한한" 것으로, 창조설보다는 **유출**emanation에 대한 설명에 관련된 것으로 확립하기 위해 메시아 전통의 중요성을 고찰한다.[9] 신비주의적인 관념들의 "비전秘傳적 특성"을 이야기할 때, 아렌트는 인간이 "세계 드라마"의 모양새를 만드는 권력에 참여한다는 생각에 근거해 더 중요한 신비주의의 유산을 강조하고, 그리하여 스스로 더 폭넓은 목적을 위한 의무를 짊어졌다고 생각한 인간들을 위한 행위의 국면을 개괄한다. 메시아적인 희망은 신뢰할 만하지 않고 법적 해석은 별 효력이 없어 보일 때, 이렇게 신비주의적 전통을 행위의 한 형태로 판단하는 것이 더 중요해졌다. 그러나 이 행위 관념은 이삭 루리아Isaac Luria*가 명시한 바대로 유대 민족의 추방적 실존에 의존하는데, 아렌트는 그것을 다음과 같이 기술했다.

"전에는 디아스포라가 이스라엘이 지은 죄에 대한 처벌이나 이스라엘의 믿음에 대한 시험으로 간주되었다. 요즘에도 여전히 그러하지만, 본래 그것은 사명이다. 그 목적은 산지사방에 추락한 불꽃을 그 모든

---

* 생몰 1534~1572년. 카발라(비밀신비주의 유대교)의 루리아 학파 창시자.

위치에서 치솟아 오르게 하는 것이다"(309).

추락한 불꽃을 치솟아 오르게 한다는 것은 꼭 그것들을 다시 모아 기원으로 되돌려 보낸다는 뜻이 아니다. 아렌트의 관심을 끈 것은 "유출"이나 분산의 역전불가능성뿐 아니라 거기에 함축된, 추방에 대한 재평가다. 이질성을 포용하는 것이 그 자체 어떤 디아스포라적인 입장, 부분적으로는 흩어진 인구를 통해 개념화된 입장이라는 것을 이해할 방법 역시 존재하지 않을까? 흩어진 빛, '세피로트sephirot'라는 카발라 전통은 비유대인들 가운데 거주하는 유대인들을 전제한 신적인 흩어짐의 개념을 명료하게 보여주었다.

아렌트는 메시아주의의 정치적 형식을 공공연히 비난했지만, 그녀 글의 출발점이자 주제인 추방 전통 역시 어떤 메시아적인 것의 판본, 가령 벤야민의 카프카 읽기에서 그녀가 주목했던 판본과 밀접한 관계가 있었다. 숄렘이 말년에 받아들였던 역사의 메시아적인 판본—이스라엘 건국에 구원적인 역사적 서사를 제공했던—에 대한 반발로 아렌트는 벤야민의 항抗메시아적 관점(혹은 읽는 방식에 따라 다르겠지만 메시아적인 것에 대한 대안 형식)에 더 가까워졌던 것이 분명하다. 벤야민이 보기에 비상시에 빛을 발하는 피억압자들의 고통스러운 역사는 동질적·목적론적인 시간을 차단한다. 여기서 나는, 메시아적인 것을 결국 유대인들의 이스라엘 땅 귀환, 추방에서 역사로의 귀환을 함의하는 것으로 이해했던 숄렘에 맞서서, 벤야민의 〈역사의 개념에 대하여〉에서는 "인류의 피억압자들을 구제하기 위한 윤리적·정치적인 추진력"을 구성했다는 가브리엘 피터버그Gabriel Piterberg의 논증에 동의한다.[10] 시온주의 역사서지학 내부에서 '추방'[히브리어로 '갈루트galut(유배_옮긴이))의 탈가치화를 전복하려는 노력으로서, 저 유명한 암논 라즈크라코츠킨Amnon Raz-Krakotzkin[11]을 포함한 여러 학자들은 벤야민을 읽으며 박탈당한 자들에 대한 인정과 기억을 강조한다. 어떤 민족도 독점적으로 박탈을 주장할 수 없다. 메시아적인 것을 이해하기 위한 추방의 프레임은 여타 다른 박탈의 역사적 조건에 비추어 어느 한 가지 박탈의 역사적 조건을 이해할 방법을 제공한다. 유대인들의 내적 역사를 전제로 한 민족적 역사서지학의 형태들은 유대인들의 추방 조건도, 오늘날의 시온주의 아래서 팔레스타인인들이 맞는 추방의 결과도 이해할 수 없다.[12] 구원 자체는 귀환이 없는 추방, 목적론적인 역사의 파열, 수렴하면서 방해하는 일군의 시간성들로의 개방으로 재고되어야 한다. 이것이 어쩌면 세속화된 메시아주의, 빛의 흩어짐과 추방의 조건을 지금 구원이 택한 반목적론적인 형식으로서 확증하는 메시아주의다. 이것이 목적론적인 역사**로부터의** 구원이다. 그러나 이제 우리는 추방당한 사람 하나를 기억하는 것이 또 다른 추방당한 자의 박탈에 대한 조율이나 개방을 촉구하는지를 분명 물어야 할 것이다. 이 치환은 무엇인가? 만약 그것이 역사적 유비와 다른 것이라면 우리는 그것을 어떻게 기술해야 할까? 그것은 우리를 또 다른 동거 개념으로 이끌어 줄까?

라즈크라코츠킨은 벤야민의 〈역사의 개념에 대하여〉에 나타난 전통이 유대인에 대한 억압의 기억을 동원한 것은 현재의 특수주의적 요청을 정당화하기 위해서가 아니었고, 도리어 억압의 좀 더 일반적인 역사를 세우는 데 촉매로 봉사한다고 쓴다. 이와 같은 억압사의 일반화 가능성 및 이동가능성을 따라 문화적으로나 종교적으로 다양한 차이들을 횡단하면서 억압의 완화를 위한 노력의 폭을 넓히는 정치가 나오

게 된다.[13]

아렌트는 역사에 관한 모든 메시아적 판본을 거부했지만, 정치적 시온주의의 진보적 서사에 대한 그녀 자신의 저항은 부분적으로 벤야민이 제공한 용어 안에서 형성되었던 게 분명하다. 벤야민의 《일루미네이션Illuminations》에 실은 서문에서 아렌트는, 1920년대 초 벤야민이 《독일 비애극의 원천》에서 바로크 비애극으로 귀환한 것은 숄렘이 카발라로 귀환한 것—카발라에 의지한 것은 아니라 해도—과 유사해 보인다고 논평한다. 아렌트는 벤야민이 《독일 비애극의 원천》 전체에서 확증한 것은, 독일이나 유럽 혹은 유대 전통이 예전의 조건으로 '돌아가기'는 불가능하다는 것이었다고 제시한다. 유대주의에서 나온 어떤 것, 곧 추방 전통은 이러한 귀환의 불가능성을 명료하게 만든다. 대신에 뭔가 다른 시간 속의 어떤 것이 우리 자신의 시간 속에서 빛을 발한다. 아렌트는 그 시기 벤야민의 저작에는 "과거는 전수되어 내려온 것들을 통해서만 직접적으로 이야기하며, 그것들이 일견 현재와 가까이 있는 듯 보인다면 이는 바로 그것들의 이국적인(어쩌면 비의적인?) 특성—법적 구속력을 갖는 권위에 대한 모든 요청을 배제했던—에 기인한다는 데 대한 암묵적인 시인"이 존재한다고 쓴다. 진리란 직접적으로 발견될 수 없고 따라서 진리는 "비밀을 파괴하는 탈은폐unveiling가 아니라 비밀을 정당하게 대우하는 계시"일 수 있다는 벤야민의 결론을 아렌트는 "신학적으로 고취된" 부분으로 이해했다.

비밀을 정당하게 대우하는 계시는 기원적인 의미를 회복하거나 상실된 과거로 귀환하려는 게 아니라, 망각이 특징인 현재—과거의 파편들은 이곳에서 삽화와 같은 정도로 소용이 있게 된다—로 꿰뚫고 들어온 과거의 파편들을 포착해 써먹으려고 한다. 이러한 견해는 "과거의 진정한 이미지는 휙 지나간다. 과거는 인식 가능한 순간에 인식되지 않으면 영영 다시 볼 수 없게 사라지는 섬광 같은 이미지로서만 붙잡을 수 있다"(TPH, 255)는 〈역사의 개념에 대하여〉의 논평에서 반향을 발견한 듯 보인다. 4장에서 내가 주장했듯이 섬광처럼 빛을 발한 것이 또 다른 시간에서 온 고통의 기억이라면, 그것은 지금 이 시간의 정치를 방해하면서 다른 쪽으로 방향을 돌린다. 이것을 초세대적인 기억으로 묘사한다면 올바른 설명은 아닐 것이다. 왜냐하면 한 인구에서 또 다른 인구로 기억이 건너다니면서 세대의 흐름을 횡단하고, 따라서 민족적 소속의 시간적 연속성과 후손들로 이어지는 직선성 양자에 단절을 꾀하기 때문이다. 사실 벤야민은 열일곱 번째 테제에서 이러한 섬광이 이미 확립되어 있는 역사적 발전의 형식들을 차단할 수 있을 것이라는 점을 분명히 한다. 그것은 "사건의 중지"(TPH, 263)를 구성하고, 따라서 진보적 역사서지학 자체에 대한 질문을 구성한다. 오직 그 사건의 중지만이 "억압받은 과거를 위한 싸움에서 나타나는 혁명적 기회"(TPH, 263)를 생산할 수 있다고 벤야민은 말한다. 정치적 이상의 진보적 실현을 추정하는 역사를 포함해서 진보적 역사의 양태들(이들 중에는 시온주의도 있다)은 모든 발걸음의 '전진'과 더불어 기억상실을 재도입한다. 따라서 피억압자들의 역사가 전면으로 나오면 전진은 중지되어야 한다. 핵심은 그 역사가 복수를 낳는다(이것은 벤야민이 거부한 역사의 순환 형태일지 모른다)는 게 아니라, 오히려 진보의 '토대가 되는' 정치적 기억상실의 형태들과 능동적인 싸움을 하는 쪽으로 나아간다는 것이다.[14] 한 시간성이 또 다른 시간성 안에 출현한다면, 시간의 지평은 더 이상 단수가 아니다. '동시대적인' 것은 언제든 쉽사리 읽힐 수 있지는 않은 수렴의 형태들이다.

아렌트는 역사적 진보의 어떤 형태를 비판해야 할 필요에 동의했다. 역사 유물론을 재정의하고 점증하는 가치의 양화量化를 기술할 때 벤야민이 염두에 둔 것이 자본주의의 진보주의적인 주장이었다면, 정치적 이상의 불가피한 전개로서의 진보 개념과 경합할 때 아렌트가 염두에 둔 것은 역사 유물론의 더 목적론적인 형식들이었다. 아렌트가 보기에 정치는 행동의 문제이고, 오직 정치적 복수성에 근거해서만 행동은 이해될 수 있을 것이었다. 복수성과 동거에 관한 아렌트의 생각은 출간된 많은 저서에서 정립되었지만, 1962년에 출판된 아이히만에 대한 책에서 정립한 것 한 가지는 이 논의와 연관해서 특별한 의미를 띠는 것 같다.

아렌트에 따르면 아이히만 자신과 그의 상관들은 지상에서 누구와 동거할 것인지 **선택할 수 있다**고 생각했고, 그렇기에 지상 인구의 이질성이 사회적·정치적인 삶 자체의 역전 불가능한 조건이라는 것을 깨닫지 못했다.[15] 아이히만에 대한 이러한 고발은 우리 중 누구도 그런 선택을 할 위치에 있을 수 없다는 굳건한 확신을 나타낸다. 우리가 지상에서 동거할 이들은 선택에 앞서, 따라서 우리가 심사숙고한 뒤 맺게 될 사회적이거나 정치적인 계약에 앞서, 우리에게 주어진다. 사실 선택의 여지가 존재하지 않는 곳에서 선택을 하려 한다면, 우리는 우리 자신의 사회적·정치적 생활 조건을 파괴하려 드는 셈이다. 아이히만의 경우, 지구에서 누구와 동거할 것인지를 선택하려는 노력은 지구의 인구 중 누군가—특히 유대인, 집시, 동성애자, 공산주의자, 장애인과 병자—를 무화하려는 노력이었고, 그가 주장했던 자유의 실행은 대학살이었다. 아렌트가 옳다면 우리는 누구와 함께 살지 선택할 수 없고, 또한 포괄적이고 복수적인 동거의 무선택적 특성을 능동적으로 보존하고 확증해야 한다. 우리는 우리가 결코 선택하지 않았고 어떤 사회적 소속감도 느끼지 않는 이들과 살아갈 뿐 아니라, 그들이 속한 삶과 복수성을 보존할 의무도 진다. 이런 의미에서 이런 동거 양태들의 무선택적인 특성으로부터 구체적인 정치적 규범과 윤리적 처방이 출현한다. 지상에서 함께 산다는 것은 있을 수 있는 모든 공동체나 민족, 이웃에 선행한다. 우리는 가끔 어디에 살 것인지, 누구 옆에서 혹은 누구와 함께 살지 선택할 수 있겠지만, 지상에서 함께 살 이들을 우리가 선택할 수는 없다.

아렌트는 《예루살렘의 아이히만》에서 유대인뿐 아니라 다른 모든 소수자들, 다른 집단에 의해 지상의 동거에서 추방당할지 모르는 소수자들을 대신해서 말한다. 유대인은 다른 소수자들을 함축한다. 그리고 '대신해서 말하기speaking for'는 자신이 대신해서 말하고 있는 복수성을 무시하지 않으면서 이 원칙을 보편화한다. 아렌트는 모든 문화 형태의 인간적 삶과 공외연적인coextensive 복수성의 이름으로, 나치의 박해를 받았던 이른바 다른 민족들과 유대인을 분리하길 거부한다. 여기서 아렌트는 보편적 원칙에 동의하는 것인가? 아니면 복수성은 보편에 대한 실질적인 대안인가? 그리고 그녀의 진행 과정은 어떤 면에서는 사이드와 벤야민이 각자 다른 방식으로 언급한, 수렴하면서 방해하는 역사들의 문제와 연계되는가?

모든 인간 사회에 적용될 포괄성을 수립하려고 하지만 어떤 단일한 정의적 원칙을 통해 인간성을 단언하지는 않는 보편화가 아렌트의 정립에서 작동한다고 말할 수 있는 듯하다. 이 복수성 개념은 오직 **내적으로**만 차별화될 수는 없을 텐데, 왜냐하면 무엇이 이 복수성을 경계 짓는가 하는 문제가 제기될 것이기 때문이다. 복수성은 배타적이 되려면 반드시 자체의 복수적 특성을 잃어야 하기에, 복수성에 대한 기존의 또는 확립된 형식의 관념은 복수성을 주장하는 데 문제를 제기할지 모른다. 아렌트가 보기에 비인간적인 삶은 이미 그런 바깥의 일부를 구성하고, 그렇기에 처음부터 인간적인 것의 동물성animality을 부인한다. 모든 인간적인 것의 현재 개념은 미래에 있을 그 개념을 토대로 해서 차별화되어야 할 것이다. 복수성이 기존의 실질적 조건을 배타적으로 규정하지 않는다면, 그리고 항상 잠재적인 조건도 규정한다면, 그것은 한 과정으로 이해되어야 한다. 그리고 우리는 정적인 개념화에서 동적인 개념화로 이행할 필요가 있다.

그렇다면 우리는 윌리엄 코널리에 의지하여 **복수화**pluralization에 대해 이야기할 수 있을 것이다.[16] 그때에 비로소, 주어진 특정한 복수성을 규정하는 차별화는 자체의 소여所與를 넘어선 일군의 차이를 표시할 수 있다. 복수성을 확증하거나 심지어 보호할 임무는 따라서 새로운 복수화의 양태들을 가능하게 할 것을 함의하기도 한다. 아렌트가 자신의 주장을 보편화할 때(지상에서 누구와 함께 살지 결정할 권리를 가진 사람은 아무도 없다. 모든 사람은 동등한 수준에서 보호받으며 지상에 동거할 권리를 가진다), 그녀는 '모든 사람'이 동일자라고 추정하지는 않는다. 적어도 복수성에 관한 토의의 맥락에서는. 우리는 아렌트에 대한 칸트식 독해, 곧 복수성은 규제력 있는 이상ideal이며, 각자의 특성을 규정할 문화적·언어학적 차이가 있음에도 모든 사람은 권리를 가진다는 결론을 내릴 독해가 왜 존재하는지를 확실히 이해할 수 있다. 주로 칸트의 도덕철학보다는 미적 판단을 외삽하는extrapolate 방식으로 아렌트는 칸트를 활용한다.

복수화와 보편화의 차이는 무선택적 동거에 대한 사유에서 중요하다. 평등한 보호, 아니 평등은 그것이 적용될 사람들을 동질화하는 원칙이 아니다. 오히려 평등에 대한 헌신은 차별화의 과정 자체에 대한 헌신이다. 아렌트 자신이 소속할 권리와 소속됨의 권리를 상술하기에, 우리는 왜 아렌트에 대한 공동체주의적인 독해가 존재하는지를 확실히 이해할 수 있다. 그러나 여기에는 모든 특수한 공동체로부터 그런 주장을 탈구시키는 재이중화redoubling가 항상 존재한다. **모든 사람**에게는 소속의 권리가 있다. 그리고 이는 한 번에 모순 없이 이뤄지는 보편화와 차별화가 존재하며, 그것이 복수화의 구조라는 의미다. 곧 정치적 권리가, 그 정치적 권리를 밑받침하는 사회적 존재론에서 분리된다. 정치적 권리는 차별화된(그리고 끊임없이 차별화하는) 인구의 맥락에서 항상 그렇지만, 보편화한다. 그리고 아렌트는 이 복수성을 구성하는 부분으로 '민족들'이나 때로는 소속 공동체들을 거론하지만, 그 부분들은 내적으로 차별화될(그리고 차별화할) 뿐 아니라 바깥과의 가변적이고 다양한 관계들과 연관해서 정의되기에, 복수화 원칙은 이 부분들에도 적용되는 게 분명하다.

내가 유대성 문제를 놓고 지금껏 강조해왔던 논점 중 하나가 바로 이것이다. 이런 집단에 대한 소속감은 정치적 판단과 책임 모두를 위해 공동체주의적인 토대로부터 벗어나길 필요로 하는 비유대인과의 관계 회복을 수반할지 모른다. (이곳의) '이 사람'이 (저쪽의) '저 사람'에게 다가간다는 뜻이 아니다. 오히려 이들 두 가지 실존의 양태는 좋은 이유로나 나쁜 이유로나 서로에게 철저히 얽혀 있다는 뜻이다.[17] '그때'와 '지금'뿐 아니라 '여기'와 '저기'도 동거 개념에 상응하는, 시간과 공간이 내적으로 뒤얽혀 있는 양상으로 변한다.[18] 게다가 유대성이 이런 공동체주의적인 소속으로부터 벗어날 것을 명령한다면, '소속한다는 것'은 유대성의 범주로부터 박탈을 당하는 것이다. 역설적인 만큼 희망적인 정립이다. 또한 그것은 공동체주의적인 소속의 요청을 넘어서는 정치 발전을 의무로서 요구한다. 아렌트 자신은 추방이 더 폭넓은 목적에 봉사하도록 행위를 낳을 수 있는 방식에 가치를 부여하지만 우리는 여기서 박탈을 추방의 순간으로, 우리를 윤리적으로 배치하는 순간으로 읽을 수 있다. 역설적이지만 내 고통이 내게 동기가 되면서 나를 박탈할 때에만 나는 다른 이들의 고통을 덜어주기 위해 싸울 수 있게 된다. 바로 이런 타자와의 관계가 자기지시적이고 폐쇄적인 소속 개념에서 나를 떼어낸다. 그러지 않으면 우리는 어떤 명백한 소속의 양태도 존재하지 않을 때, 그리고 시간성들의 수렴이 정치적 박탈을 기억하는 조건이 되고 그런 박탈을 멈추겠다는 결의로 바뀌는 곳에서, 우리를 묶어주는 의무를 이해할 수 없을 것이다.

이제 우리는 과거에서 미래로 일어나는 전이에 대해 사유할 수 있을까? 이렇게 명기된 인간성을 구성할 복수의 구성원 사이에는 권리를 가져야 한다는 무정초적 권리—소속할 권리와 장소를 점유할 권리를 포함해서—를 제외하고 **어떤** 공통분모도 존재하지 **않는다**는 바로 그 이유 때문에, 우리는 항상 실패할 일군의 유비를 시험해봄으로써 이 복수성을 이해하기 시작할 따름이다. 박탈에 대한 이 역사적 경험은 박탈에 대한 저 역사적 경험과 같지 않다는 바로 그 이유 때문에, 권리를 가질 권리는 항상 다른 형식과 다른 지방어vernacular를 통해서 출현한다. 한 집단의 고통은 다른 집단의 고통과 **같다**는 전제로 시작한다면, 우리는 그저 집단들을 모아서 잠정적인 단일체, 따라서 허위의 단일체를 만들고 있었을 뿐 아니라 항상 실패하는 유비의 형태 만들기에 착수했던 것이다. 유비적 추론 과정에 적절하도록 만들려는 목적에서 집단의 특수성을 확립할 때 희생되는 것은 그 집단의 시간적·공간적인 불안정성과 구성적 이질성이다. 그러나 특수성이 완고한 것으로 밝혀짐에 따라 유비는 실패한다. 한 민족의 고통은 다른 민족의 고통과 정확히 같지 않고, 바로 그것이 양자의 고통겪기가 지닌 특수성의 조건이다. 우리는 유비의 토대가 이미 파괴되지 않았을 때에는 그들 사이에 어떤 유비도 만들지 못할 것이다. 각 집단에 유비의 자격을 부여할 특수성은 처음부터 유비를 물리치기도 한다. 그리고 이는 당면한 문제, 번역의 불가피한 어려움을 횡단하는 문제를 위해 다른 종류의 관계가 정립되어야 한다는 것을 의미한다.

유비를 방해하는 장애물 때문에 그 특수성은 평범해지고, 복수화의 과정을 위한 조건이 된다. 깨지거나 고갈된 일련의 유비를 상술함으로써, 우리가 '집단들'을 출발점으로 삼아 함께 시작할 수 있을 것이라는 공동체주의적인 전제는 한계에 부딪히게 되고, 내적으로나 외적으로 복수화를 차별화하는 행위가 분명한 대안으로 출현한다. 우리는 그런 방식(모든 요소가 최종 그림 안에 포함될 완벽한 합의나 분파 간의 교차 분석을 목표로 하는 '문화다원주의적인 대화')으로 공통의 토대가 획득될 수 있으리란 희망을 품고서 더 완벽한 유비를 고안해냄으로써 '실패들'을 극복하려 할지 모른다. 그러나 그런 절차는 복수성이 훨씬 더 강건한 인식론적 설명이나 훨씬 더 세련된 유비를 통해서도 극복될 수 없는(또 극복되어서는 안 되는) 차별화를 함축한다는 핵심을 놓친다. 동시에 권리의 정교화, 특히 지상에서 동거할 권리의 정교화는 동질화될 수 없는 사회적 존재론을 지배하는 보편으로서 출현한다. 그렇게 보편화하는 권리는 붕괴되어 비보편적인 조건이 되어야 한다. 그렇지 않으면 그것은 복수성에 근거하는 데 실패할 것이다.

아렌트는 이 복수성을 통일할 원칙과는 다른 것을 추구한다. 그리고 아렌트는 복수성이 정의상 내적으로 차별화된다고 해도 복수성을 나누려는 모든 노력에 단호히 반대한다. 나눔division과 차별화의 차이는 분명하다. 이 복수성의 어떤 부분을 **받아들이지 않는** 것, 그 부분을 인간적인 것의 복수성으로 인정하지 않으려는 것, 인간성의 그 몫에 자리를 내주지 않는 것과 우리가 정치적으로 행동해야 할 때 필요한 유비의 실패를 인정하는 것은 별개의 일이다. 누군가의 고통은 또 다른 이의 고통과 결코 같지 않다. 동시에 강제적 추방과 무국적성 때문에 비롯된 모든 고통은 받아들여질 수 없는 것이라는 점에서 동등하다.

우리가 벤야민을 따라서, 박탈의 기억으로 하여금 역사적 기억상실의 표면을 깨고, 받아들일 수 없는 난민의 조건을 향해 시간과 맥락을 횡단하면서 방향을 틀어 나아가도록 할 수 있다면, 유비 없는 전이, 이 시간에 저 시간이 개입하는 것—벤야민의 용어로는 메시아적인 것의 항민족주의적인 추진력—, 혹은 번역을 다룬 벤야민의 저작과 분명히 결부된 메시아적인 세속주의라 불릴 만한 것이 있어야 한다. 어떤 운반로를 통해서, 그리고 어떤 장소이동을 통해서 어떻게 또 다른 시간이 이 시간 안으로 침범해 들어올 수 있을까? 이전의 시간이 망각될 위험에 처한 억압의 역사일 때, 그때 바로 이 시간이 저 시간으로 침범해 들어간다. 이는 유비의 작용과는 다른 것이다. 또 그렇기에 외상의 시간성과도 다르다. 외상에서 과거는 결코 끝나지 않는다. 역사적 기억상실 속에 과거는 결코 없었고, 이러한 '결코 없었음'이 현재의 조건이 된다. 물론 인정되지 않은 억압의 역사들은 결코 과거의 한 부분일 수 없지만 현재 시간의 유령 같은 차원으로 지속할 수 있다고 주장할 수 있다. 물론 이는 옳다. 그러나 이런 특성을 지닌 역사적 외상이 존재함에도 불구하고, 억압의 역사를 외상의 담론으로 환원할 때 잃는 것은 무엇이고 얻는 것은 무엇일까? 외상에 대한 승인과 외상을 통한 작업이 분명히 피억압자들의 역사를 위한 투쟁을 돕는다 해도, 종종 피억압자의 역사는 현재의 억압 형태 안에서 지속된다. 이스라엘 국가에 의한 토지 몰수가 재발되는 역사를 떠올리기만 해도 된다. 이런 경우에 문서화되어야 하는 것은 1948년 고향에서 쫓겨난 팔레스타인 사람들의 끔찍한 외상만이 아니다. 그런 관행을 그저 이미 지나간 과거의 일로 치부하는 것을 잘못된 행위로 만드는, 지금도 진행 중인 토지 몰수 관행도 문서화되어야 한다.

나는 바로 그 윤리적 관계의 가능성은 민족적인 소속의 양태들로부터 이탈하는 어떤 조건에 달려 있다는 주장을 계속해왔다. 우리는 우리 자신 바깥에, 우리에 앞서 존재한다. 그리고 오직 그런 양태 안에서만 또 다른 이들을 위한 존재의 기회가 존재한다. 《전쟁의 프레임》에서 나는 우리가 누구와 함께 살지를 선택하기에 앞서 이미 타자의 손에 놓여 있다고 지적했다. 이렇듯 서로에게 묶여 있음의 방식은 자의로 궁리해서 들어가게 되는 사회적 유대가 **아니다.** 그것은 계약에 선행하고, 상호의존성이란 궁지에 빠져 있고, 종종 의지적 개인들의 존재론을 추정하고 취임시키는 사회적 계약의 형식에 의해 삭제된다. 따라서 심지어 처음부터 우리는 쉽게 '우리 공동체'의 일원으로 확인되지 않는 이들, 우리가 결코 알지 못하고 결코 선택하지 않은 사람 내지 사람들, 이름을 기억하거나 발음하기 어려울 것 같은, 상이한 일상 어휘들을 구사하며 살아가는 이들에게 묶여 있다. 우리가 이런 식의 존재론적인 조건을 받아들인다면 타자를 파괴하는 것은 나의 삶, 항상 사회적 삶인 내 삶의 느낌을 파괴하는 것이다. 이것은 내가 타자를 파괴하면 나 자신이 파괴될 기회가 늘어난다는(셈법으로서야 아주 유익해 보이지만) 뜻은 아니다. 핵심은 오히려 이런 자기 됨selfhood이 다른 모든 사람들의 지속성의 가치로부터 내 지속성의 가치를 차별화할 수 없게 만드는 방식으로 타자라 불리는 것에 묶여 있다는 것이다.[19] 이것은 실존적으로 구상된 우리의 공통 조건이라기보다는 차라리 우리가 수렴되는 조건—가까움, 인접성, 난관에 봉착함, 나의 의지에도 불구하고 다른 누군가의 갈망과 고통의 기억에 방해받으며 그 기억에 의해 구성된다는 것—으로서 현재의 시간을 표명하는 공간적이고 시간적인 관계들에 묶이는 방식에 가까울 것이다. **동거**cohabitation의 **co**를 그저 공간적 이웃함으로 간주할 수는 없다. 인접성이 없으면, 이 영토와 저 영토를 나누면서 묶어주는 선이 없다면 집은 존재하지 않을 것이고, 따라서 거주의 공간을 정의하는 바깥이 없다면 한계가 정해진 어딘가에 거주할 방법도 존재하지 않을 것이다. **동거**의 co는 수렴하는 시간성들이 현재 시간을 명시하는 연결점이기도 하다. 이 고통의 역사가 저 고통의 역사를 부인하는 시간이 아닌, 이 고통의 역사에서 저 고통의 역사에 맞춰 조율될 조건이 제공되고, 어떻게 연결되건 그 관계가 번역의 어려움을 통해서 계속 진행되는 것이 가능한 시간으로 말이다. 요컨대 동거는 의존성, 차별화, 가까움과 폭력이 존재하는 또 다른 사람의 삶에서 나 자신의 삶의 조건들을 찾아낸다는 긍정을 함축한다. 이것은 이스라엘과 팔레스타인과 같은 영토들의 관계에서 드러난 몇 가지 방식을 통해 우리가 발견하는 것이다. 두 영토는 상호 동의 없이, 구속력 있는 계약 없이, 그러나 피할 수 없을 만큼 복잡하게 뒤얽힌 채로 연결되어 있기 때문이다. 따라서 다음과 같은 질문이 출현한다. 이런 의존성, 인접성, 가까움—지금 각자의 인구를 정의하고, 각자를 파괴의 두려움에 노출시키고, 우리가 알다시피 가끔은 파괴성을 부추기는—에서 어떤 의무가 도출될 수 있을까? 그것이 없으면 어떤 인구도 살 수도 생존할 수도 없는 유대를 우리는 어떻게 이해할 것이며, 그런 유대는 어떤 포스트민족적 의무를 낳을 수 있을까?

실천적으로 나는 이와 같은 견해 중 어느 것도 정치적 시온주의를 구성하는 정착민 식민주의라는 지속적인 폭력적 프로젝트에 대한 비판에서 떨어질 수 없다고 생각한다. 벤야민이 제시한 바와 같은 의미에서 기억을 실천한다는 것은 새로운 시민권 개념, 그 지역을 위한 새로운 헌법의 토대, 유대인과 팔레스타인 양쪽의 인종적·종교적 복합성에 비추어 이민족주의 재고하기, 토지 분할과 불법적 자산 배분의 철저한 재편, 시민의 권리에 의해 부인되기보다는 오히려 보호를 받으며 전체 인구로 확장되는 최소한의 문화적 이질성 개념으로까지 나아갈 수 있을 것이다. 지금은 이 모든 명제를 거부하면서, 그것들은 공적으로 말해지기에 부적합하다고, 너무 위험하다고, 평등은 유대인에게 불리하다고, 민주주의는 반유대주의에 불을 지필 것이라고, 동거는 유대인의 삶을 파괴적으로 위협할 거라고 주장할 사람도 있을 것이다. 그러나 어쩌면 그런 반응은 우리가 유대인이 의미하는 것을 기억하는 데 실패하거나, 우리가 "결단코 다시는"이라는 말과 연결할 수 있는 모든 가능한 어구를 충분히 신중하게 사유하지 않은 조건에서만 발설될 수 있을 것 같다. 결국 기억은 내 고통이나 내 민족의 고통에만 제한되지 않는다. 기억될 수 있는 것의 한계는 말해질 수 있는 것과 들릴 수 있는 것, 모든 공적인 국면을 우연적으로 구성하는 청각적인 것과 감각적인 것의 한계를 통해서 현재에 강제로 부과된다. 기억이 공적 국면으로 침범해 들어가는 것은 아마 종교가 공적 삶으로 들어가는 한 가지 방식일 것이다. 유대적이면서 유대적이지 않을 정치, 그런 이분법에 제한되지 않을, 의무인 것처럼 열린 차별화의 장—그것이 뒷받침할 보편화에 억제되지 않을—으로 확장될 정치. 이 정치는 그때 기억이란 이름으로, 박탈로부터 그리고 박탈에 맞서, 그리고 여전히 정의라 불릴 수 있을 것의 방향에서 출현할 것이다.

:: 한나 아렌트와 민족국가의 종식?

한나 아렌트를 범주화한다는 것은 결코 쉬운 적이 없었고, 아마 그 점은 1930년대와 1940년대의 정치적 글쓰기에서 그녀가 안정된 범주들을 끊임없이 비판했던 것과 얼마간 관련이 있을 것이다. 아렌트의 초기 정치적 사유에는 그녀가 피하고자 했고 재개념화하고자 했던 일련의 구분이 존재한다. 가령 시온주의와 동화주의, 시온주의와 반유대주의, 민족국가와 인권, 심지어 정치적 스펙트럼 안의 극좌와 극우도 거기에 포함된다. 그녀는 매우 특별한 종류의 비판 실천, 곧 민족국가의 정치적 역설을 강조하고자 하는 실천에 헌신했다. 가령, 민족국가가 시민권을 보증한다면 민족국가는 분명 필수품이다. 그러나 민족국가가 민족주의에 의지하고, 따라서 항상 무국적 민족을 대량 양산한다면 우리는 민족국가에 반대할 필요가 있다. 그럼 민족국가에 반대할 경우, 대안으로 사용될 것은 무엇인가? 아렌트는 다양한 방식으로 '소속'의 양태들, 그리고 민족국가 관념으로 환원될 수 없는 '정치체'에 대한 구상을 거론한다. 심지어 아렌트는 초기 저작에서 국가의 지위와 영토에서 분리될 수도 있는 '민족' 관념을 거론하기도 한다. 따라서 우리는 이렇게 물을 수 있다. 아렌트는 민족국가의 종식이 가능한가란 질문에 맞춰 대답을 정해놓은 것인가? 아니면 이 문제를 다루면서도 이 문제를 회피하려 하듯이 단지 정치적 삶에 대한 수많은 가정을 뒤흔들어 놓은 것인가?

이 영역에서 그녀의 정치적 사유를 특징짓는 어떤 애매성equivocation을 결정적으로 마주하게 하는 두 인용문을 생각해보자. 한번은 아렌트가 보수주의자인가, 자유주의자인가 하는 질문을 받았다. 아렌트는 다음과 같이 대답했다.

"모르겠습니다. 정말 모르겠고, 알았던 적도 없습니다. 그런 입장을 가진 적이 없었던 것 같아요. 좌파는 저를 보수주의자로 생각한다는 거 아시죠. 보수주의자들은 저를 좌파로 생각하거나 이단이라고 생각하죠. 신만이 아시겠죠. 저는 아무래도 상관없다고 말해야겠어요. 저는 이런 것으로 금세기의 진정한 문제들이 뭐라도 밝혀질 것이라고는 생각하지 않습니다."[20]

두 번째 인용문은 특히 서로 대립하는 좌와 우의 스펙트럼에 관해 정치적 입장 표명을 거부하는 그녀의 태도에서 핵심은 무엇인지 더 분명히 보여준다. 이것은 내가 1장에서 인용했던, 1963년에 숄렘과 주고받은 서신에 나오는 문장이다. 상당히 잘 알려져 있지만, 내가 보기에는 극히 제대로 이해받지 못한 문장이다. 배경은 숄렘이 질색했던 공식 입장을 아렌트가 적어도 두 가지 취했다는 것이다. 그중 하나는 1940년대 말과 1950년대 초에 걸쳐 건국된 이스라엘 국가에 대한 그녀의 비판과 연관된다. 다른 하나는 그녀가 1963년《예루살렘의 아이히만》을 출간하고 그 책을 변호했다는 것이다. '악의 평범성'이란 그녀의 표현은 유대 공동체의 많은 구성원을 분노하게 만들었다. 그들은 그런 표현이 수용소에서 작동된 예외적 악을 부정한다고 생각했고, 그녀의 정식으로 인해 나치의 학살 정권이 유대인 600만 명 이상을 말살한 참사가 평범한 것으로 인식되어버릴까 봐 우려했다.

숄렘은 당시 유대인 정치를 비판한 아렌트에게 "무정하다"고 말했고, 그녀가 제기한 비평은 사랑이 실패한 증거로 읽혀야 한다고 지적했다. 아렌트의 텍스트는 물론 숱하게 다뤄지면서 논쟁을 일으켰다. 파시즘 치하 유대인 저항의 역사를 포함한, 그 재판과 관련된 역사를 아렌트가 잘못 기술했다고 생각한 이들이 있었고, 아렌트가 아이히만을 악의 상징으로 명명하고 분석해주길 바란 이들도 있었다. 그러나 아렌트는 아이히만 재판에 대한 자신의 기록을 통해, 심리적 동기를 사색하는 것은 정의에 복무할 판단에는 어울리지 않는다는 것을 보여주려고 한다. 그리고 아렌트는 아이히만이 유죄이고 사형 선고를 받아야 한다는 이스라엘 법정의 최종 판결에 동의했지만, 최종적으로 판결의 토대가 되었던 근거들과 절차에 대해서는 이의를 제기했다. 어떤 이들은 아렌트가 이스라엘의 정치 제도를 비판하는 것은 시기상 부적절하거나 보기 흉하다고 주장하며, 그녀가 이스라엘 법정을 공식 비판한 데 반대했다. 또 어떤 이들은 재판을 도화선으로 삼아서 아렌트가 반유대주의를 더 강력히 고발하기를 원했다. 아렌트가 발견한 사실, 곧 아이히만은 일을 최우선시하는 사람이고, 자신이 뒤집어 쓴 오명의 다양한 변주에 혼미해져서 전혀 뜻밖에 "의기양양했다"는 것은, 아이히만의 동기에서 유대인 완전 말살을 획책했던 '최종 해결책Final Solution'의 정책들에 반영된 저 유구한 반유대주의의 논리적 정점을 찾아내려고 했던 사람들을 만족시키지 못했다.

아렌트는 (a) "우리는 아이히만에게서 어떤 사악함이나 극악무도함의 깊이를 추출할 수 없다"는 것, 그리고 만약 이런 의미에서 그가 "평범하다banal"고 해도 그렇기 때문에 "보통commonplace"은 아니라는 것, 그리고 (b) "더 깊은 설명"에 근거해서 그의 행위를 기술하는 것은 논란의 여지가 있다는 것, 그러나 "논란의 여지가 없는 것은, 어떤 사법적 절차도 그런 설명을 근거로 진행될 수는 없다는 것"(EJ, 290)임을 확립하기 위해 이런 모든 해석('집단적 유죄'와 같은, 다른 심리적 구성물을 포함한)을 거부했다.

1장에서 이미 언급했듯이, 숄렘은 아렌트 개인의 동기에 대한 저 유명한 비난을 통해서 계속 아렌트를 비판했고, 독일 좌파 출신인 그녀가 유대 민족을 사랑하지 않는다고 비난했다. 아렌트는 자신의 사랑은 사람들을 향한 것이지 민족을 위한 것은 아니라고 대답했다.

아렌트의 대답에는 명백히 어떤 파토스도 깃들어 있지 않다. 그러나 왜 그런 것일까? 자신은 어떤 논쟁이나 반박의 여지도 없이 당연히 유대인이라고 한 아렌트의 말이 무슨 의미인지 우리는 아는가? 아렌트가 말했던 것은 자신은 명목상으로만 유대인이라는 것인가? 그러니까 유전적인 계승이나 역사적 유산의 문제, 혹은 그 둘의 혼합이라는 것일까? 그녀가 말했던 것은 자신이 사회학적으로 유대인의 처지에 있다는 것일까? 그녀를 "유대 민족의 딸"이라고 부른 숄렘에 답해 아렌트는 다음과 같이 쓴다.

"저는 제 자신과는 다른 어떤 것이 되려고, 혹은 저 자신과는 다른 식으로 존재하려고 한 적이 결코 없습니다. 그런 방향으로 유혹된 적도 없습니다. 그건 마치 제가 남자이지 여자가 아니라고 말하는 것과 같아요. 말하자면 미친 거죠"(JW, 466).

그녀는 계속해서 "유대인이라는 것"은 "반박이 불가능한 제 인생의 사실"이라고 부르면서 이렇게 덧붙인다.

"존재하는 그대로의 모습인 모든 것, 곧 만들어진 것이 아니라 주어진 것에 기본적으로 감사하는 마음 같은 것이 있습니다. 법(nomos)이 아닌 **본성**(physei)인 것에 말이죠"(JW, 466).

여기서 주목할 만한 것은 여자이고 유대인이라는 것은 **본성**의 일부분이고, 그렇기에 문화적 질서나 실천의 일환이라기보다는 오히려 자연적으로 구성된 것이라는 말이다. 그러나 그녀는 상황을 과장한 것 아닐까?

달리 말해서 그 범주들은 주어진 것인가 아니면 만들어진 것인가? 그리고 **본성**과 **법**의 명백한 차이를 복잡하게 만드는, '주어진' 것을 '만듦'이 존재하는 것인가? 결국 우리는 그런 범주를 부정해 유대성을 부인하거나 젠더를 바꾸거나, 아니면 아렌트가 자신이 그렇게 한다고 주장하듯이 감사의 양태로 그것들을 긍정할 수 있다. 그러나 우리가 그렇듯 특수하게 할당된 범주 중 어느 하나에 감사하지 않거나 행복하지 않을 수 있다는 바로 그 사실이 그 의미의 중심을 차지한다. 그 결과 **본성**과 **법** 사이에 애매성이 출현하게 되고, 따라서 둘의 차이를 항상 고정해둘 수 없게 된다. 아렌트가 법정이 아니라 숄렘—자신이 쓴 고발장에서 스스로 '유대 민족'을 대표한다고 자임했던—에게 보낸 편지에서 자신을 변호한 것을 이해하는 게 중요하다. 자신이 어떤 의미에서 유대인인지 상술할 때 아렌트는 항상 자신의 유대성을 특수한 방식으로 선포하고 구성한다. 원한다면 이 편지를 담론적인 자기구성의 사례로 읽을 수 있다. 이런 식으로, 1930년대와 1940년대에 출간한 저작들에서 그랬듯이 이 편지를 쓸 때에도 아렌트가 스스로를 그런 입장을 견지할 수 있는 유대인으로서 제시하고 있음을 고려하는 게 중요한 것 같다. 숄렘에 대한 아렌트의 반응을, 아렌트 자신의 것인 **본성**에 의미를 부여하려는, 또는 그것을 특수하게 구성하려는 노력이 아닌 다른 것으로 읽기는 어려울 것이다. 그녀가 그러하다면 **본성**은 문화적 제작에 종속된다.

아렌트의 《유대적 글쓰기Jewish Writings》를 보면, 1930년대부터 1960년대에 이르기까지 아렌트는 강력한 종교적 믿음이 없다면 유대인이란 무엇을 의미하는지, 그리고 그녀가 한 바대로 세속적 유대인과 동화된 유대인을 구분하는 게 왜 그렇게 중요한지를 놓고 고심했음을 알 수 있다. 결국 아렌트는 자신을 유대인으로 표시하고, 심지어 그녀의 삶이라는 사실에 감사하고, 따라서 동화주의자의 관점으로부터 거리를 둔다. 세속적 유대성의 모든 형태가 동화주의적인 것은 아니다. 1939년경 쓴 '반유대주의'에 관한 초기의 미완성 원고에서, 아렌트는 시온주의와 동화주의가 공통된 독단주의에서 나왔다고 주장한다. 유대인은 자신을 맞아준 민족에 속한다는 게 동화주의자의 생각이라면, 시온주의자는 다른 모든 민족이 소수파인 유대인과는 상관없는 것으로 정의되기에 유대인이 국가를 가져야 한다고 생각한다. 아렌트는 두 입장을 모두 비난한다. "두 입장은 모두 똑같이 불충분하다. 두 입장은 **유대인과 유대인이 함께 살아갈 민족 분파들 간에 이해관계가 갈라질 수 있고 항상 갈라져 왔다는 것을 받아들일 때**, 유대인들이 공유하게 되는 **두려움**에서 유래한다"(JW, 51). 아렌트가 보기에 '서로 간에 갈라지는 이해관계'의 지속성은 흡수나 분리 어느 쪽의 토대도 구축하지 못한다. 시온주의자와 동화주의자는 모두 유대인에게 겨누어지는 "이질성foreignness의 부담을 짊어진다." 동화주의자는 이런 이질적인 외국인 신분을 들먹이면서 거류 국가에 완전한 시민으로 진입함으로써 그 신분을 교정하려고 한다면, 시온주의자는 유대 민족Jewish people에게 영구적인 이방의 본국foreign host은 있을 수 없으며 그런 식의 배열에는 반유대주의가 찾아들 것이고, 그렇기에 오직 특별한 유대 민족Jewish nation의 수립만이 보호와 거처를 제공해줄 것이라고 가정한다. 우선 1930년대의 반유대주의 및 유럽 유대인 역사에 대한 연구 조사에서, 다음으로는 1940년대 전체에 걸쳐 독일 유대인 신문인《아우프바우*Aufbau*》에 기고한 팔레스타인과 이스라엘에 관한 글에서, 그리고 1950년대 초《전체주의의 기원》에서 민족국가와 무국적자의 양산을 통렬하게 비판하면서 그녀가 무너뜨리려고 한 국가의 논리를 두 입장은 모두 지지한다.

숄렘에 대한 아렌트의 반응을 동화주의 지지로 읽는 것은 잘못이다. 그녀는 세속적 유대인이었지만 그런 세속성이 유대성을 무색하게 하지는 않았다. 오히려 세속주의는 유대성을 역사적으로 특수화시켰고, 심지어 동화에 저항하는 방도로 기능했다. 따라서 그녀가 지지한 형태의 유대적 세속주의는 특수하다. 그녀의 말에 따르면 그녀는 어떤 상실된 믿음의 뒤를 좇으며 살았다(비록 1935년 유대주의의 종교적 가치를 쇄신했다며 마르틴 부버를 칭송했지만). 독일 파시즘을 경험하고, 1930년대에는 프랑스로 강제 이주하고, 귀르의 수용소를 탈출하고, 1941년 다시 미국으로 이주한 아렌트의 경험은, 난민, 무국적성, 수많은 사람들의 이동과 추방에 대해 역사적으로 특수한 관점을 형성했다. 그런 관점에서 아렌트는 민족주의와 민족주의의 파토스를 비판하고, 민족국가의 위상에 대한 일군의 골치 아픈 성찰을 이어가게 되었다.

아렌트가 민족주의자가 아니라는 것은 그녀가 유대인이 아니라는 것을 의미하지 않는다. 오히려 그녀의 비판은, 추방과 전치의 역사적 상황에서 부분적으로 출현한 민족주의에 대한 특수한 비판이었다. 아렌트에게 그것은 꼭 '유대인만의' 문제가 아니었지만, 우리는 이 결론이 민족주의적 에토스를 거부하는 방식으로 국외 추방, 인구 이동, 무국적성을 분석하고 거기에 반대할 수 있는 능력—정치적 의무이기도

한—에서 유래했음을 알 수 있다. 이를 근거로 우리는 시온주의와 동화주의의 여러 형태를 비판한 아렌트를 이해해볼 수 있다. 유대성의 역사적 변수에 대한 아렌트의 고찰에 유념하면서 나는 이제 그녀가 숄렘에게 마지막으로 언급한 명백한 명목론nominalism, 곧 자신은 유대인을 '사랑'하지도 '믿지'도 않으며 단지 '논쟁이나 반박의 여지도 없이 당연한 사실로' 유대인에 '속한다'는 말로 돌아가 보겠다. 이 문장에서 '사랑'과 '믿음'은 인용 부호 안에 들어가 있지만, 나는 그것이 그녀가 반대한 '유대인들the Jews'이라는 일반성이 아닌지 궁금하다. 무엇보다 그녀는 자신이 어떤 민족도 사랑하지 않으며 단지 사람들을 사랑한다고 말했다(언젠가 아렌트는 '세계에 대한 사랑'은 가능할뿐더러 의무이기도 하다고 썼지만). 한 민족을 사랑한다는 생각의 무엇이 잘못일까? 1930년 대 말에 아렌트는 19세기 유럽의 유대인을 '해방'하려는 노력은 '유대인들'의 운명보다는 유대인을 추상적 존재로 간주하길 요구하는 어떤 진보의 원칙에 더 많이 투여되었다고 주장했다. "해방은 우리가 알거나 알지 못하는 유대인들, 초라한 행상인이나 거액 대출업자가 아니라 '유대인 일반'에게 확장되어야 했다"(JW, 62).

모세스 멘델존Moses Mendelsohn처럼 예외적 유대인으로 간주되면서 '유대인 일반'을 대표하게 된 이들이 있었듯이 '유대인'은 인권의 진보를 대표하게 되었다. 추상적인 유대인이 요구했던 것은 예외적 유대인과 평범한 유대인 사이에서 도출될 차이와 그것에 대한 보증이었다. 이제 그 차이는 평범한 유대인을 유해한 존재로 끈질기게 비난할 반유대주의의 토대를 형성했다. 우리는 여기서 어떤 정식, 곧 반유대주의를 반대한 진보적 계몽주의가 개인들과 원칙을 단절했고, 반유대주의에 대한 반유대주의적인 반대라는 정신분열증적인 형성을 제공한 정식을 볼 수 있다. 아렌트는 "계몽주의 내에서 제기된 유대인 문제의 고전적 형태는 고전적인 반유대주의에 이론적인 토대를 제공한다"고 주장했다(JW, 64).

'유대 민족Jewish people'에 대한 사랑을 거부할 때, 아렌트는 의심스러운 목적에 봉사해온 추상에 대한 애착 형성을 거부한 것이다. '유대 민족'이라는 추상적 원칙을 그것이 대표한다고 주장하는 존재의 살아 있는 복수성에서 집요하게 분리하는 역사적 논리로부터 생성된, 이런 유대 민족의 판본은 그저 반유대주의와 반유대주의에 대한 편협한 반대자 모두를 강화할 뿐이다. '유대 민족'이란 사랑받을 만한 사람들과 그렇지 않은 사람들, 그리고 자신이 사랑받을 만한 사람인가를 결정할 만큼 잘 알려져 있지 않은 대부분의 사람들을 모두 포함하는 것 같다. 어떤 경우건 '유대 민족'으로 불리는 추상을 위한 **사랑**이 유지될 수 있다는 생각은 아렌트가 보기에 반유대주의의 역사—그런 정립을 거부할 충분한 이유가 되는—에 속한 논리를 가정한다. 아렌트가 숄렘의 민족주의와 숄렘의 언어를 거부할 때 거부한 것은 바로 이러한 추상(화)의 원칙이다. 숄렘의 비난은 그가 1963년 이스라엘에서 글을 쓰고 있었고, 이스라엘 법정의 아이히만 재판 절차에 대한 아렌트의 냉정한 설명에 반대했기에 특히 문제가 된다. 따라서 유대 민족을 사랑하지 **않는다**는 이유를 들어 아렌트를 비난한 숄렘은 이스라엘과 이스라엘의 법정, 그리고 어쩌면 법정이 행사한 악마화 전략도 합법적으로 유대 민족을 '대표한다'고 가정한 것이다. 사실상 숄렘은 '유대 민족'의 이름으로 글을 쓴다고 하면서 디아스포라이거나 반시온주의자인 유대인들—아렌트 자신도 포함되는 대규모 인구—을 '유대 민족'에서 배제한다.

아렌트 역시 까다롭고 복잡하다. 1963년 아렌트는 유대인임은 단지 주어진 것이기에 반박할 수 없는 것이라고 주장했지만, 일찍이 '고매하게도 민족과의 인연을 넘어섰다고 선언한' 사람들에 대해서도 반대했다. 그렇다면 유대성은 민족적인 소속의 양태인가 아니면 실존적 사실인가? 아렌트는 유대인이기에 공격받은 사람이 있다면 그 사람은 우선 유대인으로서 반격을 가해야 한다고 주장했다(아렌트는 반유대주의가 유대인을 생산했다고 주장한 사르트르의 정립을 거부했음에도). 그 결과 설사 유대인이라는 게 **본성**(physei)의 문제라 해도, 그것이 동화나 개인주의를 승인하지는 않는다. 그러나 그것은 민족적 소속을 함의할 수 있을까? 1930년대와 1940년대에 쓴 글에서 아렌트는 줄곧 유대인을 민족a nation으로 기술한다. 아렌트가 보기에 핵심은 민족주의를 거부하는 방식으로, 그리고 한편으로는 추상적 이상화와 다른 한편으로는 특수주의적인 폄훼—두 가지 모두 고전적인 반유대주의 정립을 지지한다—를 야기할 조악한 변증법의 논리를 피하는 방식으로 이런 소속의 양태를 사유하는 것이었다. 아렌트는 시온주의와 민족주의의 몇몇 형태를 반대할 때에도, 마침내 유대인 민족국가란 관념을 거부할 때에도 민족으로서의 유대인을 지지할 수 있었을까?

아렌트는 세속적인 가정에 정초한 유대 민족주의를 분명히 반대했다. 이는 아렌트가 종교적 토대에 근거한 정치체를 원했다는 의미는 아니다. 공정하다고 간주되는 모든 정치체는 모든 시민과 모든 국적에 평등을 확장해야 할 것이다. 이것은 아렌트가 독일 파시즘에 반대하고 20세기 무국적성의 재발 패턴을 추적하면서 다각도로 얻은 교훈이다. 아렌트는 유대주의가 일군의 종교적 믿음에서 민족의 정치적 정체성으로 변질되는 데 공개적으로 우려를 표명한다. 그녀는 이렇게 쓴다. "더 이상 전통적인 방식으로 자기들의 신을 믿지 않지만 이런저런 방식으로 계속해서 스스로를 '선택된' 사람이라고 생각하는 유대인들은, 그 점에서 자신들은 본성상 더 현명하거나 더 저항적이거나 더 세상의 소금이라는 뜻 정도만을 나타낼 수 있다. 그리고 당신이 원하는 대로 비틀어서 본다면 그것은 인종주의적 미신의 한 판본에 불과한 것이다"(JW, 162). 아렌트는 어느 지점에서인가 "우리 민족의 비참함"은 "샤베타이 체비 운동Shabbetai Tzevi movement*의 붕괴"에서 비롯되었다고 주장한다. "그 뒤로 우리는 우리의 실존 **그 자체**—어떤 민족적인 혹은 통상 종교적인 내용이 없는 채로—를 당연한 가치로 천명해왔다"(JW, 137).[21]

아렌트는 분명히 생존 투쟁을 20세기 유대인의 불가피한 운명으로 이해하면서도, '생존 자체'가 정의, 평등, 자유와 같은 이상을 고취한다는 생각은 받아들일 수 없음을 발견한다. 이런 이상에 몰두한 정치는 생존 문제에 의존하는 동시에 그것을 뛰어넘어 구현되는 민족적 유대를 약화한다.

아렌트가 동화와 개인주의 둘 다에 반대하면서도 모든 민족 개념에 초연하다고 자처하는 이들에게 회의적인 태도를 취했다면, 그녀의 관

---

* 샤베타이(1626~1676)는 카발라 신비 체험을 한 뒤 17세기 디아스포라 유대인들이 기다리던 '유대인의 왕'이 자신이라고 주장하며, 옥사할 때까지 이슬람교에 저항하는 유대인들의 이스라엘 귀환 운동을 주도한 랍비다.

점에서는 도대체 어떤 의미에서 유대인이 한 민족인지, 그리고 그들이 민족주의나 민족국가 없이도 민족일 수 있는지 어떻게 이해한단 말인가? 1930년대 말과 1940년대 초에 아렌트는 유대인이 민족들 중 하나로서 유럽 연방의 일부가 될 수 있다고 생각했다. 아렌트는 파시즘에 저항해 싸우는 유럽의 모든 민족이 연합할 수 있고, 유대인들은 여타 다른 유럽 군대와 연대해서 파시즘에 대항할 자체의 군대를 보유할 수 있을 것이라고 상상했다. 그때 아렌트는 연방 형식을 통해서만 의미 있을 **영토 없는** 민족(초기 문화적 시온주의 관점에 전형적으로 나타난), 곧 자체를 구성하는 복수성에 의해서 정의될 민족을 지지했다. 이런 입장을 따르면서 아렌트는 유대적 주권성에 정초한 국가인 이스라엘 대신에 유대아랍 연방 국가에 대한 제안을 더 선호하게 되었다. 아렌트의 1943년 견해에 따르면 "오직 연방으로 통합될 때에만 팔레스타인은 유대 민족의 모국으로서 지켜질 수 있다"(JW, 195).

　그러나 독일 파시즘과 싸우면서 아렌트는 오직 파시즘에 반대하면서 자유를 위한 투쟁에 가담한 민족들 가운데서만 평등이 찾아질 수 있다고 생각했다. 이것은 세속적인 정치적 해결책이지만, 아렌트는 유대주의 내부의 종교적 우화를 빌려서 그 정치 조직의 원칙을 기술한다. "유대인으로서 우리는 유대 민족의 자유를 위해 싸우기를 원한다. 왜냐하면 '만일 내가 나 자신을 위해 존재하지 않는다면 누가 나를 위해 존재하는가?' 우리는 유럽인으로서 유럽의 자유를 위해 싸우기를 원한다. 왜냐하면 '내가 오직 나만을 위해 존재한다면, 나는 누구인가?'"(JW, 142). 마지막 질문은 앞서 내가 언급했듯이 서기 1세기의 유대인 주석자인 랍비 힐렐의 유명한 질문이다. 숄렘에게 보내는 서한에서 아렌트가 이 문장을 인용하지 않았다는 것은 흥미롭다. 그러나 저 문장은 그녀의 반응을 줄곧 따라다니지 않았을까? 숄렘에 반대하면서 아렌트는 자기 자신의 정체성을 종교적으로 정립하려 하지 않는다. 그러나 이 부분과 또 다른 어딘가에서, 가령《인간의 조건》의 용서를 다룬 부분에서, 아렌트는 세속적인 정치의 장을 조직하는 정치적 원칙을 정립하기 위해 유대적 종교 전통에 의지한다(이는 세속 정치의 토대를 종교 원칙에 두는 것과는 다른 것이다). 우리는 아렌트가 힐렐에게서 발견한 윤리적 성향을 그녀가 사용한 다음과 같은 언어에서 찾아 볼 수도 있다. **"이런 '유대인에 대한 사랑'은 저 자신이 유대인이어서인지 아주 의심스러워 보여요. 저는 저 자신이나, 제가 알기에 저라는 사람의 일부나 구성요소인 그 어떤 것을 사랑할 수 없습니다."** 그리고 또 "이제 유대 민족은 오직 자기 자신을 믿습니까? 거기서 어떤 선이 나올 수 있죠?"라는 물음. 아렌트는 오직 자기 자신만을 위해 존재할 수 없는데, 그렇다면 그녀는 누구를 위해 존재하는 것일까? 그러나 만약 그녀가 자기 자신을 위해 존재하지 않는다면 누가 그리해줄까? 생존이 아무리 중요한들 그게 윤리적 삶의 목적은 아니다. 자기 자신의 지속성과는 다른 어떤 것을 위해 존재해야 하는데, 그럼에도 또한 우리가 지속하지 않는다면 다른 무엇을 위해 계속 존재할 수(그리고 윤리적으로 살 수) 없다는 것도 전제해야 한다. 그런 지속성을 구성하는 특질로서 아렌트가 부인할 수 없고 또 부인하지도 않을 것이 그녀의 유대성이다. 여기서 우리는, 유대인으로서 아렌트는 그녀 자신과 똑같지 않은 것을 위해 존재해야 한다고 주장할 수 있다.

이 타자들에 대한 의무와 소속의 장소를 협상하는 아렌트의 방식은 역설적인 정식을 회피하지 않는다. 숄렘에 대한 아렌트의 반응은 자신의 신분을 동화된 유대인으로 확립하는 것이 아니고, 도리어 동화주의, 시온주의적 민족주의, 반유대주의를 똑같이 지탱해온 유대 민족의 추상화에 반대하는 것을 비판적 임무로 삼은 사람으로 확립하는 것이다. 게다가 그녀는 비유대인들의 세계에 소속하는 것의 의미, 철저한 동일시도 철저한 차별화도 아닐 소속, 따라서 유대적 차이를 보존하면서도 유대적 동일성주의에는 저항하는 소속의 의미에 의지한다. 아렌트가 선호한 비유대적인 것은 물론 유럽적인 것이다. 비록 아렌트는 이후 같은 땅에 사는 유대인과 아랍인에게 '소속'이 어떤 의미를 띠는지 사유하는 데 천착하지만, 이 시기에 아렌트는 줄곧 유럽중심주의에 감정을 이입한다. 아렌트는 1930년대 말에 "우리는 이 전쟁에 유럽 민족으로 가담한다"고 주장했다. 그러나 물론 이것은 유대주의의 역사를 왜곡하고, 세파르딤 곧 스페인과 북아프리카 출신 유대인을 주변화하고, 미즈라힘 곧 아랍 국가의 유대인 내지 아랍 유대인, 《예루살렘의 아이히만》에서 "동양 유대인"으로 간략히 언급되는 이들을 배제하는 문장이다.[22] 유럽의 문화적 우월성에 대한 이런 가정은 아렌트의 말년 저작에 상당히 만연하고, 프란츠 파농에 대한 신랄한 비평, 버클리 대학에서 스와힐리어를 가르치자는 안건에 대한 반대, 1960년대 블랙 파워 운동에 대한 묵살에서 극명하게 드러난다.[23] 유럽인으로서의 오만함을 보여주는 가장 극적인 사례는 아이히만 재판이 열리던 1961년 카를 야스퍼스에게 보낸 편지에서 발견된다. 아렌트는 그녀가 본 것의 인종차별주의적인 유형학을 다음과 같이 개진한다.

제 첫인상은 이렇습니다. 꼭대기에 독일 유대인 사회의 가장 우수한 인물들인 판사들. 그들 아래에 갈리시아인이지만 어쨌든 유럽인인 박해 변호사들. 모든 것은 소름 끼치는 인상을 주는, 히브리어로만 말하고 아랍인처럼 보이는 경찰이 조직하더군요. 특히 몇몇 경찰은 아주 잔인한 유형이에요. 그들은 명령을 따르는 듯했어요. 그리고 바깥의 동양인 폭도. 마치 이스탄불이나 다른 아시아에 가까운 국가에서 온 것처럼 보였어요. 그 밖에 예루살렘에서 흔히 볼 수 있는, 구레나룻을 기르고 카프탄을 입은 유대인들이 있는데, 합리적인 사람들이 이곳에서 살 수 없게 만드는 사람들이죠.[24]

종교인이나 아랍인은 분명 여기서 "합리적인 사람들"이 아니다. "동양인 폭도"란 어구는 중동에 들어온 유럽계 유대인들이 아랍 유대인 및 세파르딤 유대인과 뒤섞일 것이라는 혐오성 사고가 이스라엘에 반대한 그녀의 태도와 얼마간 연관이 있음을 또렷이 보여준다. 유대성에 대한 아렌트의 느낌은 매우 유럽적이다. 어떤 종류의 '민족'도 아닌 오직 사람들만을 사랑할 수 있다는 주장에도 불구하고, "동양인 폭도"와 같은 방식으로 민족을 집단화할 때의 아렌트가 그럼에도 '민족'을 싫어할 수 있었는지 알아보기란 흥미로워 보인다.[25] 유럽의 유대인들은 '합리성'을 구매했고 아랍 문화권의 유대인들은 '명령을 따르려고' 했다면, 아렌트는 역시 어떤 명령을 따랐다는 이유로 자신이 고발한 아이히만과 그녀가 예루살렘 법정에서 거리를 두고 만난 비유럽계 유대인들의 유사성을 자신도 모르는 사이에 찾아낸 것이다. 그 둘은 모두 추정상 합리적인 문화 바깥의 사람들이다. 그렇지만 아이히만은 분명 독일인이자 유럽인이다.

아랍 유대인과 아이히만을 무의식적으로 연결한 데서 아렌트 사유의 심각한 허점이 드러난다. 아렌트가 좋아하지 않는 유대인(아랍계)과 아렌트가 좋아하지 않는 독일인(나치)이 존재한다. 이성의 권역 바깥으로 떨어져 맹목적인 복종으로 명령을 따른 두 진영은 그때 적절한 사유를 하지 않았다. 적절한 사유는 유대인 겸 유럽인의 부분집합인 독일 유대인에게 독점된 것은 아닐지라도 속한 것으로 보인다. 아렌트의 문장에 만연한 유럽중심주의(토크빌을 따르면서 미국 혁명에 그 범례적 사례 자리를 양보하게 될 유럽중심주의)는 헤르만 코엔이 가장 극적으로 표현해 보였던 독일-유대 연계의 연속으로 보일 수도 있다. 코엔은 1915년 발표된 〈독일성과 유대성〉이란 논고에서 유대인들은 본질적으로 유럽의 정의定義에 속하기에 실제로 모국을 필요로 하지 않는다는 입장을 피력한다.[26] 코엔은 초기 시온주의 판본(1897년 스위스 바젤에서 1차 시온주의자 대회가 열렸다)에 반대하는 방향으로 논증을 전개했다. 그의 논증은 유럽이 유대인에게 적합하고 가장 안전하기도 한 장소라는 그의 믿음을 확인하는 것이었다. 물론 시간이 지나면서 코엔의 글은 점차 읽기 괴로운 것이 되었다. 코엔은 독일이 반유대주의로부터 유대인을 보호할 것이라고 믿었기 때문이다. 그의 논고는 유대성과 독일성이 서로 내적으로 연결되어 있고, 두 소속의 양태는 서로의 존재 없이 생각할 수 없다는 믿음을 집요하게 견지한다. 코엔은 독일의 반유대주의에 대한 역사적 증거가 그 당시 유용하다는 점을 부인했다. 코엔에게 유럽은 유럽 영토 내부에 존재한 모든 사회학적 현상을 위한 이름이 아니라, 대체로 칸트적인 이상, 그가 독일 윤리철학과 연관 지었던 이상을 위한 이름이었다. 사실 마르부르크 신칸트주의 학파와 연관된 코엔의 윤리철학은 유대 신학적 출처에서 파생된 사회 정의의 개념을 칸트에게서 파생된 보편성의 원칙들과 조화시키려고 했다. 코엔은 독일 인문주의와 유대 메시아주의의 결합, 그가 보기에 '이성의 종교'를 산출할 수 있을 결합을 노골적으로 주장했다. 코엔은 1차 세계대전 기간 독일이 동유럽 유대인들에게 문호를 폐쇄한 것을 보았고, 그것에 공공연히 반대했지만, 유대인을 보호하는 데 실패했을 뿐 아니라 근본적으로 유대인들을 위험에 처하게 할 신호를 점점 더 많이 드러내고 있었던 문화에 계속 충성을 맹세했다. 코엔은 1918년 세상을 떠났고, 따라서 그가 현실에서 목격한 것은 공적 담론에서 일어나고 있던 반유대주의와 점점 엄격해지던 이민자 제한이었다. 그가 스스로 맹세했고, 다른 이들 역시 자신과 마찬가지로 맹세해야 한다고 생각했던 것을 고찰하기란 고통스러운 일이다.

코엔이 조국으로서의 독일을 유일한 대안으로 포용했던 비극을 고려한다면 오늘날 시온주의는 승리한 것처럼 보인다. 아렌트는 최종적으로 그 길을 택하지 않았지만, 이들 두 사상가는 동족同族으로 남는다. 그들은 모두 유럽에 대한 믿음, 기이한 종류의 유럽중심주의, 칸트 철학과 함께 가장 우수한 독일 문화에 대한 동일시를 견지한다. 이런 맥락에서 아렌트가 히틀러 치하의 독일과 프랑스(1940년 뉴욕 뉴스쿨로 떠나기 전에 잠시 살았던 곳)에서 신문에 전쟁 기사를 쓰고 있었을 때 유대인 군대를 옹호하는 주장을 했다는 것은 흥미로운 주안점이다. 아렌트는 국가사회주의와의 싸움에 동참할 유대인 군대를 요청했고, 유대인 군대가 다른 유럽 군대와 함께 연합군의 일환으로 움직일 수 있을 것이라고 상상했다. 한 민족으로 구상된 유대인은 나치에 부역하지 않는 프랑스인, 독일인, 반파시스트 이탈리아인과 나란히 싸울 것이었다. 아렌트가 유대 민족을 한 민족으로, 특히 유럽의 민족으로 이해했다는 점은 주목할 부분이다. 여기서도 흥미로운 점은 다른 한편으로, 어쩌면 거기서 시작해서 아렌트는 마르크스주의적이지 않고 고전적으로 자유주의적인 개인주의 개념에 기초하지도 않은 국제적 저항과 협력 개념을 정교화하려고 한다는 것이다.

아렌트와 코엔 두 사람 모두가 유대성 개념을 어떻게 유럽적인 것에 제한—이는 비유럽적인 유대 전통의 실존과 중요성을 부인하는 방법이 된다—하려고 하는지 우리는 분명히 볼 수 있다. 더 중요한 것은 두 사람 모두 '합리적인' 유대 문화를 위해 유럽적 지성과의 연계를 확보할 방식으로 칸트에게 의지한 점이다. 이 점은 《예루살렘의 아이히만》에서 중요한 것으로 드러난다. 다음 장에서 다루겠지만, 아렌트가 칸트의 도덕철학과 자신의 연관성을 주장하려 한 아이히만에 대한 반대를 표명할 때 그 부분이 등장한다.

그러나 숄렘이 아렌트에 대해 곤란하게 여긴 것은 이스라엘의 유대인 인구 통계에 대한 그녀의 인종주의적 관점과는 무관한 것 같다. 그는 아렌트에게서 보인 유대 민족에 대한 사랑 결여가 이스라엘 정초에 대한 그녀의 비판, 그리고 그녀가 1944~1948년 기간에 유대인 주권론에 대한 지지를 거부한 것을 설명할 수 있는가란 질문을 암묵적으로 제기한다. 아렌트를 '좌파'로 지정하려는 노력은 이런 면에서 이해해볼 수 있지만, 좌파와 어떤 공명이 있건 그것은 부분적인 것에 불과할 게 확실하다. 그런 위치 지정을 너무 쉽게 받아들이면 우리는 그녀가 밟으려 했던 노선을 오해하게 될 것이다. 가령 《전체주의의 기원》이 제공한 민족국가 비판을 보면 아렌트는 근대적인 민족국가가 어떤 필연성에 의해 엄청난 난민이나 무국적자 양산과 밀접히 연관되어 있다는 점을 뚜렷이 밝힌다. 다른 한편으로 아렌트는 무국적자들에게 인권을 보장하려고 하는 기존의 국제 동맹 형식들이 무능하고 쓸모없다고 재빠르게 비판한다. 아렌트는 민족국가의 프레임 바깥에서 인권을 표명하고 보장하고 강화하려 했지만 실패한 국제적 시도의 긴 목록을 제시한다(OT, 267~302).* 이로 인해 아렌트의 많은 독자들은 민족국가가 불가피하다는 것, 또 우리가 권리를 배려한다면 모든 거주민의 기본적인 인권을 명시하고 보장할 민족국가의 건립과 보호를 지향하게 마련이라는 결론을 내리게 되었다.

그런 견해는 유럽과 팔레스타인에 관해 그녀가 개진한 연방제 관련 제안들을 진지하게 다루지 못한다. 그 결과 우리는 시온주의와 그녀의 매우 모호한 관계를 볼 수 있게 된다. 1930년대에 아렌트는 자신의 정치적 사유에서 중요할 역설을 유지한다. 아렌트는 **민족적 소속**이 중요한 가치임을 역설하면서 동시에 **민족주의**를 유해하고 치명적인 정치적 구성체라고 주장한다. 1940년대 초에 아렌트는 유럽 유대인의 팔레스타인 이주를 지지했지만, 단 유대인들이 유럽 안에서 한 '민족'으로서 인정받기 위해 싸우기도 한다는 조건에서였다. 1935년에 아렌트는 마르틴 부버와 사회주의자들의 키부츠 프로젝트를 높이 평가했

---

* 《전체주의의 기원》 한국어판(박미애·이진우 옮김, 한길사, 2006)에서는 제1권의 제2부 제9장 '국민국가의 몰락과 인권의 종말' 부분에 해당한다.

고, 그 후에는 유대인의 팔레스타인 점령이 언젠가 반유대주의에 맞서는 영구적인 보호책으로서 작동할 수 있을 것이라는 생각을 경계했다. 1940년대 초에 아렌트는 몇몇 사설에서 **민족** 관념이 **영토** 관념과 구분될 수 있는지를 물었다. 바로 이런 견해에 기초해서 아렌트는 유대인 군대에 대한 제안을 변호했고, 유대인에 대한 영국 정부의 '모호한' 관계를 강력히 비판하면서 팔레스타인으로 이주할 유대인 난민의 수를 제한했던 1939년의 저 유명한 '백서White Paper'를 그 증거로 제시했다.[27] 그러나 1930년대 말 아렌트는 "팔레스타인의 현실이 야기한 시온주의 운동의 파산은 동시에 고립된 자율적 유대 정치의 파산"(JW, 59)이라고 쓰기도 했다. 1943년에 아렌트는 팔레스타인 이민족주의 국가 방안이 오직 영국과 미국을 비롯한 주요 강대국들에 대한 팔레스타인의 의존도를 높일 때에만 유지될 수 있다는 점에 우려를 표했다. 때때로 아렌트는 이민족주의가 아랍 인구에게는 유리하고 유대인에게는 불리하게만 작동할 수 있다는 우려도 적극적으로 표명했다. 1944년 아렌트는 〈시온주의 재고〉에서, 유대적 주권성 원칙에 토대해서 국가를 세우는 것은 1차 세계대전과 2차 세계대전의 결과 점점 심각해져온 무국적성 문제를 가중하기만 할 위험이 있음을 강도 높게 주장했다(JW, 343~374). 1950년대 초 아렌트는 이스라엘이 식민주의 점령을 통해, 초강대국들의 지원을 받아서, 그리고 대단히 반민주적인 시민권 요건을 토대로 건국되었다는 주장을 공개적으로 제기했다. 1930년대에 유대인들이 점점 무국적자가 되고 있음에 우려를 표했던 아렌트는 1940년대 말과 1950년대 초에 이르러서는 팔레스타인인들의 추방에 맞춰 더욱 포괄적으로 무국적성을 설명했다.

〈시온주의 재고〉에서 아렌트는 시온주의의 발단과 20세기 중반의 변화에 대해 흥미로운 역사적 설명을 제공한다. 거기에서 아렌트는 자신이 초강대국들의 "관심 국면"이라고 부른 것에 근거해 유대인 국가가 창설되어야 한다는 생각은 터무니없는 것이라고 논평한다. 그런 국가는 "민족성의 망상"으로 고통을 받을 것이고, "오직 광기만이 멀리 있는 제국주의 권력에 보호를 일임할 정책을 명령하고, 이웃의 선의는 멀어지게 만들 것"이라고 결론을 내린다(JW, 372). 이스라엘/팔레스타인이 생존할 방법을 찾는 데 매우 열성적이던 아렌트는 그 정치체의 토대가 될 것들이 결국 파멸을 낳을 수 있으리라는 점에 적극적으로 우려를 표명한다. 아렌트는 "유대인의 복지가 가까운 미래에 획득된다면"(미국 유대인들의 지원을 받아서), 그리고 "지중해 민족들의 지지는 받지 않은 채 아랍인의 의지를 상대로 선전포고 한다면, 향후 상당히 긴 시간 동안 재정적인 도움뿐 아니라 정치적 지지도 반드시 필요할 것이다. 무엇보다 근동近東의 정치적 운명을 관리 감독할 어떤 권력도 갖지 못한 이 나라의 유대인들에게 이는 대단히 큰 골칫거리임이 판명될 것이다"(JW, 373)고 쓴다.

민족국가에 관해 아렌트가 반대한 것은 민족주의와 민족주의의 결과, 곧 국가로 표현되는 한 민족으로 인정되지 못한 국적에 대한 강제적 추방이다. 근대적 국가들이 수용하는 국적이 점점 더 많아지고 있음에 유념한다면, 민족국가란 자만심은 무척이나 위험한 것일 수 있다. 왜냐하면 민족국가는 민족과 국가를 조율하면서 국가를 승인하는 민족 관념에 순응하지 않는 국적들은 축출해버리려 하기 때문이다. 아렌트는 〈인간 권리의 쇠퇴와 민족국가의 종식〉(1951)에서, 전체주의적인 국적박탈denationalization의 권력을 반박할 수 없었던 인권 선언은 결국 허약한 도구로 기능한다고 주장한다. 초기 저작에서 볼 수 있듯이 아렌트는 그런 국제 협약은 대체로 쓸모가 없다고 생각한다. 권리를 위한 안전장치가 있어야겠지만, 그것은 정치체의 맥락에서 발견되어야 할 것이다. 이 정치체는 민족국가와는 달라야 할 것이다. 민족적 소수자 배제를 요구한 민족적 가정에 근거해 민족국가가 설립된다면, 그것은 착취와 폭력에 한없이 취약한 무국적 인간, 곧 시민권을 박탈당한 소수자들로 해석되는 사람들을 양산하게 된다. 아렌트는 유럽에서 파시즘이 발흥한 이유 중 하나를 1차 세계대전 후 무국적 민족이 엄청나게 증가한 데서 찾는다. 민족주의는 법의 지배를 압도하고, 소수 인구는 국적박탈, 축출, 근절에 내몰리게 된다.[28] 모든 민족에 평등하게 적용되어야 하는 것으로 해석되는 이른바 법의 지배는 민족의 의지보다 덜 중요하게 되었다. 동시에 인종적·종족적으로 정의된 민족은 무국적자를 관리 및 통제가 필요한 인구로 다루기 시작했다. 따라서 국가는 법치의 규제를 받지 않는 기능을 갖췄다. 아렌트의 표현을 빌린다면 "국적박탈은 전체주의 정치의 강력한 무기가 되었다."(OT, 269)

우리는 이것이 국적박탈의 수사적 목적 중 하나라고, 곧 시민권이 박탈된 집단은 본질적으로 비인간inhuman으로서 박탈된 사람들의 그림을 보여준다고, 그리고 그 비인간성의 이런 그림, 그들의 쓰레기 위상은 역으로 국적박탈 정책을 정당화하는 데 봉사한다고 말할 수 있다. 무국적의 인간은 정의상 "무법자"이고 그렇기에 법적인 보호를 "받을 만한" 사람이 아니다(OT, 283). 무국적성을 유대인만이 독점한 문제라고 생각하지 않았던 아렌트는, 그런 식으로 보는 사람은 20세기에 "독일 유대인을 독일의 인정받지 못한 소수자"로 환원한 것, 그리고 뒤이어 "국경을 넘나드는 무국적 민족"으로 유대인을 축출한 것, 그리고 "유대인들을 수용소로 보낼 배에 실으려고 도처에서 끌어모은 것이 소수자들과 무국적자들과 연관된 모든 문제를 실제로 '청산하는' 방법을 세계의 나머지 사람들에게 웅변했다"(OT, 290)는 점을 이해하지 못한 것이라는 입장을 분명히 한다. 따라서 아렌트는 다음과 같은 논의를 과감히 이어간다.

> 전후에 유대인 문제, 유일하게 해결 불가능한 문제로 간주된 것은 실상 해결된─말하자면 식민화되고 나서 정복된 영토를 수단으로 해서─것으로 밝혀졌지만, 이것은 소수자나 무국적자들의 문제 어느 것도 해결하지 못했다. 반대로, 사실상 이 세기의 모든 사건들과 비슷하게, 유대인 문제의 해결은 그저 새로운 난민 범주, 아랍인 난민을 양산했고, 그 결과 무국적자와 권리가 없는 사람의 수는 70만에서 80만에 이를 정도로 증가했다. 좁게는 팔레스타인 영토 안 수십 만 명에 대해 일어났던 일이 인도에서는 수백만 명이 연루된 거대한 규모로 반복되었다. (OT, 290)

아렌트는 나크바 시기에 추방당한 팔레스타인 사람의 수가 90만 명을 넘고 장차 추방 인구가 350만 명에 이르리라는 것은 알지 못했겠지만, 국가가 민족적 소속의 원칙에 근거할 때 그런 축출이 일어나게 마련이라는 점은 분명히 알았다. 따라서 아렌트는 이런 난민과 무국적자 문제가 민족국가를 모델로 형성된 국가에 따라붙는, 거듭되는 문제로서 고찰되어야 한다는 것을 주장해 논쟁을 불러일으켰다. 민족국가와 동일하지 않은 국가란 어떤 국가여야 하는지, 민족국가들이 엄청난 무국적 소수자를 양산하는 참혹한 결과를 낳지 않으면서 존재할 수 있는지, 이 문제가 역사적인 것인지 구조적인 것인지, 아니면 둘 다인지를 우리는 당연히 물어볼 수 있다.[29] 민족국가에 대한 아렌트의 혹독한 비판 이후에 우리에게 남겨진 것은 민족에서 분리된 국가나 정치체는 어떤 것일지, 그리고 영토에서 분리된 민족은 무엇일 수 있는지 알려줄 어떤 신호도 없다는 점이다. 그러나 아렌트가 우리에게 제공한 '연방'에 대한 몇몇 논평은 거기서 뭔가가 나올 수 있다고 그녀가 생각했음을 시사한다. 선견지명이 있었던 것처럼 아렌트는 1944년에 "팔레스타인에서 유대인이 다수가 되더라도, 아니 심지어 팔레스타인의 아랍인 전체가 이주한다 해도 다음과 같은 상황, 곧 유대인들이 이웃으로부터 자신들을 보호해달라거나 이웃과 협정을 맺도록 해달라고 외부의 권력에 요청해야 하는 상황을 실질적으로 바꾸지는 못할 것이다"고 경고했다. 그렇지 않으면 "유대인들의 이해관계가 다른 모든 지중해 민족들의 이해관계와 충돌할 것이고, 따라서 우리는 앞으로 한 가지 '비극적 갈등'이 아닌, 존재하는 지중해 민족의 수만큼이나 많은 해결 불가능한 갈등에 직면하게 될 것"(JW, 345)이라고 그녀는 쓴다.

1943년에 아렌트는 당시 유다 마그네스와 마르틴 부버가 제안하고 옹호했던 이민족 국가 방안을 반대하는 글을 썼다. 당시 아렌트는 그들이 사용한 **연방**이란 용어가 민족국가를 부르는 다른 이름이라고 생각했다. 그녀는 이렇게 썼다. "'연방'이란 용어를 사용하면 막 싹트고 있는 새롭고 창조적인 의미가 죽게 된다. 곧 그것은 민족과 대조를 이루는 연방이 평등한 권리를 가진 다른 민족들로 구성된다는 생각을 죽인다."(JW, 336). 유대인보다 아랍 거주민의 수가 월등히 더 많으며 유대인은 아랍인들에게 보호받지 못할 것이라는 점에 1943년 아렌트가 우려를 표명했다면, 딱 1년이 지난 뒤 그녀는 〈시온주의 재고〉에서 생각을 바꾼다. 이 논고에서 아렌트는 시온주의의 토대를 이룬, 시온주의가 강화하고 확장한 민족주의 형태들을 대대적으로 비판한다. 유대인은 민족국가나 민족주의의 쇠퇴를 애석해할 아무런 이유도 없다는 점을 시인한 뒤, 아렌트는 다음과 같은 전망을 내놓는다. "어떻게 정치적으로 조직할 것인가란 반복적으로 돌아오는 문제는 제국의 형태나 연방의 형태 중 하나를 채택함으로써 해결될 것이다." 나아가 아렌트는 다음과 같이 말한다. "오직 후자(연방)만이 유대인 및 다른 소수민족들에게 합리적이고 공정한 생존 기회를 제공할 것이다. 전자, 곧 제국 형태는 한때 사람들의 행동을 고취한 원동력이었던 철 지난 민족주의를 대체할 제국주의적 열정을 불러일으키지 않는다면 가능하지 않을 것이다. 그것이 지나간다면 하늘이 우리를 도운 것이다"(JW, 371). 1948년에 유엔이 이스라엘 국가를 승인한 뒤 아렌트는 이렇게 예언한다. "유대인들이 전쟁에서 승리할 수는 있겠지만 그 끝에서 …… 시온주의가 이룩한 것이 파괴될 것이다. …… '승리감에 찬' 유대인들은 완전히 적대적일 아랍 인구들에 둘러싸여 살아갈 것이고, 위협이 끊이지 않을 국경 안쪽에 격리된 채 다른 모든 관심사와 행동이 불가능해질 만큼 물리적인 자기방어에 급급하게 될 것이다"(JW, 396). 그리고 같은 해인 1948년에 아렌트는 마그네스의 입장으로 돌아가서, 분리는 효력을 발휘하지 못할 것이고 최선의 해결책은 "연방 국가"라고 논평한다. "유엔 회원국들에서 파견된 상급 관리자들의 지휘하에 유대인과 아랍인으로 구성된 작은 지역 단위들"로 신탁통치 체제가 구성되면 "미래의 협동 자치에 중요한 도장道場이 될 수 있을 것"(JW, 400)이라고 그녀는 썼다. 아렌트가 보기에 "그런 연방은 유일한 주권적 권리가 자살을 하는 것인 주권성의 수립을 예방한다는 장점이 있다"(JW, 399).

연방 구상은 민족국가와 관계된 기존의 주권 개념에 분명한 대안을 이룬다. 민족국가 개념은 민족과 국가란 두 개념을 이어 붙인 것이기에 심각한 오류에 의존한다. 모든 사람을 국적과 무관하게 보호할 법치를 보존하기로 되어 있는 **국가**와 민족성에 근거한 소속의 양태로 해석된, 따라서 누가 속하고 누가 속하지 않느냐에 따라 배제를 결정하는 **민족.** 이런 이유로 아렌트는 민족국가가 주권을 가져야 한다는 생각에 반대했고, 구성원 민족 각각에게 각각의 주권 권력을 부여하는 연방 권력federated power 판본에도 역시 반대했다. 핵심은 여러 민족에게 주권을 분배하는 것이 아니라 공통의 법과 정책을 만들어낼 연방적 복수성을 구상해냄으로써 주권을 훼손하는 것이었다. 주권은 소소한 '민족들' 사이에 분배될 수 있는 것이 아니라, 산포되어 다양한 민족성 중 어떤 것으로도 환원될 수 없는 복수성이 되어야 하는 것이었다. 그런 연방은 통일된 궁극의 권력으로서의 주권 개념을 훼손하면서 민족의 탈개체화deindividualization를 요구하게 된다. 따라서 복수의 협력 행위라는 맥락 바깥에서 민족과 민족의 행위를 생각하는 것은 글자 그대로 불가능해지게 된다. 아렌트는 민족들의 관심사는 **공통의** 관심사와 일치하지 않는다고 주장한다. 민족들의 복수성을 구성할 연방이란 정치체의 맥락에서라면 어느 민족도 주권을 가질 수 없을 것이다. 1951년경의 아렌트에게 민족은 소속의 국면이지만 국가의 적법한 토대는 아닌 게 분명했다. 그리하여 유대인들은 연방(유럽과 중동의) 안에서 '민족'으로서 상상될 수는 있지만, 권력 공유, 협력 행동, 복수 권력으로 주권 해체, 민족적인 유대를 횡단하는 평등의 책무에 참여해야 할 것이었다. 이런 식으로 아렌트는 오직 민족적 위상이 유대인에게 누구와 더불어 국가를 통치할지 결정할 주권적인 권력을 부여하지 않는 한에서만, 민족국가 없는 민족, 연방적 복수성으로 구조화된 정책 안에서 소속의 국면을 구성할 민족으로서 유대인을 구상할 수 있었다.

1951년《전체주의의 기원》을 쓸 당시 아렌트는 유럽 연방이나 팔레스타인 연방의 판본이 모두 그녀의 어휘에서 떨어져 나갔어도 여전히 무국적성 문제와 씨름하고 있었다. 대신에 개인주의적 존재론에 매몰된 인권 프레임을 극복하고자 아렌트가 정립해낸, '공통의 이해관계'에 대한 주장이 출현한다. 아렌트는 국제 협정과 인권 선언의 역사에 점철된 실패의 이야기를 검토한다. 그러나 아렌트가 세계인권선언을 완전히 저버린 것은 분명 아니다. 결국 이 선언은 권리를 스스로 책정하고 선포하고 공지하고, 그 선포의 권력을 통해 그 권리를 인간의 성취로 제정한 복수의 인간들이 집단적으로 숙고한 증거였다. 이는 인권을 선포하는 일이 폭압적인 정치 체제와 대적할 보호 장치를 수립한다는 발상이다. 공통의 이해관계에 정초한 정치체의 맥락 밖에서 그 선포는 효과적으로 실행될 수 없다. 그러나 그렇기에 그것들은 모두 쓸모없는 것일까? 아렌트는 〈민족국가의 몰락과 인권의 종말〉 2절에서 모든 권리의 실행에 본질적인 전제가 되는 조건으로 보이는 것을 개괄한다. 그 전제 조건에는 **장소**와 **정치적 소속**이 포함된다. 그녀는 이렇게 쓴다. "인권의 근본적인 박탈은 우선 무엇보다, 의견을 의미 있는 것으로 만들고 행동을 효과적인 것으로 만드는 세계 내 장소의 박탈에서 표명된다"(OT, 296). 이런 글쓰기를 통해서, 그리고 그 글쓰기 안에서 아렌트는 정치적 수사가 효과적인 것이 되게 하고 효과적인 것으로 남게 할 조건을 전개함으로써 인권에 대한 **비**효과적인 수사를 교정하려고 한다는 결론이 나올 것이다. 아렌트는 효과적인 담론의 실행에 필수적일 조건을 제시할 뿐 아니라 담론을 효과적으로 사용하고, 혹은 적어도 그렇게 하려 한다. 자신의 수사가 자신이 제공한 인권 담론 비판과 어떻게 연결되는지 아렌트는 한 번도 말하지 않았지만, 그녀는 그 담론을 자신의 담론으로 효과적으로 대체한다.

인간적인 것the human의 사회적 의미에 대한 아렌트의 생각에 이것이 어떤 의미를 지니는지가 중요하다. 요컨대 아렌트는 우리의 유효성 efficacy과 우리 자유의 진정한 수행은 우리의 개인적인 인간 됨됨이보다는 차라리 장소나 정치적 소속 같은 사회적 조건에서 유래한다고 제언한다. 이것은 각각의 사람들 안에서 인간의 위엄을 발견하는 문제가 아닌, 인간적인 것을 사회적 존재로, 곧 자유롭고, 의견으로서 사상의 자유를 행사하고, 유효한 정치적 행동을 실행하기 위해 장소와 공동체를 필요로 하는 존재로 이해하는 문제다. 또한 이는 그런 조건들이 충족되지 않을 때 인간적인 것은 정치적으로 궁핍해진다는 것을 이해한다는 의미다. 아렌트는 "권리를 가질 권리, 혹은 모든 개인이 인간성에 소속할 권리를 인간성 자체가 보증해야 한다"(OT, 298)고 쓸 때, 단호하리만치 사회적 존재론에 정초한 인권 선언의 열성적인 지지자(민

274

족국가를 비판하는 사람으로서뿐 아니라)로 보인다. 그렇지만 다음 질문이 남는다. 인간성은 어떤 수단을 통해 그런 권리를 보장할 것인가? 아렌트는 모든 답이 따라야 할 규범을 제공하려고 했지만, 우리에게 답을 주지는 않는다.

아렌트에게 자유는 개인의 부속물이 아니다. 자유는 '우리'가 수행하는 실행이고 협력적 행동이다. 그 실행과 수행 속에서 자유는 '우리'를 권리 자체의 사회적 조건으로 제정한다. 따라서 아렌트는 이렇게 쓴다. "우리의 정치적 삶은 우리가 조직을 통해서 평등을 **생산**할 수 있다는 가정에 근거한다. 왜냐하면 인간은 자신과 동등한 이들과 함께, 그리고 **오직** 동등한 이들과 함께함으로써만 공통의 세계 **안에서 행위**하고 공통의 세계를 **바꾸**고 공통의 세계를 **건설**할 수 있기 때문이다"(OT, 301). 함께 모인 개인들의 집단을 개별적 행위자들의 집합으로 상상하는 것은 실수다. 집단적인 협력 행위가 가능하지 않다면, 또 그런 행위가 가능할 때까지는 그들 개인 중 누구도 인간이 아니다. 인간 됨이라는 것은 다른 인간과 평등한 견지에서 행위하는 특질, 기능이다. 하이데거가 제시한 **공동존재**mitsein 개념의 울림이 들릴 수도 있을 텐데, 그러나 숄렘이 아렌트의 정치를 희화화하면서 의심했던 좌파적 집단성의 희미한 울림도 들릴 것이다. 인간 됨이라는 것이 다른 이들과 평등한 관계에 있다는 것이라면, 어느 누구도 평등 관계 바깥에서 인간일 수 없다. 아렌트는 '인간human being'이 이런 평등주의의 기능이나 효과라는 것을 고려하라고 우리에게 청하는 것 아닐까? 평등이 존재하지 않는다면 어느 누구도 인간이 아니다. 평등이 인간적인 것을 결정한다면 어떤 인간도 홀로 인간일 수 없으며, 오직 다른 이들

과 함께함으로써, 오직 사회적 복수성을 평등 안에서 유지한다는 조건 하에서만 인간일 수 있다.[30]

1930년대와 1940년대에 아렌트의 '민족' 관련 글에서 두드러지게 나타났던 '소속' 관념은 아이히만 재판이 공적인 무대에 도착하고 상연된 시기에 사라진 것으로 보인다는 점이 분명 중요하게 지적되어야 한다. 어떤 영토와 어떤 국가에도 속하지 않는 민족 관념, 평등의 책무를 통해 민족주의로 흡수되는 데 저항하는 민족 관념을 복수성 관념이 대신한 것 같다. 민족으로서 유대인의 환원 불가능한 복잡성 때문에 '민족'에 관해 긴 시간 이야기하는 것은 불가능하다. 아렌트는 관심을 돌려 경합과 차이 속 삶의 형식에 집중하게 된다. 1940년대와 1950년대 초에도 여전히 소속 개념이 아렌트에게 유효했다고 해도, 정치적 조직이라는 더 反연대주의적인 개념이 이미 그 개념을 대체하고 있었던 것 같은데, 가령 《혁명론》(1962)에서 아렌트는 연방 원칙에 대한 자발적인 조직적 수용으로 해석되는 프랑스 혁명의 '코뮌 평의회 communal council system'를 높이 평가한다. 그와 유사하게, 연방을 구성하는 각 주의 권력을 유지하면서도 경시했던 매디슨의 연방주의는 각 주에서 합법적인 권력을 끌어오면서도 연방 권력을 통해서 주들의 주권은 훼손했다. 아렌트의 관점에서 보면 미국 혁명의 "연방제는 민족국가에 유일한 대안이었다."[31]

아렌트가 연방 권력에 투여한 희망을 상상하기는 어렵다. 그것은 민족적 주권을 약화시킬 뿐 아니라 종국에는 그녀로 하여금 '민족' 관념을 제쳐두게끔 했던 평등을 제도화하는 방법이었다. 아렌트가 보기에 평등은 인간적인 것의 사회적 존재론뿐 아니라 포스트민족적인 연방이나 더 효과적인 새 인권 프레임의 정치적 가능성을 뒷받침한다. 권리를 보장하는 정치체가 민족국가가 아니라면 그것은 권력의 분배를 통해 주권을 훼손할 연방이거나, 집단적으로 그 용어들을 생산했던 이들에게 구속력 있는 인권 프레임일 것이다. 연방은 아렌트가 어쩌면 소박하게 1930년대 말 유럽의 유대인들을 위해 상상해냈던 것이다. 바로 이런 이유로 유대인 군대는 민족의 전제로서 영토나 국가를 갖지 않는 유대 '민족'을 표상할 수 있었다. 1948년에도 아렌트는, 민족주의적 전제와 유대인 주권론을 기반으로 이스라엘 국가가 건국되었음에도 유대인과 팔레스타인의 연방을 상상했다. 두 경우에 아렌트를 너무 순진했다고 탓할 수 있겠지만 마찬가지로 우리는 그녀의 탁월한 예측, 그녀의 지독한 선견지명—무국적성의 재발과 폭력의 집요함—도 짚어야 한다. 숄렘의 주장처럼 아렌트가 유대 민족에 대한 사랑이 없었다면, 이는 어쩌면 그녀가 유대인 난민으로서 추방과 망명의 역사를 진지하게 다룬 덕분이었다. 이는 아렌트가 민족국가와 민족국가의 의례적 축출을 부활시키지 않고서 무국적자의 권리를 보장하려는 어려운 과제에 비판적으로 전념하는 데 토대가 되었다. 아렌트는 난민의 요청에 관심을 둔 유대인으로서 글을 쓴다. 그 요청에 관심을 두었다는 바로 그 이유 때문에 아렌트의 분석은 유대인에게만 제한될 수 없다("만일 내가 나를 위해 존재하지 않는다면 누가 나를 위해 존재하는가? 내가 오직 나를 위해서만 존재한다면 나는 누구인가?"). 권리와 정의는 유대인 또는 어떤 특수한 종교적이거나 문화적인 소속의 양태에 제한될 수 없다. 그리고 바로 이런 논증이 유대적 사유에 토대해서 만들어진다.

독일 파시즘과 민족주의에 대한 비판 때문에 아렌트는 정치의 중심을 유대인의 모국이 아닌 무국적자의 권리에 두게 되었다. 그것이 유대적이라면 그것은 디아스포라적인 것이다. 비록 숄렘에게 아렌트는 자신의 이런 입장을 분명히 표현하지 않았지만, 그럼에도 우리는 그녀의 저작에서 그것이 작동하는 것을 알 수 있다. 아렌트가 모국과 또 소속을 지지한다면, 이는 충성을 맹세하는 기성의 인연에 근거한 정치체를 세우기 위함이 아니다. 적법한 정치체는 평등에 근거해야 할 것이기 때문이다. 평등에 근거한 적법한 정치체는 아렌트가 재발하는 무국적성과 고통에 대항해서 추구할 수 있었던 유일한 안전장치다. 소속은 인간 삶의 필요조건이지만 결코 한 정치체의 적법한 토대로 사용될 수 없다. 이렇듯 곤혹스러운 역설에 입각해 아렌트는 서로 불일치하면서 수렴되는 소속과 보편성에 대한 요구들을 표명하면서 '유대 민족'이란 범주로 들어갔다가 떨어져 나온 비판적 실천을 전개한다. 거의 모든 소수성을 괴롭히는 박탈에 반대하게 된 유대인 사상가 아렌트의 실천은 유대적인 정의, 이스라엘 법정에서 필연적으로 정의의 표상을 발견할 유대적 정의의 추구와 다르다. 그것은 유대인을 보편화하지 않는 입장, 단지 모든 환경에서 고통을 겪는 무국적성에 반대하기 위해 추방이라는 역사적 조건을 이용하는 입장일 것이다.

아렌트는 동시대 정치에 대한 분석을 주권성 관념에 의지해서 시작하는 이들과는 매우 다른 일군의 이론적 출처를 제공한다. 대신에 아렌트는 무국적성을 자신의 출발점으로, 주권성 문제와 형식적으로건 현실적으로건 언제나 연관되지는 않는 조건으로 취한다. 팔레스타인을 위한 아렌트의 연방론은 주권적 권력의 탈구성deconstitution을 통해 무국적성을 지양하려고 했다. 1946~1947년에 정립된 이들 제안은

《전체주의의 기원》에서 전개된 무국적자의 권리에 대한 작업보다 시기상 먼저 이뤄졌음에도, 아렌트는 민족국가의 반복적이고 파괴적인 인구 축출이 민족주의와 민족국가에 대한 재고를 요구하는 위기를 양산한다는 것을 이미 파악했다. 또한 그녀의 통찰에는 나치 독일을 피해 도망 나온 난민들이 더 큰 역사적 축출—특수성과 구조적 유사성을 통해 이해될 필요가 있는—의 일부임이 함축되어 있었다. 무국적성을 20세기에 반복적으로 돌아오는 정치적 참사(이제 아렌트는 예측할 수 없었을 21세기의 새로운 형태를 띠고 있는)로 간주함으로써, 아렌트는 '벌거벗은 삶'에 형이상학적인 주형cast을 부여하길 거부한다. 권리를 박탈당해온 이들은 능동적으로 박탈당한다. 그들은 폴리스에서 쫓겨나 무정치적 영역(고전적인 폴리스 개념이 모든 정치적 관계를 결정하도록 하는)으로 버려지는 게 아니다. 권리도 국가도 없는 이들은 정치적 궁핍을 조건으로, 특히 군사력을 통해서 유지된다. 심지어 그들의 삶이 파괴되었을 때에도 그들의 죽음은 정치적으로 남는다. 《전체주의의 기원》에서 아렌트가 분명히 썼듯이, 추방당한 무국적의 민족이 환원되는 표면상의 '자연 상태'는 자연적이지도 형이상학적이지도 않은, 특수한 정치적 궁핍의 형식을 위한 이름이다.

6장

복수複數의 곤궁

아렌트의 동거同居와 주권성

나는 아이히만 재판에서 동거란 개념이 출현한 것(이것이 첫 번째 출현 사례라는 주장을 하려는 것은 아니지만)에 대한 고찰을 제안한다. 왜냐하면 적어도 재판을 다룬 글 어딘가에서 아렌트는 아이히만에 대한 비난, 곧 아이히만과 그의 상관들은 지구상에서 누구와 함께 살 것인지 선택할 수 있다고 생각했다는 비난을 발설하기 때문이다. 이것이 논쟁적인 것은, 그녀가 비난을 토로할 때의 목소리는 그녀의 것이면서 그녀의 것이 아니기 때문이며, 또 거기에 함축된 굳건한 확신이 표출한 것은 여기서 우리 중 누구도 그런 선택을 할 수 있는 입장에 있어서는 안 된다는 것이었기 때문이다. 그리고 우리가 이 세계에서 누구와 함께 살아갈 것인가 하는 것은 선택에 앞서, 심지어 모든 사회적·정치적 계약에 앞서 우리에게 주어진 것이라는 점이었다. 바라건대 내가 5장에서 분명히 하고자 한 것은, 이 세계에서 누구와 함께 살 것인지를 선택하려는 시도는 아이히만에게는 이 세계의 인구 중 일부를 전멸시키려는 노력이었고, 그렇기에 그가 고집했던 자유의 실행은 학살이었다는 것이다. 아렌트가 옳다면 우리는 누구와 함께 살지를 선택할 수 없으며, 또한 우리는 무선택적 특성을 띤 포괄적인 복수의 동거를 적극적으로 보존해야만 한다. 우리는 우리가 결코 선택하지 않았던 이들, 우리가 어떤 사회적인 소속감도 느낄 수 없는 이들과 함께 살아야 할 뿐 아니라 그들의 삶과 복수성—그들이 일부를 형성하는—을 보존할 의무를 짊어지고 있기도 하다. 이런 의미에서 구체적인 정치적 규범과 윤리적 규정은 이 동거 양태들의 무선택적 특성에서 출현한다.

조금 뒤에 이 중요한 개념으로 다시 돌아오겠지만, 다음 사실, 곧 아렌트가 유대인을 세계의 나머지 사람들에게 계몽적인 가치를 전달하도록 '선택된' 민족으로 생각하길 거부하면서, 선택받지 못한 자들과 운명을 같이한 채로 이러한 무선택성이 지상에서 우리 동거의 토대임을 주장하고 있다는 것은 이미 이해할 수 있다. 아렌트의 동거 개념은 어떤 점에서는 추방의 조건에 대한 고찰, 더 특별하게는 유대성의 추방적 조건에서 유래한다. 예루살렘에서 민족 건립이라는 재판의 전략을 놓고 아렌트가 발표한 보고서를 시온주의자들이 좋아하지 않았기에, 그녀의 난민 신분은 기이하지만 그녀의 의도와 반대로 이용되었다. 실제로, 당연하게도, 그녀는 아이히만 재판의 중요성을 오해했다는 비난을 받았다. 아렌트는 그녀를 공동체 일원으로 승인해줄 수도 있었을 이스라엘 국가의 구성원 자격을 희생하고서 유럽을 떠나 뉴욕에 정착한 독일 유대인이었기 때문이다. 자기 자신을 위해 모국의 이상을 거부했던 **유배**galut 중의 한 사람으로서 아렌트에게는 이스라엘 법정에서 일어난 일을 판단할 어떤 '권리'도 없었다. 그러나 아렌트의 디아스포라적인 조건이 그녀의 정치 전개에 근본이 되었다면 어떻게 되는가? 그리고 사실 그녀가 제안했던 것이 이스라엘의 이민족적 국가 토대로서 일단의 디아스포라적 규범이었다면 어떻게 되는가?[1] 아렌트의 제안은 '모국'과 '디아스포라'에 대한 관습적인 이해를 뒤집는데, 내가 생각하기에 아렌트의 제안에서 핵심은 바로 다음과 같은 것이었다. 팔레스타인 거주민들이 살아가는 땅에 오직 유대인을 위한 모국을 가질 수는 없다. 그리고 특히 1948년에 제 나라에서 축출된 팔레스타인 사람 수십만 명을 고려한다면 그것은 공정하지 않다.

아렌트가 이런 논지를 고수한 것은 무국적성에 대한 그녀의 지속적인 정치적 관심과 양립한다. 이에 대한 고려는 민족국가에 대한 그녀의 비판에 가장 중요한 토대 중 하나를 형성했다. 아렌트는 2차 세계대전 기간에 전멸했건 가까스로 살아남았건 유럽의 유대인들이 나치 체제에서나 전후에도 무국적자로 표현되었다는 것 외에, 그 상황은 일찍이 20세기 초에 시작되었고 민족국가에 의해 거듭 수행되었던 축출의 진정한 의례를 구성했다는 것도 유념했다. 내가 분명히 드러냈기를 바라듯이, 아렌트는 민족국가의 실행불가능성을 폭로하는 무국적자의 요청이 압도적인 것으로 되어, 연방주의를 모델로 한 정치적 형성 및 여타 유사한 정치적 형식들—인구의 항상적인 복수성에 참정권을 부여할—을 강제해야 한다고 생각했다. 이는 어떻게 무국적성을 파기하고 국가 인구의 이질성을 수용할 수 있는 방식으로 국가를 형성할 수 있을까를 고심한 아렌트에게 복수성과 동거가 지배적 규범이었음을 보여준 또 한 사례다. 그리고 나치 체제의 종식과 그 체제의 잔인성에 대한 고발은 유대인이 받아야 하고 또 받아 마땅한 보호를 받을 수 있는 유일한 방법으로 정치적 시온주의 포용을 촉구한다고 흔히들 생각하지만, 아렌트의 생각에 국가폭력과 학살의 잔혹한 역사적 형성체였던 국가사회주의로부터 제기된 명령은 분명했다. 어떤 국가도 단일한 국적이나 종교에 근거해서 형성되어서는 안 된다는 것, 그리고 무국적자의 권리가 영원히 가장 중요한 것이 되어야 한다는 것이었다. 그렇기에 새로운 슬로건은 이래야 했다. 무국적자 양산은 이제 그만!

지금까지 내가 제시한 몇 가지 점에 따르면 아렌트가 유대성의 역사적·신학적인 조건들에 연관되어 있다는 사실은 그녀가 이민족주의를 포용하고 정치적 시온주의를 비판하는 데 결정적이었다. 이 단계에서 나는 다음 몇 가지 논점을 포괄했기를 희망한다. (1) 부분적으로 추방을 조건으로 해서 출현하는 동거 개념. (2) 유대인 삶의 '유랑'과 '흩어짐'(로젠츠바이크와 공명하기도 하는)이라는 특성 및 기억의 중심성을 우선함으로써 진보적으로 펼쳐지는 역사 발전(숄렘의 궁극적 입장)에 뚜렷한 대안을 제공했던 벤야민의 '메시아적인 것' 판본과의 친화성. (3) 흩어져 있고 디아스포라적인 것으로서 유대인의 삶은 비유대인들과의 윤리적 관계에 관심을 갖게 만들고, 동거를 역사적 요구 사항일 뿐 아니라 유대 윤리의 근본적인 과제로도 간주하게 한다. (4) 마르부르크 신칸트주의 학파와 헤르만 코엔의 작업에서 큰 영향을 받은, 칸트와 유대 윤리의 관계. 코엔이 확증하고 아렌트가 새로운 방식으로 채택했던 것은 유대주의와 독일 철학 사상 간의 특별한 관계, 그리고 자신을 정당화하는 데 어떤 외부 권위에도 의존하지 않으며 미래를 지향하는 칸트의 반성적 판단 개념이었다. 다른 이들의 관점을 고려한다는(아이히만은 할 수 없었다고 비난받았던) 생각은 정언명령의 몇몇 판본에 함축되어 있을 뿐 아니라 이타성과의 관계를 협상하라는 윤리적 요구, 유대적 세계시민주의의 가장 뛰어난 부분과도 공명했다. 마지막으로 (5) 수많은 독일 유대인과 나란히 아렌트의 조건이기도 했던 난민의 역사적 조건은 민족국가에 대한 비판적 관점을 확립했다. 아렌트는 민족국가와 재생산되는 무국적성 간의 구조적 관계를 고려했기에, 이스라엘의 토대를 유대적 주권성 원칙에 두는 것을 포함해서 자체 인구의 이질성을 축소하거나 거부하려고 하는 모든 국가 형성에 반대했다.

다음에서 나는 아렌트가 아이히만 재판을 고찰한 것을 다룰 것인데 이것은 수많은 학자들의 다양한 설득을 거치면서 숱하게 조율되어왔던 문제다.[2] 나의 목표는, 아렌트의 관점에서, 바로 사유 과정이 어떻게 우리로 하여금 사전에 동거에 대한 어떤 이해에 이르도록 하는지 보이는 것이다. 사유하지 못한 아이히만의 무능, 독립적인 판단을 실행할 수 없는 무능과 연관된 그것은 아이히만이 어떻게 학살 정책을 생각해내고 실행할 수 있었는가에 대한 아렌트의 설명에 결정적인 요소가 된다. 그 연관 관계는 처음에는 어떤 의미에서도 명백하지 않았고, 아렌트는 가끔씩 사유와 행위의 연관을 과장overdrawing함으로써 문제를 더욱 심각하게 만들기도 한다. 이것은 아렌트가 주장하는 전부는 아니지만, 그녀가 추구한 논증 방식에 깃든 첫 번째 긴장이다. 이번 장은 복수성과 주권성에 대한 아렌트의 견해들 사이에 놓인 긴장을 이해하기 위해, 그리고 또 아렌트의 견해에서 복수성이 띤 철학적·정치적 중요성을 정교화하기 위해 사유와 동거 간의 이러한 관계를 고찰할 것이다. 아렌트는 민족과 국가라는 주권적인 개념에 반대하지만, 판단에 대한 설명에서는 주권성의 자리를 마련해둔 듯하다. 따라서 철저하게 무조건적이고 주권적인 자유의 실행으로서 판단하기를 경합하려고 할 때라면, 무엇이 복수성에 대한 더 철저하고 일관된 설명을 내포하는가 하는 의문이 생기게 된다. 이는 결코 사소한 문제가 아니다. 그것은 내가 보기에 정신의 삶과 다르지 않은 신체의 삶을 재고하는 데 직접적으로 정치적 의의가 있는 문제다.

:: 아이히만에 반대해서_아렌트의 목소리와 복수성의 도전

사유는 아렌트의 작업과 연관해서 추구하기 어려운 주제다. 그녀의 작업은 분명히 사유의 한 사례, 심지어 사유에 반드시 필요한 자기의 어떤 쪼개짐의 사례이기 때문이다. 그러나 사유의 실패가 바로 아이히만이 저지른 범죄의 이름이다. 처음에는 이것을 아이히만의 범죄를 서술하는 고약한 방식으로 볼 수도 있다. 그러나 나는 아렌트의 관점에서 비사유의 결과는 학살이라는 것, 혹은 확실히 학살일 수 있음을 보이고 싶다. 물론 그렇듯 일견 소박한 주장에 대한 첫 번째 반응으로 어쩌면 아렌트가 사유의 권력을 과대평가했다거나, 아렌트는 성찰의 다양한 양태에 부합하지 않는 사유, 곧 사유라고 보기 어려운 혼잣말이나 속으로 하는 말에 대해서도 매우 규범적인 설명을 고수한다는 말이 나올 수 있다. 나는 아래에서 이 문제를, 특히 자기self와 사회성에 대한 아렌트의 개념에 비추어서 고찰하고 싶다. 그러나 지금 내가 강조하고 싶은 것은, 원래 《뉴욕타임스》에 연재되었던 《예루살렘의 아이히만》[3]이 그 뒤 아렌트를 사로잡았던 가장 중요한 질문들 중 많은 것—사유는 무엇인가, 판단은 무엇인가, 심지어 행동은 무엇인가, 더 근본적으

288

로 나는 누구인가, 우리는 누구인가—의 핵심을 차지한다는 것이다.

내가 일찍이 지적했듯이 아렌트는 재판의 최후 판결, 곧 아이히만에게 사형을 언도한 판결에 동의했지만, 재판 자체의 구경거리뿐 아니라 재판을 이끌어간 추론 과정과도 싸웠다. 아렌트는 아이히만이 저지른 행위, 학살 정책 기획에 관여했던 행위에 재판이 집중할 필요가 있다고 생각했다. 요살 로가트Yosal Rogat가 먼저 생각했던 것처럼 아렌트도 반유대주의의 역사나 심지어 독일 반유대주의의 특수성이 재판을 받을 수 있을 것이라고 보지는 않았다.[4] 아렌트는 아이히만이 희생양처럼 다뤄지는 데 반대했다. 아렌트는 이스라엘이 재판을 이용해서 법적인 권위와 민족적인 열망을 확립하고 정당화한 방식 몇 가지를 비판했다. 아렌트는 재판이 그 남자와 그 남자의 행위를 이해하지 못했다고 생각했다. 그 남자는 일찍이 모든 나치즘과 모든 나치를 대표하도록 만들어졌거나, 아니면 궁극의 병리적인 개인으로 간주되었다. 이두 가지 해석이 근본적으로 갈등을 일으킨다는 것은 검찰에 문제가 되지 않는 것 같았다. 재판은 집단적 죄 관념에 대한 비판을 필요로 할뿐 아니라, 독재 정권 치하의 도덕적 책임에 대한 역사적으로 특수한 도전을 더 폭넓게 성찰할 필요도 있다고 아렌트는 생각했다. 아렌트가 생각한 아이히만의 잘못은 아이히만이 실정법을 비판하지 못했다는 것, 곧 법과 정책이 그에게 요구한 것에 거리를 두지 못했다는 것이었다. 곧 아렌트는 아이히만이 복종했다고, 비판적 거리를 결여했다고, 생각하는 데 실패했다고 나무란다. 그러나 이보다 더 아렌트는 사유가 주체를 사회성이나 복수성—학살을 목적으로 나뉠 수도 파괴될 수도 없는—에 얽어맨다는 것을 아이히만이 깨닫지 못했다고 나무라기도 한다. 아렌트가 보기에 생각하는 존재는 학살을 획책할 수도 저지를 수도 없다. 물론 생각하는 존재는 그런 생각을 할 수 있고, 아이히만이 분명히 그랬던 것처럼 학살 정책을 정립하고 실행할 수 있다. 그러나 그녀가 보기에 그런 계산은 사유라고 불릴 수 없다. 인간 삶의 복수성 일부를 파괴하는 것은 본질적으로 그 복수성과 연계되어 있는 자기 자신을 파괴하는 것일 뿐 아니라 사유 자체의 조건을 파괴하는 것임을 이해하게끔 사유가 어떻게 생각하는 '나' 한 사람 한 사람을 '우리'의 일부로서 연결하는가를 우리는 물을 수 있다. 질문은 흘러넘친다. 사유는 심리 과정으로 이해될 수 있는가, 적절한 묘사가 가능한 것인가, 사유는 아렌트식 의미에서 항상 일종의 판단을 실행하는가, 거기에 규범적인 실천이 관련되는가? 생각하는 '나'가 '우리'의 일부라면, 그리고 생각하는 '나'가 그 '우리'를 유지하는 데 관여한다면, '나'와 '우리'의 관계를 어떻게 이해할 것이며, 정치를 통치하는 규범 특히 실정법과의 비판적인 관계에 사유는 어떤 특별한 함의를 지니는가?

아렌트는 단지 이스라엘 법정이 아이히만에게 사형을 언도한 방식에 이의를 제기한 게 아니다. 아렌트의 책은 그 장면에 영향력을 행사한 모든 기존 법전도 나무란다. 그리고 아렌트는 유해한 법을 정립하고 복종했다는 이유로 아이히만을 비판한다. 따라서 책을 쓸 때 아렌트는 실정법으로부터 거리를 두는데, 이는 말년에 아렌트가 판단을 다룰 때 사용할, 전前법적인 도덕적 관점을 예시한다. 아이히만에 대한 아렌트의 저작이 보이는 수사적 특징 한 가지는 그녀가 반복해서 그 남자와의 싸움으로 뛰어든다는 점이다. 대체로 아렌트는 재판과 그 남자에 대해 3인칭 시점으로 보고하지만, 재판이 아니라 자신의 글에서 그에게 직접적으로 말을 거는 순간들이 존재한다. 아이히만이 '최종 해결책'을 감행할 때 자신의 행동은 복종에 입각한 것이었고, 자신은 칸트를 읽으며 이 특수한 도덕적 계율을 도출했다고 주장할 때, 그런 한 순간이 일어났다.

　우리는 아렌트가 보기에 그 순간이 이중적으로 얼마나 고약한 순간이었을지 상상할 수 있다. 아이히만이 '최종 해결책'을 위해 명령을 정립하고 실행했다는 것만도 끔찍한 일인데, 그가 자신은 나치의 권위에 복종한 것을 포함해서 평생 칸트의 계율을 따라 살았다고 말한 것은 너무 심했다. 그는 자신의 칸트주의를 설명하려고 하면서 '의무'를 환기했다. 아렌트는 이렇게 쓴다. "칸트의 도덕철학은 맹목적 복종을 금하는 인간의 판단 능력과 밀접히 연관되어 있다는 점에서, 그것은 표면상으로 언어도단이고, 이해 불가능한 것이기도 하다"(EJ, 135~136). 자신은 칸트에 충실했다고 설명할 때 아이히만은 스스로를 반박한다. 한편으로 아이히만은 "칸트를 거론하면서 내가 뜻한 것은, 내 의지의 준칙은 항상 일반법의 준칙이 될 수 있는 것이어야 한다는 것이다"(EJ, 136)는 점을 분명히 한다. 또 아이히만은 일단 자신이 '최종 해결책'을 완수할 임무를 부여받았을 때에는 칸트의 준칙을 따라 살기를 멈췄다고 시인하기도 한다. 아렌트는 아이히만의 자기서술을 다음과 같이 교정한다. "아이히만은 더 이상 '자기 행동의 주인이 아니었다.' 그리고 그는 '아무것도 바꿀 수 없었다'"(EJ, 136). 뒤죽박죽 뒤섞인 설명의 한가운데에서 아이히만이 칸트의 정언명령을 재구성해 우리는 **총통**Fuhrer이 승낙할 수 있는, 혹은 히틀러 자신이 행동할 만한 방식으로 행동해야 했다고 말할 때, 아렌트는 마치 아이히만에게 직접 육성으로 도전하고 있는 것처럼 재빨리 응수한다. "확실히 칸트는 그런 식으로 말할 의도는 전혀 없었다. 오히려 칸트에게 인간은 모두 행동하는 순간 입법자였다. 칸트의 '실천이성'을 사용함으로써 인간은 법의 준칙일 수 있고 또 법의 준칙이어야 하는 준칙을 발견했다"(EJ, 136).

아렌트는 1963년에 《예루살렘의 아이히만》에서 그렇게 실천이성과 복종을 구분하고, 7년 뒤에는 뉴욕의 '사회 연구를 위한 뉴스쿨New School for Social Research'에서 칸트의 도덕철학을 주제로 한 중요한 연속 강연을 시작했다. 의지, 판단, 책임을 주제로 다룬 것을 포함해 아렌트 말년의 많은 작업을 우리는 올바른 칸트 독해에 근거해서 아이히만과의 논쟁을 확장하려는 시도로서, 나치의 해석에서 칸트를 빼내 교정하고, 범죄자들의 법전과 파시스트 정권을 무비판적으로 지지한 복종 개념을 거스르는 데 칸트의 텍스트를 출처로 사용하려는 열렬한 시도로서 이해할 수 있다. 칸트에 대한 아렌트의 변호가 라캉의 〈사드와 칸트〉—어떤 사디즘은 정언명령 자체에 의해 산출된다고 해석한—와 대비를 이룰 수 있음을 슬쩍 지적하는 것도 가치가 있을지 모른다.[5] 그러나 흥미롭게도 아렌트는 정언명령보다는 미적 판단(특히 반성판단)에 의지하면서 바로 미적 판단이란 형식이 전후 정치의 재정립에 가장 유익하다는 주장을 한다. 동시에 아렌트와 칸트의 동맹이 칸트, 그리고 독일 유대인 사유의 지속가능성에 충실했던 헤르만 코엔의 태도를 이어갔음을 강조하는 것도 중요할 것이다.[6]

《예루살렘의 아이히만》에는 수많은 인물과 목소리가 산다. 아렌트는 서로 반드시 양립하지는 않는 많은 입장들을 꿰차고 있다. 아렌트의 단독 명제들은 이 책의 수용사 내부의 맥락에서 취해진 것이지만,

이 책의 리듬, 이 책의 내적인 적대를 따라가다 보면 우리는 아렌트가 상당히 복잡하고 양가적인 입장을 정립하려고 한다는 것을 알게 된다. 가령 아렌트는 아이히만의 운명을 결정하려는 이스라엘 법정의 정당성을 받아들이면서, 유대인들이 자신들을 박해했던 이들을 판단할 위치를 현실적으로 차지한 것은 실로 서기 70년 이후 최초라고 논평한다(EJ. 271). 그리고 아렌트는 원고인 희생자들이 과연 판관으로서 공정하게 기능할 수 있는가를 공개적으로 의문시한다. 나치의 잔혹성이 '인류에 대한 범죄'로 해석될 수 있다면 공평한 국제재판소가 그 소송을 판단해야 할 것도 같다.

결국 아렌트는 예루살렘 법정이 세 가지 중대한 쟁점을 다루는 데 실패했다고 간주한다. "전승자의 법정에서 공평한 정의에 관한 문제, '반인륜 범죄'에 대한 타당한 정의, 이 범죄를 자행한 새로운 범죄자에 대한 분명한 인식"(EJ. 274). 아렌트가 그 사람person, 그 범죄자를 법정이 이해하지 못했다고 생각한다면 이는 흥미로울 뿐더러 기이하기까지 하다. 왜냐하면 아렌트가 도처에서 우리에게 상기시킨 것은 사람들(이 사람들의 성격은 재판의 대상이 아니다)이나 민족(이들은 집단이기에 개별 인간에 의해 자행된 명백한 행위로 말미암아 죄가 있다는 주장은 불가능하다)이 아닌 행위가 범죄자로 간주될 수 있다는 것이기 때문이다. 아렌트는 악행을 한 자는 악행을 저지를 명백한 '의도'가 있어야 한다고 주장하는 사법적인 관습이 아이히만의 경우에 부합한지를 고찰한다. 아이히만에게 '의도'가 있었다고 말할 수 있을까? 아이히만이 악행에 대한 어떤 관념도 갖고 있지 않았다면 그가 의도적으로 악행을 저질렀다고 말할 수 있을까? 우리는 그의 의도에, 심지어 이 사람의 어떤 심리적 특질에 의지할 수는 없을 것 같다. 비단 의도론의 오류intentional fallacy 가 지속적으로 유효하기 때문(우리는 그의 행동이 무엇을 의미하는지, 혹은 그의 행동이 오로지 그의 명백한 동기에 따라 일어난 것인지를 추적할 수 없다)이 아니라, 그가 명시적인 의도 없이도 대량 살상을 시행할 수 있는 새로운 종류의 사람에 속한 것으로 보이기에 그렇다. 곧 어떤 사람들은 역사적으로 시행 도구가 되어왔고, 그들은 아렌트가 사유라 부른 능력을 상실했다고 볼 수 있을 것 같다. 어떤 점에서 아렌트에게 문제는 역사적이면서 동시에 철학적이다. 사람들이 어떻게 규범적인 판단의 실행으로 해석되는 이른바 사유가 사람들에게 혹은 사람들에 의해서는 가능하지 않게끔 형성되기에 이르렀단 말인가? 아렌트는 심리학적 설명을 거부한다. 아렌트가 보기에 아이히만은 도착자도 사디스트도 아니며, 단지 판단 없이 행동했고, 정상적이고 정상적인 것이 된 잔인한 법을 정립하고 실행했다. 그래서 아렌트에 따른다면 무엇이 그의 범죄인가? 그는 생각하지 못했다. 그는 판단하지 못했다. 그는 칸트가 기술했고 규정했던 바로 그런 의미의 '실천이성'을 이용하지 못했다. 요컨대 아이히만은 자신은 칸트주의자라고 주장했던 만큼 칸트주의자가 되지 못했다.

팽팽한 긴장감이 도사린 책의 마지막 부분, 기이한 몇몇 구절에서 아렌트는 아이히만에게 2인칭으로 말을 걸면서 최종 평결에 목소리를 부여한다. 아렌트가 전달한 평결은, 그녀의 주장에 따르면 만약 예루살렘의 판사들이 "예루살렘에서 이뤄졌던 것의 정의"(EJ, 277)를 가시화하고 명시하는 데 동의했다면 내렸을지 모를 평결이었다. 심지어 이 문구가 시사하는 것은 아렌트는 사실 정의가 행해졌다고 생각한다는 것, 그러나 판단 배후의 추론 과정이 공적으로 명백해지도록 정의가 제대로 드러나거나 전시되지displayed 않았다고 생각한다는 것이다. 아렌트는 평결에 대한 자신의 생각을 발설하기 직전 문장을 시작하면서 의도를 명확히 할 수 없는 곳(아렌트는 아이히만의 경우가 이렇다고 생각한다)에서도 범죄가 행해졌다는 것을 이해할 수 있어야 한다고 주장한다. 그리고 아렌트는 범죄를 처벌할 때 보복이 선택지가 되는 것을 거부하면서 이렇게 주장한다. "우리는 '대죄는 본성을 거스르고 그렇기에 바로 대지가 보복을 요구하고, 악은 오직 응징으로만 회복할 수 있는 자연의 조화를 더럽힌 것이며, 학대받은 집단은 범죄자를 처벌할 도덕적 명령에 대한 의무를 진다'는 명제를 야만적인 것으로 간주하기에 거부한다"(EJ, 277). 인용된 문장의 마지막 부분은 1961년에 출간된 요살 로가트의 증보판 논고《아이히만 재판과 법의 지배》에서 갖고 온 것(22)이다.[7] 이 책에서 로가트는 그런 태도가 "낡은 입장"에 속하고, "불길한 전조가 깃든 부족의 유물"(20)이라고 명시한다. 그것들은 "현대적인 모든 사유 패턴보다 오래된 것이고", "개인의 양심에 맞서 전통적인 권위와 계율을 강조하고 개인의 권리보다는 오히려 사회적 의무를 강조한다"(20). 로가트의 관점에서 보면 집단 구성원임이 자기의 의미와 요청을 확립한다는 생각을 "공격적으로 변호하는 데 이스라엘이 착수한" 것이다. 로가트가 숙고한 것은 박해가 "유대적인 것이 뜻하는 것"(21)의 일부이기에 아마 유대인들은 박해를 받아들였을 것이라는 점이다. 역으로 아이히만을 처벌할 권리는 전통에 근거한 집단적 정체성 개념에서 도출된 것 같았다.

로가트는 이렇게 "낡은 입장"을 프레임으로 사용한다면 법의 지배와 재판의 타당성에 대한 자신의 질문들은 제기될 수 없었을 것이라고, 왜냐하면 후속적으로 아렌트에 의해 인용된 집단적인 것, 본성, 보복의 권리에 대한 명제들이 득세했을 것이기 때문이라고 논평한다. 1961년 로가트는, 세계는 여전히 아이스킬로스의 《오레스테이아 *Oresteia*》가 제기한 근본적인 질문, 곧 보복의 순환은 오직 "감정의 지배를 받지 않는 재판의 확립과 더불어서"(44)만 멈출 수 있는 것 아닌가 하는 질문을 제기하고 있다고 언급한다. 그는 다음과 같이 쓴다.

"서구 세계는 부단히 《오레스테이아》의 중심적인 문제에 몰두해왔다. 서구 세계는 심대한 도덕적 무질서에 법적 질서를 부과하려 드는 것으로 대처해왔다는 특징을 갖고 있다. 오늘날 우리에게 다른 대안은 없다"(44).

아렌트는 대체로 로가트의 논증에 동의하는 듯 보인다.[8] 재판은 법의 통치를 받는 절차라기보다는 한바탕 쇼라는 아렌트의 주장, 아르헨티나에서 본국으로 아이히만을 불법 송환한 데 대한 그녀의 이의 제기, 그리고 아이히만의 범죄는 비단 유대인만이 아닌 인간성을 거스르는 범죄라는 그녀의 주장은 모두 1961년 로가트의 조용하고 선견지명이 넘친 주장에서도 발견된다. 로가트는 법적인 숙의가 드러났음을 확인함으로써 개인의 편견과 이해관계를 부분적으로나마 피해 갈 수 있으리라고 생각했다. 이런 관점에서 로가트는 다음과 같이 썼다. "이러한 노력은 '정의는 행해져야 할 뿐 아니라 행해졌음이 보여야만 한다'는 경구―공적인 조사와 공적인 신뢰의 중요성을 표현하는―가 의미하는 것의 일환이다"(34). 그러나 아렌트는 법의 지배에 의지하려는 대신, 법이 이렇듯 특수하고 엄청난 범죄를 전혀 구상해내지 못한 시점에 어떻게 판단이 이뤄질 수 있는가를 묻는다. 아렌트는 이 지점에서 로가트를 따라가면서 사유를 지속하는 것 같지만, 기존의 사법적 선례로는 통찰할 수 없는 범죄 앞에서 판단의 실행을 요구하는 사법적 혁신의 필요성을 주장하기 위해 로가트로부터 벗어난 것 같다.

이렇듯 중대한 시기에, '의도'와 연관된 기성의 제도적 관습은 이용될 수 없다(그녀가 보기에 아이히만은 사유하지 않았다). 그리고 '보복'이 야만적이고 받아들일 수 없는 것일 때, 그렇다면 무엇을 근거로 아이히만에게 판결을 내릴까? 우리는 아마도 아렌트 자신의 목소리로 내릴 평결은 그녀가 보고 싶어 했던 평결이라고 예측할 수 있겠지만, 그 결론은 그 다음 부분에서 확고한 지지를 얻지 못한다. 로가트를 상기시키면서 아렌트는 보복, 복수, 자연의 도덕 질서에 속하는 "이렇듯 오랫동안 잊혔던 명제들"이 사실 그를 재판에 소환한 이유이자 동시에 "사형을 정당화하는 최고의 방식"(EJ, 277)이라고 주장한다. 아렌트는 "그렇지만" 이것이 재판과 최종 판결에 작동한 이유였다고 덧붙인다. 바로 이것이 그녀가 거부한 정당화의 방식이었던 것 같다. 그녀는 그 뒤 자신의 문장을 덧붙인다. "지상에서 어떤 '인종'을 제거하는 게 공개적 목적이었던 기획에 관련되어 중요한 역할을 했기 때문에 아이히만은 제거되어야만 한다." 그 뒤에 아렌트는 로가트처럼 "정의는 행해져야 할 뿐 아니라 행해졌음이 보여야만 한다"는 경구를 인용하면서, 예루살렘 법정은 자기 행위의 "정의"를 명백히 하는 데(그리고 나타남 appearance의 영역으로 불러들이는 데) 실패했다고 꾸짖는다(EJ, 277). 따라서 이 지점에서 분명해 보이는 것은, 아렌트는 사형 언도를 포함한 예루살렘 법정의 행위가 공정했다고 생각하지만 평결과 선고에 충분히 좋은 공적 이유를 부여하는 데는 실패했다고 생각했다는 점이다.

자신의 평결을 목소리 내기 전에 아렌트는 판사들이 한 행위의 "정의"는 "만약 판사들이 대담하게 다음과 같은 용어로 피고에게 말했다면 모든 사람이 볼 수 있도록 출현했을 것이다"(EJ, 277)고 쓴다. 바로 그 뒤에 등장하는 직접적인 말걸기는 예루살렘 판사들의 비겁함을 벌충하기에 충분할 만큼 대담하다. 그러나 아렌트는 진짜 그들의 견해와는 다른 의견을 내놓은 것일까? 아니면 아렌트는 그들이 사용했어야 하는 원리rationale를 제공한 것인가? 아렌트가 판사들의 원리에 반대하면서도 단지 더 대담하게 그 원리를 제시한 것일 수 있기에 이는 판가름하기 어렵다(결국 그들의 최종 평결을 끌고 간 것은 그녀가 보기에 오래도록 잊혀 있었던 명제 곧 보복의 원리다). 그러나 이 목소리 내기는 최종 판결에 참여하고, 따라서 그 오랫동안 잊혀 있었던 명제들의 현시대적 형식을 수락한 한 가지 방식일 수 있다. 아렌트는 야만주의barbarism를 명시적으로 거부해왔다. 따라서 그녀가 야만주의를 옹호하는 일은, 불가능하지는 않다고 해도 기이한 일일 것이다. 그러나 그녀의 목소리가 판사들이 말했어야 했던 것을 말하고 그들의 결정이 보여준 '정의' 역시 거론하고 있다면, 아마 아렌트는 자신이 그 원리에 동의하지 않으면서도 단지 그 원리를 뚜렷이 나타내 보인 것이다.

그러나 좀 더 그럴듯해 보이는 것은, 애초에 아렌트는 판사들이 의미했던 것을 재현하려고 했지만 결국에는 그들이 의미했어야 했던 것을 표현하기 시작했고, 그 두 양상은 뒤얽히게 되었다—두 번째 양상은 첫 번째 양상을 완전히 대체하지는 못한다—는 것이다. 아렌트는 이 직접적인 말걸기를 "당신은 교수형에 처해져야 한다"란 문장으로 끝맺는데, 이 고풍스러운 공식 사형 언도 문구를 통해 아렌트가 죽음을 선언하는 군주의 위치에 있게 되고, 따라서 이를 야만적이라고 생각할 수도 있다. 그러므로 이 구절을 따라가면서, 아이히만에게 다시 사형을 언도할 때 아렌트가 사용한 직접적인 말걸기의 발발이 과연 무엇을 의미할 수 있는지 이해해보기로 하자.

아이히만은 오직 아렌트의 환기를 통해서만 자리를 맡고, 따라서 대화를 끌어가는 것은 대부분 아렌트지만, 그녀는 아이히만과 적극적인 대화를 시작한다. 아렌트는 직접적인 말걸기를 전개한다. "당신이 '최종 해결책'에서 맡은 역할은 우연이었고, 거의 모든 사람이 당신의 역할을 맡을 수 있었기에 잠재적으로 거의 모든 독일 사람이 당신과 똑같이 유죄라고 …… 말했다. 당신이 말하려고 한 것은 모든, 거의 모든 사람이 유죄이고 죄 없는 자는 없다는 것이다"(EJ, 278). 그 뒤에 아렌트는 이의를 제기하기 위해 복수형 '우리'를 끌어들인다. "이것은 평범한 결론일 테지만 우리가 당신에게 기꺼이 수여할 만한 결론은 아니다." 그 뒤에 아렌트는 이렇게 덧붙인다. "설사 독일인 8000만 명이 당신처럼 했다고 해도, 그것이 당신을 위한 변명이 되지는 못할 것이다"(EJ, 278).

마지막 단락에서 판사의 목소리를 떠맡은 아렌트는 명백한 행동에 상응하는 문헌상의 어구로 판단을 제공한다. 흥미롭게도 판단은 사실에 반하는 조건문 형식을 취한다. 역사적 조건이 그렇지 않았다면, 또 판사가 그렇게 행동하지 않았다면 평결은 그런 식으로 들리고 보였을 수도 있다는 식이다. 아렌트가 "예루살렘에서 이뤄졌던 것의 정의는, 만약 판사들이 대담하게 다음과 같은 용어로 피고에게 말하려고 했다면 모든 사람이 볼 수 있도록 출현했을 것이다"(EJ, 277)라고 쓴 뒤, 새 단락이 시작되고 어떤 목소리가 출현한다. 그것은 아렌트의 목소리인가, 아니면 막연히 추측된 정의 자체의 목소리인가? 아렌트는 이 단락에서 어디에 있는가? 이 '인용문'을 개시한 인용 부호는 정의가 어떻게 나타나야 하는가에 관한 이미지를 유발한다. '나타난' 것은 '목소리'이고, 목소리의 무대화는 시각적이며 텍스트적이고, 따라서 재판의 광경도 무대도 아니다. 뭔가가 책으로 쓰이고 전시되고 있다. 정의의 책은 아렌트의 텍스트로 쓰이고 보이고 있다.

아이히만의 증언에 대한 응수로 시작된 것(처음에는 아렌트가 검사의 입장과 동맹을 맺는다)은 판사의 수행적 발화로 끝난다. 물론 그 목소리로 발화된 견해 중 몇몇은 아렌트의 것처럼 들리지만, 아렌트의 어조와 논증을 모두 벗어난 듯 보이는 견해도 존재한다. 아렌트는 아이히만의 기본 동기와 의도는 절대로 확립될 수 없다고 주장하지만, 평결-목소리는 정반대의 관점을 즐기는 듯 보이기도 한다. "당신은 절대로 기본 동기에 따라 행동하지 않았다. …… 당신은 절대로 유대인을 증오하지 않았다. …… 우리는 이 점을 믿기 어렵지만 불가능하다고는 생각하지는 않는다"(EJ, 278). 아이히만 자신이 말하려고 했던 것(아이히만 자신의 발화에 함축된 논리를 판사가 재구성하고, 다시 아렌트가 평결에 함축된 논리를 재구성한, 진정한 액자 속 액자 기법mise en abyme)을 그 목소리(판사들이 무엇을 의미했는지 혹은 무엇을 의미했어야 하는지를 그들조차 알지 못할 때에도 아렌트는 그것을 아는 듯 정교하게 만든)가 추측하는 순간이 뒤에 이어진다. "당신이 말하려고 한 것은 모든, 거의 모든 사람이 유죄이고 죄 없는 자는 없다는 것이다"(EJ, 278). 두 경우에 유추된 목소리가 판결을 위해 확립한 입장은, 자신의 행동—그러나 주권적 행동의 또 다른 그림자인—을 이끌어줄 원칙을 공급할 수 없거나 공급하지 않을 사람들의 의도를 재구성해서 그들에게 그 의도를 귀속시키는 데 의거한다. 핵심은 무엇이 의도였어야 하는가를 규정하기보다는, 설사 판사와 범죄자가 몰랐다 해도 범죄와 판결에 이미 어떤 규범이 작동하고 있음을 보여주는 것이다. 이는 중요한 부분이지만 심리학적인 의미의 '의도'가 아니다. 이는 증언과 기소에 관한 전문 용어, 최종 평결을 전달하는 중에 출현한 도덕적 추론의 형식이다. 아렌트는 아이히만이 성서 이야기에 주목하기를 원한다. 따라서 아렌트가 그 단락을 끝내면서 법 앞에서 무죄와 유죄는 객관적인 문제라고 주장할 때, 그것이 함축하는 바는 신이 소돔과 고모라에서 범죄의 본성을 따라, 또 객관적인 방식으로 소돔과 고모라의 주민을 처벌하려고 행동했다는 것 같다. 결국, 그럼에도 그 밖에 어떤 이가 죄인인가와 상관없이, 그들 중 누구도 그가 저지른 죄를 용서하지 못할 것은 분명하지만, 그의 개별적 죄—그의 특수한 행위에 묶인—는 가장 중요한 핵심으로서, 아렌트가 최종 판단을 제공하는 그 다음 단락에도 반복되는 핵심으로서 출현하는 것 같다.

당신이 한 것과 다른 이들이 했을 수도 있는 것이 어떻게 비교 가능한지는 문제가 아니다. 잠재적 행위와 실제 행위 사이에는 '심연'이 있다. 당신의 의도가 범죄적인지는 문제가 안 된다. 당신의 내적 삶의 상태가 어떤지, 어떤 사회적 조건이 당신을 이 길로 이끌었을지는 문제가 안 된다. 최종 판단은 군건하다. "그럼에도 당신은 대량 살인 정책을 수

행했고, 따라서 적극적이고 능동적으로 그 정책을 지지했다는 사실은
여전히 남는다."   (EJ, 279)

그러나 아이히만의 최종 범죄, 그가 교수형에 처해져야 하는 범죄
는, 이제 그가 불현듯 복수의 주어 '당신과 당신의 상관들'이 수신자인
메시지를 수신하고 누구와 지구를 공유할 것인가 하는 결정을 자신들
의 고유한 권리로 받아들였다는 것이다. 아이히만은 자기들이 유대 민
족이나 그 외 다른 국가의 민족과 '지구를 공유할' 필요는 없다고 결정
할 수 있다고 생각했고, 그렇게 생각한 사람들을 대표했다. 자기들이
어떤 특수한 인구와 지구를 공유할 필요가 없다고 결정한 한에서는,
아렌트가 지적한 것처럼 어느 누구도, 인간 종human race의 어떤 구성
원도 "당신과 지구를 공유할 것이란 기대를 할 수 없다." 아렌트는 바
로 이 범죄, 이렇듯 공유하지 않음이란 범죄가 "당신이 교수형에 처해
져야 하는 그 이유, 유일한 이유다"(EJ, 279)라고 결론을 내린다.

그렇다면 아이히만이 죽어야 하는 이유로 평결-목소리가 제공한 최
종 이유는 무엇인가? 당신은 당신이 죽기를 바라는 이들이나 당신과
같은 사람을 죽이기로 공모한 이들과 함께 살 수 있으리란 기대를 할
수 없다는 것인가? 아니면 당신은 당신이 죽기를 바랄 뿐 아니라 당신
의 목숨을 앗아 가고 또 당신과 같은 이들의 목숨을 앗아 갈 이들과는
함께 살기를 기대할 수 없다는 뜻인가? 만약 그가 철창에 갇혀 더 이
상 모든 사람의 삶에 실질적인 위협이 되지 않는다면, 그 본인은 전 인
구가 살기를 바라지 않았기에 그 살인 욕망을 만족시키려고 '최종 해
결책'을 실행했으므로, 이 평결은 단지 그가 살아 있기를 '원치 않는'

것에 불과한가? 아렌트가 전달한 최종 평결은 보복과는 다른 것인가?

이 재판에서 사형 찬성 결정은 어떤 법, 규범, 원칙에 따라 정당화된 것인가? 우리는 보복, 위반된 자연 질서 관념, 침해당한 집단의 권리와 같은 것에 대한 그 어떤 호소도 아렌트가 야만으로 간주하고 거부한다는 것을 보았다(EJ. 277). 아렌트는 줄곧 판단과 정의를 지지하는 주장을 해왔고, 에필로그 뒤에 나오는 후기에서도 그녀의 그런 주장은 이어진다. 그러나 특이한 것은 이렇듯 오래 잊혀 있었던 고풍스러운 정의 개념이 아이히만을 재판으로 이끌었고 사형 언도에도 책임이 있다는 그녀의 논평이다. 이로 인해 혼란이 유발된다. 여기서 아렌트가 거론하는 이유들이 야만적이고 받아들이기 어려운 것이라면, 그녀는 그가 재판에 소환되어 사형 언도를 받았던 이유 모두를 거부하는 셈이기 때문이다. 그러나 아렌트는 혹시 그 야만성 안에서 (예루살렘 판사들의 최종 평결에는 그 판사들 스스로 명백히 밝히지 못한 어떤 잠재적인 원칙들이 있다든가 하는 식으로) 작동하는 어떤 지혜—시원적 규범—를 말하는 것인가? 왜 아이히만이 제거되어야 하는가를 놓고 아렌트가 제공한 명백한 평결은, 그는 이른바 어떤 인종들(때로는 "민족들")을 지구 표면에서 지우려고 했다는 것이다. 여기에는 어떤 원칙이 있을 것 같지만 직접 정교하게 제시되지는 않았다. 대신에 그 목소리는 바로 이것이 어느 누구도 그와 함께 살기를 **바라길** 기대할 수 없는 이유라고, 중간전제 없이 결론을 내린다.

우리는 이미 앞부분에서 아이히만을 아르헨티나에서 인도해 오는 데는 법적인 정당성도 없었고, 법적인 수단을 통해 외국인 범죄자의 인도가 실행되지도 않았다는 것을 읽었다(아이히만은 용납하기 어렵지만

'무국적자'였고 그 어떤 정당한 절차를 밟을 권리도 누리지 못했다). 이런 점을 고려해서 아렌트는 야스퍼스를 언급한다. 야스퍼스는 보복이 명하는 바에 따르는 이들은 올바른 처벌이 무엇이어야 하는지, 어떤 권위가 그 문제를 결정할 자격을 가져야 하는지, 어떤 법전을 따라야 하는지 성찰하길 멈춘 것이라고 경고했다. 우리가 아렌트에게서 읽어낼 것은 복수가 아닌 정의 관념을 지지하자는 것인 듯하다. 곧 판단에 의지하는 정의가 있어야 하고, 이 경우 선례가 존재하지 않는 범죄를 판단하라는 요구에 부응하는 게 판단인 것이다. 이 범죄는 흔히 벌어지는 살인이 아닌, 아렌트가 지칭한 대로 따르자면 "행정적 학살"이고, 이 새로운 범죄는 심리적 의도를 확고히 하기보다는 오히려 무비판적인 복종의 정치적으로 조직된 양태에 의존한다. 아이히만 자신이 새로운 종류의 인간 혹은 선례가 없는 종류의 범죄자이고, 따라서 정의의 메커니즘과 용어는 이런 새로운 상황을 다루기 위해 재고되어야 하고 다시 만들어져야 한다. 아렌트는 이 재판에서 심리적 동기와 의도를 적절하게 복구할 수 있을 것이라는 생각을 반박했지만, 그럼에도 불구하고 아이히만과 판사들 양편에 어떤 의도를 부여했다는 점은 매우 흥미롭다. 만약 양편에서 자신들의 행동에 작동한 규범을 분명하게 만들 수 있었다면, '그들이 말했을 수도 있는 것'을 양쪽 모두에게 부여하는 관습은 일단의 규범적인 태도와 심지어 추론의 양태—사실에 반대하는 입장에 입각해 사후적으로만 재구성될 수 있을—도 전제로 한다. 그들이 잘 사유하고 말했더라면, 아니 정의를 **보여주었**더라면 자기들 행위의 원칙을 제공했을지 모르지만, 양쪽 어느 편도 그것을 잘 해내지 못했기에 아렌트가 그들을 위해 그것을 제공한 셈이다. 핵심은 심리적

인격person을 재구성하는 게 아니라 행위의 양태에 암묵적으로 작동한 규범적 도식을 재구성하는 것이다. 아렌트는 '의도'를 수정해서 도덕적 추론의 의식적 작동과는 결코 다른 것으로 만드는 데 성공한 것 같지만, 이런 궤변의 불투명하고 부인된 부분이 그 자체로 어떤 심리적인 지형—무언의 발화나 뒤죽박죽된 발화에 함축된 도덕적 관심을 발굴·전시하려는 어떤 공격적 치료법의 개입을 통해 반격당하는 부인의 메커니즘—에 의존하는지 이해하기는 쉽지 않다.

아렌트는 아이히만과 판사들 양쪽이 말하려고 했던 것을, 심지어 말했어야 하는 것을 그들보다 더 잘 아는 것으로 보이지만, 그녀는 매번 모든 것을 다 아는 철학적 고고학자로 머물지는 않는다. 예루살렘 판사들에 대한 혹독한 비판이 허용하는 것보다 더 크게 그들에 대한 정서적 동일시를 촉발하는 뭔가가 아이히만에 대한 직접적인 말걸기를 통해 일어난다. 아렌트의 목소리는 판사들의 목소리와 뒤얽히고 묶여서 거의 복수성으로 바뀐다. 결국 목소리는 아렌트의 것이면서 아렌트의 것이 아니다. 그것은 판사들이 용기가 있었다면 사용했을지도 모를 목소리이고, 따라서 여기에 그녀가 쓴 것은 용기백배한 평결이다. 아렌트는 그런 식으로 목소리를 소유하는 것 같다. 그러나 판사들에게 귀속된 목소리는 아렌트 자신의 목소리로부터 떠남을 표시하는 것 같다.

잠시 이 평결로 다가가는 인용 부호 속 문구로 돌아가 보자. "예루살렘에서 이뤄졌던 것의 정의는, 만약 판사들이 대담하게 다음과 같은 용어로 피고에게 말하려고 했다면 모든 사람이 볼 수 있도록 출현했을 것이다"(EJ, 277)라고 쓸 때 아렌트는 우선 그 평결을 공정한 것으로 받아들인 것 같다. 아렌트는 어느 부분에서인가 평결에 만연한 복수심과 화려함을 기각했다. 아렌트는 판사들이 자신들의 정의 판본에 명확히 목소리를 부여했다면 예루살렘에 얼마나 복수가 만연했는지를 우리 모두가 알게 되었을 것이라고 간단히 언급한 것일 수도 있다. 그렇다면 그것은 판사들의 정의 판본인가 아니면 아렌트가 확증한 정의 판본인가?

그렇다면 우리는 일어나고 있는 것에 대한 두 가지 해석을 비교해야 한다. 첫 번째 해석에 따르면 아렌트는 판사들이 만약 참으로 공정한 방식으로 판단했다면 말했어야 할 것을 말한 것이다. 아렌트는 심지어 판사들이 옳은 결정에 이르렀다고(그녀가 명시적으로 언급했던 것), 그러나 그들이 거기에 올바른 방식으로 도착하지는 않았고 올바른 방식으로 그것을 정당화하지 않았다고 단언하는 것 같다. 판사들의 판단에 함축된 원리가 존재하는 것도 같고, 그녀에게 남겨진 해석학적 임무는 그런 추론을 명시하고 따라서 올바른 정당화를 '보여주는' 것이다.

두 번째 해석은, 아렌트는 만약 판사들이 자기들의 행동을 진짜로 정당화할 수 있었다면 말했을지 모르는 것에 목소리를 부여한 것이라는, 그러나 그녀는 그들의 정당화에 동의하지 않는다는 것이다. 이런 독해를 따르면 아렌트는 판사들이 정의라 부른 것은 진짜 정의가 아니라고 반박함으로써 판사들을 고발한다. 그러나 그녀가 가장 관심을 기울인 것은 이런 복수의 작동이 보일 수도 들릴 수도 없다는 것이고, 어떤 행정상의 소음이 아이히만에게 사형을 언도한 이렇듯 고풍스럽고 야만적인 형식의 실제적 작동을 덮어버렸다는 점이다.

텍스트에 대한 이 두 번째 해석을 받아들일 수 있다고 해도 우리에게는 에필로그의 말미에 실제로 누가 말하고 있는지, 그리고 텍스트 속 이 목소리의 목적과 효과가 무엇인지를 이해해야 하는 문제가 여전히 남는다. 목소리는 직접적인 말걸기의 양태로 텍스트에 출현하고, 이는 판사의 형상을 명료하게 한다. 세계에 무엇이 일어나고 있는지를 '보여주어야' 하는 언어적 부담을 내포한 텍스트에서 판사의 형상은 직접적인 말걸기의 목소리를 통해서 이미지를 생산하는 작용을 한다.

지금껏 내가 제공한 각 해석의 어떤 판본은 받아들여져야만 한다. 아렌트에 의해 유추된 목소리 중 그녀 자신의 것은 아닌(따라서 그녀가 부분적으로 부인한) 목소리도 있지만, 그녀 자신의 목소리로 확인될 만한 특질들도 있다. 이런 이중화는 우리가 볼 수 있도록 거기에 존재한다. 그렇다면 아렌트는 이 목소리 어디에 있는 것인가? 아렌트는 어쩌면 그런 관점들 사이에 분포되어 있는 것 아닐까? 그녀는 자신이 믿는 것을 발설하지만 이 목소리와 밀접한 관계가 있는 다른 목소리, 그녀도 동의하지 않는 견해를 가진 또 다른 목소리가 존재한다. 이것은 쪼개져 자신과 논쟁을 벌이며 갈등하는 목소리인가? 이렇듯 직접적인 말걸기의 한가운데에서 판사의 목소리가 아렌트 자신의 가정법을 이용한 복화술을 반복한다는 것은 흥미롭다. 막연히 유추된 판사는 유추된 아이히만에게 "당신이 말하려고 한 것은 모든, 거의 모든 사람이 유죄이고 죄 없는 자는 없다는 것이다"고 말한다. 판사들은 소돔과 고모라를 언급하는데, 이는 고릿적 성서 이야기에서 도시들이 파괴된 것은 모든 사람이 유죄였기 때문이라고 아이히만에게 이야기하는 맥락에서다. 판사들은 다음 행에서 결국 이 관점을 거부한다. 그들은 아이히만 바로 "당신"이 모든 나치 혹은 독일 제3제국의 모든 지지자로 대체될 수 없다고 주장하기 때문이다. 유추된 판사들은 아렌트의 목소리와 아주 흡사해 보이는 목소리와 취지로 집단적 범죄 관념을 기각한다. 실질적인 죄와 잠재적인 죄를 구분한 것 역시 아이히만의 내적 삶이나 동기가 아닌 그의 행위에 초점이 맞춰져 있으므로, 아렌트가 구분한 것으로 보인다.

텍스트의 이 지점에서 나는 아렌트가 야만적이고 부당하다고 생각한 바로 그 보복의 원리를 발설하는 것은 아닌지 의심이 일기 시작한다. 아렌트는 유추된 목소리로 왜 사람들이 아이히만이 죽기를 "바라는지" 설명하지만, 누군가가 죽기를 바라는 것은 그 누군가에게 사형을 언도할 만큼 충분히 적절한 이유는 아님을 명확히 했다. 다른 어딘가에서 아렌트는 덜 정서적인 논증을 제공한다. 곧 학살은 받아들일 수 없다, 왜냐하면 그것은 인간성의 복수성 자체를 공격하기에. 좀 더 대담하고 용기 있는 판사였다면 발설했을지 모르는 것에 목소리를 부여하는 일은 실상 좀 더 정서적인 아렌트라면 말하고 싶었을 것, 또 실제로 말한 것에 목소리를 부여하는 일이다. 그녀가 정확히 사형을 의미하지 않은 채로 사형을 말할 수 있게 해준, 누구의 말도 아닌 인용부호 안에서. 텍스트의 허구적인 추측에 의해 가능해진 일이다.

이렇듯 이상하게 해방된 목소리, 곧 직접적인 말걸기로 진행된 간접적인 발화는 어느 지점에서 실제로 제풀에 방해를 받는데, 이는 그 두 가지 관점이 그렇게 목소리를 낸 복수의 판사에게서 나온다는 것을 시사한다. 아이히만이 죽기를 바라는 언어는 끝에서 두 번째 문장을 결정한 것 같다. 최종 기소에서 유추된 판사들은 아이히만이 "유대 민족 Jewish people과 수많은 다른 민족nation의 사람들과" 지구를 공유하지 않길 바란 점을 강조한다. 판사들은 인간 종의 구성원들이 아이히만과 지구를 공유하길 바라지 않는다는 결론을 내린다. 그러나 그때 문장부호 줄표dash를 통해 출현한 어떤 원칙이 그런 결정은 단지 욕망이 아니라 원칙에, 심지어 집단학살의 경우를 처결하는 데 환기되어야 할 규범에 근거한다고 말한다. "—마치 당신과 당신의 상관들은 세상에 누가 거주해야 하고 누가 거주해서는 안 되는지 결정할 권리를 가졌기라도 한 듯"(EJ, 279).

그런 중요한 원칙이 논평으로 등장하고 심지어 사유의 완전한 귀속을 유보하는 '마치 ~라도 한 듯'이라는 조건절이 된다는 것은 주목할 만하다. 다른 곳에서와 마찬가지로 여기서도 조건법적 서술은, 설사 그 자체로 명백히 성문화된 것은 아닐지라도 어떤 권리가 행위의 양태와 특수한 종류의 정책에 의해 함축적으로 명시됨을 분명히 한다. 누구에게 귀속되지 않는 '우리'가 있기에 아렌트 자신의 목소리는 이렇게 판결을 재구성한 목소리 안에 더 대담하고 예시적인 권력을 갖고서 예루살렘 판사들의 목소리와 함께 거한다. 심지어 줄표 안에서 아렌트는 요전과 똑같은 절차로 들어가서, 다른 사람들이 자기들의 행위에 원칙을 부여할 만큼 충분히 공적으로 용기와 언어를 갖고 있었다면 말했을지 모르는 것을 말한다. 이 목소리가 나치의 정책에 누구와 함께 살지를 선택할 권리의 책임을 귀속시키는 순간에, 그 목소리는 아렌트가 분명히 보여준, 명시와 반대를 위한 언어나 용기를 판사들은 갖고 있지 않았음을 보여주기도 한다.

아이히만(과 판사들)에 대해 아렌트의 목소리로 이뤄진 답변의 철학적·정치적 핵심은, 지상이나 세계(아렌트는 하이데거의 이 구분에 줄곧 모호한 태도를 보이며, 거주자가 없는 지상은 존재하지 않는다고 제언한다)에서 누구와 함께 살지를 선택할 권리는 존재하지 않는다는 것을 명확히 해야 한다는 것이다.[9] 우리가 결코 선택하지 않은 사람들과의 동거는 요컨대 인간 조건의 변치 않는 특성이다. 여기 지상에서 누구와 동거할지를 결정할 권리를 행사한다는 것은 학살적 특권에 호소하는 것이다. 사형 선고는 오직 학살을 실행했던 이들에 대해서만 정당화되는 게 분명하다. 설사 사형 선고의 정당성을 두고 당시 벌어졌던 논쟁(부버와 그외 다른 사람들이 거기에 반대한 사실과 함께)을 우리가 알지 못한다 해도, 다른 처벌 형식이 있는데도 왜 그 형벌이 적합한가에 대한 정당화는 아렌트의 이 책에서 찾을 수 없다.[10] 아마도 우리는 살인죄가 학살죄와 같지 않은 것과 마찬가지로 국가가 부과한 사형 선고와 개인들이 무작위로 저지르는 살인은 같지 않음을 기억하라는 요청을 받는 중이다. 그런 유비를 적용한다면, 그리고 자기 추론의 원칙을 아렌트가 완전히 보여준 것이라면, 아렌트는 사형 선고를 정당화하는 치사致死의 양태들(어떤 사법적 조건하에서 국가가 유발한 살인)에 대한 도덕적 유형학에 의지하면서도, 국가의 지원을 받건 안 받건 벌어지는 모든 형태의 학살적 치사를 거부한 것일 수 있다.[11] 그러나 이런 정당화는 이 과정에 나오지 않는다.[12] 대신 추론 과정에 특기할 만한 생략이 존재한다. 그런 논증이 어딘가에 있을 수는 있지만 함축적이다. 왜냐하면 예루살렘에서 이뤄졌던 정의 판본을 가시화해야 하는 임무를 직접 떠안았던 목소리는 바로 그 순간 뒤로 물러서는 것 같기 때문이다. 범죄로서 살인과 반인류 범죄로서 학살의 차이를 이해하지 않으면, 아이히만에게 사형을 언도하는 것이 왜 삶을 앗아 갔던 이의 삶을 앗아 가는 것과는 전혀

310

다른 것인지를 이해할 수 없다. 그런 상호성을 어떻게 눈에는 눈 원칙에 근거한 보복과 구분할 수 있을까("당신이 ……을 바랐기에 이제 모든 사람이 ……을 바란다")? 그러나 여기서 유추된 목소리가 일관되게 보복의 원리를 포섭하지 않는 것과 마찬가지로, 대안적인 원리도 충분히 정교화하지 못한다. 어쩌면 이 목소리의 불안정성, 그것의 이원성duality은 분노와 복수심에 사로잡힌 기소를, 학살 문제 처결에 필요한 규범에 대한 더 공평무사한 정교화와 연결하려는 데 있다. 바로 이런 이상한 결합을 우리가 듣고 보고 싶어 한 것일까? 그 목소리가 아렌트를 다른 판사들과 동석하게 하고, 그 목소리 안에 다양한 견해가 거주하는 것일까? 그 목소리는 자신의 복화술을 놓친 채로 권위의 불안정한 통제나 권위적 결과의 분산을 알리는 방식으로 (자신은 원치 않는데도) 동거를 시작한 걸까? 아니면 이것은 어떤 정서적인 용인, 최후의 질책, 유추된 사형 선고를 허용하면서도 동시에 더 절제된 채 내장된 방백에 자기 행동의 원칙을 써넣는 수사적 형식을 발견한 아렌트일까? 이런 낯선 무대화를 도대체 어떤 다른 방식으로 이해할 수 있을까? 에필로그의 이런 결말은 텍스트적인 연극, 발화자가 결코 자신을 충분히 알리지 못하는 목소리를 통해 생산된 혼종적 형상이다.

아렌트는 재판이 일종의 구경거리가 되는 데 반대했지만, 자신의 정의 판본이 행해져야 하고 또 보이기도 해야 한다는 점이 분명해지기만 하면 이렇듯 놀라운 에필로그에서 재판이란 연극으로 들어갈 수 있었던 것 같다. 직접적인 말걸기, 공감각적 효과의 수사적 사용을 통해, 또 이름 없는 목소리의 모호한 이중화를 통해 아렌트는 있었어야 했지만 없었던 판사의 텍스트적 영상과 음성을 생산한다. 판사들을 교정할 뿐 아니라 판사들과 나란히 합석함을 전시display하면서 그 예루살렘 판사들을 자신의 목소리로 흡수했기에 일어나는 현상이다. 아렌트는 판사들에게 필요했다고 생각한 원칙을 그들에게 부여하고, 분노에 찬 싸움에 들어갈 자격을 자신에게 부여해 다시 아이히만에게 사형을 언도한다. 불필요하기에 그만큼 분명히 만족스러운 행위다.

:: 복수형 '우리'

아렌트는 스스로를 판사들이 말했어야 했던 것을 분명히 아는 사람으로서 제시한다. 아렌트는 자기 목소리로 말한다. 그러면서도 복수형 주어 '우리'로서 이야기할 때 단독 저자인 아렌트는 배경으로 사라지는 것 같다. 이 두 가지 줄기를 분리할 수 있을까. 아니면 이 둘은 어떤 식으로 뒤얽혀 있고, 그렇기에 판단은 단순히 개인적인 행위가 아니며 함축적이건 명시적이건 복수성 자체의 실행을 시사하는 것인가?[13] 만약 그렇다면 이것은 어떤 종류의 복수성인가? 우리는 이 복수 대명사의 철학적·정치적인 중요성을 이해하기 위해 그 마지막 평결에서 그녀 스스로 사용한 복수형 '우리'에서 실마리를 얻을 수 있을까?

　아렌트가 불러낸 '우리'는 민족국가의 법적 제한을 받는 모든 '우리', 제한적으로 민족에 속한 모든 '우리'와 즉시 단절된다. 그리고 그것은 자신의 이상적인 매개변수를 추정하는 경우를 제외하고는 어떤 다른 '우리'도 설명하지 않는다. 그런 '우리'는 내부적으로 차별화된 복수일 것이다. 이렇듯 내부적으로 차별화된 인구는 판단의 토대로 봉사하겠지만, 또 합법적인 판단을 일으키는 목소리로서도 봉사할 것이다. 게다가 복수성에 대한 이렇듯 야심찬 환기는, 기성 규칙에 사례를 종속시키는 방식이 아니라 자발적이고 창조적이기까지 한 행위로서의 판단, 칸트식 의미에서 실천적 판단에 관여하는 것 같다. 아렌트가 우리에게 요구하는 것은 인간의 판단을 기성 규칙에, "특수한 사례들이 종속되는 표준이나 규칙에 묶인 것이 아니라 그와는 반대로 판단 활동 자체에 의해 자신의 원칙을 생산하는 것으로" 고찰하라는 것이다. "오직 이러한 가정에서만 우리는 어떤 굳건한 발판을 발견하리라는 희망과 더불어 이렇듯 상당히 미끄러운 도덕적 토대 위에 설 위험을 감수할 수 있다"(EJ. 27).*

따라서 아렌트가 불러낸 이 복수성은 아이히만에게, 판사들에게 이야기하는 목소리(텍스트적인 말걸기의 양태)이면서, 읽을 수 있고 읽기를 통해 보이는 것을 '볼' 수 있는 사람 누구에게나 자신을 드러내는 목소리다. 그것은 '우리'로서 이야기하는, 정의상 다수many로 나뉠 수 있는 목소리다. 그것은 '나'와 '우리' 사이를 급작스럽게 이동할 수 있다. 이 똑같은 '우리'가 어떤 확고한 기반도 발견되지 않는 미끄러운 토대로 봉사한다. 어떤 의미에서 그것은 희망을 실어 나르는 대명사다. 유추된 목소리로 이 텍스트를 끝내는 좀 덜 이상적인 판사는 바로 아렌트가 원한 진실한 판사, 그러나 이상하게도 자체의 오류가능성을 아렌트가 보존하는 판사다. 따라서, 철학적 명민함으로 무장한 아렌트가 판사들을 이기길 바라는 사람이 있을지 몰라도, 이상한 동거 장면이 출

---

* 인용한 문장의 출전을 (EJ. 27)로 표시한 것은 지은이의 착각인 듯하다. 이 문장은 한나 아렌트의 다른 저서 *Responsibility and Judgment*, 27쪽에 실려 있다.

현한다. 아렌트는 판사의 목소리를 취하거나 그 목소리 안으로 들어간다. 그러나 판사는 거기에 없고 오직 판단만이 작동한다. 중요한 것은 판사의 위치가 아니라 판단의 작동이다. 이 경우 우리는 작동이 복수적이라는 것, 상호 조화가 불가능한 정서적이고 분열적인 관점이 그 안에 함께 있다는 것을 알게 된다. 어떤 의미에서 텍스트는 판사의 이상을 전달하는 게 아니라 복수적인 시작으로서 판단을 실행한다. 그것은 정확히 일군의 이상을 예시한 게 아니다. 그것은 자체의 적법성을 정초할 어떤 기성의 법에 의지하지 않기에 '비판적'이라 불릴 수 있는 양태로 작동한다. 실정법은 틀릴 수 있고 또 종종 틀리기에, 기성 법전에 의지하지 않는 의사 결정의 토대가 존재해야만 한다.

아렌트가 실정법의 타당성을 정초할 방법으로 자연법에 의지하리라고 예측한 사람도 있을지 모르지만, 아렌트는 대신에 책임감이나 실천 이성에 대한 전前법적인 이해에 의지한다. 아렌트는 합법적 기관보다 도덕철학이 우선한다는 사례를 만들어 보일 뿐 아니라, 통상적으로 도덕철학의 양상에 위배되는 허구적, 수행적, 자발적, 야심 찬 속성을 도덕철학에 투여한다. 결국 아렌트의 마지막 직접 말걸기는 엄밀하게 논증적이지 않아서, 추측된 복수성의 이름으로 판단을 실행한다. 이런 의미에서 그것은 기존의 법전보다는 존재하지 않는 정의의 이상—내가 보기에는 인간의 복수성에 대한 그녀의 개념화에서 유래한 평등에 대한 인식으로 기술하는 게 더 나을 이상—에 토대를 둔, 실천적이고 수행적인 판단이다.

아렌트는 아이히만에게 허구적으로 사형을 언도할 때 어떤 법도 따르지 않는데, 이 점이 중요하다. 기존 법의 적법성을 의심하지 않고 따랐다는 이유로 아이히만을 꾸짖었듯이, 아렌트는 아이히만에 대한 자기 판단의 토대를 어떤 기존 법이 아닌 당위로서의 법의 독립적 판단에 둔다. 이런 식으로 아렌트는 철학적 사유를 사법적인 추론보다 더 우선한 것으로 만들 뿐 아니라, 비판적 사유가 무비판적인 도그마나 명령의 수락과 분리되듯이, 책임과 복종을 구분하기도 한다. 법 자체가 범죄적일 수도 있기에(나치 독일에서 보았듯이)—이 경우 우리는 나쁜 법에 반대하기 위해, 그런 조건에서라면 책임감이 불복종으로 정의될 수 있는 경우에도 책임감을 가진다—책임감을 법에 대한 무비판적인 복종으로 이해할 수는 없다. 가끔은 바로 불복종이 우리의 책임이다. 그리고 바로 이것이 아이히만이 이해하지 못했던 그것이다.

아렌트에게 사유로서의 대화는 자유로운 자기구성의 중심성을 강조하는 수행적이고 담화적인allocutory 차원을 띤다. 그러나 자유로운 자기구성이 행위라면, 그것은 그보다 앞선 사회적 관계에 근거해서 행해져야 한다. 사회적 공백의 상태에서 자신을 구성하는 사람은 없다. 가끔 사유의 고독한 특성에 대해 이야기하는 아렌트로 인해 이 수칙은 혹사당하지만, 특히 사유가 말하기로 해석되고 말하기가 어떤 수행적 행위일 때는 그렇지 않다. 생각한다는 것은 반드시 자기 자신에 대해 생각하는 것이 아닌, 오히려 자기 자신과 더불어 생각하는(자기 자신을 동료로 환기하고 따라서 복수 '우리'를 사용하는) 것이고 자기 자신과 대화를 지속하는(말걸기의 양태와 함축적으로는 수신가능성addressability을 유지하면서) 것이다.[14] 개인으로 행동한다는 것은 자신의 단수성을 완전히 희생하지 않은 채 협력적 행위로 들어간다는 것이고, 자기 자신과의 대화가 계속될 수 있는 방식으로 행위한다는 것이다. 곧 내가 살면서 따르는 경구는, 내가 하는 모든 행동은 나 자신과 동행할 수 있는 나의 능력을 파괴하기보다는 지지해야 한다는 것이다(내적인 대화에 대한 수용성과 청취 능력을 지지해야 한다). 대화인 한에서 사유는 언어학적 실행이다. 이는 나를 나 자신과 동행할 수 있고 또 동행하고 있는 사람으로 계속 구성할 수 있는 능력에 중요한 것으로 입증된다. 대화는 다른 사람들이 내게 말을 건다는(혹은 내가 타자로서 내게 말을 거는) 것을, 따라서 수용성을 함축하지만, 아렌트는 자기 내부에서 일어나는 대화적 만남을 자기제작self-making의 능동적이고 수행적인 차원으로 묘사한다. "특별히 인간적인 발화의 차이를 현실화하는 사유 과정 중에 나는 나 자신을 한 사람으로 구성하고, 내가 그런 구성을 계속해서 새롭게 만들 수 있는 한에서 계속 한 사람으로 남게 된다." 아렌트가 보기에, 생각하고 판단할 때 하듯이 자신과 연관을 맺고 자신을 구성하는 데 실패한 이들은 사람으로서의 현실화에 실패한다. 어떤 종류의 발화는 사람의 현실화가 일어나는 데 필수적이다. 흥미롭게도 그것은 침묵 발화, 고독한 발화이지만 그런 이유로 수신자가 없는 발화는 아니다. 누군가가 다른 누군가에게 말걸기를 하는데 이런 말걸기의 구조는 사유와 양심 모두의 수사적·언어학적인 조건을 제공한다. 아이히만에 대한 아렌트의 독해에 따르면, 아이히만은 자신을 방문하는 데 실패했다. 방문을 받으려면 집에 있어야 한다. 그리고 아렌트는 아이히만과 함께라면 어느 누구도 집에 있지 않다는 결론을 내렸다. 사실 아렌트는 악을 성찰한 어느 부분에서 다음과 같이 대단히 아름다운 논평을 한다. "뿌리 없는 악에는 우리가 혹시라도 용서할 수 있을 사람이 전혀 남아 있지 않다."[15]

이런 논평은 중요한 두 가지 쟁점을 남겨둔다. 첫 번째 쟁점은 과연 아렌트는 아이히만이 처음부터 집에 없었고 어떤 사람도 아니었다고 생각하는가, 아니면 사람 됨personhood의 조건이 도중에 심각하게 악화되었는가 하는 것이다. 조건이 심하게 악화되었다면 아이히만이 단독으로 그렇게 한 것인가? 그리고 그때 그는 자신의 사람 됨을 사실상 탈구성한 것인가? 아이히만이 적극적으로 자신을 탈구성한 것이 아니라면 그는 수동적으로 자신을 구성하는 데 실패한 것인가? 사람 됨의 탈구성은 어떤 조건에서 일어나는지가 중요한 것인가, 아니면 우리가 꼭 알 필요가 있는 것은 그가 자기 자신을 사람으로 만드는 데 꼭 필요한 자유 수행에 실패했다는 것인가? 처음에는 한 사람의 독자적인 힘을 대단히 강조하는 것처럼 보이지만, 아이히만이 살았던 사회적 조건이 그의 범죄에 구실이 되길 원하지 않기에 아렌트는 사람 됨의 구성이나 판단의 실행 모두를 가능케 할 사회적 조건을 고려하지 않으려 했다는 것을 우리는 잘 이해할 수 있다. 그녀의 견해가 두 번째로 함축하는 것은 첫 번째 함축에서 유래한다. 그녀가 기꺼이 사형 선고에 찬성한 것은 이제 어떤 사람도 남지 않았고, 그의 행동(이나 무행동)은 사실상 그의 사람 됨을 파괴했다고 결론을 지었기 때문이다.

아렌트는 사람과 비非사람을 구분하는 도덕적 규범, 자신의 행동으로 인간 존재의 복수성을 보호하고 그것의 파괴에 적극적으로 반대하는 방식으로 자신을 구성하는 데 실패한 자들은 사실상 학살을 실행한 것이고, 국가가 후원하는 죽음에 대항해 보호해야 할 요청을 포기한 것이라는 의미를 지닌 듯한 도덕규범을 지지하는 것 같다. 그런 비사람을 죽음으로 내모는 것은 일종의 정리해고에 불과한 것인가? 만약 이미 사람이 자신의 사람 됨을 심각하게 훼손했다면 사형 선고는 단지 그에 선행한 행위를 승인한 것에 불과한가? 우리는 여기서 잠시 멈추고 아렌트의 관점에 의구심을 품을 수도 있다. 그것은 결국에 수락할 수 있는 것인가, 그녀는 사형 선고를 수락할 충분한 이유를 실제로 갖고 있었는가와 같은 의구심 말이다.

아이히만은 자신을 호출하는 데 실패했고, 말하자면 채용 경쟁에 반응함으로써 무책임성을 행위했다. 게다가 아이히만을 호출하고 직접 말을 걸고, 말하자면 자신에게 말을 거는 데 실패한 이 주체의 수신가능성을 강조할 때 아렌트는 텍스트상으로 기회를 산출한다. 아이히만이 닿을 수 없는 곳에 있기에, 그녀가 실제로는 그가 아니라 재판(과 재판 보고서)의 사실상 배심원으로 기능하는 독자들의 '세계'에 말을 걸고 있음을 우리가 받아들이지 않는다면, 아렌트의 직접적인 말걸기는 결국 수신자가 없는 말걸기일 것이다.

그러나 아렌트는 아이히만에게 직접 말걸기를 함으로써 간접적으로 그를 잠재적인 대화자로 구성한 게 아닐까? 그리고 이 행위는 집에 사람이 전혀 없다는 그녀의 결론과 긴장을 유지하는 것 아닌가? 요컨대 그녀는 그를 대담interlocution의 국면에 위치시키고는 그를 어떤 사람으로 구성한다. 그녀가 그에게 말을 거는 순간, 언어의 어떤 성질이 둘을 하나로 묶는다. 그녀는 그와 함께, 그와 비슷한 사람들과 함께 인간 복수성의 일부를 이루게 된다. 그럼에도 그에게 말을 건 결과 그는 바로 복수성의 영역에서 배제된다. 사형 선고는 발화효과적perlocutionary 수행문, 곧 어떤 특정한 조건에서라면 자신이 예시한 결과를 낳을 수 있는 언어 행위의 범례적 사례 중 하나다. 이런 식으로 에필로그의 마지막 문장들은 (두 가지 의미에서) 행위로서의 담론 작동을 형상화한다.

그러나 설사 판단을 실행한다고 해도 아렌트는 판사가 아니기에, 그녀의 글쓰기는 추측의 영역인 철학과 현실적인 법·정치 영역의 차이를 강조한다. 추측, 조건법이 중요한 것은 그것이 사법적 추론 과정이 따라야 하는 비非법적인 규범을 명료하게 하기 때문이고, 이런 식으로 그녀의 불가능한 추측—사실은 그녀의 허구—은 실천적 사유, 곧 사유의 비판적 실행으로 법을 정초하려는 노력의 일환이 된다.

::복수형 동거

우리는 아렌트의 작업을 고찰하기 시작하면서, 우리로 하여금 사전에 인간의 복수성 보호에 참여하도록 만드는 사유의 차원이 존재하는가를 물었다. 자아의 봉쇄된 국면에 속하는 사유와 인간 복수성의 영역을 필요로 하는 행동을 구분한 아렌트를 고찰할 때 이것은 더욱 어려워졌다. 아이히만의 범죄는 그가 사유에 실패했다는 것이라는 주장을 계속 이끌기 위해 아렌트는 비사유와 학살을 연관 짓는다. 이는 사유가 내적으로는 복수의 동거에 대한 확증과 연관되어야 한다는 것을 의미한다.

다행히 아렌트는 자신이 한 구분을 자꾸 훼손한다. 아렌트는 사유할 때 사유를 이론화한다. 그리고 사유할 때는 판단의 형태를 취하는데 판단은 일종의 행동이다. 이것은 텍스트의 말미에 아이히만 본인을 판단하는 수행적 행동으로서 출현한다. 명시적으로 사유를 이론화할 때, 아렌트는 사유가 자기 자신과의 교제를 수반한다고, 또한 사유는 자기를 반복해서 구성하는 일을 수반한다고 언급한다. 그러나 명시적으로 사유와 행동을 구분할 때, 그녀는 사유가 자신과 교제할 수 있는 내적 능력을 수반한다고 해도 행동은 다른 이들과 교제하는 것(협력적 행동), 아이히만이 파괴하려고 했던 일반화된 복수성, 아렌트가 아이히만에게 사형을 언도할 때 사용한 이름인 '우리'로서 발화되는 복수성을 수반한다고 제언한다. 아렌트는 여기서 명시적으로 이렇게 구분 지었지만 책 전체에서 이 구분을 일관되게 유지하지는 못한다. 그녀가 그 구분을 확실히 하고자 할 때 어떻게 진술하는지 주목하라. "정치적으로 중요한 사유와 행동의 차이는, 사유할 때 나는 오직 나 자신과 함께 존재하거나 또 다른 이의 자아와 함께하는데, 행동을 시작할 때는 다수와의 교제 가운데 존재한다는 점이다." 그녀는 계속해서 다음과 같이 말한다. "전능하지 않은 인간을 위한 권력은 오직 인간 복수성의 많은 형태 중 하나에 거주하고, 인간 단수성의 모든 양태는 정의상 무능하다"(EJ, 106). 이 유형학을 진지하게 고려해본다면 우리는 우리 스스로나 이자적=者的 관계에서, 이 자아와 저 자아의 실제적인 대화 안에서 사유하는 것이다. 그러나 오직 우리가 다수, 곧 이자적 관계를 초과하는 복수성에 관여할 때에만 우리는 권력의 실행으로 해석되는 행동을할 수 있게 된다. 나는 이것이 사실인지, 그리고 현실적으로 생각할 수있는 것인지 궁금해진다. 결국 '나'는 언어를 통해 스스로를 구성하고, 이것은 이미 수행적 행위이며 따라서 행동의 한 판본이다. 아렌트는 아이히만을 판단하는데, 그것은 적어도 표면상으로는 이자적 관계이고, 실제로도 가상적이고 낯선 것이기에 이자적이다. 사유의 두 형식은 언어적 외형을 취하고, 두 경우에 언어는 단지 현실을 묘사할 뿐만 아니라 그것을 존재하게 한다(자기구성은 발화내적illocutionary이고, 판단은 발화효과적이다). 이런 의미에서 언어는 일종의 행위, 구성적 행동이거나 수행적인 행동이다. 그리고 아렌트는 이미 우리에게 복수성이 사유의 싹이라고 말하지 않았는가? 이는 행동이 사유의 싹이라는 것을 직접적으로 함축하는 것은 아닐까? 심지어 어떤 방식으로든 행동과 연관되지 않는 사유, 더 대담하게 말한다면 이런저런 양태로 벌써 막 시작된 행동과 관련이 없는 사유를 우리가 할 수나 있는 걸까?

가끔 아렌트는 복수성의 서로 다른 두 양태, 곧 자아로서의 복수성과 다른 이들과 함께 있는 자아로서의 복수성을 구분하는 것 같다. 그러나 또한 아렌트는 그 구분이 절대적이지 않다는 점을 알린다. 아렌트는 이미 고독한 사유는 사회적 교제의 흔적을 전달한다고 말했다. 그러나 여기서 제기되어야 하는 더 강력한 주장, 그녀가 했기를 내가 바라는 주장이 있다. 내가 보기에 사회적 교제에 생기를 불어넣는 흔적이 없이는 어떤 자기지시self-reference도 존재하지 않는데, 이는 사회성이 사유라 불리는 것에 선행하면서 사유를 가능케 한다는 것을 뜻한다. 우리는 오직 타인들이 우리를 대화에 관여시키고 있음을 조건으로 해서만 자신과 대화를 할 수 있게 된다. 다른 이들이 내게 말을 걸었다는 것이 말걸기에 선행하면서 말걸기의 조건을 이룬다. 윤리적으로 고찰해보았을 때 우리는 우선 다른 이들이 내게 말을 걸고, 나를 자기성찰, 혹은 말하자면 사유를 통해 그 호명에 반응하도록 촉구된 사람으로 구성한다는 조건에서만 다른 이들에게 반응할 수 있다. 나는 오직 타인들을 통해서 언어 안으로 들어오게 된 사람으로서만 그들의 부름에 반응할 수 있고, 그 대화적 만남을 나 자신의 사유 일부로 내면화할 수 있는 사람이 된다. 그리고 바로 그 지점에서 사회성은 우리 모두가 할 수 있을 거의 모든 사유를 살아 있게 만드는 흔적이 된다. 따라서 나인 바의 대화는 결국 나를 가능케 하는 복수성과 분리될 수 없는 것이다. 나인 바의 대화는 복수성으로 완전히 환원될 수 없지만, 이 두 국면 사이에는 필연적인 겹침이나 교차대구법交叉對句法, chiasmus이 존재한다. 설사 사유가 취하는 규범적인 형식이 철저히 고독한 것이라고 해도 아렌트식의 의미에서 사유의 사회적인 형성이 존재하지 않는가? 그리고 고독은 어떤 의미에서 사회적 관계 아닌가?

앞서 보았듯이 아렌트는 아이히만이 이미 사형을 언도받은 뒤에 아이히만에게 사형을 언도하는 판사의 목소리를 불러냄으로써 뭔가 흥미로우면서 불온한 일을 한다. 한편으로 그녀는 모든 법의 바깥에서 주권적 권위의 형상을 소환하고 생산한다. 다른 한편으로 그녀는 철저히 평등주의적인 토대에 근거해서 부당한 법과는 차별화될 규범을 수행적으로 도입한다. 아렌트와 〈폭력 비판〉의 벤야민이 제시한 여러 이유 때문에 우리는 당연히 법에 반대하고 법을 거스르는 행동을 하고, 심지어 법이 부당한 경우에는 잠정적으로 무정부주의에 참여해야 한다. 그러나 법에 반대하거나 법을 중지시킬 유일한 방식으로 초법적인 extralegal 주권에 의지할 생각을 할 이유는 전혀 없다. 이런 이유로 아렌트는 내가 바라는 것보다 더욱 슈미트에 가까워진다. 이는 그녀의 사회적 복수성 이론의 철저히 평등주의적인 결과를 거스른다.

아렌트가 법의 폭력에 반대하는 방법으로 주권적 목소리에 호소하지 말고, 소속의 장소로서뿐 아니라 갈등의 장소로서도 사회적인 것, 곧 복수성의 장을 재고할 수 있었다면 무슨 일이 일어났을까? 곧 '나'

와 '우리' 간의 교차대구법적 관계는 주권성의 심장에서 결합을, 양태들 사이에서 목소리를 흔들리게 만들고 지반을 더 미끄럽게 만들 비일치를 노출시키기도 할까? 이렇듯 판단의 한가운데에서 주권성에 명백히 의지하게 되면 그녀가 우리를 위해 펼쳐 보였던 사회적 존재론과 긴장이 생기는 것 같다. 복수성은 계속 주권성을 파열시키고 그럼으로써 주권성의 잔해들이 연방을 이루게 하고, 주권성을 흩뜨려서 연방 형태로 만들어내는 것 같다. 만약 생각한다는 것, 적어도 잘 생각한다는 것이 인간 삶의 이질성을 보존하려는 방식의 사유를 수반한다면, 사유할 때 우리는 이질성을 사유하는 것이리라. 그러나 여기서 우리는 어쩔 수 없이 이 이질성이 오직 인간 중심의 지평 안에서만 사유될 수 있다는 점을 언급하게 된다. 결국 보존할 가치가 있는 삶은, 설사 배타적으로 인간만이 고려될 때에도, 본질적인 면에서는 반反인간적인 삶과 연관된다. 이것은 인간적 동물이란 관념에서 도출된다. 따라서 우리가 잘 생각하고 있고 사유 덕분에 어떤 형태의 삶의 보존에 전념하고 있다면, 보존되어야 하는 삶은 신체적 형식을 갖는다. 바꿔 말하면 이것은 신체의 삶—배고픔, 폭력으로부터 보호받을 필요와 주거지가 있을 필요—이 모두 정치의 주요한 쟁점이 된다는 것을 뜻한다.

이것은 《인간의 조건》의 아렌트에게는 문제가 된다. 그 책에서 아렌트는 결과론적으로 공적인 것의 국면을 사적인 것의 국면과 분리하는데, 이는 잘못이다.[16] 사적인 것의 국면에서 우리는 필요의 문제, 삶의 물질적 조건 재생산, 재생산과 죽음 모두의 일시성 문제, 곧 불확실한 삶에 속한 모든 것을 만나게 된다. 학살 정책이나 체계적 태만을 통해 전체 인구가 절멸될 가능성은, 지구상에서 누구와 동거할지를 결정할 수 있다고 믿는 이들이 존재한다는 사실에서 유래할 **뿐 아니라** 그런 생각이 환원 불가능한 정치적 사실에 대한 부인을 전제로 하기 때문에도 생긴다. 다른 이들의 파괴에 취약하다는 것은 모든 정치적·사회적인 상호의존성의 양태에서 유래하며, 모든 정치 형식에 대한 요구를 구성한다는 사실 말이다.

다른 사회적 존재론이라면 그와 같은 인종차별주의에 만연한 규범적인 작동 방식, 사전에 누가 인간으로 계산되고 계산되지 않는지를 결정하는 방식을 반박하기 위해, 이렇듯 공유된 불확실성이라는 조건에서 출발해야 할 것이다. 핵심은 휴머니즘을 복권시키는 것이 아니라 차라리 인간 동물성과 또 우리가 공유하는 불확실한 조건을 받아들이는 것이다. 아마도 이러한 우리 삶의 특질이 의도적인 학살과 불확실한 인구에 대한 국제적·국가적 태만과 방기의 치명적인 형식들로부터 보호받을 권리의 토대가 될 것이다. 결국 우리의 상호의존성은 우리를 생각하는 존재 이상으로, 말하자면 사회적이고 신체적인, 취약하고 열정적인 존재로 구성한다. 우리의 사유는 이러한 상호의존성이 전제가 되지 않는다면 아무런 효과도 없을 것이다. 우리의 사유는 사적인 국면으로 완전히 격리되지는 않을 신체적 삶에 의존한다. 실로 사유가 정치적으로 되려면, 아렌트의 용어로 말하자면 '나타날' 신체가 있어야 한다. 아렌트는 사유가 우리를 다른 이들에게 구속하고, 따라서 사유를 시작할 때 이미 우리가 가담해 있는 사회적 유대를 사유할 방식이 우리에게 주어진다는 것을 확고하게 사유했다.

아렌트가 단지 여기서 주권적 결정을 형상화하고, 좋은 결정이 무엇인지를 보여주거나, 공정한 주권을 모범으로 삼아 수행적으로 좋은 결정을 실행하고 있다면, 자신의 사회적 존재론과 민주주의 정치 이론에 기여한 그녀의 업적, 둘 다를 특징짓는 복수화와 보편화의 과정 및 평등의 개념으로부터 거리를 두었던 것이 분명하다. 내 주장의 핵심은 그녀가 집단적 제작을 대가로 주권적 행동 개념을 지지한다거나 주권적 행동과 결정을 희생하고서 사회적 숙의 형식들을 지지한다는 게 아니다. 오히려 나는 그녀가 그 둘 사이에서 동요한 데 따른 긴장이 그녀의 사유에서 재발하는 해결 불가능한 차원을 형성하는 것 같다고 말하려는 것이다.

〈독재 치하에서 개인의 책임〉의 다음 부분을 생각해보자. "예루살렘 재판정의 판사들뿐 아니라 모든 전후 재판정 판사들의 평결에서도 아주 분명히 발설된, 인간 본성에 대한 매우 낙관주의적인 관점이 전제로 한 것은 법과 여론으로 지탱되지 않는 이른바 독립적인 인간 능력인데, 이것은 기회가 될 때면 언제든 모든 행위와 의도를 완전한 자발성 안에서 새롭게 판단한다." 아렌트는 더 나아가 다음과 같이 사고한다. "어쩌면 우리는 그런 능력을 보유했을 것이며 우리 한 사람 한 사람은 행동할 때마다 각각 단일한 입법자다." 그러나 그때 아렌트는 판사들이 부적절했다는 판단을 위해 자신의 유추를 통해 막 명확히 했던 바로 그 기준을 사용한다. "그들이 사용한 그 모든 수사에도 불구하고 그들은 **감정**, 수세기 동안 우리 안에 간직되어 있었기에 잃어버렸을 리가 없는 감정 이상의 것은 거의 의미하지 못했다."[17] 〈도덕철학의 몇 가지 질문들〉에서 아렌트는 적어도 칸트의 이 부분이 보호받아야 하며, 나치의 복종에 반대해야만 한다는 점을 분명히 한다. 또다시 아렌트는 유추를 통해 자신의 규범을 제공한다. "그러나 내가 어쨌든 정언

명령에 복종하라는 말을 듣게 된다면, 이는 내가 나 자신의 이성에 복종하고 있음을 뜻한다. …… 나는 입법자이고, 죄나 범죄는 더 이상 다른 누군가의 법에 대한 불복종으로 정의될 수 없을 것이다. 반대로 그것은 세계의 입법자로서 나의 몫을 행동하기 위한 거부로 정의될 수 있을 것이다."[18]

그런 주권적 입법자가 어떻게 복수성의 영역에 거주할 수 있을까? 어쩌면 그것의 목소리를 쪼개고 그것의 주권성을 분산함으로써만 그럴 수 있을 것이다. 주권성은 복수성 혹은 연방 통치 형태와 결국 양립할 수 없을 것이다. 그러나 이 결론은 부분적으로는 우리가 행동의 주권적·복수적 차원을 어떻게 이해하느냐에 달려 있다.

이 개념을 지지할 만한 완벽한 논증을 할 태세는 아니지만, 나는 5장에서 제기된 구분, 유대 민족에 대한 사랑이 없다는 숄렘의 비난에 대한 반응으로 아렌트가 도입한 구분으로 돌아가는 게 유익할 거라고 생각한다. 그녀가 유대인이라는 '사실', 그리고 그녀가 여성이라는 사실은 모두 그녀의 **본성**physei의 일부로 이해된다. 아렌트가 유대성을 뭔가 주어진 것으로, **본성**으로 거론하면서 여성이라는 것과 비교할 때, 이상한 유비를 만나게 되는 것 같기는 하지만 이는 그 용어들의 어떤 능동적 전유에 도전한 것이기도 하다. 《인간의 조건》에서 아렌트는 이렇게 쓴다. "실재의 인간적 의미는 인간이 자기 존재의 단순한 수동적 소여를 현실화하기를, 변화를 꾀하기 위해서가 아니라 그것을 표명하고, 그러지 않으면 어쨌든 수동적으로 겪어야 했을 것을 충만한 실존으로 불러들이기 위해 현실화하기를 요구한다"(208).

그렇다면 이것은 무엇을 의미하는가? 우선 그것은 우리가 결코 선택하지 않은 이들과 부딪치게 되고 이런 근접성이 욕망에서 적개심에 이르는 일련의 다채로운 정서적 결과, 실은 그 둘의 조합인 정서적 결과의 출처라는 것을 의미한다. 아렌트는 계속해서 어떻게 자유가 협력적 행동을 필요로 하는지 강조하지만 그녀가 제대로 고찰하지 못한 듯 보이는 것은 동거의 조건인 부자유이고, 그녀의 정치에 토대가 되는 자유와 연관해서 그 부자유를 우리가 어떻게 생각하는가다.

그러나 지구에서 누구와 함께 살지 선택할 수 없는 무능을 진지하게 고려한다면 선택에는 한계가, 곧 우리가 누구인지 그리고 심지어 우리가 규범적으로 누구여야 하는지를 정의하는 일종의 구성적 부자유가 존재한다. 우리가 선택하지 않았지만 동거의 한가운데에서 일정한 양의 공격과 적개심을 확립할 게 확실한 이들과 우리가 함께 살아간다는 것은 사실이다. 이런 복수성의 한가운데에서 우리가 고려할 필요가 있는 것은 적의는 아닐지라도 어떤 논쟁agonism이 아닐까? 동거를 사회적 실존의 조건이 아니라 단지 정치적 목적으로만 사유한다면 우리는 단지 무선택적 동거에 함축된 논쟁만이 아니라 침입, 충돌, 추방의 가능들, 열망, 의존성, 강제를 이해하는 데 실패하게 된다. 이것이 살아 있는 존재들의 동거라면 우리는 삶을 인간적·비인간적인 구분을 횡단하는 것으로 생각해야 한다. 육신을 지닌 피조물인 우리는 이러한 복수성에 결정적인 욕구, 배고픔, 주거지 문제를 사유해야만 한다. 곧 복수성은, 살아갈 수 있음과 죽음에 노출되어 있음이 부분적으로는 이 사회적 조건에 걸린 만큼, 일종의 물질적 상호의존성으로서 사유되어야 한다. 우리는 여기서, 다른 몸의 호의를 바라는 몸인 것이 쾌락의 커다란 출처이자 또는 위협적인 죽음의 공포를 생산할 수 있는 데서 불확실한 삶이란 관념을 발견한다.

　나치의 학살에 대해 쓰면서 아렌트는 통상적인 우리의 도덕적 기준은 뒤집혀서 시대착오적인 것이 되었다고 말했다. "그 시기에 적나라하리만치 기괴했던 공포는 그 자체로 나나 다른 많은 이들에게 모든 도덕적 범주를 뛰어넘어서 모든 사법권의 기준을 파열시킨 것처럼 보였다. 그것은 인간으로서는 결코 적절하게 처벌할 수도 용서할 수도 없는 것이었다." 이후에 아렌트는 이렇게 덧붙인다. "우리는 처음부터, 말하자면 가공되지 않은 채로, 곧 우리의 경험을 포섭해 들일 범주와 일반 규칙의 도움 없이 모든 것을 배워야 했다."[19]

　바로 이 마지막 요구 때문에 아렌트는 칸트로 되돌아가서 아이히만이 전유한 칸트를 회수하고, 또한 역사적 상황—기존의 도덕적·사법적 프레임이 뒤떨어진 것이 된—에 의해 필요해진 책임의 양태를 발전시키게 되었다. 이는 특히 특수만이 주어져 있고 일반은 발견되어야만 할 때, 일반 규칙에 특수한 도덕적 격언을 포섭하는 문제가 아니다. 그녀는 이렇게 쓴다. "기준은 경험에서 빌려올 수도 바깥으로부터 파생될 수도 없다."[20] 그 시기에 무엇이 판단을 이루었는지를 알고 싶다면, 우리는 개인주의와 집단주의 중 어느 쪽으로도 환원될 수 없는, 우리가 공유하는 인간 삶의 이름으로 면밀히 조사하고 실험하고 심지어 상상력에 의존해야 한다. 아렌트는 바로 거기에서, 동시에 '나'와 '우리'로서, 사이에 자리를 잡고, 난처하고 적대적이고 양가적인 과정을 통해 자신이 판사가 된 재판을 유추함으로써 우리의 판단에 쓰일 규범을 정교화한다.

　바로 이런 이유로 나는 주권적 정신, 그것의 판단 능력, 그것의 개별적 자유 실행에 대한 의지는 아이히만에 대한 아렌트의 기소와 그녀 자신의 복수성에 대한 명시적인 성찰 모두로부터 유래하는 듯한 동거 개념과 아주 큰 긴장을 유지하게 된다고 생각한다. 마지막 생각은 국제법, 곧 배타적으로 시민권에만 토대하지 않을 뿐 아니라 사법적 위상과 무관하게 거의 모든 인구에게로 확장되는 국제법에 선례를 제공한다. 2009년 9월에 발행된 골드스톤 보고서('가자 분쟁에 관한 유엔 진상조사위원회')에서 골드스톤 위원장은 국제법과 정의가 필요로 하는 것은 "어떤 국가나 무장단체도 법에 우선해서는 안 된다"는 점이라고 논평한다. 골드스톤은 그렇게 말하면서 특수한 국가나 무장단체를 통치하는 법이나 정책은 무엇이건 무시하는 법을 상정한다. 골드스톤은 최근에 한 특집 기사(어떤 사법적 위상도 없는)에서 자신의 입장을 철회했지만, 우리는 자기 발언을 몰수하려는 압력에 대한 그의 저항이 실패했을지라도 여전히 그의 주장을 지지할 수 있다.

골드스톤은 이 보고서에서 줄곧 선행 국제법에 의지하려고 했지만, 여전히 보고서가 주장하고 심지어 법을 만드는 방식과 선례가 보고서의 판단을 제약하는 방식 사이에는 긴장이 존재한다. 나는 어떤 면에서 이것이 아렌트의 주권성과 동거 사이에 존재하는 긴장을 반영한다고 생각한다. 판단은 주권적 행위를 전제로 하는가, 아니면 역사적으로 만들어진 합의, 복수성 측에서 한 행동의 결과인가? 나는 골드스톤 보고서―보고서는 이스라엘 국가와 가자 지구의 하마스 당국 양측에게 있을 수 있는 전쟁범죄에 대한 수사를 진행할 것을 요청했다―의 공식 수용과 거부에서 그런 긴장과 비슷한 것을 볼 수 있다고 생각한다. 보고서의 한 부분과 결론 부분에서 관건이 된 것은 민간인이 표적이었는가, 아니 민간인이 인간 방패로 사용되었는가 하는 것이었다. 이스라엘 국가는 이 접근 방식의 공정함이나 공평성을 문제 삼았을 뿐만 아니라, 골드스톤이 부적절한 권위를 행사했고 분쟁을 편파적으로 다루었다고 주장했다. 그리고 이스라엘은 이 보고서에서 전쟁범죄와 반인륜 범죄를 조사하라고 한 최종 권고의 정당성을 존중하지 않겠다는 의사를 분명히 했다. 우리는 골드스톤이 말할 때 그가 말한 것인지 아니면 국제법이 말한 것인지를 묻는 질문이 존재한다는 것을 이해할 수 있다. 이것은 골드스톤이 내린 주권적 결정인가, 그가 가져서는 안 되는 도덕적이고 법적인 권위를 개인으로서 취한 것인가, 아니면 그는 국제법이 수여한 자격을 통해 판단한 것인가(물론 판단한 것은 위원회지만 판단은 그의 이름 아래 정립된다)? 분쟁의 양측은 요구의 정당성을 모두 반박했는데, 특히 하마스는 가자의 민간인 인구가 2009년 1월 끝난 2008년 12월의 공격에 고르지 않은 영향을 받은 것으로 인식했다. 믿을 수 없지만 충분히 예측할 수 있듯이 팔레스타인 당국은 보고서를 지지하지 못했다. 그리고 이스라엘 사람들이 집행에 동의했던 조사는 결코 독립적인 범죄 수사가 **아니**었고 유죄 판결을 낳아야만 하는 것이었다. '아달라Adalah(이스라엘의 아랍 소수자 권리를 위한 법률 센터)'*는 다음과 같이 보고했다.

이스라엘 군대에 의하면 이번 조사의 핵심은 모든 공식적 지시와

---

* 이스라엘 점령 지역의 팔레스타인인과 팔레스타인계 이스라엘인의 인권 보호에 중점을 두고 활동하는 이스라엘 인권단체. 아달라는 아랍어로 '정의'를 뜻한다.

공인된 명령의 범위 바깥에서 이스라엘 군인들이 개인적으로 저지른 '일탈'이지 이스라엘 군사 작전의 정책과 전략, 완수, 사용된 무기의 크기와 종류 등이 아니다. 따라서 지금까지 이와 같은 조사는 일차적으로 이스라엘 정부에 대한 국제적인 압력을 덜고, 군대와 사령부에 쏟아지는 비난을 누그러뜨리고, 이 범죄에 대해 국제 포럼이 진지하게 논의하는 것을 막으려고 의도된 것으로 보인다.

곧 전쟁범죄와 반인륜 범죄를 조사하라는 골드스톤의 권고에 부응해 시작된 조사는 사실상 그런 범죄를 처벌 대상에서 제외했다. 물론 보고서는 단지 경쟁 위원회와 경쟁 판결의 반박을 받을 수 있을 나쁜 홍보물로 간주되고—이 지점에서 법정의 평결은 나쁜 언론이 된다—어떤 다른 법적인 지위와 도덕적 요청도 얻지 못할 우려가 있다.

물론 골드스톤은 유대인이고 시온주의자다. 저명한 유대인 정치과학자이자 팔레스타인 인권에 관한 유엔 특별보고관이기도 한 리처드 포크Richard Falk는 점령 지구 안에서 제한된 이동권을 획득하기에 앞서 이스라엘 유치장에 구금되었다. 아렌트식 정치를 반향하고 확장하는 인물이 바로 이들 아닌가? 우리는 골드스톤과 포크 모두를 위해서 대안적 기억이 민족주의나 민족국가의 요청을 넘어서고 그것에 맞설 국제법에 대한 도덕적 포용을 촉구한다고 말할 수 있을까? 국제법을 지지하는 두 사람과, 편향되었기에 믿을 수 없다는 국제법의 본성에 대한 이스라엘 당국의 분명한 요청 사이에서 볼 수 있는 차이는, 보편화에 대한 정의의 요청과 민족국가의 주권적 요청 사이에 존재하는 어떤 긴장을 드러낸다. 이스라엘의 맥락에서 이것은 이스라엘 민족국가가 이른바 테러리스트 집단의 공격으로부터 시민을 보호할 권리를 갖는가란 문제, 또 암묵적으로는 이스라엘 국가가 근본적으로 반유대주의적이라는 의심을 받는 국제주의에 맞서 유대인 인구를 보호해야 하는가란 질문으로 이양된다. 바로 이 마지막 요청에 근거해서 골드스톤과 포크는 이스라엘 언론 내에서 자기혐오적인 유대인이라 불렸다. 그러나 그들은 사실 전후와 전전에도 있었던 윤리적 사유의 다른 궤도, 곧 동거를 사회적·정치적인 삶에 근본적인 것으로 간주하고, 기존 민족국가의 시민만이 아닌 난민이나 시민권이 존재하지 않거나 바야흐로 출현 중인 피식민지 민족을 포함한 모든 인구를 보호할 의무가 국제법에 있다고 이해한 궤도를 표상한 것으로 볼 수 있지 않을까? 요컨대 나는 그 시기의 골드스톤이 유대적 사유 내부에서 아렌트의 전통—유대인의 운명을 비유대인과 묶는 것이 규범적 프레임인바 사유라고 말하는 전통—을 잇는다고 이해했다. 이러한 동거의 윤리적 가치는 단연코 박탈, 박해, 추방을 포함한 디아스포라적 조건의 결과다. 그러나 우리는 그것을 모든 난민에게 적용될 국제법을 촉구하는 길로도 이해할 수 있지 않을까? 그리고 이런 관점에서 우리는 점령 치하에 봉쇄된, 혹은 탈봉쇄되어 추방된 난민들이 제기하는 요청을 차별하지 않을 국제법의 에토스에 이민족주의의 토대를 두자는 생각을 해볼 수 있지 않을까?

그러므로 소수자와 무국적자 문제는 민족국가의 특수한 역사와 인종차별주의 정치에서 그것이 갖는 의미로부터 출현한다. 우리는 이것을 민족의 집단적 기억은 아닐 집단적 기억으로 해석할 수 있다. 그것은 민족이 없는 이들의 집단적 기억, 소속이 없는, 도망가야 했던, 혹

은 도망가다가 봉쇄당했던, 그리고 그런 상실과 두려움의 한가운데서
자신들을 위한 사법적 보호가 아직 가능한지를 알지 못했던 이들의 집
단적 기억이다. 그렇다면 한 가지 질문은 국제법이 과연 이민족주의와
연관되는가, 그리고 그 결합이 결국 '민족적'이지 않은 권리에 대한 구
상을 낳을 수 있는가다. 아렌트가 우리에게 이야기했듯이 사람은 모두
어딘가에 소속될 권리를 가질 테지만, 우리의 소속 양태는 결코 우리
의 권리나 의무의 토대로 봉사할 수 없을 것이기에 그렇다. 이렇듯 무
선택적인 인접성, 이렇듯 서로 부딪히며 함께 살아가는 것이 민족주
의를 훼손하고, 심지어 국제법이 민족국가에 암묵적으로 기여하는 것
을 완화시키는 이민족주의의 토대가 될 것은 당연하다. 이것은 기억이
안내하고, 또 단지 두 민족을 위해서만이 아니라 모든 민족을 위해서
박탈과 추방과 강제적인 봉쇄에서 출현하는 정의에 대한 호소가 이끌
동거일 것이다. 이는 누구나 선택할 수 있을 것은 아니다. 그리고 이
는 필수적일 뿐 아니라 의무이기도 한, 적대와 적의로 가득 차 있을 것
이다.

7장

프리모 레비와 현재

"심지어 가장 엄격하게 객관적이고, 가장 확고하게 '명료'한, 글자 그대로의 언어라고 해도 신화, 시, '문학적' 글쓰기에 의지하지 않는다면 홀로코스트에 공정할 수 없다."

—헤이든 화이트

프리모 레비의 과제는 나치 강제수용소의 실재를 바로 그 역사적 실재에 충실한 허구를 통해서 표현하는 것이었다. 특히 말년의 저작에서 레비가 잘못된 도구라 부른 기억, 그리고 이야기나 서사에 대한 요구 사이에는 어떤 긴장이 존재한다. 그는 그 시기의 역사가 반복해서 말해질 것이고, 당연히 이야기들이 기억의 자리를 차지할 것이고, 일단 생존자들이 더 남지 않게 된다면 그 이야기들이 기억을 대체하리란 것을 잘 알고 있었다. 말년에 레비는 유대성, 이스라엘, 그리고 1980년대 초의 정치를 통한 사유에 '쇼아Shoah'*가 지닌 지속적인 윤리적·정치적 함의와 자신의 관계를 물은 인터뷰를 포함해서 일단의 인터뷰를 했다. 그러나 생이 끝나갈 무렵 레비는 인터뷰에서 더 이상 그 주제에 대해 이야기하지 말아달라고 부탁했다. 레비가 언급할 수 있었던 것과

---

* 히브리어로 나치의 대학살 곧 홀로코스트를 가리키는 말.

언급할 수 없었던 것의 관계를 우리가 어떻게 이해할까? 또 말해질 수 없거나 돌이킬 수 없는 것으로 보인 것은 레비가 사용한 언어를 통해서 어떻게 전달될까?

프리모 레비와 같은 저자를 괴롭힌 역사적 외상의 경우뿐 아니라, 삶의 일부가 왜 서사적 형식으로 회상되거나 제시될 수 없는지 우리가 할 수 있는 설명과 할 수 없는 설명 사이의 간극이나 균열이 삶에 좀 더 일반적으로 있다고 가정해보자. 유해한 결과에 대한 책임의 소재를 찾거나 배정하기 위해 우리가 다른 사람들이나 우리 자신에게 일군의 행위를 설명할 것을 요구할 때 이는 특히 심각해진다. 그런 경우 우리는 책임을 정하고자 누군가 다른 사람의 설명 능력에 의존하고, 그 능력이 붕괴할 때 그 능력이 붕괴하는 지점에서 우리는 당면한 행위의 행위주체성agency을 밝혀내기 위해 다른 종류의 증거에 의지하기도 한다. 법적인 맥락에서는 분명히 이런 일이 일어나고, 법정에서는 그런 사법적인 책임 개념이 작동한다. 앞서 아이히만의 경우에서 보았듯이 분명히 그래야 한다. 그러나 그와 같은 책임 모델을 인간의 관계성이라는 비사법적인 영역으로 수입해 들이는 것이 옳은 일일까? 레비에게는 수정주의자를 거부하기 위해 이야기를 들려줄 가능성이 꼭 필요했지만, 모든 이야기를 굴절시키면서 개입한 외상과 그가 오래 살 수 있도록 해준 망각의 양태조차, 일어난 일을 명료하게 설명하라는 역사적으로나 사법적으로 중대한 요구를 거스르며 작동한 것 같다.

서사는 항상 문채figure*를 경유해서 전개되고, 문채는 아이러니와 생략을 포함하게 된다. 생략의 순간은 바로 뭔가가 들리지 않는 순간, 서사 내부의 철회나 경과의 순간이지만, 또 서사의 일부, 곧 서사를 가능케 하는 궤도의 형식적 특질이기도 하다. 따라서 외상적 사건들이 설명하기를 불가능하거나 어렵게 만든다면, 혹은 그 사건들이 서사 내부에서 생략이나 중략을 생산한다면, 그럼에도 그 문채를 통해서 바로 그 말해지지 않은 것이 전달되는 것 같다. 말해지지 않은 것은 그럼에도 어떤 식으로건 중계되거나 전달된다. 이것은 서사가 우리의 이해에 도전하는 양태인, 말걸기의 양태로서도 이해되어야 한다는 것을 시사한다. 자기를 서술하는 것이 자기를 존재하게 하는 한 가지 방식이라고 주장하는 견해들이 전제하는 것은, '나'는 문제의 행위 한가운데 위치한 행위의 시퀀스가 취임하는 순간이라는 것이다. 그러나 일련의 환경과 행위자들이 즉각적으로 그 장면에 영향을 미치고, 이 모든 것들이 다른 환경과 행위자들의 영향을 받기에 그 당시에는 그 역사가 완전히 알려질 수 없는 서사의 위상은 무엇인가? '나'는 사건들의 시퀀스에서 맨 처음의 '원인'이 아니며, 또 그 시퀀스의 전적으로 수동적인 '효과'도 아니다. 이런 이유로 화이트는 곤혹스럽고 흥미로운 논고 〈목격자 문학의 문채 리얼리즘〉에서, 행위에 영향을 미치면서 동시에 영향을 받는 주체의 완전히 모호한 위상을 분명히 하기 위해 중간태 middle voice**를 되살릴 수는 없을까 묻는다.[1]

나는 한 사람의 행동이 항상 완벽하고 완전하게 그 사람의 본모습인

---

* 수사학에서 문채文彩는 언어 규범을 벗어나는 개성적 일탈 양식을 일컫는다. 언어의 경제를 초월하는 문채는 직유, 은유, 과장, 제유와 같이 생략, 반복, 배열을 통해 글자 그대로의 언어를 비껴 나간다.

** 동사는 능동태인데 문장 주어는 비행위자인 경우. 가령 'this meat cooks well(이 고기는 잘 익는다)' 같은 표현이 그렇다.

'나'에서 비롯되지는 않는다는 것을 인정할 겸손이 존재할 수도 있다는 것, 또 그렇게 된다면 그런 의미에서 자기 자신에 대한 완전한 설명은 불가능함을 받아들이는 것과 연관된, 이렇게 말해도 된다면 용서가 존재한다는 것을 덧붙이고 싶다. 사건들의 역사적 시퀀스에서 주체를 제1원인으로 보증할 수 없다는 무능에서, 또 오직 내용의 견지에서 언어에 그 시퀀스를 상술할 임무가 주어진다면 언어가 비틀거릴 것이기에, 완전한 설명의 불가능성이 도래한다. 따라서 '설명하기'는 이러한 후자의 이유 때문에, 일어났던 것의 진실을 폭로하거나 은폐하는(언어로 그리고 언어에 의해 내용을 정교화하는) 일로만 보기는 어렵다. 완전한 폭로라는 이상은 실패로 귀착되는데, 이는 꼭 서술자가 기만적이어서도, 또 그 사람이 기만적이어서만도 아니다. 완전한 폭로라는 이상의 불가능성은 서사 자체의 한가운데에서 오류가능성fallibility을 드러내고, 이 오류가능성은 '일어났던 것'의 윤곽으로 볼 수 있을 실증적 내용 전달과는 다른 것을 하는 문체를 통해 정교화된다.

나는 '무엇'이 전달되는가란 질문을 따로 떼어낼 때 유용할, 문체와 오류가능성, 그리고 말걸기의 양태—매끈한 서사적 설명이 불가능할 때에도, 심지어 정확히 그럴 때에도 듣는 이를 찾으려 할—사이의 어떤 관계를 잠정적으로 설정하길 제안하고 싶다. 그럼에도 불구하고 여전히 뭔가가 누군가에게 말해진다(설사 그 누군가가 돈호법을 통해 오직 익명으로 형상화된다고 해도). 서사적 재구성이 비틀거린다는 것은 그런 말걸기의 양태가 존재한다는 신호다. 그런 오류가능성과 비틀거리기가 없다면 어떤 접촉도 만짐도 없을 것이다. 서사에 대한 이런 설명에 함축된 말걸기 장면의 강조는, 증거가 증명 가능한 사건들의 시퀀스를 보증하는 것과는 다른 것이어야 함을 시사하는데, 그것은 실재의 소통communication과 밀접한 관계가 있다. 실재를 소통하는 임무는 헤이든 화이트가 지적하듯이 수사적인 언어의 특질을 이용해서 **정서적 실재**, 언어는 오직 또 항상 투명하게 사실들을 전달하도록 행위한다는 실증주의의 요구를 위반하는 정서적 실재의 전달을 수반한다.

적어도 두 가지 논점이 우선 만들어져야 한다. 첫째 논점은 사건들의 시퀀스적 봉합은 오직 실재를 소통하는 한 가지 방식에 불과하다는 것이다. 둘째 논점은 소통되는 실재가 '일어났던 것'일 뿐 아니라 그것이 일어났다는 데 있고, 또 **그런 일어남**이 자신의 실재와 힘을 주장하려면 언어가 필요하다는 점이다. 사건들의 시퀀스를 전달·보존하는 것과는 다른 임무가 증거testimony에서 작동한다. 설명이 실재를 소통하려면, 심지어 사건들이 의미 창출 활동에 위기를 생산할 때에도, 바로 그런 때에도 설명은 정확히 문제가 되는 사건들의 의미를 중계할 필요가 있다. 사건의 중계 양태가 그런 사건의 일어남을 그 사건의 정서적·심리적 차원에서 분리하려고 한다면, 소통은 일어나지 않는다. 이론적으로 이것이 의미하는 바는, 증거에 대한 요구는 문채화figuration를 필요로 한다는 것, 그리고 우리는 내용과 형식을 유익하게 분리할 수 없다는 것이다. 화이트는 설명이 바로 정서적 실재를 중계하기 위해 문채에 의지한다고 주장한다. "레비가 생산한, 수용소 생활의 공포 중 가장 생생한 장면은 관습적으로 예견되어온 것과 같은 '사실'에 대한 묘사보다는, 사실에 열정, 그 자신의 감정, 그러므로 그가 그것들에게 부가한 가치를 수여하려고 레비가 창조한 형상들의 시퀀스에 들어 있다"(FR, 119). 화이트가 옳다면 문채의 시퀀스는 때때로 사실의 시퀀스보다 더 중요할지 모른다. 사실들의 소통이 일어나려면 어느 정도는 문채화에 의존하는 사실의 언어적 자기주장이 반드시 있어야 할 것이다. 앞으로 보겠지만 정서적 실재를 전달하기 위해 때때로 문채가 필요하다. 어느 땐가 레비는 바로 일어났던 이야기와 정서적 실재에 대한 기억 사이의 거리를 표시하기 위해 문채를 불러낸다.

프리모 레비의 작업에서 반복되는 문채 중 하나가 결정화crystallization다. 그것은 일어났던 것을 전달하려는 언어적 노력이 시간을 거치면서 반복될 때 출현하는 문제를 표시한다. 그것은 일어났던 것을 명확히 설명함으로써 수정주의자들을 반박하려고 할 때, 사건들을 **다시** 헤아려야 하고 그런 다시 헤아리기recounting가 적극적으로 자신의 기억에 영향을 준다는 것을 그가 발견할 때, 가장 두드러지게 그를 엄습한다. 헤이든 화이트가 지적하듯이 레비는 문채에 대한 자신의 설명을 취소하려 하지만, 결과적으로 그런 철회가 불가능한 설명을 산출하게 된다 (FR, 115). 한편으로 쇼아에 대한 보고서에서 레비는 '그저 이야기들'이라고 주장할 태세인 수정주의자들을 반박하기 위해 과학적인 엄격함의 층위에 도달할, 명확하고 투명한 언어를 추구한다. 다른 한편으로 레비는 기억의 이야기들이 어떻게 시간을 거치면서 굳어지고 '결정화'되는지—이는 그것들이 기억과는 다른 어떤 것에 정박함을 시사한다—를 안다. 레비는 어떻게 이런 결정화 효과를 중개하는가? 쇼아는 어떻게 언어적 삶, 기억과 역사적 실재로부터 떨어져 나온 삶을 떠안게 되는가? 그런 효과에 반격을 가할 수 있을까? 쇼아가 지금껏 떠안았던 담론적 삶을 고려해야 한다면, 쇼아는 현재의 우리에게 어떤 결과를 갖는 것인가?

342

레비가 수용소의 역사적 경험을 보존하고 전달할 때 사용하는 언어적 형식은 적어도 두 가지 어려움을 생산하고, 이 어려움들은 이제 두 가지 정치적 문제를 구성한다. 우선 역사적이고 경험적인 기록의 재구성을 통해 거부해야 하는 수정주의자들이 존재한다. 다음으로 쇼아를 '이용해서' 과도한 이스라엘의 군사주의, 레비도 공개적으로 반대했던 역사의 착취를 정당화하는 이들이 존재한다. 그런 사례들에서 언어 속의 무엇이 쇼아에 대한 부정과 동시에 착취를 유발하는가? 이런 삭제와 배치의 형태를 어떻게 피할 수 있을 것이며, 언어 속의 어떤 것이 이들 두 가지 정치적 궤도—레비는 둘 모두를 받아들일 수 없다고 생각한다—에 저항할 것인가? 위태로운 것은 단지 정치적 입장만이 아니며, 그가 겪었던 경험과 연관해서 도덕적으로 그를 위치 짓는 방법도 그렇다. 그는 이야기의 역사적 위상을 부인할지 모르는 이들에 맞서 이야기의 역사적 위상을 보존하기 위해 이야기를 들려줘야 할 필요가 있지만, 또한 자기 자신의 설명가능성과 타협하기 위해 이야기를 해야 할 필요도 있다. 첫 번째 과제는 언어가 투명할 것을 요구하는 것 같고, 두 번째 과제는 레비 자신의 행위성 및 공모 가담의 위상을 협상하기 위해 문제의 사건들에 시퀀스가 보장되어야 함을 요구한다.

적어도 두 저서 《이것이 인간인가: 아우슈비츠에서 살아남기》와 《가라앉은 자와 구조된 자》에서, 레비는 수용소에서 자신과 함께 있었던 이들의 삶과 죽음을 언어를 통해 보존하고 전달할 필요를 강조하지만, 그 맥락에서 자신의 도덕적 입장을 결정할 필요 역시 강조한다.[2] 희생자들과 처형자들이 있었다는 단순한 주장을 할 때도 있지만, 설명가능성의 경로를 확인하기 더 어려운 '회색지대'라 불리는 것을 가리킬 때도 있다. 회색지대를 묘사하면서 레비는 수감자들이 강제적으로, 사실상 죽음의 위협 아래에서 했던 행동을 지적하고, 설사 수감자들이 죽음과 노동의 수용소를 유지하기 위해서였다고 얘기되는 활동에 참여했다고 해도 그들의 행위는 대부분 강요에 의한 것이었다는 것을 보여주려고 한다. 그러나 한편으로 레비는 악명 높은 카포kapo[*]가 되었던 수감자들을 묘사하면서, 가학적이지는 않았더라도 지나치리만치 열성적으로 SS의 하급 대원이 되길 원했고 따라서 레비가 보기에 도덕적으로 혐오스러운 부역자 역할을 실천한 이들을 확인한다. 레비는 자신의 생존을 어떤 죄의 증거로 이해하고 자신이 살아남은 이유를 설명할 책임이 있다는 생각과, 수용소에서 인간의 목숨이 파괴된 데 대한 책임은 SS와 명백한 부역자들에게 속한다는 주장 사이에서 동요한다.

어딘가에서 레비는, 수감자들이 체포되고 투옥된 이상 자신들이 뭔가 죄를 지은 것이고 따라서 이름도 없고 현실에서는 어떤 근거도 발견할 수 없는 죄를 속죄하려고 노력하면서 살아야 한다는 가정을 만들었다고 주장한다(DS, 76). 수용소 수감자들의 자살률은 수용소에서 풀려난 직후에 높아졌다. 그는 그런 결론에 이르게 된 심적 추론 과정의 비극적 형식을 다음과 같이 상술한다.

자살은 어떤 처벌도 경감하지 못한 죄책감에서 탄생한다. 이제 투옥의 가혹함은 처벌로 지각되었고, 죄책감(벌이 존재한다면 죄가 있었음이 분명하다)은 배경으로 좌천되었지만, 해방 이후에 다시 출현하고 만다.

---

[*]   강제수용소에서 나치친위대(SS) 간수를 보조하는 역할을 맡은 수감자.

다시 말해 (진짜이건 가정이건) 죄 때문에 스스로를 처벌할 필요는 전혀 없었다: 고통스러운 하루하루를 영위하면서 그들은 이미 속죄하는 중이었다. (DS, 76)

레비는 부당하게 죄가 유발되고 자기를 '원인'으로 수립하는 일이 투옥된 이유를 찾으려는 필요에서 유래한다는 것을 분명히 안다. 이렇 듯 틀린 추론 방식을 개괄할 수 있는 레비이지만 그 역시 가끔 그 용어 들에 굴복하기도 한다. 자신이 살아남은 건 순전히 우연임을 그는 분 명히 이해한다. 가령 1944년 늦은 봄, 그가 속한 막사의 나머지 사람 들이 죽음의 행렬에 차출되었을 당시 그는 병에 걸려 진료소에 머물러 야 했고, 그 결과 자신의 의도치 않은 생존과 구조가 있었다는 것을 중 계한다. 그는 똑똑히 쓴다. "나는 내가 죄 없는 희생자였고 살인자가 아니었음을 정말 알고 있다"(DS, 48). 그러나 또 어떤 때에는 자신이 다른 사람을 희생시키고 생존했고, 자신의 행동이나 무행동이 다른 이 들의 죽음을 설명할 수 있으며, 다른 이들은 생존할 수 없었는데도 자 신이 생존했다는 사실을 견딜 수 없다고 생각한 것으로 보인다. 그는 다른 사람 대신에 생존했고, 그렇기에 자신의 생존이 다른 사람의 삶 의 장소를 불법으로 강탈한 것이라고 이해한 것 같다. 따라서 그는 이 렇게 쓴다. "그것은 추측 이상도 이하도 아닌 생각이고 의심의 그림자 가 드리운 것에 불과하다. 각자는 자기 동생의 카인이라는 것, 우리(그 러나 이번에 나는 아주 넓은, 보편적인 의미에서 '우리'라고 말하고 있다) 한 사 람 한 사람은 자기 이웃의 자리를 강탈했고 이웃 대신에 살았다는 것. 그것은 추측이다. 그러나 그것이 우리를 갉아먹는다. 그것은 나무의

좀처럼 깊숙이 들어앉아 있다. 곁에서는 안 보이는 그것이 갉고 쓸어댄다"(DS, 82).

강탈하다Usurp는 분명 능동형 동사이고, 누군가의 생존이 다른 이의 죽음의 원인이라는 확신을 강화한다. 이런 경제를 따라 다른 누군가의 목숨을 대가로 내가 삶을 얻은 것이라면, 내가 목숨을 포기하면 다른 사람이 살게 된다. 당연히 타자의 목숨을 소생시키는 방식으로서 자신의 죽음을 소망하는 일이 벌어질 것이다. 수용소의 다양한 인물에 대한 레비의 초상이 살해된 이들에게 '목숨을 되돌려주려는' 노력이었다면, 우리는 이러한 문학적 초상의 '소생' 기능이 자살을 예고한다고 간주할 수 있다. 참을 수 없는 논리인 강탈은 자살에서 역전된다. 우리는 타자를 희생시키고서 살지 않지만, 타자가 살 수 있도록 자신의 삶을 내준다. 이와 같은 죄의 논리는 삶과 죽음의 문제를 결정할 주체의 권력을 팽창시키면서, 계속 살아가는 주체 안에 타자의 죽음의 원인을 취임시킨다. 이것은 집단 죽음이라는 장치machinery를 자기의 인과론적 행위성으로 고통스럽게 전치시키는 것으로 읽힐 수 있을 뿐이고, 그럼으로써 자기, 투옥된 희생자를 사실상 집단 죽음의 장치로 재형상화하는 것이다.

그러나 생존했을 때 레비는 아우슈비츠에 대한 이야기들을 계속 들려주려고 했다. 이는 역사적 기록을 똑바로 이어나가고 수용소 내 자신의 위치와 타협하기 위해서였을 뿐 아니라, 그 현상이 역사에 반복되어서는 안 된다는 것을 확실히 하기 위해서이기도 했다. 비록 레비는 자신이 거기서 일어났던 것을 완전히 또는 적합하게 증언할 수 없는 사람이라는 점을 잘 이해했지만, 기이한 고통의 경험과 그가 증언에 기울인 엄청난 노력은 정치에 관한 그의 성찰에 지대한 영향을 미쳤다. 정치적 쟁점에 대해 입장을 취할 때 레비는 파시즘의 위협과 횡행, 끈질긴 반유대주의의 위험성을 경계하면서, 동시에 그가 생각하기에는 어떤 생존자라도 용서할 수 없고 용서해서도 안 되는 정치를 정당화하는 데 쇼아가 이용될 가능성이 있는 방식 역시 경계했다.

이 책은 이스라엘 국가에 대한 비평이 반유대주의적인 것으로, 혹은 유대 민족의 새로운 파괴에 일조하고 그것을 선동하는 것으로 해석될 수 있다는 상당히 어려운 문제와 더불어 시작했다. 프리모 레비는 1982년 베이루트 폭격과 사브라·샤틸라 학살*을 반대하는 일이 유대인이자 생존자로서 자신의 공적 책임이라고 이해했다. 나치의 파괴를 피해 도망 나온 유대인들을 위한 은신처로서 이스라엘의 정초, 심지어 유대인들이 귀환권을 주장할 수 있는 장소로서 이스라엘의 정초를 높이 평가했던 레비이지만, 그는 유대인의 영구 은신처로서 이스라엘의 실존을 역설한 논증에서 그 무렵 이스라엘 국가의 정책을 분리해 생각하려고 했다. 그 결과 그는 1980년대 초에 메나헴 베긴 총리와 아리엘 샤론 국방장관 둘 다를 비판하게 되었고, 사브라·샤틸라 학살 이후 그들의 사임을 촉구했다.[3] 여러 인터뷰에서 레비는 유대의 가치와 이스

---

* 1982년 6월~9월 이스라엘의 레바논 침공 기간에 벌어진 민간인 학살 사건. 이스라엘 방위군은 레바논 남부에 있던 PLO의 미사일 기지 및 저장고를 제거하고, 레바논 대통령으로 우파 기독교 세력인 팔랑헤당의 지도자 바시르 제마엘을 취임시키려 했으나, 취임 9일 전 폭탄 테러로 바시르가 살해된다. 분노한 레바논 민병대는 이스라엘군의 방조 속에 사브라와 샤틸라의 팔레스타인 난민촌에 난입, 무차별 학살을 자행했다. 9월 16일 오후부터 18일 오전까지 일어난 '살인 파티'의 희생자 수는 국제적십자사의 집계로 2750명에 달한다. 이 사건으로 레바논에 무장단체인 헤즈볼라가 탄생하고, 이스라엘군이 학살을 방조한 데 대한 책임을 지고 당시 국방장관이던 아리엘 샤론이 사임했다.

라엘 국가의 차이를 계속 강조했고, 이스라엘 국가에 반대하는 이스라엘 내부의 좌파 시위자들에게 희망을 걸었고, 그 지역에서 "흘린 피", 비단 유대인의 피만이 아닌 모든 사람의 피가 자신을 고통스럽게 한다고 논평했다.[4] 《라 레푸블리카*La Repubblica*》*에 베긴과 샤론의 사임을 촉구한 뒤, 레비는 공식적으로 이스라엘에 반대했다는 이유로 그를 비난하는 이스라엘 사람들의 편지를 받았다(사실 그는 이스라엘 자체가 아니라 이스라엘 군대의 몇몇 행동에 반대하는 공식적 태도를 취한 것이었지만).

　레비는 남부 레바논을 상당 부분 황폐화시키고 그곳에 살던 아랍인 수천 명을 살해한 베이루트 폭격에 반대했다. 그리고 레비는 점령 지역에 정착촌을 세우는 데 반대했다. 몇 달 후에 레비는 사브라와 샤틸라에서 무방비 상태의 팔레스타인 사람들을 살해한 사건, 사람들을 난도질하고 임신부의 창자를 빼낸 소름끼치는 살인이 포함된 것으로 기록된 공격을 공개적으로 비난했다. 그런 행동은 자신에게 "수치심과 고뇌"를 불러일으켰다고 레비는 주장했다. 그럼에도 그는 조건이 바뀔 가능성을 옹호했다. 1982년 잠파올로 판사Giampaolo Pansa와 나눈 대담 〈프리모 레비: 베긴은 물러나야 한다〉에서 레비는 이렇게 말한다. "나는 이스라엘이 늘 이럴 것이라고 생각할 만큼 비관주의자는 아니다."[5] 대담자가 레비에게 이스라엘에서 온 편지, 곧 레비에게 "요즘 유대인이 흘린 모든 피"를 이해할 수 있는지 없는지 묻는 이들의 편지에 어떻게 답할지 물었을 때, 레비는 이렇게 대답한다.

---

*　이탈리아의 일간지.

저는 다른 모든 인간이 흘린 피와 마찬가지로 유대인이 흘린 피 역시 저를 고통스럽게 한다고 대답하겠습니다. 그러나 여전히 괴로운 편지들이 있습니다. 저는 그것들에게 고문을 당합니다. 이스라엘은 나와 같은 사람들, 그저 나보다 조금 운이 나쁜 이들에 의해 세워졌다는 것을 알기 때문이죠. 팔에 숫자가 새겨진 아우슈비츠 출신 사람들, 집도 고향도 없는 이들, 2차 세계대전의 공포에서 탈출해 이스라엘에서 집과 고향을 발견한 이들. 저는 이 모든 걸 알아요. 그러나 이것이 베긴이 좋아하는 변명이라는 것도 알지요. 저는 그런 변명의 어떤 타당성도 부인합니다.[6]

레비는 그런 변명의 어떤 타당성도 인정하지 않으려 하면서, 민간인에 대한 이스라엘의 자의적이고 치명적인 폭력을 정당화하기 위해 쇼아를 거명하는 것은 유효하지 않다고 주장한다. 그의 공식적 비평을 힐난하는 이스라엘인들의 편지에 고통스러워했지만, 레비는 그 순간 자신의 공식적 견해를 철회시킬 수 있을 죄책감으로 침묵하지는 않았다. 대신에 레비는 그런 변명에 어떤 타당성도 부여하길 거부하는 '나'의 권위를 확증한다. 그리고 레비는 이 '나'가 모든 '나'가 아니라 쇼아의 유럽 생존자 중 가장 명확히 표현된, 가장 영향력 있는 이의 1인칭 선언임을 분명히 안다. 고문이 그를 침묵시킬 수도 있었을 것이다. 그러나 바로 그 침묵의 자리에서 레비는 팔레스타인 사람들에 대한 오늘날의 군사 폭력을 이성적으로 정당화하기 위해 쇼아에 관한 역사적 기억을 도구화하지 않는 '나'를 재확증한다. 동시에 레비가 나치 독일과 이스라엘을 동일시하길 거부했다는 점을 지적하는 것이 중요하다. 그는 1982년 이후 이탈리아에서 공론으로 쇄도했던 반유대주의를 공개적으로 비난했다. 그는 이스라엘 자체가 반유대주의를 조장한 책임이 있음에 우려를 표했지만, 당시 이스라엘 국가의 폭력이나 반유대주의 중 어느 것도 받아들일 수 없다는 점 역시 분명히 했다.

나는 레비뿐 아니라 지금도 이 주제에 대해 우리가 사용할 수 있는 담론들에서도 널리 통용되는 듯한, 쇼아의 적어도 두 가지 차원을 지적하고 싶다. 우선 쇼아란 자기 자신을 설명할 수 있는 가능성을 외상화하고 분열하고 왜곡하는 바로 그것이다. 그것은 항상 유지될 수도 지지를 받을 수도 없는 일군의 기억이다. 수감자의 행위주체성이 강압과 죽음의 위협에 노출되어 있던 '회색지대'에 비추어서 가끔은 심지어 레비에게도 완전하거나 이해 가능한 설명하기, 어떤 철저한 설명가능성에 대한 이해가 아주 어려워진다. 다른 한편으로 국가폭력을 합리화하는 데 쇼아가 이용될 수 있음은 자명하다. 레비는 이 점에 대해 도덕적으로나 정치적으로 분명하고 확고하게 반대한다. 그렇다면 우리는 한편으로 외상의 개입을 받아 뒤죽박죽이 된 담론과 다른 한편으로 정치적 도구화에 쓸모 있을 담론의 관계를 고려할 수 있을까?[7] 외상으로서 쇼아는 레비의 언어, 살아남아 인간 삶의 무시무시한 파괴의 여파 속에서 계속 살아가는 이의 언어를 사용한다. 도구화된 것으로서 쇼아는 비판을 침묵케 하고, 국가폭력을 합리화하고, 레비가 분명히 그랬듯이 올바르게 대항해야 하고 거부되어야 하는 이스라엘의 관행들에 정당성을 부여하는 방식이 된다.

그러나 어쩌면 우리는 너무 앞서 가는 것일지 모른다. 결국 레비에게는 담론에 의해 기억을 포착하려는 데서 유래한 두 가지 크나큰 문제가 있다. 그는 수정주의와 기억의 정치적 착취 모두를 거부하기 위해 그 문제들을 어느 정도 해결해야 한다. 이제 이런 담론적 형성이 어떻게 소통의 가능성과 동시에 의무를 생산하는지를 이해하기 위해, 이 문제들이 어떻게 레비에게 출현하는지 자세히 이야기해보기로 하자. 여기서 내가 '담론적 몰수seizure'라 부르는 것과 화이트가 '문채화의 시퀀스'라고 특정한 것이 그것들이 소통하기로 되어 있는 실재를 유기하는 단순한 '구성물'로 이해되지 않으려면, 이 담론적 몰수가 어떤 의미에서 지시성referentiality의 양태인지 이해해야 할 것 같다. 화이트는 가령 레비가 수용소에 억류된 이들에 대해 제공한 일련의 초상이 "온전히 그리고 명백히 지시적인 문채화의 시퀀스"(FR, 122)를 구성한다는 점을 분명히 한다. 레비의 묘사가 "형식을 고취한 도덕적 부담을 표현한다"(FR, 122)는 사실은 형식의 지시성을 비난할 이유가 아니다. 오히려 그것은 도덕적 부담을, 전달되는 객관적 실재의 일부로 이해해야 하는 이유로 작용한다. 그것이 얼마나 정확히 이루어지고 어떤 효과를 내는지는 이 글의 뒷부분에서 검토할 것이다.

레비는 《가라앉은 자와 구조된 자》를 시작할 때 독자들에게, 나치는 목숨을 파괴하려고 했을 뿐 아니라 그 파괴의 증거도 없애려 했다고 말한다. 제3제국은 "기억에 대한 전쟁을 수행했다"(DS, 31)고 레비는 쓴다. 따라서 레비의 텍스트에서 서사적 목소리는 이 사실을 중계할 뿐 아니라 바로 그 존재만으로도 일종의 증거를 구성한다. 레비가 우리에게 말하기를 통해서 이 증거가 완전히 파괴되지 않았음을 입증하고, 따라서 자신들의 절멸을 증명할 만한 모든 증거의 흔적을 없애려고 나치가 고안한 플롯을 저지한 텍스트를 우리에게 주는 한에서는.

여전히 말하는 주체가 있다는 것은 그 자체로 나치의 시도를 반박한다. 엘리 위젤Elie Wiesel이 추측했듯이 어느 누구도 믿지 않을 것(곧 그들은 스스로도 믿을 수 없는 것을 실행하고 있다고 이해했다), 또는 어느 누구도 생존해서 입증할 수 없을 것이라는 게 나치의 생각이었다면, 그들은 전쟁 기간에 행동하려 했을 뿐 아니라 그들이 행한 것에 대한 역사가 말해질 미래에도 계속 영향을 주려고 했기 때문에, 레비는 입증하면서 그들의 계획을 좌초시키고 그들의 지속적인 장치machinery를 파괴한다. 레비의 이야기하기, 그의 이야기는 그들의 장치가 붕괴했음을 입증한다. 그는 생존한 증인일 것이고, 증거를 제공할 것이고, 따라서 그들이 부인할 것을 확증할 것이다.

이렇듯 증거를 확립할 임무를 시작하자마자 레비는 40년이 지난 후에 글을 쓰고 있기에 여러 가지 문제에 봉착하게 된다. 레비는 자기 기억의 진실성에 대한 질문, 기억과 이야기의 관계 외에도 기억과 외상 혹은 적어도 기억하기에 저항하는 것의 관계에 대해 그에게 제기되는 질문을 제기해야 한다. 그럼에도 그는 이야기를 들려줄 수 있을까? 그의 이야기가 그의 기억을 확증하는가? 어쩌면 나치는 그 사건을 말할 수 없고 서술될 수 없는 것으로 만드는 데 성공한 것 아닐까? 서술이 온전히 말할 수 없는 것으로 밝혀진다면 그것은 나치의 성공담인 것인가? 우리는 또 다른 목적을 위해 서사 안에 있을 서사의 오류가능성을 보호할 수 있을까? 서사의 오류가능성, 바로 서사의 붕괴를, 외상 자체를 증명하는 흔적으로 고려할 방법이 있을까?

기억을 파괴하고 미래의 증언을 불가능하게 만들려고 했던 나치에 대한 강력한 주장으로 시작한 그 책은, 그러나 몇 장을 넘기기도 전에 기억의 단순한 재구성을 방해할 문제들에 몰두하게 된다. 기억, 특히 고통의 기억을 "미심쩍은 출처"(DS, 34)라고 부르면서 레비는 우선 고통의 기억이 이야기로서 "결정화하는" 방식을 띤다고 지적한다. 이렇게 결정화된 이야기는 이제 자신의 삶을 맡는다. 더 나아가 기억은 이런 식으로 말해지고 결정화되면서 이제 스스로 기억을 재구성하기 시작한다. 그렇기에 이야기를 말한다는 것은 어떤 기원적인 기억이 상실될 만큼 기억을 바꾸는, 고통의 기억에 대한 결정화를 수행한다. 따라서 이야기는 기억 자체를 희생하고서 도래하는 삶을 떠맡게 된다. 역설적이고 고통스럽게도 이야기는 현실적으로 기원적인 고통이 기억에서 상실되는 수단이 될 수 있다. 여기에 레비의 언어가 있다. "너무 자주 환기되고 이야기 형태로 말해진 기억은 상투형으로 고정되고, 곧 결정화되고 완벽해지고 추앙받은 경험의 검증된 형식이 되는 경향이 있다. 그런 기억은 원료 기억의 자리에 대신 들어가서 그것을 희생시키고 성장하게 된다."(DS, 24).

이렇듯 말해지면 말해질수록 이야기는 결정화되고, 이야기를 촉발한 고통의 기억은 점점 더 사라진다는 것은 물론 무서운 생각이다. 레비는 이런 통찰의 결과에 저항하지만, 그것을 어떤 식으로건 명시하는 데 대단히 신중하다. 레비가 두려워하는 것, 또 그가 부분적으로 참이라고 알고 있는 것이 상실 자체의 상실일 수 있다는 것이고, 이것이 우리가 말하는 이야기의 결과일 수 있음을 우리는 고려해야 할지 모른다. 물론 이야기는 나치 프로젝트가 증거를 파괴하려는 목적을 달성하지 못했음을 분명히 나타내기 위해 말해지고, 바로 수정주의자들, 절멸 수용소란 사실을 의문시하는 이들에 맞서 말해진다. 이야기는 증거를 확립하고, 불가해한 것은 아니라고 해도 엄청난 삶의 상실이 있었음을 승인하고, 애도에 필요한 명백한 상실의 인정을 제공하기 위해 거기에 있다. 그러나 이야기가 고통과 상실의 기억을 더 먼 곳으로 갖고 간다면, 그렇다면 이야기는 고통과 상실이 부인당하는 일종의 우울(증)을 취임시키기 위한 것일지도 모른다. 이야기는 자신이 중계하는 사건을 대체하려고 위협하고, 결정화는 바로 그런 대체의 수단이다. 대체는 사건을 희생한 대가로 도래한다. 따라서 어떤 엄격한 설명가능성이 적용되는 것일 수 있다. 곧 마치 생존자들의 목숨이 죽은 자를 대가로 해서 도착한 것으로 해석되듯이, 이야기는 사건 자체를 희생한 대가로 구매된다.

그러나 이 결정화가 지시체의 상실에 대한 엄중한 책임을 지지는 않는다. 견딜 수 없는 상실과 죄가 언어의 지시적 능력을 갉아먹는다. 그러나 화이트를 따라서 "형식을 고취하는 도덕적 부담"은 중계되어야 할 객관적 실재의 일부라는 것 역시 지적해야 한다(FR, 122). 지시성이 여전히 문제라면, 그것은 고통을 기억하거나 회상하는 것의 어려움, 기억을 위해 형식을 보유해야 할 바로 그 능력을 괴롭히는 어려움과 관계가 있다. 레비는 "전쟁이나 여타 다른 복잡한 외상적 경험의 많은 생존자들은 무의식적으로 자신들의 기억을 걸러내는 경향이 있다. …… 그들은 유예의 순간들에 거주한다. …… 가장 고통스러운 일화는 …… 자체의 윤곽을 상실한다"고 지적한다(DS, 32). 레비는 일찍이 기억을 암송하면서 기억을 묘사로 대체하고 악의에서 선의로 넘어간 이들의 맥락에서 이런 윤곽의 상실을 언급한다. 기억을 묘사로 대체한 이들에 대해 레비는 이렇게 쓴다. "참과 거짓의 차이가 점점 희미해지면 인간은 결국 자신이 숱하게 여러 번 한 이야기를 완전히 믿게 되고 계속 그것을 이야기하게 된다"(DS, 27). 설사 이런 상황이 거짓말을 하려는 어떤 명시적인 의도도 존재하지 않는 자기기만의 형식이 된다고 해도, 그것은 도덕적 실패로서 시작된다. 그러나 그다음에 나오는 단락에서 레비는 기억을 대체할 수 있는 이런 이야기의 기능은 "사건들이 점차 희미해지면서 과거가 될 때" 당연히 일어난다고 제언한다. 그런 조건에서라면 "편리한 진실의 구성이 성장하고 완벽해진다"(DS, 27). 겨우 몇 장 뒤에서 레비는 이 문제로 돌아가서, 기억의 고통스러움이 결국 기억의 자리를 차지할 이야기 형식을 촉구하는 것은 당연하다고 시사한다. 이 지점에서 이야기는 더 이상 도덕적 실패의 신호가 아니라 차라리 외상의 신호로서 출현한다.

외상은 경계가 정해진 사건으로서의 고통스러운 기억을 훼손하면서 작동하고, 이야기는 기억을 결정화하면서 바로 이런 외상적 만남을 벗어난 휴식을 제공한다. 이야기는 어떤 망각, 현실적으로 생존에 필요한 망각과 협력하면서 작동한다는 점을 고려하는 게 가치 있을 것 같다. 기억에 근거해서 고통의 증거를 수립하려 하는 이야기는 고통을 결정화하고, 화자의 생존을 도울 망각을 유도한다. 생존의 필요는 때때로 증거를 제공해야 할 필요를 거스르며 작동하는 것 같다. 이야기는 기원적인 기억으로 귀환하는 게 아니라 그 기억을 정복하는 데 일조한다. 레비는 기원적 이야기가 보존되고 자신의 말하기에 진실성을 대여할 것이라고 믿지만, 그의 말하기 역시 그의 생존에 봉사하고 따라서 그 기억에 영향을 주고, 그것의 외상적 효과를 누그러뜨리고 심지어 그것의 자리를 차지한다. 그 결과 소통된 것은 외상이 스토리텔

링에 끼친 효과다. 이야기의 뿌리가 과연 실재에 있는지를 걱정하는, 이렇듯 글로 쓰인 성찰은 바로 외상의 실재, 곧 이야기의 관습적인 기능을 불안정하게 만들 실재를 소통하고 전달한다. 이야기, 초상, 삽화, 역사의 개입, 사색을 보유한 레비의 글쓰기는 그럼에도 단일한 형식을 취하지는 않는다. 여기서 형식을 레비가 제공한 형식들에 등재된 문제로 만들어줄 뭔가가 소통되어야 한다. 바로 이런 의미에서 우리는 레비 자신의 의심에도 불구하고 화이트가 제공한 이유 때문에 레비의 글쓰기의 지시성을 계속 주장할 수 있다. 도덕적 부담이 형식을 고취하고, 따라서 도덕적 실패의 두려움도 고취한다는 점 역시 덧붙일 수 있을 것 같다. 더 나아가 우리는 사건과 관계해서만이 아니라 듣는 이와 관계해서도 글을 쓴다. 레비는 이야기를 믿을 만한 것으로 만들기 위해 고투해야만 했다. 이 싸움은 형식의 차원에도 등재된다.

진실 및 서사와 레비가 벌인 싸움은 꼭 레비의 것만은 아니다. 가령 샤를로트 델보Charlotte Delbo는 《아우슈비츠와 그 후》의 앞부분에서 이렇게 말한다. "내가 당신에게 아우슈비츠에 대해 이야기한다면 그것은 감각기억sense memory이 아닌 **외적 기억**[memoire externe], 곧 사유와 연계된 기억에서 나온 것이다."[8] 외적 기억은 사건을 말하기 위해서 사건을 다시 살지 않는 기억을 가리킨다. 만약 델보가 사건을 다시 살게 된다면 그것을 말해줄 수 없을 것이다. 그녀의 저작에서 그와 같은 서사 능력은 감각기억이 외적 기억을 차단할 때 이따금 붕괴한다. 이것은 '말하기'가 항상 다시 살기로부터 어느 정도는 거리를 취한 채로 떨어져 있고, 또 그래야 한다는 것을 시사한다. 어느 지점에선가 델보는 혹독하게 추운 어느 이른 아침 시간에 아우슈비츠에서 점호 대열에 서 있던 이야기를 들려주면서, 거기에 서 있을 때 "나중에 여기 점호 줄에 서 있던 이야기를 하게 될 거야"라고 혼잣말했다고 주장한다. 그다음 문장에서 델보는 그것이 실제로는 전혀 사실이 아니라고 말한다. 나는 아무 생각도 하고 있지 않았다. 나는 전혀 생각할 수가 없었다. 그리고 바로 이것이 이 경험을 겪었던 누군가가 그것을 설명할 수 있을 거라는 생각이 왜 합리적이지 않은가 하는 이유다. 그들은 그럴 수 없다. 그러나 이것은 그러므로 어떤 설명도 주어져서는 안 된다는 것을 의미하지 않는다. 그와는 반대로 데리다를 대입해서 말한다면, 설명을 **할 수 없다**는 바로 그 이유 때문에 우리는 설명을 **해야 한다.** 외상에 의해 중단되었거나 약화된 서술 능력은 계속 살아가고 또 생존할 능력의 신호이자 증거로서 출현한 바로 그것이다. 델보는 자기 설명의 진실성을 성찰하면서 자신은 그것이 사실인지를 알지 못하지만 **참되다** truthful는 것은 안다는 결론을 내린다.[9]

따라서 기억, 이야기, 외상이 맺고 있는 이렇듯 복잡한 관계가 여기서 작동하고 있음에 유념한다면, 수정주의자들을 반박할 증거의 토대를 기억의 진실성에 대한 주장과는 다른 데 두는 것이 사리에 맞는다. 물론 생존자 이야기의 기록과 보존은 기억에 토대를 두지만, 이야기가 열망할 수 있는 것은 아마 진실이 아니라 오직 참됨이라는 점을 분명히 하자. 증언은 기억이 할 수 없는 방식으로 작용한다. 그리고 기억은 전송되고 지속되기 위해 이야기에 의존한다.

언어는 기록하고 보존하고 전송하는 일을 가끔은 함께 해낸다. 그뿐만 아니라 언어는 자신이 기록하고 보존하고 전송하는 재료에 예외 없이 어떤 작용을 가한다. 가령 헤이든 화이트가 주장하듯이 레비에게 증언은 "지시체referent를 생산한다." 그리고 우리는 여기서 레비가 뜻한 것이 무엇인지를 이해하는 데 신중을 기해야 한다. 이러한 지시체의 생산은 지시체란 존재하지 않는다, 오직 언어만이 존재한다는, 곧 언어가 지시성 자체를 무화한다는 견해와는 구분되어야 한다. 화이트의 견해는 만약 그 사건들이 듣는 이에게 전송되어야 한다면 사건들은 우리를 위해 지시체를 생산하거나 편곡할 수사적 용어, 그것을 명료하게 만들고 의미를 부여할 수사적 용어로 중계되어야 한다는 것이다. 어느 지점에선가 화이트는 "실제 상황을 …… 포착하려면"(FR, 116) 문채가 필요하다고 주장한다. 같은 글에서 화이트는 레비가 사실주의적 재현을 외면했으며, 그런 외면이 일어날 때 "단지 지시체를 가리키기보다는 차라리 현실적으로 지시체를 생산하는 효과, '사실들'의 비인격적인 등재와 같은 것이 지금껏 해왔을지 모르는 것보다 더 생생하게 지시체를 생산하는 효과를 낸다"(FR, 119)고 언급한다.

수정주의자들에 맞서서 언어가 사건의 지시성을 보존하기를, 말하자면 기록으로서 작용하길 원하는 이가 있을 것인데, 그렇게 된다면 이는 사건을 보존하고 전송하는 바로 그 수단을 통해서 언어가 지시체에 영향을 미친다는 말이 된다. 이것을 피해 갈 방법은 없는 듯하다. 우리는 심지어 '훈습薰習, working through'이라는 정신분석학 개념이 바로 지나간 과거의 사건에 언어가 영향을 미칠 가능성에 의존하고 있음을 헤아릴 수도 있다. 그러나 적어도 훨씬 더 강력한 논점이 두 가지 존재한다. 우선 지시체를 보존하려면 우리는 지시체에 영향을 **끼쳐야 한다.** 지시체에 영향을 준다는 것은 지시체를 어떤 식으로건 바꾸는 것이다. 지시체에 영향을 주지 않으면 기록이 보존될 수 없다. 둘째, 실재가 소통될 수 있으려면—이것은 불신의 조건들이 극복되어야 한다는 뜻이다—언어는 사실이 포착 가능한 실재로서 생산될 수 있도록 영향을 끼쳐야 한다. 두 번째 과제는 전혀 쉬운 것이 아니다. 그것은 이 실재를 소통할 형식을 찾아내는 것—수사적이면서 동시에 지시적이기도 한 과제—을 뜻하기 때문이다.

물론 꼭 이야기가 기억에 영향을 끼치고 기억을 전치시키는 유일한 담론적 수단인 것은 아니다. 우리는 외상을 언급할 때, 설사 과거를 구성한다고 해도 완전히 기억의 질서를 따르지는 않는 색인 목록을 만들고 있는지 모른다. 그것은 일어나기를 멈추지 않는 과거로서 식별된다. 외상은 지속되지만 균일하게 지속하지 않는다. 외상은 반복되어야 하고, 외상의 반복은 항상 어떤 구문론적인syntactical 형식을 띤다. 게다가 알려지거나 소통되기 위해서 '다시 말하기'는 어느 정도는 '다시 살기'여야 한다. 그렇지 않으면 말해진 것을 읽기, 심지어 듣기도 화이트가 사건들의 서사적 시퀀스의 "정서적 실재"라 부른 것에 대한 포괄적인 설명으로 이어지지는 않을 것이다(FR, 123). 어떤 서사적 '다시 말하기'를 외상적이라고 말하는 것은 그런 '다시 말하기'의 수단, 구문론이 엄밀히 규정되기보다는 차라리 강제된다고 주장하는 것이다. 그러나 그렇다면 우리는 복잡한 상황, 곧 그런 사건들의 실재를 보존하고 전송하도록 의도된 사건들의 결정화가 그 목적을 달성하기 위해 그 사건들에 영향을 끼칠 뿐 아니라 서사적 결정화를 고안한 목적을 넘어서는 새로운 담론적 효과를 도맡기도 하는 상황에 처한 것이다. 화자가 선택하지 않은 이야기를 뭔가가 이용한다. 이는 단지 결정화 효과의 의사독립성에서만 볼 수 있는 게 아니다(그것은 내 이야기인가, 또 다른 이야기인가, 아니면 너무 자주 이야기해서 이제 내가 서사적 설명이 무엇인지 무엇이 지시체인지 정확히 알지 못하는 이야기인가?). 결정화는 필연적이고 피할 수 없는 담론적 몰수의 작용에 대한 이름이다.

외상적인 반복강박에 속하는 스토리텔링의 반복이 존재한다고 말하는 것은, 이미 말해진 이야기의 담론적 사용을 우리가 완전히 통제할 수 없다고 말하는 것이다. 서사에 영향을 끼치지 않고서는 서사의 '다시 말하기'도 '다시 살기'도 불가능하다면, 이러한 영향 끼치기는 이야기의 중계에 결정적인 것이며, 이야기에 필수적인 수사적 차원 중 하나를 형성하는 것이다. 그러나 이야기를 전해 받은 사람들도 이야기를 다시 말한다. 외상의 효과는—그 외상과 함께 온 의지volition의 위기와 나란히—전송되지만, 기원이 갖고 있던 목적으로부터 멀리 벗어날 수 있다. 이 점이 내게는 결정화에 항상적으로 도사린 위험으로 보인다.

따라서 결정화는 기록 보존의 조건이면서 동시에 위험이고, 따라서 수정주의를 반박하는 데 전제 조건인 것 같다. 그러나 앞서 보았듯이 바로 이런 결정화의 과정이 설명가능성의 날카로운 의미와 연결되어 있다. 나는 쇼아의 정치적 착취에 작동하는 것이 바로 이 후자라고 본다. 이런 착취의 일차적인 목표는 어떤 설명가능성의 의미를 드높여서 대립되는 정치적 관점을 도덕적으로 비난할 만한 것으로 만드는 방식으로 비난을 동원하는 것이다. 수사적 호소는 동시대의 적을 '사실상의 나치'로 만들고, 그럼으로써 그 적에 가해질 모든 폭력을 정당화하도록 움직일 비난에 기여하게끔 다시 외상을 활성화한다.

그와 같은 정치적 맥락에서 외상의 재활성화는 설사 그것의 슬로건이 '결단코 다시는!'이라고 해도 지시적 역사를 보존하지 않는다. 오히려 그것은 담론적 무기를 갖고 동시대 정치의 장에 개입한다. 우리는 이것을 결정화의 또 다른 치환으로 이해할 수 있는가? 이 경우에 담론이 기억을 대체하는 것은 단지 견딜 수 없는 고통 및 죄와 주체 사이에 거리를 두기 위해서일 뿐 아니라, 죄를 완전히(그리고 무한히) 외면화시키고, 그럼으로써 누군가가 지속적으로 겪고 있는 고통을 완전히 설명해줄 수 있는 사람으로서 타자를 구성하는 비난을 발하기 위해서이기도 하다. **비난은 비난을 뒷받침하기 위해 고통을 재활성화하고, 이제 비난은 죄의 '원인'을 동시대의 타자와 동일시함으로써 근거 없는 죄를 완화하려고 한다. 따라서 과거가 지나간 것에 그치지 않도록 하는 외상적 시간성을 지속하고, 그때와 지금 사이의 역사적 거리를 무색하게 만든다.** 정동의 이동가능성과 외상의 전송가능성은 이와 같이 이 정치적 실재에서 저 정치적 실재로의 역사적 변위에 본질적이다. 앞서 제시했듯이 외상적인 국면은 의지에 기대기도 어렵게 만들기에, 이 과정에서 행위주체성을 어떻게 위치시켜야 할지 모르겠다. 그리고 우리는 이스라엘에 관해 정치적으로 논쟁하는 양 진영에서, 경색을 유발하는 부분을 고발하기 위해 이런 언어와 외상의 연합을 전략적으로 이용 내지 착취하는 것을 볼 수 있다. 홀로코스트를 다시 환기할 때 사용되는 담론적 수단은 바로 그것이 반복되는 고통을 요구하고, 다른 수단을 위해 그것의 반복과 고통을 동원하는 방식이다. 그것이 고통을 전치시키고(그리고 현재와 과거의 역사적 간극을 메우고) 지시체 자체를 상실하는 결과를 동반하는 정치적 목적을 위해 동원된 것인가라는 게 질문이다.

이런 일은 정치적 쟁점의 다양한 측면에서 일어날 수 있고 일어난다. 기꺼이 평화 정착 과정에 참여하려는 사람들은 또다시 유대인을 가스실로 보내려 한다는 비판을 받아왔고, 국가를 비판하는 사람들은 또 다른 홀로코스트에 유대인들을 취약하게 만든다는 비난을 받아왔다.[10] 그러나 이스라엘인에 반대하는 이스라엘인, 이스라엘인에 반대하는 이스라엘 비평가, 디아스포라 유대인에 반대하는 이스라엘인에 의해 근거 없는 주장이 발생한다.[11] 톰 폴린Tom Paulin의 "시온주의자 SS" 운운이 문제의 한 예다.[12] 이스라엘 국가가 이제 나치 체제를 외상적으로 모방한다는 사변은 이스라엘을 비판하는 이들을 추정상 만족시키는 주장이다. 따라서 국가를 변호하는 이들과 국가에 반대하는, 혹은 적어도 국가의 어떤 정책과 어떤 관행을 반대하는 이들은 각각의 방식으로 나치라는 비난에 종속되는 것 같다.[13]

홀로코스트나 쇼아의 이야기가 고통의 기억을 희생한 대가로 성장할 수 있다고 본 레비가 옳다면, 홀로코스트의 이야기는 인간의 고통에 대한 이해를 희생한 대가로 성장할 수도 있다. 그리고 그것은 적어도 두 가지 방식으로 일어날 수 있다. 첫째 쇼아와 쇼아의 지속적인 외상적 함의를 부정함으로써, 둘째 모든 군사적 공격을 필수적인 자기방어로 정당화하기 위해 그것의 외상적 함의를 착취함으로써. 몇몇 사람들이 주장하듯이 홀로코스트는 '이데올로기적인 연막'일 뿐이고 반대세력을 낙인찍는 정서적 방식이라는 주장은 받아들일 수 없다. 어떤 사람은 심지어 홀로코스트는 허구적 현상이고, 이스라엘에게 거짓 적법성을 제공하기 위해 고안되었다고 주장한다. 다른 쪽에서는 더 이상 받아들일 수 없는 방식으로, 적을 부활한 나치로 형상화하며, 팔레스타인 민족에 대한 이스라엘의 정책을 비판하는 유대인을 자기혐오에 젖었거나 부역자인 것으로 형상화하기도 한다. 홀로코스트는 역사적 실재의 의의를 중상모략하기 위해, 혹은 새로운 군사적 공격을 목적으로 홀로코스트에 대한 도덕적 공포를 다시 소생시키기 위해 환기된다. 두 가지 전략은 모두 현재를 위해 홀로코스트로부터 어떤 종류의 윤리적·정치적 프레임을 유용하게 끌어낼 수 있는가를 고려하지 못한다. 이 질문을 제기하는 것은, 우선 현재에 대한 사유에 그것이 가장 유용한 패러다임이 아닐 수 있음을 고려하라는 것이다. 이는 또한 홀로코스트가 그때와 지금의 어떤 역사적 차이도 알지 못하는 외상과 같은 것보다는 오히려 역사가 되도록 만들어줄 역사적 번역이 만들어져야 한다는 것을 고려하려는 것이기도 하다.[14]

역사가인 이디스 제르탈은 이스라엘이 건국되던 1940년대 말과 50년대에 홀로코스트를 언급하는 일은 드물었다고 지적한다. 이스라엘은 실추된 수용소 피억류자 이미지를 반박하고, 남성적 공격성의 새로운 규범을 확립하려고 했다. 그녀는 홀로코스트에 대한 담론이 이스라엘 정치 안에서 가장 날카롭게 활기를 띠었던 몇몇 역사적 순간들, 곧 아이히만 재판(그리고 따라서 한나 아렌트의 비판적 관점이 기각된 것)과 1967년의 전쟁을 거론한다. 이스라엘 국가는 1967년에 공통된 합의, 곧 다름 아닌 유대 민족이 다시 파괴될 위기에 처했다는 여론의 합의를 만들어냈다(IH, 91~127). 그런데 그녀의 분석에서 눈에 띄는 부분은, 그녀가 정치적 목적을 위한 홀로코스트의 전술적인 배치를 강조하면서, 그것이 수용소에서 살아남은 이들의 고통을 비하하고 폄훼한다는 이유로 그런 배치를 반대한 점이다. 그녀는 이렇게 쓴다.

시간과 장소의 정황에 따라 홀로코스트 희생자들에게는 거듭해서

숨이 불어넣어졌고, 특히 이스라엘-아랍 갈등의 맥락에서, 또 위기와 돌발 사태의 시기, 말하자면 전시에 그들은 이스라엘의 정치적 숙의에서 중심 구실을 했다. 1948년부터 현재—2000년 10월에 시작되어 지금도 지속되고 있는 폭력의 분출에 이르기까지—까지 일어난 전쟁은 모두 홀로코스트의 견지에서 지각되고 정의되고 개념화되었다. 처음에는 목적에 한정되고 상대적으로 합목적적이었고, 유대인의 완전한 무력감에서 벗어나 이스라엘의 권력과 권력 의식을 구축하려는 목표가 있었던 이러한 움직임은, 이스라엘의 상황이 홀로코스트의 정황과 시간으로부터 아주 멀리 떨어지게 됨에 따라, 적절한 때에 매우 평가절하된 클리셰가 되었다. 총체적, 궁극의 악의 구현인 아우슈비츠는 이스라엘이 직면하고 해결하고 대가를 지불하길 거부해왔던, 그래서 이스라엘을 몰역사적이고 무정치적인 중간지대—여기서 아우슈비츠는 과거의 사건이 아니라 위협적인 현재이자 끊임없는 선택지다—로 변질시키는 군사 문제와 안보 쟁점 및 정치적 딜레마를 위해 소환되었고 지금도 여전히 소환되고 있다. (IH, 4)

제르탈의 책은 엄청난 노력과 세심함으로 이스라엘 국가가 건국된 뒤의 첫 10여 년, 아이히만의 재판, 이스라엘 군대의 팽창과 정당화에서 홀로코스트가 기억되고 잊혔던 방식을 추적한다. 이 책에서 내가 특히 주목한 부분, 심지어 그 쟁점을 다룬 프리모 레비의 정직함과 복합성의 정치적 후계자라는 자격을 그 책에 수여케 한 부분은, 한편으로는 유대 민족에게 홀로코스트 곧 쇼아가 얼마나 엄청난 외상적 영향을 주었는가를 집요하게 파헤친 점이고, 다른 한편으로는 그 이상의 불필요한 폭력에 권한을 주려고 그 고통을 착취하는 것을 경고한 점이다. 제르탈은 "사건들의 역사적 차원과 그 사건에 근거해서 주조된 민족적 기억의 불일치를 검토하기 위해"(IH, 5) 이스라엘 국가의 형성에 관한 다양한 일화를 재구성한다. 우리는 여기서 레비의 정식이 수정을 필요로 한다는 제르탈의 제안을 이해할 수 있다. 이는 기억이 이야기와 담론의 영향을 받고 그 결과 변형되기 때문이기도 하고, 동시에 이야기와 담론은 역사적 사건들의 흐름에서 상당히 분리·이탈한 민족적 기억을 생산할 수 있기 때문이다.

제르탈은 레비를 아주 길게, 특히 생존자들이 자신의 고통을 설명할 수 있을 때 부딪히는 어려움에 대한 레비의 주장을 아주 길게 인용한다. 레비가 보기에 진짜 증언자일 이들은 자신들이 겪은 잔인함 때문에 침묵하게 되었다. 살아남아 이야기하게 된 이들은 곧잘 외상 때문에 필요한 기억을 잃었고, 아니면 자신들이 얼마나 기억 자체에서 뜯겨져 나와 있는지를 결국 알지 못한 채로 그저 이야기를 복기할 수 있을 뿐이었다. 엘리 위젤과 장 프랑수아 리오타르Jean-Francois Lyotard에 따르면, 이스라엘 국가를 세운 목적 중 하나는 그런 이야기하기에 장소와 프레임을 제공하려는 것이었다. 레비는 이스라엘 국가를 정초한 목적에 대한 자신만의 견해를 갖게 된다. "이스라엘 국가는 유대 민족의 역사를 바꾸기로 되어 있었지만, 아주 엄밀한 의미에서 그랬다. 그것은 구명뗏목으로, 타국에서 위협받고 있던 유대인들이 달려갈 수 있을 성소로 가정되었다. 그것이 건국의 아버지들의 생각이었고, 이는 나치 비극에 선행했다. 나치 비극은 그것을 수천 배로 증식시켰다. 유대인들은 이제 그런 구원의 나라 없이는 지낼 수 없었다. 어느 누

구도 그 나라에 아랍인들이 있다는 생각을 멈추지 않았다."¹⁵ 그럼에
도 1976년 레비는 대담자에게 이렇게 말한다. "저는 1950년 이후 이
런 유대인의 고향 이미지가 내 안에서 점차 희미해졌음을 인정해야 합
니다."¹⁶ 1948년 이스라엘 건국 과정에 자신의 집과 땅에서 강제로 쫓
겨난 팔레스타인 사람이 75만 명 이상이었고, 그 땅을 빼앗을 때 이스
라엘 군대는 그들 아랍 인구를 염두에 두었던 것이 분명하다. 그리고
1950~1953년에 이스라엘 사람들이 그들의 부동산을 넘겨받는 데 정
당성을 부여한 법은 배상과 귀환을 위한 유엔 결의안의 도전을 받으면
서도 자리를 잡아갔다.

이 문제에 대한 해답이 홀로코스트를 잊고 현재를 사는 것이라고 말
하는 것은 의심할 여지 없이 잘못이다. 나치의 강제수용소 이후 유대
인들에게 역사 자체가 바뀌었던 바로 그 심오한 방식 때문에 그런 명
령법은 작동할 수 없다. 차라리 도전은 어떤 식으로 역사가 바뀌었는
가를 묻는 것이다. 그리고 내가 보기에 레비와 제르탈 같은 작가들은
쇼아와 쇼아의 고통이 현재의 윤리적·정치적인 프레임—대부분 받아
들일 수 없는 제약, 정치적 자격 박탈과 빈곤 상태에서 살고 있는 인구
를 통제하고 위협하고 폄훼하는 것 외에는 어떤 목적도 없는 국가가
승인한 폭력에 강력히 반대하는—에 기여하는지를 묻는 것 같다. 아
렌트 역시 여기에 포함되어야 할지 모른다. 아렌트가 1944년에 명확
해진 정치적 시온주의에 반대한 일차적인 이유는 그것이 민족국가의
민족주의를 강화하고 엄청난 인구의 무국적성을 무한정 오래 생산할
것이기 때문이었다.

저서 《홀로코스트는 끝났고, 우리는 그 잿더미에서 일어나야 한다

The Holocaust Is Over, We Must Rise from Its Ashes》에서 아브라함 부르그Avraham Burg는, 이스라엘에서 "쇼아는 이스라엘의 거의 모든 정치적 논증에 다양한 색채로 섞여 들어간다. 과거의 다른 사건들과 달리 쇼아는 물러나는 게 아니라 항상 더 가까이 다가온다. 그것은 현재하고 유지되고 조정되고 들리고 표상되는 과거다"라고 주장한다. 그의 논지는 이중적이다. 한편으로 "쇼아 때문에 이스라엘은 여전히 살아 있는 이들의 이름보다는 더 이상 존재하지 않는 자의 이름으로 말하는, 죽은 자의 목소리가 되었다"고 그는 말한다. 다른 한편으로 일상적으로 언급되는 쇼아는 전쟁을 합리화하고, 방어적인 희생자의 입장에서 이스라엘을 지지하고, 이스라엘이 나치가 자행한 유대인 학살의 정치적 교훈—그런 인종차별주의, 그런 국외 추방, 그런 살인은 결코 누구에게도 다시는 일어나서는 안 된다—을 일반화하지 않도록 하는 데 봉사한다. 그는 동시대 이스라엘 사람들의 삶에서 발견한 낙관주의, 협동 정신, 긍정적 윤리의 상실을 애석해한다. 그는 이렇게 쓴다. "쇼아는 우리의 삶이고, 우리는 그것을 잊지 않을 테고, 누구도 우리를 잊을 수는 없을 것이다. 우리는 쇼아의 역사적 맥락에서 쇼아를 끌어냈고, 그것을 모든 행위에 대한 탄원과 발전기로 바꾸었다. 모든 것이 쇼아와 비교되고, 쇼아에 의해 작아지고, 따라서 모든 것—장벽, 봉쇄, 공중폭격, 통행금지령, 식량과 급수 제한, 설명 없는 살해—이 허용된다."[17]

이런 정치적 분석의 한가운데에서 부르그가 제공한 한 가지 일화는 사건과의 어떤 '직접적인' 역사적 연계가 존재하지 않는데도 사실상 쇼아를 개인사와 외상으로 채택한 사람들이 존재한다는 것을 시사한다. 그것은 유머러스하고 아이러니컬한 순간으로 가정된다. 그러나 뜻하지 않게도 그것은 외상이 어떻게 통세대적으로 아니 초세대적으로 소통되고 전달되는가라는 질문을 제기한다. 부르그는 세파르딤과 미즈라힘의 대거 이주(유대인은 원래 스페인 유대인과 아랍 유대인에게서 파생되었다)가 이스라엘의 역사서지학에 문제가 된다는 점에 주목한다. 종종 그들 이주민은 가난, 결핍, 정치적 추방 상태에서, 불안정한 보트를 타고, 자기 자신의 추방이라는 외상적 경험과 함께 도착했다. 부르그는 다음과 같이 언급한다. "침묵의 대화가 모든 외상 운반자들 가운데에서 일어났음이 분명하다. 명시적으로는 아무것도 말해지지 않았고 어떤 공식 정책도 기술되지 않았지만, 말 없는 외상을 비교해보았을 때 아쉬케나지가 세파르딤을 제압했다. …… 쇼아의 강박이 이스라엘의 다른 고통에 대한 모든 토론을 밀쳐놓았다."¹⁸ 부르그는 몇 주 예정으로 폴란드 여행을 갔다가 단 며칠 만에 황급히 돌아온 이스라엘 사람 D 씨의 이야기를 들려준다. 부르그는 왜 여행을 단축했는지 D 씨에게 묻는다. D 씨는 이렇게 대답한다.

"더 이상 참을 수가 없었어요……. 모든 것이 내게로 돌아왔어요. 바르샤바에 도착했고, 날씨는 너무 춥고 눈이 많이 왔어요. 그날 우리는 몇 가지 기회를 타진하고자 폴란드 내륙으로 들어갔어요. …… 눈으로 뒤덮인 평원이 제 눈을 멀게 했지요. 추위가 뼛속으로 파고들었고, 눈에 보이는 것은 자작나무 숲과 관목 숲뿐이었지요. 거기서 밤을 보내고 그 뒤에는 계속 야간열차를 탔어요. 열차는 오랜 시간을 달렸어요. 바퀴랑 열차 칸이 흔들거렸고, 표 검사원은 공격적이었죠. 그러다 불현듯 표 검사가 있었어요. 저는 더 이상 참을 수가 없었어요. 폴란드 기차를 저는 감당할 수가 없었어요. 다음 날 저는 비행기에 올라타고 집으로 돌아왔어요." 다음 날 부르그는 사내에게 전화를 해서 이렇게 말한다. "말해주세요. …… 부모님이 어디 출신이세요?" D 씨는 대답한다. "이라크 출신이세요."[19]

좋다, 우리는 농담을 알아들었고, 그 남자가 자신의 것이 아닌 역사를 빌렸기에 우리는 심지어 가족 간의 역사적 결연을 통해서는 전해지지 않는 외상을 다시 살게 된 것 같기도 하다. 이 일화가 유머러스하려면 우리는 가족주의 논리에 얽혀 있는 세대 간에 외상이 전수된다는 것을 받아들여야 한다. 부르그는 이 이야기가 "중동 유대인은 이스라엘 생존자 서사를 포용하고 있었다. 쇼아는 우리를 하나이자 동일자로 만들었다"는 것을 보여준다는 결론을 내린다.[20] 그러나 이것이 필연적인 결론인가? 그 사내는 그의 것이 아니었던 역사를 떠안은 것인가, 아니면 그는 그 역사를 더 가까이에서 견딘 다른 이들 가까이에서 살았기 때문에 그 역사가 자신에게 들어온 것을 발견한 것인가? 이런 민족과의 동일시로 인해 그는 다른 역사를 떠안거나 흡수하게 된 것인가? 혹은 이런 분석에서는 검토되지 않는, 외상이 전송되는 또 다른 방식이 있는가? 가령 외상은 세대에서 세대로, 또 비스듬하게 전송될 수 있는가, 아니면 자전적인 역사들에서 탈선한, 지배적인 서사를 통해 사람들을 하나로 모으는 민족적 프레임 안에서 '세대들'이 출현하는 것인가?

부르그의 이야기는 지배적 서사가 어떻게 그 서사와 자신을 동일시할 어떤 역사적 토대도 갖지 못한 이들을 끌어들이는지 보여준다는 점에서 중요한 이야기이지만, 왜 사람들이 그런 식으로 동일시하게 되는지는 적절히 설명하지 못한다. D 씨가 자신에게 속하지 않는 생존자 서사를 떠안았던 것은, 바로 생존자 서사가 이스라엘에 민족적으로 소속되는 담론적 조건—구성 요소들의 정서적인 층위에 등록된—이 되었기 때문이라고 결론을 내려야 하는 것인가? 한편으로 나는 이것이 사실이 되었다는, 그리고 이 전제 조건이 이스라엘의 정치적 상상에 심각한 영향을 주었다는 부르그의 논지를 받아들인다. 더 나아가 나는 10여 년에 걸쳐 폭력적인 점령 정책을 자행 중인 강력한 민족국가의 정치적 자기이해에 박해와 생존이 유일한 좌표가 되었다면, 그 국가가 자행하는 모든 공격 행위에 자기방어란 이름이 붙는 것도 놀랄 일이 아니라고 주장하고 싶다. 다른 한편으로 나는 질문을 계속 열어두고 싶다. 어떻게 그리고 왜 이 사내는 이라크에서 이주해 온 가족의 일원인데도 21세기 초에 폴란드에 머물 수가 없었는지 설명할 수 있을까? 그러니까 외상은 오직 생물학적 친족과 생식적 결연을 따라 족적을 남기는 세대 개념에 도전하면서, 옆으로 퍼져나가는 방식으로도 가끔 중계되는가? 나크바의 외상을 이론화하기 위해 벤야민을 사용한 논의를 따라가면서, 우리는 이 사례를 이용해서 역사적 외상 하나가 또 다른 외상과 공명하는 방식, 혹은 일단의 외상적 사건들을 중계하기 위해 접합된 어휘들이 어떻게 또 다른 접합을 가능케 하는지를 역설할 수 있을까? 어떤 역사적 외상의 전송이 체계적으로 좌절되는 것과 동시에 또 다른 역사적 외상이 시간적·공간적으로 중계되는 것을 어떻게 설명할 수 있을까? 물론 부르그의 설명은 외상을 전유해서 문화적 소속을 정당화하지 말라는 이유에서 제시된다. 그리고 그가 그렇게 한 것은 옳다. 그러나 우리가 그의 결론에 의존한다면 우리는 (a) 모든 민족의 파괴와 추방을 망각에 빠뜨릴 모든 역사적 수정주의 형태를 기억하고 그것에 반대할 필요(기억과 비판적 대항의 결정적인 연결을 가정한 임무)와 (b) 불법적인 체제를 정당화할 목적으로 쇼아와 같은 역사적 외상을 도구화하려는 것을 거부할 절대적 필요를 확실하게 구분하지 못하게 될 것이다.

프리모 레비는 이 두 가지 명령을 의식했다. 어떤 면에서 외상의 이러한 이중적 항로는 외상의 반복 특성에서 유래한다. 외상은 현재로 침입해 들어와서 바로 현재의 가능성을 다시 흡수해서 과거로 만들어버리고, 외상에 휩쓸린 사람들을 불확실한 역사적 시간—외상의 고통을 가한 작인들이 그의 세계에 다시 들어와 살면서 다른 미래로 열릴 가능성을 폐제하고 있는—속에 유지한다. 베긴이 베이루트를 군대로 에워싼 뒤에 "나는 마치 벙커의 히틀러를 쓸어내기 위해 베를린에 군대를 보낸 것 같은 기분이다"[21]라고 발표한 1982년은 징후적 순간이었다. 모든 현재의 상황을 다시 빨아들여서 재발하는 끔찍한 과거의 고통으로 만들어버리는 외상의 작용과 같은 것을 이런 변위에서 읽을 수 있지 않은가? 홀로코스트로부터 파시즘, 인종차별주의, 국가폭력, 강제 구금에 반대해야 할 필연성을 배울 현재를 깨우친다는 것은 무슨 뜻일까? 그것은 각기 상이한 역사적 상황에서 그런 행위가 재발할 수 있고 재발한다는 것을, 그것들은 항상 똑같지 않다는 것을, 그것들이 재발할 때면 그곳이 어디이건 그때가 언제이건 우리는 목소리를 사용해서 집요하게 대항해야 한다는 것을 이해해야 한다는 의미 아닐까? 또 그것은 역사의 명령에 따라 어느 누구도 압제자나 가해자의 입장을 차지하는 데서 자유롭지 않다는 것을 의미한다. 레비는 유대 부역자들의 행위를 고려할 때 이미 이 점을 알고 있었다. 유대인이나 팔레스타인인에게 무조건 귀속되는 무고함은 존재하지 않는다. 삶의 불확실성 자체의 보호를 존중하고 제도화하는 정치적 실천과 참여의 양태를 생산하라는 역사적 요구만이 존재한다.

외상에 의해 활성화되고 전술상으로 용도에 맞게 외상을 재활성화하려고 하는 정치와 그런 식으로 반인륜 범죄를 폐제하는 데 어떤 정치적 조건이 필수적인지를 성찰하는 정치는 다르다. 두 번째 정치는 홀로코스트나 나치 대학살에서 파생된 윤리적이고 정치적인 프레임인 게 확실하다. 그러나 그것은 현재 안에서 살고 현재와 협상하려는 목적으로 과거로부터 원칙을 파생시켜내야 할 정치다. 그런데 '그때'와 '지금'의 차이를 이해할 때에만 그런 변위나 번역이 작동할 수 있다. 그러나 만약 '그때'가 '지금'을 대신하고 흡수하면 그것은 작동할 수 없다. 그 경우 오직 현재에 대한 맹목, 그리고 현재의 맹목만을 생산할 수 있기 때문이다. 그런 점에서 역설적이지만, 우리는 쇼아를 지나간 과거로 만듦으로써만 그 경험을 토대로 삶과 땅에 대한 존중, 평등과 정의의 원칙을 도출하기 시작할 수 있다. 그것은 **결코** 잊지 않으려는 다른 방식일 것이다. 왜냐하면 그것은 과거를 현재로서 취임시키지 않으면서 대신에 성찰적으로 비교하는 작업—이 덕분에 우리는 역사적 시간의 범죄를 어떤 식으로도 되풀이하지 않겠다는 약속을 지킬 인간 행위의 원칙을 도출할 수 있을 것이다—을 이끌기 위해 과거를 참조할 것이기 때문이다.

외상을 개선하라는 조건은 종족성, 종교, 인종을 막론하고 생각할 수 있는 모든 사람에게 내려진 명령이라는 주장을 제외하면, 외상은 그 자체로 정치적 주장을 정당화하지 않는다. 외상은 자격 요건을 생산하지 않는다. 설사 모든 존재 가능한 인간을 위해 외상이 개선되고 폐제될 만한 요건을 가장 잘 제도화하는 방법에 대한 성찰을 외상이 이끌 수 있다고 해도 그렇다. 외상에 반응하는 관계에서 설사 우리가 외상의 지평 안에서, 외상의 내적 논리를 경유해서 작동한다고 해도, 외상이 우리를 일방적으로 결정하는 것은 아니다. 현재에 대한, 그리고 우리가 구체적 타자라고 부르는 것에 대한 거부는 이런 비전秘傳의 결과인데, 바로 그 이유 때문에 외상에서 깨어나는 것만이 외상의 무한 반복을 제압할 유일한 방법인 것이다. 이런 식으로 우리는, 외상이 우리를 순전한 희생자—정의상 우리가 다른 이들에게 부과한 조건을 책임질 수 없는—로 만들려 든다는 바로 그 이유 때문에 외상이 우리에게 특수한 책임을 제시한다고 이야기할 수 있다. 외상을 의지로 없앨 수는 없을 것이다. 그럼에도 외상이 현재를 흡수해서 과거로 만들어버리거나 과거를 현재로서 재실연하겠다고 위협하고, 그럼으로써 역사적 거리에 대한 경험, 곧 어떻게 하면 과거에 비추어서 지금 역사를 가장 잘 만들 수 있을지 성찰하고 고찰하는 데 필요한 간격을 건너뛰게 하는 방식에 우리가 얼마나 주의를 기울이느냐에 따라 외상은 훈습될 수 있다.

오랜 시간 성찰을 거듭한 끝에 레비는 유대 민족의 '디아스포라적' 조건이 더 나은 대안임을 고찰할 수 있게 되었고, 이 입장을 통해 한나 아렌트의 정치적 견해에 가까이 다가갔다. 죽기 3년 전인 1984년에 레비는 스스로 부과한 검열의 시기를 지난 뒤 이스라엘에 대한 이야기를 다시 시작했다. "나는 이 점에 대해 상당히 많은 생각을 했다. 중심은 디아스포라에 있고, 중심은 디아스포라로 돌아가고 있다는 것을……. 나는 유대주의의 중력의 중심이 이스라엘 바깥에 머무르는 게 더 좋다." 그리고 다시 이렇게 말했다. "나는 최선의 유대 문화는 다중심적으로 분산되어 있다는 사실에 묶여 있다고 말하겠다." 그리고 말하기를, "디아스포라의 역사는 박해의 역사지만 이민족간 교환과 관계의 역사, 다시 말해 관용을 가르치는 학교이기도 했다."[22]

네덜란드의 도시 레이던에 사는 홀로코스트 생존자가 이스라엘 신문인《하아레츠》에 보낸 편지에서, 자신은 이스라엘로 귀환한 가자 지구 정착민들이 강제로 기차에 태워져 집단수용소로 보내졌던 사람들과 자신들을 유비한 데 상처를 입었다고 말했다. 그녀는 두 상황이 경험적으로 다르다는 주장을 위해 온갖 역사적 세부 사항을 찾아냈다. 그녀가 산 증인인 자신의 위치를 통해서 이렇듯 홀로코스트를 너무나 모욕적이고 착취적이고 무력감을 유발하는 방식으로 사용한 권력의 실체를 폭로할 수 있다고 생각한 것은 내 생각에 훌륭한 몸짓이었다. 그녀는 그것이 외상적 은유가 될 수 없음을 알리고, 그것을 경험적 실재로 복구하길 원했다. 그러나 이런 외상적 담론에 대해 이치에 맞게 말할 수 있는 이가 있을까? 그녀의 말은 선하고 참되었지만 더 이상 증거가 쟁점은 아니지 않은가? 이제 담론은 스스로 생명을 얻고, 기억 자체를 희생한 대가로 성장해서는, 더 이상 기억에 근거해 나치의 전쟁을 반박할 증거를 제공하는 데 봉사하지 않으면서, 오히려 영토 몰수와 군사 공격의 증가에 대한 정치적 정당성을 구성하도록 봉사하게 된 것인가?

레비는 이스라엘에 대한 자신의 비평에 홀로코스트가 도덕적 프레임을 제공한다고 보았고, 레비의 입장에서라면 침묵해야 한다고 말했던 이들의 말을 경청하지 않았다. 1982년 아우슈비츠를 다시 방문하기 위해 출발하기 전날 밤, 그는 레바논에서 이스라엘 군대가 철수할 것을 호소한 《라 레푸블리카》의 공개서한에 서명했다. 그는 이스라엘 군대가 박해받는 소수를 대표한다고 이해하지 않으려 했다. 박해의 담론은 그런 목적으로 이용되어서는 안 된다. 수용소의 이미지를 되살려서 이스라엘의 공격을 정당화하려 한 사람들에게 반대하면서 레비는 《일 마니페스토*Il Manifesto*》*에 다음과 같은 도발적인 문장을 썼다. "모든 사람은 누군가의 유대인이다. 그리고 오늘날 팔레스타인 사람들은 이스라엘인들의 유대인이다."[23] 물론 이것은 논쟁적인 주장이고, 우리에게는 그의 주장이 지혜롭지 않다며 거부할 권리가 있다. 무엇보다 레비가 팔레스타인 사람들을 이스라엘인들의 유대인이라고 말한다면, 그는 나치 치하에 희생된 '유대인들'의 처지를 이스라엘인 치하에서 희생당한 팔레스타인 사람들의 처지로 전이시킨 것이다. 우리는 이 역시 홀로코스트의 반향을 거칠고 냉소적으로 사용한 것이라고 생각할 수도 있지만, 그의 말은 나치 치하에서 유대인들이 박해받았던 것처럼 다른 이들도 박해받는 입장에 있을 수 있고, 만약 우리가 유대인을 박해받은 자와 등치시킨다면, 오늘날 타자들은 팔레스타인 사람들을 포함한 '유대인들'이라는 뜻이라고 생각할 수 있다. 더 나아가, 이스라엘 정부로 해석되는 '이스라엘인들'은 유대인과 같지 않다. 이후 자신

---

* 로마에서 발행되는 이탈리아 일간지.

의 논쟁적인 정립에 대한 질문을 받았을 때, 레비는 자신이 베긴과 샤론을 나치로 생각한 것은 아님을 분명히 했다.[24] 그리고 《라 레푸블리카》의 대담자가 "팔레스타인 사람들은 나치 치하의 유대인과 같은 입장에 있는 것 아닌가요?"라고 물었을 때, 자신은 그런 단순한 유비를 받아들이지 않으며, "팔레스타인 사람들을 절멸시킬 정책은 존재하지 않는다"[25] 고 레비는 대답했다.

여타 다른 이탈리아 지식인 및 유대인 지식인과 함께 공개적으로 베긴과 샤론의 사임을 촉구하는 데 동참했을 때, 그는 자신이 사는 동네 벽에 유대인과 나치를 등치시킨 반유대주의 슬로건이 등장한 데 두려움을 표하기도 했다. 이것은 근본적으로 동의 불가능한 상황으로, 갈등이 생산되었다. 레비는 아우슈비츠에 대한 자신의 경험에서 도출된 원칙들을 계속 정교화함으로써 사건의 반유대주의적인 몰수에 기여하지 않고서 국가폭력을 비난할 수 있었을까? 이것이 레비가 협상해야 했던 쟁점이었다. 몇 달 안에 레비는 이 쟁점에 대한 침묵으로 빠져들었고 심지어 심각한 우울, 의심할 여지 없이 여러 원인이 있는 우울, 하지만 그가 당면한 교착 상태로 인해 어떤 도움도 받을 수 없었던 깊은 우울에 빠졌다. 그가 직면한 정치적 궁지는 우리 자신의 것과 그리 멀리 있지 않다. 이스라엘의 정책에 반대해서 말하는 것은, 반유대주의 정신으로 비단 이스라엘만이 아니라 유대인까지 더 일반적으로 비난할 이들을 자극할 수 있기 때문이다. 이것이 말하지 않을 이유일까, 아니면 이것은 말을 할 때, 그리고 말을 한다면 우리는 반유대주의에 반대하면서 동시에 부당한 국가폭력에 대한 도덕적·정치적인 반대를 명료하게 해야 함을 의미할까? 비슷하게 홀로코스트가 잔인한 국가와 군사행동을 정당화하려는 목적에서 효율적으로 사용된다고 말할 때, 우리는 또한 홀로코스트는 그런 배치에 환원될 수 없다는 것, 그리고 그런 환원은 홀로코스트의 특수한 고통과 정치적 도전을 폄훼하고 삭제한다는 것도 말해야 한다.

화이트가 했듯이, 홀로코스트가 중계될 때 사용되는 수사적 수단이 실재를 '포착'하려고 노력하는 방법, 그것이 전달될 때의 형식에 도덕적 힘을 등재하려고 노력하는 방법일 수 있음을 보여주는 게 결정적이다. 또 이야기의 '도덕적 부담'이 변위되고 전치될 수 있다는 것, 그리고 이는 논쟁을 일으킬 만한 방식으로 일어난다는 점을 이해하는 것 역시 결정적이다. 문제는 수사 대對 지시성이 아니다. 문제는 어떤 목적을 위해서 어떤 수사가 어떤 의무감을 갖고 공정을 기하면서 이야기를 들려주려 하는가다. 《가라앉은 자와 구조된 자》를 쓰면서 레비가 한 가지 진퇴양난을 고려하고 있었다면 말년에 그는 또 다른 진퇴양난에 빠져 있었다. 수정주의자들을 반박하려던 노력은 그 역사를 동원해서 잔인한 국가권력을 정당화한 이들뿐 아니라 반유대주의자들까지 반박하려는 노력으로 지속되었다. 홀로코스트의 담론적 몰수는 홀로코스트를 부정하려는 이들을 반박하기 위해서라면 불가피하고 심지어 필연적이었다. 그러나 그로 인해 새로운 위험이 초래되었는데, 레비에게 그것은 동시대 정치에 관한 한 거의 완전한 침묵을 의미했던 모양이다.

1982년에 레비는 공개적으로 발언했고, 그 뒤로는 자신의 논평을 부드럽게 완화시켰고, 그 뒤에는 종종 질문자들이 이스라엘을 언급하지 않는 조건에서만 인터뷰에 응할 것이라고 말했다. 뭔가 외상적인 것은 한쪽으로 치워져야 했고, 레비나 다른 어느 누구도 그가 어쩔 수 없이 살아가고 말해야 했던 정치적 어휘 목록을 다시 만들 수 없었다. 그러나 우리는 침묵은 대답이 아니라는 것을 안다. 그의 상황은 그곳의 그를 따르지 않기를 우리에게 명령한다. 그러나 몇 가지 정치적 원칙이 그가 직면했던 곤궁에서 등장했다. 독일인을 싫어하느냐는 질문을 받았을 때, 레비는 민족적 속성을 토대로 한 민족 전체를 범주화해야 한다거나 범주화할 수 있다고는 믿지 않는다고 말했다. 사람들이 흔히 이야기해왔던, 유대 혈통의 상실에 대한 그의 무감각을 놓고 누군가 질문을 제기했을 때, 레비는 유대인 혈통을 다른 민족의 혈통보다 더 우월한 것으로 특권화할 수는 없다고 대답했다. 그러므로 이 주제에 대한 그의 마지막 말은 이렇다. "우리는 홀로코스트의 고통이 모든 것을 정당화하도록 허용해서는 안 된다."[26]

그리고 이런 단순한 문장을 발설할 수 없다면 의심할 여지 없이 우리는 2차 세계대전의 잔혹함으로부터 틀린 교훈, 곧 우리는 말하면 안 된다는, 그런 식의 비난에 대한 유일한 대안이 침묵이라는 틀린 교훈을 배우고 있는 것이다. 그런 역사적 고통을 그 고통에 대한 동시대의 정치적 착취에서 분리하는 것은, 만약 우리가 역사를 공정하게 평가하고 현재의 정의를 위해 싸우고자 레비가 간 길을 따라야 한다면 반드시 실천해야 할 것의 일부다.

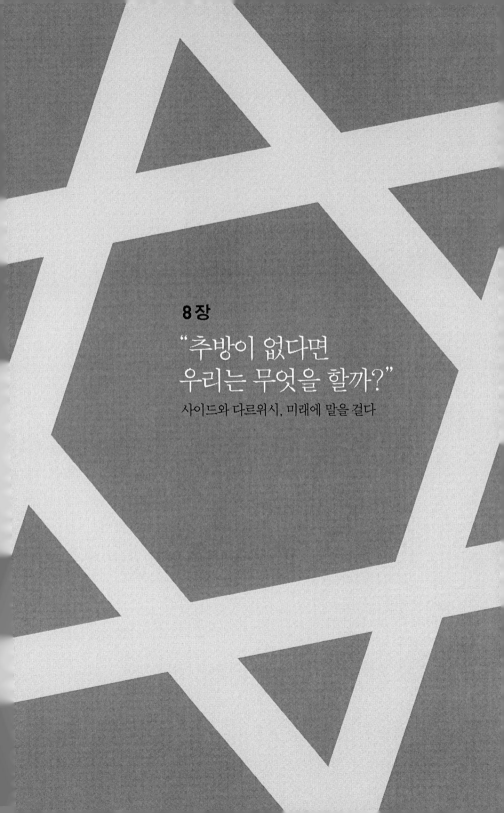

8장

"추방이 없다면
우리는 무엇을 할까?"

사이드와 다르위시, 미래에 말을 걸다

이 글은 2010년 11월 이집트 카이로의 아메리칸대학교에서 열린 에드워드 사이드 기념 강연에서 처음 발표되었다.

"정체성이 요새나 참호가 아니라 복수성으로 열리는 곳."

—마호무드 다르위시

사이드가 마지막으로 성찰한 것 중 하나는, 내 생각에 이민족주의가 민족주의를 훼손할 수 있다는 것을 함축하는 듯 보이는 일단의 사색이었다. 물론 시온주의의 민족주의 형식에 반대하는 것이 이치에 맞기에 그 점을 고려하는 바로 그 순간에 멈춰야 하지만, 그러나 아직도 민족을 보아야 하는 사람들, 여전히 민족을 모으고 굳건한 국제적 지지없이 처음으로 민족국가를 수립하려고 노력하는 팔레스타인 사람들의 민족주의에 반대하길 우리는 원하는 것인가? 이렇듯 너무나 긴급한 질문을 놓고, 나는 우리가 당분간은 정말 모든 민족주의가 같은지(분명 그렇지 않다), 또 우리가 '민족'으로 무엇을 뜻하는지를 고찰하고자 노력해야 한다고 말하고 싶다. 왜냐하면 우리가 만든 첫 번째 가정하나는 민족이 사람들을 장소와 시간 안으로 모으고, 군사적 수단을 통해 보장될 수 있고 또 보장되어야 하는 경계와 국경을 수립하고, 민주적인 자치 양태 및 주권적인 영토와 권리를 계발한다는 것이기 때문이다. 그리고 팔레스타인 사람들에게는 합법적으로 그들의 것일 땅에 대한 소유권을 주장하는 일보다 더 중요한 것은 별로 없다는 게 확실하다고 해도, 그 권리가 곧바로 특수한 민족국가의 형식을 함축하지는 않는다. 우리는 국제법에 비추어서, 혹은 특수한 민족국가 판본 내에서 프레임이 만들어지거나 만들어지지 않을 도덕적·정치적 논증에 근거해서 그 권리를 정립할 수 있다. 땅에 대한 소유권을 주장할 권리는 이스라엘 민족국가의 정초와 자기정당화에 본질적인 것이 되었던 일군의 불법적인 토지 수탈 관행에 대한 역사적 분석에 근거할 수 있음이 당연하다. 이스라엘은 1948년 이전에 일어나 1967년 내내 지속되었고, 지금도 정착지의 확장, 장벽 건설과 재건, 마지막으로 멋대로 검문소의 위치를 재설정하면서 끊임없이 국경을 넓히는 전략적 방식과 함께 지속되고 있는 일련의 토지 몰수에 근거하여 건국되었다. 불법적인 토지 획득과 몰수의 관행이 없었다면 이스라엘 국가는 존재하지 않는다는 가정과 함께 우리 논의를 시작해야 한다고 생각하지만, 그러나 그런다고 해도, 우리는 여전히 두 가지 사실, 곧 팔레스타인 민족을 어떻게 이해해야 하는지, 그리고 그 민족을 어떤 식으로 특정할 수 있고 특정해야 하는가란 질문을 우리에게 계속 강제하는 사실로 돌아가게 된다.

첫째 쟁점은 1948년 땅과 집을 잃고 강제로 영토에서 쫓겨났던 팔레스타인 사람들은 디아스포라이고, 그들 대부분은 역사적 팔레스타인을 구성하는 땅 바깥의 다양한 지역에 흩어져 살고 있다는 것이다. 팔레스타인 디아스포라의 역사는 사실상 1948년의 사건으로 시작되었다.[1] 땅과 일터를 빼앗기고 디아스포라에 합류했던 이들을 위한 귀환권은 팔레스타인 민족을 이해하는 데 결정적이다.[2] 그런 의미에서 이 민족은 부분적으로 흩어졌고, 이 민족에 대한 모든 개념은 자신의 집과 땅에서 강제로 추방당한 이들의 권리를 참작해야만 한다. 역사적으로 고려해보았을 때, 그렇다면 팔레스타인 민족을 묶는 것은 기존의 국경이나 협상된 국경선이 아니다. 이것은 기존의 경계 너머로 권리와 의무가 확장될 뿐 아니라, 그 기존의 경계는 불법적인 영토 횡령의 효과라는 것을 의미한다. 따라서 그런 경계를 민족국가의 국경으로 받아들인다면, 이는 불법 행위를, 곧 민족국가의 기원을 표시할 뿐 아니라 지금도 여전히 그것의 자기복제 양태로서 지속되고 있는 불법 행위를 민족 건설의 기반으로 받아들일 수 있다고 승인하고 확증하는 것이다. 현행 국경(특정 시기에 우연히 국경이 되었던)을 수락하는 것은 사실상 토지 몰수와 강압적 축출을 팔레스타인 민족 출현에 얽힌 쟁점으로 간주하지 않고 배제하는 것이다. 이러한 전제에 근거해서 세워진 민족은 1948년에 대한 부인에 의존하고, 부인을 조장하고, 디아스포라 팔레스타인인 축출을 지속시키는 조건을 외면한다.

팔레스타인인인들의 귀환권은 많은 형태를 취할 수 있다. 정착 계획(이스라엘 사람들은 정착촌을 아주 잘 짓는다. 따라서 팔레스타인 사람들에게 정당한 권리가 있는 땅에 팔레스타인 사람들을 위한 집을 짓는 데 그 재능 일부를 이용할 수 있다)을 제안하는 사람들도 있다.[3] 어떤 이들은 재정적인 보상 방식을 제안하지만, 다른 이들은 공식적·국제적으로 인정하는 방식을 고려한다. 심지어 1948년 팔레스타인 마을들이 살육당한 것에 이름을 붙이고 추모하려 한 조호로트Zochrot* 작업이 이스라엘 독립기념일이라 불리는 날 때문에 법으로 금지되고, 추모 활동에 관여한 이들이 반역죄로 적극적인 고발을 당하는 이 시기에 1948년 팔레스타인 사람들에 대한 파괴와 박탈을 공식적으로 인정하는 문제는 단지 상징적인 일이 아니다. 오히려 강력히 상징적이다.[4]

게다가 귀환권은 유엔의 확고한 지지를 받았고, 강제로 집에서 쫓겨난 난민의 권리를 보장하도록 되어 있는 국제 법전 전체와 일치한다. 귀환권이 다양한 의미를 지닌다는 것에 유념한다면(이런 의미 중 몇몇은 역설적이게도 지금부터 500여 년 전에 스페인의 종교재판으로 삶의 터전에서 쫓겨났던 당대의 유대인들이 탐구한 것이다), 적어도 귀환권의 어떤 판본을 논의해야 하는지, 고려 중인 권리가 적법한지를 이해할 때까지는 그 권리를 확증하거나 반박할 수 없다고 말하는 것은 이치에 맞지 않다. 그저 불가능하다거나 너무 복잡하다거나 생각할 수 없다거나 비용이 너무 많이 든다고 말하면서 논제 삼기를 거절한다면, 이런 '거절'은 강압적 축출에 대한 부인이 지금 취하고 있는 동시대적 몸짓, 괴이하게도 상식 안에 자리를 차지해온 일상적 담론 안의 흔적으로 남는다.

가령 미결 문제인 난민과 무국적자 문제를 다루기 위해 귀환권에 관한 국제회의를 소집하고, 귀환권의 다양한 정립과 다양한 보상 양태를 최우선적인 관심사로 수립하는 것이 합리적인 방식일 것 같다. 과제는 귀환권이 무엇을 의미하는지, 그리고 어떻게 존중할 것인지, 그리고 어떻게 해서 결국 국제법과 국제적 의무가 성취되도록 할지를 놓고 합의(걱정스러운 합의도 합의다)를 모색하는 것이다. 시민 활동과 법적인 운동은 지속적으로 자행되는 불의에 주의를 기울일 것이고, 그들이 제시

---

*   '기억'을 뜻하는 히브리어.

하는 방안이 이 지역 민족들 간의 덜 폭력적인 동거에 길을 열어줄지 모른다.

그러나 주류의 공식 견해로 자주 등장하는 것은, 마치 그런 해결책을 따르면 결국 팔레스타인 사람들이 갑자기 이스라엘 유대인들의 집으로 쳐들어와서 부엌세간과 재산을 빼앗기라도 하는 양, 반사적으로 거부하는 태도(손 내젓기, 눈 내리깔기, 격분의 표시)다. 따라서 이 문제에 접근하는 방식은 그런 거부의 몸짓과 투사된 환상을 제쳐두는 것을 의미한다(사실 누구의 집이 몰수당했고 누가 도망가야 했을까?). 귀환권은 복합적이고 효과적이어야 한다. 이는 귀환권이 난민의 권리, 박탈의 불법성, 새로운 토지 재분배 개념에 정초해야 한다는 것을 의미한다. 이것이 이상적이거나 불가능해 보일 수 있고, 혹은 이 지역이 생채기를 딛고 다시 시작해야 한다고 제안하는 것처럼 보일지 모르지만, 나는 이스라엘 사람들은 항상 땅을 재분배하고 있다는 것을 지적하겠다. 토지 재분배의 과정과 기술은 이미 마련되어 있다. 따라서 질문은 다음과 같다. 이제 난민의 권리, 그리고 재산과 땅을 강제로 박탈당했던 이들을 인정하고 보상하라는 합법적인 요구를 존중하려면, 어떻게 토지 재분배 과정에 개입하고 그 과정을 뒤집어야 하는 걸까? 이는 물론 역사에 대한 분명한 인정과 더불어 나아가는 것을 의미한다. 이런 특수한 역사—아부 마젠Abu Mazen*은 계속해서 이 역사는 치워두자고 제안한다—가 계속 사라지고 있고, 항상 삭제될 위험에 처해 있고, 그럼에도

---

* 2005년 이후 팔레스타인자치정부 수반으로 활동 중인 마무드 아바스의 별칭. 아바스는 이스라엘과의 평화적 공존을 주창하여 팔레스타인 무장단체의 반발과 국제사회의 지지를 얻고 있다.

실제로는 역사의 일부분으로 이해받기 위해 투쟁 중이라는 사실로 인해 이 과정은 훨씬 더 복잡해졌다. 현재의 상황에서, 역사적 과거가 아직 확립되지도 않았는데 앞으로 나아간다는 것은 무슨 의미일까?

끊임없이 지속되는 역사적 삭제의 위협에 저항하지 못하고 실패한다면, 미래를 향한 어떤 진전도 유익하지 않을 것이 분명하다. 그런데 팔레스타인이란 질문에 접근하는 실천적인 방법으로 추정되는 수많은 방안들이 이런 삭제에 의존한다. 물론 일단의 사건은 삭제되지 않아야만 역사적인 것으로 출현할 수 있다. 그리고 오직 그 사건들이 역사적인 것으로 되었을 때에만 우리는 어떤 새로운 가능성이 미래를 위해 존재할지 공적으로 의미 있게 생각하기를 시작할 수 있다. 그렇지 않으면 나크바는 계속 일어날 것이고, 현재와 구별되지 않을 것이고, 따라서 다른 모든 시간의 움직임을 저지할 것이다. 따라서 나크바의 삭제에 맞서 싸우는 것은 모든 전진의 가능성에 본질적이다. 이는 똑같은 일단의 타격stroke이 역사적 기록을 수립하고, 미래를 일어나게 할 수 있다는 의미다. 이런 식으로 망각, 항상 나크바가 추락해서 들어갈 위험이 있는 망각은 벤야민식의 개입을 필요로 할 뿐 아니라, 프리모 레비의 이중 과업의 중요성—미적인 생산과 실존적 생존을 위해 수정주의를 거부하고 망각을 사용하는 과제—도 역시 상기시킨다. 이제 다음 부분에서 나는 마흐무드 다르위시에 근거해서 사이드가 특히 이민족주의에 대한 최후의 고찰에서 다룬 미래가 어떤 미래였는지 이해하려고 할 것이다. 사이드와 이 책의 내 논증을 위해서도, 이민족주의는 두 국가 방안이 아니라 한 국가, 곧 종족성, 인종, 종교를 근거로 자행될 모든 차별의 형식을 근절할 단일한 국가로 이어질 것임을 언급하는 게 중요하다. 그러니 인구, 민족, 국가 관념 사이에서 인내심을 갖고 움직여보자.

그러나 나는 우선, 디아스포라 팔레스타인인의 권리는 팔레스타인 민족에 대한 모든 고찰에서 삭제될 위험에 처해 있기에, 팔레스타인 민족이란 관념을 디아스포라적인 것, 혹은 대체로 '알만파al-manfa'*나 망명을 의미하는 것을 '포함하는' 관념으로 재고할 의무가 있다고 제안하고 싶다.[5] 바로 이것이 사이드가 거듭거듭 제기한 핵심이었다.[6] 그리고 여기서 귀환권이란 디아스포라 상태인 사람들 전체의 지위를 민족의 지위로 전환하자는 것이 아니라, 미래에 있을 수 있는 정치체를 위한 일군의 계율로서, 인구의 흩어짐으로 해석된 디아스포라적인 것 곧 '알샤타트al shattat'**로부터의 벗어남을 함축한다. 내가 이해한 게 맞다면 '알만파'는 강제 추방, 열악한 조건에 대한 반응으로서 자의였건 타의였건 이뤄진 강제 추방을 의미한다. '알샤타트'는 대체로 강압적이지만 항상 그렇지는 않은 흩어짐을 뜻한다는 점에서 디아스포라다. 말하자면 집으로 돌려보내져야 하는 디아스포라적인 조건, 난민 지위와 박탈을 중심으로 하는 조건에서 유래한 정치적 원칙이란 게 있을까? 귀환권을 민족적인 것을 위해 디아스포라적 위상을 취소하는 것으로 간주한다면, 민족적인 것 안에 디아스포라적인 어떤 것이 여전히 남아서 아니 반드시 남아서, 모든 가능한 민족에 내속하는inhere 일군의 자격과 안전장치는 아니라고 해도 민족적인 것에 대한 내적인 비

---

* 추방을 뜻하는 아랍어.
** 디아스포라를 뜻하는 아랍어.

판으로 등장할 수 있을까? 곧 디아스포라의 조건이 난민 지위, 시간적·공간적 거리를 횡단하는 삶의 양태들, 애도의 실천들, 문학·음악·영화 및 예술을 포함하는 문화적 전송, 그리고 흩어짐과 봉쇄의 조건에서 일어나는 축성과 협력의 양태들에 대한 관점을 제공한다면, 그렇다면 우리는 디아스포라의 조건에서 출현하는 정치적 주장들이 어떻게 민족과 민족적인 것의 관념에 대해 계속 알려주고, 또 그 관념들을 붕괴시키는지 물을 수 있을 것이다.

난민의 일차적인 권리로 시작하는 민족적인 것의 표명은 어떤 모습일까? 게다가 이스라엘이 난민권을 제 나라의 귀환법과 이스라엘 국가의 수립—오늘날의 랍비식 법적 정의를 따르는 모든 유대인을 위한 성소로서—안에서 해석하는 데 유념한다면, 한 민족에게서 그 민족의 땅을 박탈할 권리를 정당화할 수 없을 난민권에 대한 이해를 확립하는 것은 훨씬 더 절박한 문제다. 이스라엘 국가의 정초에 의해 저질러진, 엄청날 뿐더러 결과론적으로 가장 모순되는 것 한 가지는 유럽에서 강제 추방되어 성소를 찾으려는 난민권을 토대로 국가를 세운 점이었다. 그리고 그것은 똑같은 원칙에 의거하지 않고서 팔레스타인 사람들을 그들의 땅에서 강제적으로 축출하는 결과를 낳았다. 따라서 난민권을 호소하면서 우리가 물을 수 있는 질문은 간단히 다음과 같은 것이다. 난민의 권리는 어떻게 강제적인 박탈과 축출에 **반대할** 권리, 특히 소수자들에게 중요한 권리들에 입각해서 정립될 수 있는가? 이것들은 소수자들이 바로 자신의 소수자성을 잃고 무국적자가 될 때 그들에게 속하는 권리다. 양자의 권리 결합을 요구하는 법적·정치적 상상은 나크바의 불의를 기술하고 평가하는 데뿐만 아니라, 또 난민의 권리를 중시할 어떤 정립도 새로운 무국적자 계급의 생산을 필요로 하지 않는다는 것을 명기하는 데도 필수적이다. 이 원칙에 근거한 해결책이 이스라엘/팔레스타인에서 달성될 때까지는 귀환법에 무기한 모라토리엄을 부과하는 게 필수적임이 분명하다. 귀환법이 유대 인구의 인구통계학적 우위를 보장하는 데 계속 도구가 되는 조건에서 그것은 명백히 차별적이고 반민주적이다.

그렇다면 우리는 다음과 같이 결론을 내릴 수 있다. 귀환법이 귀환권과 짝을 이룰 때까지는 어떤 귀환법도 존재해서는 안 된다. 아니 기존의 귀환법은 귀환권을 폐제하려고 만들어진 것이기에 여전히 계속해서 무국적자 계급의 생산에 관여하고, 그럼으로써 스스로를 정당화할 원칙을 말살한다고 말할 수 있다. 그리고 난민의 권리에 기초한 것으로 보인다고 해도 그것은 바로 그 권리를 취소할 목적으로 작동한다. 이는 난민의 권리를 지지한다고 간주되는 귀환법이 적극적으로 난민의 권리를 부인한다는 것을 의미한다. 한나 아렌트는 유대 민족을 위한 민족국가로서 이스라엘 국가 창설에 반대하면서 그것은 오직 새로운 무국적자 인구를, 그리고 그 결과 수십 년의 갈등을 창조함으로써만 이룩될 것이라고 예측했을 때 그 점을 분명히 이해했다.[7]

따라서 난민권이 난민의 권리가 부인되는 방식으로 실행되어야 한다는 결론이 나온다. 여기서 제기된 정치적인 질문은 1948년 혹은 1967년 디아스포라가 된 팔레스타인 사람들, 혹은 1982년 베이루트에서 강제로 쫓겨났거나 더 나아가서 1993년 오슬로 협상에서 배제된 사람들, 혹은 수십 년이 지났음에도 여전히 그 지역에 퍼져 있는 난민촌에서 살고 있는 모든 사람들의 법적 지위와 요청을 확립하는 것으로는 완전히 해결되지 않는다. 귀환권이 의미하는 것은 정착할 권리 외에도 법적인 보상과 인정의 양태다. 나는 **재정착**resettlement이 설사 모음과 자음은 뚜렷이 다를지라도 청각적으로는 많은 사람들에게 **한 국가 방안**으로 인식될 것이라고 생각한다. 사실 귀환권은 한 국가 판본과 두 국가 판본이 있다. 귀환권에 대한 반대는 이스라엘에서 유대인이 인구통계학적 우위의 지위를 상실할 것이고, 사실상 이민족주의가 그 뒤를 이을 것이라고 우려하는 이들 사이에 퍼져 있는 두려움에 근거한다. 반대의 전제는 설사 그런 식의 모든 지배 형식에 반대하는 유대주의나 유대성의 형식이 있는 게 틀림없다고 해도, 유대 국가는 오직 인구통계학적인 우위를 통해서만 보존될 수 있다는 것이다. 그리고 그런 유대주의 판본들은 반反이스라엘적인 것으로서 기각될 것이 틀림없고, 사실 시온주의적이지 않다는 것이다. 그러나 이 논증에서 더 중요한 것은 그보다 거기에 존재하는 다른 반응들이다. 첫째 반응은 규범적이다. 어떤 민주적 정치체도 어떤 특수한 종족적·종교적 집단에게 인구통계학적인 우위를 보장할 권리를 갖지 않는다. 둘째 반응은 전략적이다. 이스라엘 유대 인구의 인구통계학적 우위 상실은 그 지역에서 기대되는 민주주의를 증진할 것이 분명하다. 셋째, 나의 답변은 아주 이상하게 보이겠지만 서술적이다. 모양을 갖춘 사실상의 이민족주의의 여러 형태가 **이미** 존재한다. 그리고 그것들은 뚜렷하게 **비참하다**(토지 분배 과정이 지속되고 있으며 그 과정이 명백히 불의한 것과 마찬가지로). 비참한 이민족주의 형태들은 동예루살렘의 무장된 거리들, 곧 때로 팔레스타인 사람들이 100년 이상 갖고 있던 재산에 대해 이스라엘 법정의 후원과 이스라엘 경찰의 비호하에 유대인의 권리를 역설하는 우파 이스라엘인들의 소유권 회복 운동에 맞서 팔레스타인 사람들이 자신들의 집을 지켜내야만 하는 거리에서 볼 수 있다.[8]

또한 우리는 서안 지구의 정착촌과 팔레스타인 노동자들—다른 일터 왕래를 금지당한 채 정착촌에 양질의 상품과 서비스를 제공하는—사이에 출현한 비뚤어진 경제적 의존성에서도 비참한 이민족주의 형태를 발견한다. 팔레스타인 사람들과 이스라엘 사람들 간의 이러한 거래를 이민족주의의 한 형태로 간주하는 것은 대단히 아이러니한 것이다. 왜냐하면 그런 교환은 이스라엘 무정부주의자들과 팔레스타인 사람들이 이스라엘의 군사력에 저항하고 있는 부드루스Budrus와 빌린 Bil'in 등 분리 장벽을 따라 형성된 마을에서 산발적으로 발견되는 것과 같은, 어느 정도 계획되고 선택된 동맹의 형태라고 보기는 힘들기 때문이다. 이렇듯 비참함과는 거리가 먼 동맹은 주요한 비참한 이민족주의 형태보다 훨씬 주변부에 속하는 게 분명하다. 셋째 형태는 이스라엘 국가의 명목상의 또는 부분적인 시민이지만 고용, 주거, 교육, 이동에 대한 전망이 법적·사회적 정책으로 점점 더 제약을 받는 팔레스타인인들에게 존재하는 비참한 이민족주의다.[9] 사메라 에스메이어Samera Esmeir가 주장했듯이 이스라엘은 **단 한 번도** 유대 국가였던 적이 없다. 비유대인, 기독교인·무슬림 팔레스타인인, 드루즈인, 베두인족이 종속을 통해서 언제나 이스라엘에 포함되었고, 예루살렘에는 그 도시와 그 다가적多價的 역사와 땅에 대한 소유권을 주장할 충분한 이유가 있는 다양한 신앙을 지닌 많은 민족이 존재한다. 유대인의 인구통계학적인 우위를 사수하려는 싸움은 다수성의 위상이 이미 불안정하다는 것, 그리고 다른 모든 민족보다 유대 인구를 불균형하게 선호하는—아랍계 유대인과 스페인계 유대인, 곧 미즈라힘과 세파르딤보다 유럽계 유대인을 선호하는—정치적 불균형을 유지하기 위해 정치적·군사적·문화적 투쟁이 수행되고 있다는 것을 고백하는 한 가지 방법이다.

이스라엘이 스스로를 유대적 주권성 원칙에 정초한 유대 민족Jewish nation으로 정의한다는 것은 사실이다. 이는 이스라엘이 팔레스타인 사람들을 영구적 소수로 유지하는 데 관여하고 있다는 것을(그리고 국경 안에 그들이 너무 많아지면 시민권 박탈, 축출, 봉쇄를 통해 인구를 관리한다는 것도) 뜻한다. 가끔 이스라엘 정치인들은 공개적으로 팔레스타인 인구의 완전한 축출을 검토한다. 그러나 그런 조치가 실현되면 이스라엘 국경에서 영구적 전쟁이 벌어지고, 따라서 이스라엘이 축출하려 할 뿐 아니라 자기 땅에서 **추방당한 채로 있어야 하는** 이들과 영구적 분쟁에 휘말리게 된다는 점을 지적하자. 따라서 주권성에 대한 이스라엘의 요청은 영구적 축출과 봉쇄 전략에 의지한다. 그리고 이것은 팔레스타인 사람들과 영구적 관계를 유지하는 한 가지 방법이다. 완전한 축출 전략에 연루된 것은 어떤 것도 무의지적 근접성과 영구적인 개입이라는 조건을 극복하지 못한다. 그것은 다르위시가 "자기와 적은 …… 그렇게나 많은 역사와 그렇게나 많은 예언자들의 땅에 휘말려 들어 함정에 빠진다"고 묘사했던 것처럼, 또 다른 형태로 그저 지속될 뿐이다.[10] 현재 이스라엘 국경이 어떤 식으로 수립되어 있건 그 국경(여기서 그 국경은 항상 이스라엘의 팽창을 향해 흔들리고 있다) 내에서 허가증을 받아 살고 있는 이들만을 고려하겠다는 조건에서, 팔레스타인인들을 '소수'로 묘사하는 일이 어떻게 작동하는지도 여기서 이해할 수 있다. 우리는 한편으로 인종차별적이고 반민주적인 원칙인 인구통계학적인 우위에 반대해야 하고, 나아가 오직 이스라엘에 등록된 소수자의 위상을 기준으로 팔레스타인 사람들을 정체화하려 하지 않으면서 그들의 소수자 권리를 변호해야 한다. 또 다른 한편으로 영구적인 소수자 위상에 반대하는 바로 그 싸움은 점령에 대한 반대, 그리고 난민촌에 흩어져 있거나 봉쇄되어 있는, 아니면 무장 지대에 갇혀 있는 모든 난민의 권리와 연계되어야 한다.

　지역의 인구통계가 가변적인 데 유념한다면, 동시대 시온주의의 표지인 인구통계학적 우위 프로젝트를 지속할 유일한 방식은 더 많은 땅을 주장하고, 비유대적 계보를 가진 더 많은 민족, 주로 팔레스타인인과 베두인족을 박탈하고 축출하는 것이다. 흥미롭게도 1999년 사이드는 유대인의 인구통계학적 우위가 2010년에는 상실될 것이라고 예측했다.[11] 그가 계산하지 못한 것은 귀환법에 대한 환기가 얼마나 유대인 이민을 증가시켰는지, 그리고 새로운 토지 몰수와 새로운 경계선이 인구통계에 어떤 변화를 일으켰는가 하는 것이었다. 그 결과 완전한 시민권이 없는 국내의 소수와 오직 특수한 종족적·종교적 다수—이들의 다수결주의적 위상에 권한을 부여한 것은 국가 정책이다—에게만 완전한 자격과 권리를 수여하는 정치체의 관계를 검토하는 것은, 이러한 거대한 구도constellation의 극히 일부분에 불과하다. 점령 치하에서 그리고/아니면 난민촌의 식민적 예속 상태로, 곧 봉쇄나 축출의 전략을 통해 종속된 상태로 살아가는 주체는 절대로 안정적이지 않다. 남부 레바논의 난민촌은 추방당한 자들을 봉쇄하려는 시도였고, 봉쇄가 축출 전략 자체의 지속, 곧 귀환권을 무효화하고 귀환권의 실행을 폐제하는 지속적인 메커니즘이라는 주장이 분명 가능하다.

게다가 영토권을 가진 의사疑似시민들이 피점령민으로 계속 바뀌는 상황은 두 범주 사이에 놓인 구조적인 관계를 폭로한다. 게다가 점령 치하에서 살아가는 사람은 어떤 의미에서는 축출된 것이지만, 우리가 흔히 디아스포라적인 것과 동일시하는 의미에서는 축출된 것이 아니다. 의사시민 축출과 토지 몰수는 의사시민, 식민 점령의 주체, 추방의 관계가 내적으로 연관된다는 것, 그리고 그 메커니즘은 훨씬 더 극단적인 박탈 형식으로 전환하기 위해 존재한다는 것을 보여준다. 어떤 이들은 국경 안에 있는 것으로 보이고, 다른 이들은 통제되지만 외부화된 변경에 점령당한 채 있다. 또 다른 이들은 양쪽의 경계 바깥에 있고, 그런 의미에서 디아스포라적이다. 오직 마지막 조건에 대해서만 **디아스포라적**이란 단어를 사용한다면 잘못일지 모른다. 위상을 뒤집는 과정의 힘이자 목표로서 디아스포라로의 내몰림이 줄곧 작동한다는 것을 볼 수 있기 때문이다. 디아스포라 관념이 없다면 우리는 위상의 전환가능성convertibility과 그것이 일방적인 박탈의 방향으로 체계적으로 움직이는 것을 포착할 수 없을 것이다. 동시에 박탈은 제자리에서, 움직임 없이도, 심지어 위상의 변화, 영토의 상실, 나아가 자의적인 권리 규제를 포함한 권리 박탈을 통해서도 일어난다는 것을 기억하는 것이 중요하다. 그리고 디아스포라적인 팔레스타인 인구는 명백히 다른 곳에서는 시민권을 획득하기도 할 것이기에, 그 움직임은 항상 영구적인 시민권 박탈로 끝나지는 않는다. 그러나 **팔레스타인에** 속할 권리의 박탈은 팔레스타인 사람들이 다른 곳에서 획득한 권리와 시민권에 의해 극복되지 않는다. 그것은 계속 존재하면서 새로운 소속감을 따라다닐 것이다. 그것은 역사적으로나 동시대적으로도 전 지구적인 불의로서, 곧 지속되는 재난으로서 구제받지 못한 채 남을 것이다.

바로 이런 이음매에서 나는 우리가 소수자들, 피점령민과 추방당한 자들을 마치 고정된 범주인 것처럼 언급할 수 없다는 것, 왜냐하면 그들을 구별할 만한 어떤 무시간적인 방식은 없으며, 향후에 일어날 그 이상의 박탈에서 피점령민을 추방당한 자들로 전환할 일군의 메커니즘이 존재할 것은 분명하다는 비교적 단순한 논점을 만들려고 노력하고 있을 뿐이다. 시온주의는 모순적인 여러 전제에 의존하는데 그것들 중 하나는 다음과 같은 식으로 정립될 수 있다. (a) 이스라엘을 통치하는 것은 유대적 주권성이고 그렇기에 이스라엘은 그 자체 유대인 국가다. 그리고 (b) 이스라엘은 완전한 유대인 국가가 아니기에 더욱 분발해서 비유대인 소수자에 대한 인구통계학적 우위를 유지해야 한다. 인구통계학적 우위를 유지하는 데는 팔레스타인 민족에 대한 세 과정—소수화, 점령, 축출—이 필요하다. 동시에 이스라엘은 유대 국가가 **아니기에**, 유대 국가라는 주장과 인구통계학적 우위를 유지하려는 투쟁 사이에 영구적으로 존재하는 간극을 메꾸려고 끊임없이 노력해야 한다. 여기서 나의 논점은 이 후자의 투쟁이 많은 면에서 내가 방금 기술한 전환가능성 과정을 설명한다는 것이다. 유대인의 인구통계학적 우위를 유지하려는 프로젝트는 토지 몰수를 포함한 소수자화와 박탈의 적극적이고 능동적인 과정을 **전제할** 뿐 아니라, 바로 자신의 실존을 위해 이러한 지속적인 정착민 식민주의의 실천을 **필요로** 한다. 이 프로젝트는 그런 전략을 증식하고 확장해야 하고, 우리가 정치적 영원성이라 부를 수 있는 것을 위해 거기에 가담하고 있어야 한다. 곧 우리는 이러한 식민화 실천이 항상 이스라엘을 피식민자들에게 **묶는다고**, 그렇게 해서 바로 그 식민주의의 용어 안에서 어쩌면 가장 근본적인 형태의 비참한 이민족주의를 구성하고 있다고 볼 수 있다.

예속되고 추방당한 인구가 없다면, 박탈의 메커니즘이 없다면 이스라엘은 무엇을 할 수 있을까? 사실 지금과 같은 형태의 이스라엘에는 이스라엘로서의 자신을 파괴하지 않는 박탈의 메커니즘이 반드시 필요하다. 이런 의미에서 이스라엘에 가해지는 위협은 이스라엘이 자신의 실존을 근본적으로 박탈과 축출에 의존하고 있기에 나온 결과다. 따라서 문제는 오늘날 이스라엘이 하는 행위를 일소하거나 개혁을 이행하는 것이 아닌, 이스라엘의 실존에 본질적인 식민적 정복의 근본적이고 지속적인 구조를 극복하는 것이다. 따라서 팔레스타인 사람들의 예속이 없다면 이스라엘이 무엇을 할 수 있을까를 물을 때, 우리는 그런 예속이 없다면 우리가 아는 바와 같은 이스라엘은 생각할 수 없음을 강조하는 질문을 제기한 것이다. 그런 예속이 없다면 이스라엘과는 다른 것이 출현한다. 그것은 우리가 생각할 수 있는 것일까? 그것이 무엇이건 유대 민족의 파괴는 아니다. 그보다 그것은 유대적 주권성과 인구통계학적 우위 구조를 해체한다. (또 다른 논증이 가능하다면 이편이 유대인들에게나 그 땅의 모든 거주자들에게 더 좋을 것이고, 따라서 유대 민족이나 팔레스타인 민족, 혹은 다른 어느 민족도 파괴하지 않으리라는 것을 분명히 보여줄 것이다.) 팔레스타인인들에 대한 지속적인 박탈이 없다면 이스라엘은 무엇을 하고 또 무엇이게 될까? 이 질문을 마흐무드 다르위시의 시 제목, 〈추방이 없다면 나는 무엇일까?Who am I, without exile?〉, 또 반복되는 후렴구인 "추방이 없다면 우리는 무엇을 할까?"가 제기한 질문과 짝지으면 무슨 일이 일어날까? 그 질문들은 미래가 폐제되었던 조건, 혹은 미래가 오직 반복적인 종속으로서만 생각될 수 있는 조건에서 미래를 열어 보이려고 한다.

'미래에게 말을 건다'는 의미를 이해하기 위해 나는 사이드가 말년에 한 몇몇 정치적 성찰로 돌아가겠다. 첫 번째 성찰은 1990년대 말 그가 두 국가 방안을 지지하다가 한 국가 방안으로 생각을 바꾼 이유에서 찾을 수 있다. 두 번째 성찰은 팔레스타인 역사와 유대 역사를 함께 사유하고, 두 민족의 다른 역사에서 디아스포라적인 성격에 주의를 환기하려 했던 그의 명시적인 노력에서 확인할 수 있다. 두 번째 문제와 관련해서 사이드는 두 정체성이 어떻게 이타성에 대한 관계, 흩어져 있었고 자신이 분명히 속하지 않는 사람들 사이에서 종종 무의지적 근접성의 양태로 살았던 조건에 의해 구성되는가를 정교화한다. 그것들은 문화적으로 이질적인 출처에서 파생된 삶의 양태들이다. 명백히 그는 두 민족의 곤경이 같다거나 두 역사가 유비를 이룬다고 말한 것이 아니다. 또 그는 마르틴 부버가 《두 민족의 땅》에서 말한 문화적 전체론holism으로 돌아가려 한 것도 아니다.[12]

사이드는 난민의 위상을 재고하는 데 필요한 역사적 출처, 이렇듯 갈라지면서 수렴되는 추방의 역사에서 파생될 수 있는 역사적 출처가 존재하는지를 알려고 적극적이었던 듯 보인다.[13] 그는 유대 민족에게 추방자, 방랑자, 난민으로서의 위상을 상기시키면서, 그들이 이런 특수성을 바탕으로 강제적인 축출과 봉쇄로부터 소수자와 난민의 권리를 보호할 더 일반적인 원칙을 추출해낼 수는 없는지를 묻는다. 사이드가 보기에 디아스포라적인 실존은 문화적 이질성의 한가운데에서 구성되고, 차이를 협상하고, 차이나 복수성을 자기 실존의 조건으로서 확증한다. 소책자 《프로이트와 비유럽인》에서 이 질문을 제기할 때 사이드는, 모세가 이집트인이고 따라서 아랍 출신으로 아랍 땅에 거주한 유대인, 그 자신 아랍 유대인인 사람의 형상이라는 것을 자주 상기시킨다.[14] 여기서 가장 중요한 것은 황야에서 유대 민족을 이끌어낸 모세가 아니라 **방랑하는** 인간 모세다. 이 모티프를 자주 강조한 유대 철학자 프란츠 로젠츠바이크는 유대인의 삶을 위한 시온주의적인 해결책에 반대하면서, 팔레스타인의 정치적 영토가 유대 정치의 목적이어야 하는가에 대해 의심을 견지한다. 사이드는 모세에 대해 학문적으로 흥미로운 전환을 행한다. 그는 모세를 난민들 속으로 던져 넣고 유대적 삶의 "디아스포라적인, 집에서 내쫓긴 특성"을 환기한다. 더 나아가 사이드는 "엄청난 인구 이동이 일어나는 이 시대, 난민, 망명자, 국외 거주자, 이민자의 시대에"(FNE, 53) 이런 유형의 디아스포라적 유대성의 동맹을 강조한다.

난민의 권리를 이해하는 데서 시작될 정치체를 옹호하면서 시온주의의 정착민 식민주의 형식에 참여하길 거부할 이민족주의에 대한 유대적 접근 방식을 간청이라도 하는 듯, 사이드는 계속해서 "이런 사유의 힘은 다른 포위당한 정체성들에게서 …… 골치 아픈, 장애를 초래할, 불안정한 세속적 상처로서 …… 분명히 명시될 수 있고, 그 정체성들에게 말을 걸 수 있다"(FNE, 54)고 말한다. '명시된다'와 '말을 건다'는 완전히 같지 않으며 또 완전히 같을 수 없는, 수렴되는 디아스포라에서 출현하는 두 가지 동맹의 양상을 구성한다. 사이드는 이러한 디아스포라적인 두 민족이 함께 살아가는 것을 우리가 계속 생각할 수 있는지, 타자와, 그리고 타자 가운데에서 살아가는 이러한 상황에 정체성이 도달할 조건, 곧 덜 비참한 이민족주의의 잠재적인 토대를 디아스포라적인 것이 제한하는지 묻는다. 전자는 후자 안에서 명시되고, 이런 의미에서 그들은 서로에게 말하고 서로 말을 건다. 따라서 그들은 이런 말걸기의 양태 바깥에서는 생각될 수 없다.

덜 비참한 이민족주의 형태를 향해 나아가려면 유대계 이스라엘인들은 시민권과 난민권을 설명할 때 유대성을 배제해야 한다. 모든 소수자와 난민의 권리, 강제적인 봉쇄와 축출에 대한 반대, 국경과 천연자원 및 인간의 자유에 대한 식민주의적·군사적 통제를 폐지할 필요성을 조건 없이 옹호할 일군의 원칙을 끌어내기 위해 유대계 이스라엘인들이 바로 자신들의 추방 역사에 의존함으로써 유대성의 배제에 쉽게 참여할 수 있다는 것은 역설적이지만 대단히 중요하다. 이 고통의 역사에서 저 고통의 역사를 추론하는 일은 다시 한 번 말하지만 엄준한 유비에 의존하지 않는다. 바로 유비가 붕괴하는 바로 그곳에서 번역이 시작되고, 일반화될 원칙이 가능해질 수 있다. 그런 원칙 중에는 이런 것도 있을 것이다. 새로운 무국적자 인구를 생산하는 난민권 행사는 전혀 정당하지 않다는.

사이드는 이민족주의를 재고하려고 여기서 문화적·역사적 출처를 언급하는 것 같지만, 그의 작업이 정치적 원칙과 새로운 정치체에 대한 상상으로 움직인다는 것에 유념하자. 이민족주의를 두 국가 방안과 연관 짓는 사람들이 많지만, 사이드가 보기에 이민족주의는 한 국가 방안의 토대다. 문화적 선의를 '양편에서' 배양하려고 하는 이민족주의 프로젝트나 공존 프로젝트가 문제인 이유 하나는 그런 프로젝트가 정착민 식민주의의 구조—그런 정초적이면서도 반복되는 박탈의 실천들이 일어나는 통로인—에 접근하지 못하고 실패한다는 것이다. 가령 대면 집단—이 안에서 양편은 각자의 경험을 발언한다—내에 인위적 평등을 설치하는 프레임은 그들 사이에 효력을 미치는 권력 관계를 지울 뿐 아니라, 바로 그 회기나 프로젝트 내에서 평등이라는 구조적 전제를 동원해 이스라엘 식민 통치의 구조를 은폐하면서 보호하고 촉진하는 셈이 된다.[15]

정착촌이나 정착촌에 세워진 대학들만을 표적으로 삼고서 쟁점은 오직 서안 지구 점령이고 서안의 해방이 보이콧의 목적을 관철할 거라고 주장하는 형태의 보이콧에 대해서 비슷한 이야기를 할 수 있다. 팔레스타인계 이스라엘인들의 손상된 권리뿐 아니라 1948년 추방당한 팔레스타인인들의 권리 역시 전 지구적 보이콧·투자 회수·경제제재 운동The Boycott, Divestment and Sanctions Movement(BDS운동)*의 목적에 포함되는 이유는, 팔레스타인 종속 문제를 오직 이스라엘군 점령에만 국한할 수는 없기 때문이다. 만약 점령에만 국한한다면 1948년의 요청들을 잊고 귀환권을 묻어버리는 셈일 뿐 아니라, 현재 이스라엘 국경 내의 부당한 다수 차별majority discrimination 형태를 받아들이는 데 동의하는 것이다. 우리는 강제로 디아스포라가 되어야 했던 팔레스타인인들, 국경 안에서 부분적인 권리만 갖고 살아가는 이들, 서안 지구나 가자의 지붕 없는 감옥이나 그 지역의 다른 난민촌에서 피점령 상태로 살아가는 이들에게 영향을 미치는 다가적multivalent 박탈의 형식들과

---

* 이스라엘의 정착촌 건설에 반대해서, 이스라엘에 경제적 타격을 입혀 정치적 압력을 가하고자 2005년 시작된 국제운동.

인구통계학적 우위를 요구하는 시온주의자들 사이의 구조적인 연계를 보지 못하게 된다. 부인된 식민주의 권력의 프레임 내부에서 공존이 작동할 필요가 있다면, 그때는 식민 권력이 공존의 전제 조건이 된다. 이는 식민 권력이 자리를 잡고 눈에서 보이지 않게 되었을 때에만 공존이 존재한다는 것을 의미한다. 설사 그런 해결책이 문화적 교류와 상호 자기노출을 주장하는 이들의 마음 한가운데에 있는 것은 아니라고 해도, 그들 행동의 구조인 것은 분명하다. 이것은 전前정치적이어서 잘못된 행선지인 게 아니라, 부당한 정치—표면적으로는 평등한 프로젝트의 토대를 구조적 불평등에 두고 있는—를 재생산하기 때문에 잘못된 행선지다. 만약 공존 프로젝트의 단일한 주요 목표가 이스라엘의 식민 권력과 군사력의 훼손이라면 프로젝트는 더 잘 진행될지 모른다. 나는, 그럴 때 연합이 더 쉬워지고, 우리가 실질적인 연합이 무엇을 의미하는지 알아차리게 된다는 데 걸겠다. 지금으로서는 그렇듯 전도유망한 이민족주의 형태를 알리는 신호는 희미하고, 그러므로 우리는 다시 내가 제기한 첫 번째 질문으로 돌아가게 된다.

그렇다면 겨우 11년 전 사이드와 다르위시 두 사람이 모두 미래를 향해 열릴 수 있었다는 것은 어떻게 봐야 할까? 물론 역사적 이유들이 존재한다. 그러나 그들이 사용한 말걸기 형태를 고려한다면 다른 이유들이 보이게 될 것이다. 아마 다르위시가 사이드의 죽음에 대비해서 마련한 최종적인 말걸기 형식보다 더 효과적인 것은 없을 것이다. 무의지적 근접성이라는 조건, 계약 없이 적대 안에서 하나로 묶여 있는 양태에 다르위시만큼 분명한 목소리를 부여한 이는 없을 것이다. 그는 이 문제에 대한 해결책 자체를 상상한 것은 아니었다. 그러나 다르위시는 이 끔찍한 포옹은 뭔가 다른 것이 되어야 하고, 추방은 미래를 위한 이정표와 같은 것을 형성한다는 것을 분명히 했다.

사이드의 죽음을 대비해 쓴 시, 〈에드워드 사이드: 대위법적 독서〉[16]에서 다르위시는 두 사람이 나누는 대화를 적는다.

> 그는 이렇게도 말했다: 내가 당신보다 먼저 죽는다면,
>
> 내 의지는 불가능한 것the impossible입니다.
>
> 나는 물었다: 불가능한 것은 아주 멀리 있나요?
>
> 그가 말했다: 한 세대 멀리.
>
> 나는 물었다: 만약 제가 당신보다 먼저 죽으면요?
>
> 그는 말했다: 갈릴리 산에 나의 애도를 표하겠지요.
>
> 그리고 이렇게 쓰겠지요, "미적인 것은
>
> 평형poise에 이르는 것이다." 그리고 이제 잊지 말아요:
>
> 내가 당신보다 먼저 죽는다면, 내 의지는 불가능한 것입니다.

사이드의 것으로 쓰인 목소리를 통해 다르위시에게는 "불가능한 것"(어떤 번역에서는 "불가능한 과제")이 남겨진다. 두 번 되풀이된 불가능한 것은 유산이나 상속과 같은 것, 일치의 최상급 형식—평형, 적합, '물라임mulaa'im'의 번역어(합의, 집결)—을 발견하라는 미적인 명령 같은 것이다. 이 과제는 무엇인가? 불가능한 것이라면 다르위시는 어떻게 그것을 자신의 과제로 떠안을 수 있을까? 불가능성은 시 전체에서 자주 진술된다. 그것은 자리를 잡고 자신의 언어를 갖는 것의 불가능성이다. 다르위시가 사이드를 묘사하는 〈에드워드 사이드: 대위법적

독서〉의 다음 부분을 읽어보자.

> 그는 바람 위로 걷는다, 바람 속에서
>
> 그는 자신을 안다. 바람에게는 천장도,
>
> 바람에게는 집도 없다. 바람은 북쪽
>
> 이방인의 나침반이다.
>
> 그는 말한다: 나는 거기 출신이고, 나는 여기 출신이지만
>
> 나는 거기에도 여기에도 있지 않다.
>
> 내게는 만나고 헤어지는 이름이 둘 있다……
>
> 내게는 두 언어가 있지만, 내 꿈의 언어를
>
> 오래도록 잊고 있다.

(176~177)

그리고 같은 시의 다음 부분에서 다르위시가 사이드에게 정체성에 대한 질문을 제기하자, 사이드의 목소리는 그 질문을 재빨리 추방의 문제로 바꾼다.

> 정체성은 어떻고요? 내가 물었다.
>
> 그가 대답했다: 그것은 자기방어입니다……
>
> 정체성은 출생의 아이지요, 그러나
>
> 결국에 그것은 자기발명이지요,
>
> 과거의 유산이 아니라. 나는 여럿입니다……
>
> 내 안에는 늘 새로운 바깥이 있어요. 그리고

나는 희생자의 질문에 속합니다. 내가

거기에 없다면, 나는 은유의 사슴에게 먹이를 주려고

마음을 단련했을 텐데……

그러니 당신이 어디로 가건 고향을 갖고 다녀요, 그리고

필요하다면 나르시시스트가 되세요

바깥세상이 추방이고,

추방은 세상 안입니다.

그리고 그 두 세상 사이 당신은 무엇입니까?

(177, 필자의 강조)

이 시에서 대위법의 의미는 두 목소리와 관계있다. 의문문 형식의
말걸기에 사이드의 것으로 설정된 목소리가 대답한다. 다르위시의 목
소리인 게 분명한 다른 목소리가 예루살렘 탈비아에 있는 집으로 돌
아갔을 때 두려워지면 어떡하죠, 라고 묻는다. 사이드의 목소리가 대
답한다: "나는 상실을 대면할 수는 없었습니다. 나는 거지처럼 문가에
서 있었습니다. 내 침대에서 자고 있는 이방인에게 어떻게 허락을 얻
을 수 있겠어요?" 그는 이웃 안에, 심지어 집 안에 있지만 여전히 추방
당한 채다. 추방은 외적이면서 동시에 내적인 것임을, 아니 추방은 바
로 그런 구별의 고정성을 하나로 섞어버린다는 것을 시사하면서. 그것
은 국경 안에서 그리고 국경 바깥에서 일어난다. 왜냐하면 그는 여전
히 안의 바깥에, 어떤 의미에서는 여전히 안이라고 고집하는 바깥에
있기 때문이다.

다르위시는 사이드의 입에 시를 집어넣고 자신의 말로 사이드를 양

육하지만, 그 뒤에 사이드를 독자에게 향하게 하고 이제 우리를 양육한다. 그러나 우리가 듣는 "시는 상실을, 기타의 심장부에서 빛나는 한 줄기 빛을 접대할 수 있으리라"는 사이드의 목소리로 전달된다. 그리고 마치 설명하려는 듯 다음 행이 온다: "미적인 것the aesthetic은 오직 형식 내 실재의 현존이다. 하늘이 없는 세상에서 지상은 심연이 된다. 시, 위안, 바람의 속성……" 다음에는 일련의 충고가 따른다.

> 카메라가 네 상처에서 볼 수 있는 부분은
> 묘사하지 마라. 그리고 네가 널 들을 수 있도록 울부짖어라,
> 그리고 네가 살아 있음을 네가 알도록 울부짖어라,
> 그리고 살아 있음을, 그리고 이 지상에서 그런 삶이
> 가능하리니.

(181)

마지막의 변화 과정을 어떻게 읽어야 할지는 알기 어렵다. "그리고 울부짖어라"—이것은 명령인가 권유인가? 이 목소리는 혹시 금지를 발설하는 것 아닐까? "카메라가 네 상처에서 볼 수 있는 부분은 묘사하지 마라. 그리고 네가 널 들을 수 있도록 울부짖어라, 그리고 네가 살아 있음을 네가 알도록 울부짖어라." 여기서 접속사 **그리고**는, 카메라가 이미 상처를 기재했을 것이기에 카메라가 당신의 상처에서 볼 수 있는 것을 묘사하지 말라고 수신자인 네게 요구하는 데 축으로 작용하는 것인가? 시의 "너"는 목소리를 갖고 다른 어떤 것, 바로 카메라는 **할 수 없는** 것을 하도록 있는 것일까? 우리는 두 독해 사이에 대위법적

으로 붙잡혀 있다(그리고 우리는 대위법적인 것이 자기분열의 형태로 수행되는, 불가능한 과제를 위한 시적 형식인지 궁금해지기 시작한다). 모호성은 접속사 **그리고**에 의해 되풀이되는 반복과 함께 지속된다. "그리고 네가 살아 있음을 네가 알도록 울부짖어라." 이 목소리는 울부짖기 위해 말하는 것일까? 다시, 일군의 접속사가 가능하다는 것, 그런 연결이 논리적으로 이어지지 **않고**, 인과적으로 이어지지 **않는다**는 것은 무엇을 말하는 걸까? "그리고"는 어떻게도 화합하는 것으로 보이지 않는 두 문구를 하나로 묶는다. 그것은 한 시퀀스를 옆으로 세우고, 환유를 수평으로 확장하고 있다. 우리는 오직 전회turn를 따르면서 가는 도중에 무슨 일이 일어나고 있는지를 궁금해할 수 있을 뿐이다. 훈계에서 일단의 명령으로 보이는 것으로 비인과론적인 이동을 시작한 "그리고"는 이제 명령 자체에서 반복된다. "그리고 네가 널 들을 수 있도록 울부짖어라, 그리고 네가 살아 있음을 네가 알도록 울부짖어라, 그리고 살아 있음을, 그리고 이 지상에서 그런 삶이 가능하리니." 다음 행에서 명령은 사이드의 목소리인 것 같지만, 사이드의 목소리조차 이러한 대위법적인 리듬을 통해 명료해지고, 똑같은 주장을 단언하면서 그 주장과 경합하고, 가끔은 단언과 경합 사이에 모호성을 수립한다.

바로 그다음 행에서 계시가 다가온다. 유증遺贈과 명령의 언어 안에 있으면서도 목소리 사이드는 "말을 위한 희망을 창안하라"고 말한다. 이 행은 처음에는 당혹스럽다. 왜냐하면 우리가 시인에게서 듣고 싶은 말은 아마 **희망을 위한** 말을 창안하라는 것일 테니 말이다. 그런데 아니다. 명령은 **말을 위한** 희망을 창안하라는 것이다. 왜냐하면 명백히 그런 희망이 말에는 없기 때문이다. 게다가 명령은 거기서 한 발짝 더 나간다. "방향을, 희망을 확장할 신기루를 고안하라. 그리고 노래하라, 미적인 것은 자유이니." 이 연이 끝날 즈음에 우리는 이미 울부짖음을 뒤에 남겨두었거나, 아니면 울부짖음이 이제 갑자기 노래로 변하고, 우리는 미적인 것 안으로 들어간 듯 보이게 된다. 울부짖음은 자리를 이동해서 제자리를 차지한 노래가 되어 있다. 우리는 이미 덜 인과론적인 일련의 접속사를 통해 거기에 도착해 있다. 움직임은 환유적이다. 같은 시에서 다르위시는 이렇게 적는다. "환유는 강둑에서 잠을 자고 있었다; 오염이 없었다면 환유가 다른 둑을 껴안았을 텐데"(178). 비단 환유 자체가 인격화—문채 위에 놓인 문채—되어 있기 때문만이 아니라, 환유가 홀로 잠들어 있음이 분명하고 우연성과 근접성에 의해서만 일어날 수 있는 연관성을 만들 수 없기에 이상한 연이다. 결국 환유가 우리에게 보여준 것은 명백히 큰 공통점이 없는 것 같은 것들 사이를 건너가는 방법이다. 이 시적인 장면에서 오염된 강을 건너가기는 불가능하다. 오염되지 않았다면 놀라움이거나 행복한 접촉이었을 것을 방해하면서 극심한 유독성이 끼어들어 있다. 설사 비참한 인연에 속한 그런 무의지적 부딪힘이 아닐지라도, 고도의 감정적인 뒤얽힘의 형태가 끼어들어 있다.

잠시 다르위시의 시퀀스로 돌아가 보자. 일단 울부짖음이 노래로 바뀌면 우리는 자유와 등치되는 미적인 지역으로 들어간다. 우리는 여기서 미적인 것을 어떻게 이해해야 할까? 우리에게는 풍성한 예가 주어져 있는데, 그중에는 **말을 위한 희망**, 방향, 희망을 확장할 **신기루**를 창안하리라는 생각이 들어 있다. 그리고 우리는 노래하라는 말을 듣는다. 그 노래는 미적인 것에 속하고, 그 방법은 자유다. 따라서 일련의 진술이, 아마도 말을 위한 희망을 창안할 그렇게나 많은 방법으로서 발생한다. "나"—다르위시—는 자기 자신의 언표행위enunciation에 대해 말하고 그것을 가진다. "나는 말한다: 죽음에 의해서가 아니면 정의될 수 없는 삶은 삶이 아니다"(182). 그리고 그때 마치 시가 다른 어딘가에서 강요당한 지문地文으로 바뀐 듯하다. 목소리들은 어디에도 자리를 잡지 못한 것 같고, 목소리들이 말하는 시간은 불확실하다.

> **그는 말한다: 우리는 살아갈 것이다.**
> **그러니 우리가 독자를 불멸하게 할**
> **말의 주인이 되도록 허락해주길……**
>
> (182)

그 사람, 사이드가 가버렸으므로 이 연은 우리를 그저 멈칫하게 할 수 있을 뿐이다. 그러나 여기 다르위시의 시에서 사이드는 현재 시제로 말하고, 불가능하지만 말 속에서 불멸하면서 확신에 찬 어조로 자신의 이름을 갖고, 그러나 복수성으로서 발화 행위를 수행한다. 살아갈 "우리"는 틀림없이 팔레스타인인들인데, 그러나 다르위시가 제공하는 시적 현존 속에 확장된 현재 시간에서 연대하며 살아가는 사이드인 것도 확실하다. 이런 일을 일으키는 것은 사이드의 목소리다. 아니면 그것은 다르위시의 목소리인가? 아니 그건 바로, 우리가 그게 사이드의 목소리인지 다르위시에게 속한 건지, 여기서 모든 팔레스타인인에게 속한 것으로 형상화된 것인지 확신할 수 없기에 일어나는가? 이 대위법적인 리듬은 두 작가를 모두 그 리듬 안으로 데리고 간다. 그러나 그때 계속 살아 있는 것은 다르위시이고, 그는 사이드에게 삶을 부여하는 사람으로 형상화된다. 이는 사이드에게 말을 걸고 다시 사이드가 다르위시에게 말을 건네게 함으로써, 또한 모든 사람과 그 누구에게라도 말을 건넴으로써 일어나는 일 같다. 이런 말걸기는 어떻게 삶을 부여하거나 희망을 창출하는 것일까? 어떤 면에서 나크바는 일어나기를 결코 멈추지도, 역사로서 정착되지도 않기 때문에, 도대체 어떤 다른 시간이 가능할 수 있는가란 질문이 계속 남는다. 다르위시는 이렇게 쓴 적이 있다. "질문을 하는 이는 나도 그[사이드]도 아니다. 그것은 이렇게 묻는 독자다. 재앙의 시대에 시는 무엇을 말할 수 있는가?"(180). 우리는 다음 질문을 덧붙일 수 있다. 시의 말하기는 재앙 너머로 미래를 열어 보이기 위해 무엇을 할까?

아마 이렇게 질문함으로써 우리는 여전히 시 속 울부짖음의 이동을 추적하고 있는 것이다. 이것은 사이드가 다르위시에게 남겨놓았다는 불가능한 임무와 관련된 것인가? 우리는 이미 그 울부짖음이 완수되어야 하는지 아니면 안 되어야 하는지가 얼마나 불확실한지를 보았다. 그리고 울부짖음에서 온 것은 노래였고, 그것은 19세기 독일 관념론 계통에서 나올 수 있는, 자유로서 구상된 미적인 것에 대한 참다운 송시頌詩인 것 같았다. 그러나 불가능한 임무를 헤아리기 위해서라면 우리는 당분간 '네가 아직 살아 있음을, 살아 있음을 알도록, 이 지상에서 그런 삶이 가능하다고 울부짖은' 그곳으로 돌아갈 필요가 있다.

이 시의 사이드는 가능성을 획득하는 것이 과제가 **아님**을, 심지어 가능할 법한 삶을 획득하는 것도 아님을 분명히 한다. 사이드의 의지는 불가능한 것이다. 여기 또 시구, 처음과 끝이 서로를 반복하면서 중간에 말해진 것 모두를 보호하는 시구가 있다: "내가 당신보다 먼저 죽는다면, 내 의지는 불가능한 것입니다." 카프카의 우화들과 공명하는 행에서 다르위시의 목소리가 묻는다. "불가능한 것은 아주 멀리 있나요?" 그리고 사이드의 목소리가 응답한다. "한 세대 멀리." 물론 우리는 만약 한 세대 정도 멀리 있는 것이라면 우리에게는 아닐지라도 가능한 것이기에, 그의 의지가 불가능한 것인지 가능한 것인지를 물어보는 게 옳다. 시는 카프카의 저 유명한 재담과 공명한다. "아, 충만한 희망이여, 무궁무진한 희망이여, 그러나 우리의 것은 아닌." 카프카는 우리의 인생은 신의 나쁜 기분, 신의 자멸적인 사유에 진배없다는 설명 뒤에 저 문장을 썼다. 이 순간이 아주 이상한 것은, 신은 분명 다른 기분도 갖고 있지만 우리의 삶은 그 다른 기분에 속하지 않는다는 것을 함축한다는 점이다.[17] 유사한 것이 사이드와, 불가능한 것을 의욕하는 문제와 함께 일어나는 것 같다. 물론 다음의 역설—가능한 삶은 불가능한 것을 의욕하는 삶이라는 역설을 이해하는 일이 남아 있을 수 있다. 시에서 다르위시의 목소리인 "나1"는 이미 "죽음에 의해서가 아니면 정의될 수 없는 삶은 삶이 아니다"고 주장했다.

따라서 그렇다면 우리는 어떻게 불가능한 것을 이해할 수 있을까—그것은 죽음이 아니라 삶의 어떤 지평에 의해서만 정의되는 삶 바로 그것이란 말인가? 요컨대 다르위시는 팔레스타인인들의 삶이 가능해지도록 사이드에게 계속 살아야 할 시적 기회를 수여한 것일까? 그것은 다르위시가 심지어 여기 자기 송시 속의 기회에서도 불가능한 현재에 사이드를 언급할 때 일어난 그것인가. "그는 **말한다**: 우리는 살아갈 것이다." 이것은 과거의 사건을 진술하지 않는다. 이것은 낙관적인 소문—"그는 우리가 살아갈 것이라고 말했다!"—이 아니다. 사이드는 지금, 현재 그것을 말하고 있고, 모든 팔레스타인 사람들, 끝이 열려 있는 "우리"를 위해 시간을 거쳐 퍼져나가는 발언을 하고 있다. 따라서 사이드의 삶은 팔레스타인 사람들의 삶과 연결되어 있다. 복수성은 진지나 요새 없이 출현한다.

그리고 그런 삶은 적어도 이 시의 세계 안에서 사이드에 의해 가능해진다. 물론 어느 누구의 말도 삶을 가능하게 할 수는 없지만, 여기서 사이드가 더 이상 살아 있지 않은 현재 시제로 전달된 사이드의 말이 그럼에도 목소리를 통해 사이드의 삶을 가능하게 만든다. 이런 사이드의 불멸화에 함축되어 있는 것은, 그가 말하기를 멈춘다면 팔레스타인 사람들은 살기를 멈출 것이라는 생각이다. 역설적이게도 어떤 장소도 없이, 그리고 어떤 분명한 현재 시제의 느낌도 없이 1인칭으로 이야기하는 것은 사이드지만, 여기서 사이드를 운반한 것은 다르위시의 말이다. 뭔가가 언어를 **위해** 고안되었고, 그것은 사이드가 더 이상 말할 수 없을 시간에도 자기 민족의 집단적 삶을 재앙의 시간에서 다른 시간으로 안전하게 이끌면서 말하고 있는 사이드다. 그렇다면 이 시는 바로 말을 위한 희망을 창안하는 중이다. 그리고 또한 "우리는 살아갈 것이다"라고 진술하고 예견할 수 있는 수행적 힘을 갖고 말과 주장을 실어 나르고 있는 것이리라. 그것은 희망의 선포이지만 점령된 상태의 삶에 대한 위협, 느리고 산발적이지만 체계적인 일상의 부식을 염두에 둔다면 불가해한 확신이기도 하다. "그", 사이드가 다음과 같이, "그러니 우리가 독자를 불멸하게 할 말의 주인이 되도록 허락해주길……" 하고 말해질 때, 이미 확고한 자신감과 확실성이 거기 존재한다.

따라서 우리는 괴이쩍은 현재에서 사이드가 계속 말하고 있기에 사이드를 불멸하게 만든 말을 다르위시가 이번 기회에 제공한 것—분명 불가능한 임무이지만 다르위시가 해내야만 하는 임무—은 아닌지 물어볼 수 있다. 그러나 독자를 위해서, 그리고 죽음의 위협에 대한 정의 바깥에서 살아야 하는 사람들, 일상의 유독한 공기, 급작스러운 습격, 영속적인 차단, 예견 가능한 파괴, 반복적 축출과 봉쇄에 비하면 죽음은 실존적으로 덜 위협적 문제인 곳에서 살아야 하는 사람들, 불가능한 것을 살아낼 방법을 찾기 위해 다르위시나 사이드를 읽을, 안쪽이나 바깥쪽 혹은 양쪽 모두에 있는 모든 팔레스타인 사람들을 위해 다르위시가 사이드에게 말하게 한 것은 바로 '불멸의 삶'이다. 따라서 시에서 다르위시는 사이드에게 삶을 주고, 사이드는 모든 팔레스타인 사람들에게 삶을 준다. 그리고 바로 이런 말로 나타낼 수 없는 불가능한 긍정이 시의 완결을 이끌어 간다. 마지막 행은 작별이고, 우리는 이것이 사이드에게 하는 작별이라고 추측한다. 그러나 다르위시가 쓴 것은 단지 다음 두 행이다.

잘 가시오,
잘 가시오 고통의 시여.

이러한 대위법적인 송시에서 울부짖음은 사실상 노래로 바뀌고, 노래는 다르위시에게 노래를 남긴 사이드에게, 그러나 불가능한 것을 의욕해야 할 사이드의 독자들에게도 헌정되기에, 사이드에게 보내는 인사는 고통의 시와 이별한다. 이런 식으로 이 시는 바로 그 의지의 실행이고 바로 그 유산의 성취가 된다. 사이드의 마지막 소원에 경의를 표하려는 사람이 있다면 고통의 시는 불가능한 것을 의욕하는 시에 의해 극복될 것이다. 그것은 누구의 의지인가? 그것은 반드시 사이드 혹은 다르위시의 것만이 아닐 테고, 시의 용어 안에서 독자가 되었던 이들, 미적인 형식을 통해 불가능한 삶과 자유로 들어간 팔레스타인 사람들의 의지일 것이다. 그리고 시의 형식은 말걸기이고, 그것은 독자를 어르고 달랜다. 시는 독자들에게 불가능한 것을 하고, 말하고, 그것을 창안하고, 의욕할 것을 촉구한다. 불가능한 것은 단지 영구적인 재앙과는 다른 미래에 불과한 것이 아니라, 바로 미래의 가능성인, 재앙과의 단절이다. 발터 벤야민은 일찍이 1940년에 진보라는 허위의 개념, 자신이 지나간 자리에는 그저 파괴의 탑만을 생산할 진보 개념에 대해 경고했다. 그것은 진보적인 시온주의 역사서지학과 비판적 거리를 두는 입장이다. 재앙은 과거의 어떤 것이 미래의 어떤 것을 낳을 사건의 연쇄가 아니다. 재앙의 조건에서는 오직 한 가지 재앙만이 있을 것이고, 그것은 계속 일어날 테고, 파괴가 반복되는 시간인 현재에 '잔해 위에 계속 잔해를 쌓아올릴' 것이다. 물론 축출과 점령의 양태와 전략은 바뀌어왔고 지금도 바뀌고 있다. 그러나 우리가 이러저러한 변화—정착촌, 리쿠드당*, 장벽—를 잘 다루면 팔레스타인 민족의 식민적 예속과 축출을 해결할 방안이 제공되리라고 상상한다면, 우리는 재앙의 반복과 극악함을 포착하지 못한 것이다.

이 시가 추방을 종식할 집이나 고향이 될 수 있으리라 희망을 품을

---

*   2009년 이후 이스라엘 제1당으로 연정을 주도하고 있는 우파 정당.

수 있겠지만, 시는 어떤 장소도 아니고 시의 국경은 닫히지 않는다. 바로 이런 의미에서 시는 유토피아적이고, 말걸기의 장면에 의해 출현한 복수성을 향해 열려 있다. 시는 사이드를 존재하게 하고, 그를 자신의 언어에 머무르게 한다. 그러나 또한 시는 자기결정권이 그렇게 철저히 남용되고 훼손되는 바로 그 조건하에 민족the people을 불러일으키고 구성한다. 따라서 우리는 다르위시를 인용하면서 시는 "정체성이 …… 요새나 참호가 아니라 복수성으로 열리는 곳"(178)이라고 말할 수 있을 것이다.

1999년에 발표된 〈추방이 없다면 나는 누구인가?〉란 시에서 "추방이 없다면 우리는 무엇을 할 것인가?"를 물을 때, 그는 다른 사람들에게, 또 그 질문이 현실적으로 일어날 땅과 시간에도 그 질문을 제기하고 있었다.[18] 추방을 넘어설 어떤 사유도 존재하지 않는 시간 안에서 살아간다는 것은 어떤 의미인가? 다르위시의 시가 말을 걸고 있는 이 방인은 어떤 다른 사람이지만 다르위시 자신이기도 하다. 그것은 민족의 신화를 폐기하는 데 달려 있는 이민족주의를 위한 질문인 것 같다.

> 내게 남은 것은 오직 당신, 당신에게 남은 것은
> 오직 나, 이방인의 허벅지를 마사지하는 이방인.
> 이방인! 두 신화 사이에 적막하게 졸고 있는
> 우리에게 남은 것을 가지고 무엇을 할 수 있을까?
> 어떤 것도 우리를 실어 나르지 않는다: 길도 집도.

(91)

414

따라서 다르위시는 지도에 나오지 않는 황량한 땅을 이름도 없이 헤매는 이방인과 함께 풀려난다. 그는 다른 어딘가를 추방의 장소 자체인 시에게 보낸다. 시가 없다면 무엇을 할 수 있을까? 그것은 모든 예상을 뒤엎고 우리에게 어떤 방향도 주지 않지만 새로운 정치적 지도제작법을 준다. 다르위시는 대위법적인 송시에서 사이드를 다음과 같이 환기한다. "그는 말한다: 나는 거기 출신이고, 나는 여기 출신이지만 나는 거기에도 여기에도 있지 않다." 누가 이런 말을 할 수 있을까? 이스라엘 국가 안에 있는 사람들이다―확실하다. 서안과 가자 지구의 팔레스타인 사람들이다―확실하다. 남부 레바논의 난민수용소에 있는―그렇다. 추방은 분리의 이름이지만, 동맹은 바로 그곳, 아직은 장소가 아닌 곳, 아직은 아닌 불가능한 장소였고 지금도 그런 곳, 지금 일어나고 있는 장소에서 발견된다.

옮긴이의 말

이 책은 2012년 미국의 컬럼비아대학교 출판부에서 발간한 주디스 버틀러의 책, *Parting Ways: Jewishness and the Critique of Zionism*(갈림 길들―유대성과 시온주의 비판)을 번역한 것이다. 버틀러는 2004년부터 2012년까지 이집트와 이스라엘을 비롯해 세계 곳곳에서 강연하거나 발표한 글들을 발전시켜 이 책 한 권으로 묶었다. 이 책에서 버틀러는 에드워드 사이드, 한나 아렌트, 발터 벤야민, 에마뉘엘 레비나스, 프리모 레비, 팔레스타인 시인 마흐무드 다르위시의 저작을 읽고 분석하며, 이스라엘 국가폭력의 종교적·정치적 전제인 시온주의를 넘어설 유대성, 유대주의의 가능성을 성찰한다.

이 책의 각 장은 유대인 저자들과 팔레스타인인 저자들에 대한 개별적 분석이기도 하기에, 꼭 앞에서 뒤로 읽어나가는 순서를 밟지 않아도 된다. 다르위시의 시 분석에 할애된 마지막 장에서는, 비유대적인 것과의 관계에 의해서만 정의 가능한 유대적인 것the Jewish, 혹은 디아스포라적인 것으로서의 유대성을 창안하려는 버틀러 자신의 임무와 연관해서 유대성을 팔레스타인 난민들에게서 발견하려는, 역설적이고 기이한 시도를 구체화한다. 곧 윤리적이려면 윤리의 배타적 프레임으로서 유대성을 벗어나야 한다는 자신의 주장을, 현재 캘리포니아주립대학 수사학과 비교문학과 교수로 재직 중인 자신의 전공과 관련지어 전달한다. 이 마지막 장을 먼저 읽어도 좋고 나중에 읽어도 좋다.

외할머니의 친척들이 홀로코스트에서 희생당하기도 한 유대계 미국인 주디스 버틀러는 1948년 이스라엘의 건국 이래 지속되고 있는 '팔레스타인 분쟁'을 윤리학자로서 성찰한다. 버틀러는 특히 이스라엘의 건국과 동시에 고향에서 쫓겨난 팔레스타인인 75만 명, '6일 전쟁'으로도 불리는 1967년의 3차 중동전쟁에서 이스라엘이 본토의 5배에 달하는 점령 지역을 획득하면서 발생한 팔레스타인 난민, 서안과 가자지구의 피점령민, 이스라엘 내부의 인구통계학적 소수자들이 자결권을 얻는 데 기여하길 바라면서 이 책을 썼다. 정치적으로 복잡하고 도저히 해결이 불가능할 것 같은 문제와 관련해서 윤리 혹은 윤리적 글쓰기가 할 수 있는 게 무엇일까? 설사 그것이 불가능하다고 해도, 아니 불가능하기에, 그러므로 '불가능한 것과 함께 머물러야 할 필요'를 계속 떠안고 붙들고 있는 것, 그것이 그녀의 아니 동시대를 살아가는 우리의 임무다. 버틀러는 정치적 시온주의 폐지와 더불어 시작될 유대인과 팔레스타인인의 공존 프로젝트를, 이스라엘 내 정치적 좌파와 팔레스타인 진영이 제안한 한 국가 방안One-State Solution과 이민족주의 Binationalism에서 찾는다.

안승훈의 논문 〈이스라엘-팔레스타인 분쟁과 '두 국가 해결론(Two-State Solution)'에 대한 고찰〉*에 따르면, 1993년 오슬로에서 체결된 이스라엘과 팔레스타인 간의 평화협정이 추구해온 두 국가 방안, 곧 팔레스타인 국가의 수립을 전제하고 분쟁을 해결하려는 시도는 이후 여러 차례 협상을 거쳤음에도 결국 실패했기에 이제 평화안으로서는 그 수명이 다했다. 그래서 떠오른 대안이 '두 민족 한 국가론one state for two nations', 곧 한 국가 방안이다. 이스라엘과 팔레스타인 지역을 묶는 단일한 주권 정부를 수립하자는 이 방안은 민주주의의 원칙인 보통·평등 선거, 곧 국민 한 사람이 한 표의 권리를 행사하는 선거를 기초로 한다. 1차 세계대전에서 승리한 영국이 팔레스타인을 위임 통치하던 시절에 이미 자유주의 성향의 시온주의자들과 아랍인들이 이 방안을 제안했으나, 양 진영의 민족주의자들이 거부했다고 한다.

이 방안은 무엇보다 팔레스타인인들에게 유리한 제안이다. 그 지역의 팔레스타인 인구가 850만 명인 데 비해 이스라엘 유대인의 인구는 560만 정도이기 때문에, 이 지역을 한 국가로 묶는다면 당연히 아랍인이 인구통계학상 우위를 점하게 되고, 따라서 이 나라는 아랍 국가의 성격이 강해진다. 그리고 이스라엘의 진보적 좌파는 이 제안이 두 국가 방안의 난제들, 곧 '국경선 확정, 이스라엘 정착촌, 동예루살렘의 최종 지위, 이스라엘의 안보' 문제를 단번에 해결할 수 있을 것이기에 지지한다고 한다. 물론 이스라엘 내 유대인의 인구통계학적 우위—현재 이스라엘 전체 인구에서 아랍인은 20퍼센트 정도다—를 포기하지

---

* 《한국과 국제정치》 제32권 제1호(2016년 봄), 통권 92호 105~136쪽.

않을 이스라엘 우파 정치권과 다수 유대인은 이 제안을 거부한다.

그런 점에서 이민족주의를 지향하는 한 국가 방안은 버틀러의 말마따나 불가능한 이상이고 실천이다. 그러나 그것을 요구하거나 사유하지조차 않는 세계는 폭력의 악순환을 제외한 어떤 선택지도 없는 끔찍한 세계인 것이 사실이다. 그렇기에 버틀러는 이스라엘과 전 세계의 우파 시온주의자들이 거부할 대안, 그렇기에 '불가능하지만 필요한' 임무를 위해 계속 팔레스타인 분쟁을 다룬 글을 쓴다. 그녀는 이스라엘 국가폭력을 정당화하는 시온주의에서 유대성을 떼어내고, 거기에 새로운 정의定義를 부여하려고 한다. 이를 위해 그녀는 선배 유대인 지식인들과 팔레스타인 지식인들을 호출하고, 사법적 정의라는 폭력을 비판하는 윤리를 되풀이한다.

이집트를 떠나 모세의 인도를 받아서 기나긴 방랑 생활 끝에 마침내 팔레스타인 땅에 도착한 유대인들, 1897년 8월 스위스 바젤에서 개최된 1차 시온주의자 대회에서 팔레스타인에 조국을 건설하기로 결의한 '바젤계획'을 채택한 유대인들, 19세기 말 유럽에 횡행한 반유대주의와 그 뒤 20세 초의 유대인 학살을 피해 이스라엘 건국에 이른 유대인들에게 이스라엘은 종교적이고 정치적이며 역사적인 성취다. 유대인들의 민족국가 이스라엘은 성서에서 가리킨 그곳이고, 박해받은 자들이 도달한 목적지다. 따라서 1947년 유엔 총회가 팔레스타인을 분할하기로 결정한 뒤 1948년 이스라엘 건국을 기점으로 시작된 팔레스타인 분쟁은, 이슬람 내 유혈 충돌의 진원지인 IS와 더불어, 중동 지역을 끝나지 않을 것 같은 폭력과 고통, 슬픔과 상실로 내몰고 있다. 버틀러는 이 책의 여러 곳에서 유대인 종교철학자 프란츠 로젠츠바이크 (1886~1929)가 《구원의 별》에 쓴 문장, 곧 '유대 정치의 목적은 팔레스타인의 정치적 영토가 아니며, 유대인의 삶은 정의상 유랑과 기다림' 이라는 문장을 자주 인용한다. 그리고 유랑과 기다림으로서의 유대성은 팔레스타인인 에드워드 사이드의 모세에 대한 성찰과 접합되면서 디아스포라적인 것으로서의 유대성으로 수렴된다.

버틀러는 유대성에 대한 자신의 새로운 구상에 결정적인 영향을 미친 것이 사이드 말년의 저서 《프로이트와 비유럽인》를 읽은 것이었다고 말한다. 유럽인으로서 선민의식을 지닌 유대인 정체성의 설립자로 간주되는 모세가 사실은 비유럽적 이집트인이었고, 그렇기에 유대성의 설립자가 유대성 바깥에 존재한다고 보았던 사이드는 정체성의 기원이 타자성 혹은 이타성이라는 정신분석 및 후기구조주의의 주장을 되풀이한다. 더 나아가 사이드는 유대인을 이끌고 사막에서 방랑한 인간 모세를 동시대의 팔레스타인 난민들 속으로 밀어 넣고 유대적 삶의 디아스포라적인 특성, 자기 집에서 쫓겨난 특성을 환기한다. 버틀러는 사이드가 제시한 모세의 형상을 경유해서, 유대인은 비유대인과의 관계가 없다면 정의할 수 없는 범주라고 주장한다. 곧 유대인은 유대인이 아닌 사람들 사이에서 살아가는 법에 대한 물음과 완전히 분리될 수 없다는 것이다. 팔레스타인인과 유대인이 공유하는 실존적 특성을 '추방'에서 발견한 사이드를 따라서 버틀러는, 권리와 땅을 박탈당했던 유대 민족의 경험을 기억하고 이스라엘에 의해 박탈, 추방당한 이들과의 연합을 실천할 것을 유대인에게 역설한다.

버틀러의 책에 빠지지 않고 등장하는 유대교 랍비 레비나스의 타자의 윤리, 책임 윤리 역시 이 책에서 중요하게 다뤄진다. 레비나스에게 책임감은 의지를 배양하고 주체가 되어 반응하는 문제가 아니라, 무의지적 감수성을 타자에 반응하기 위한 자원으로 인정하는 문제다. 타자는 내게 무슨 일을 했건 여전히 내게 윤리적 요구를 하는 사람이고, 내가 반응해야 할 '얼굴'을 갖고 있다. 말하자면 나는 내가 결코 선택하지 않은 사람에게 반응해야 하고, 따라서 나는 복수할 수 없다. 그렇기에 레비나스가 볼 때 얼굴과의 만남은 일종의 박해. 나를 죽일지 모를 사람 앞에서도 계명은 '살인하지 말라'는 무조건적인 명령을 내리고, 그렇기에 주체로서의 나의 의지를 꺾어버리면서 계명을 무조건 수신해야 하는 목적어로 나를 강등하기 때문이다. 저 계명 앞에서 주어이자 주체로서 나의 의지와 자유는 무력할 뿐이고, 내가 당하는 이런 '폭력'은 이유가 없기에 박해다. 내가 타자에 대해 짊어지는 무제한적인 책임은, 계명에 의해 유도된 두려움과 나의 실존이 잠재적으로 타자에게 가할 폭력 사이에 벌어지는 지속적인 싸움과 갈등의 결과다. 그렇기에 레비나스의 책임 윤리는 가장 폭력적인 위기의 순간 한가운데서 일어나고, 혹은 우리를 가장 폭력적인 위험의 순간으로 데려간다.

전작 《불확실한 삶》, 《윤리적 폭력 비판―자기 자신을 설명하기》에서도 그랬지만, 버틀러는 레비나스가 윤리적 반응성의 진원지라 할 수 있는 '얼굴'을 특정한 민족, 유대인에게만 제한한 데 곤혹스러워한다. 그러나 버틀러는 우리에게 인종주의자 레비나스를 책임지면서 윤리학자 레비나스에게 반응할 것을 설득한다.

독일 유대인으로 미국 시민권을 획득할 때까지 무국적자, 혹은 난민으로 살았던 아렌트는 생전에 했던 인터뷰에서, 자신은 어떤 '민족'도 사랑한 적이 없으며 오직 '사람들'만을 사랑한다고 고백했다. 아렌트는 민족국가의 성립 결과 민족으로 인정되지 못한 이들의 강제 추방과 무국적자의 대량 양산이 필연적으로 생겨난다고 비판한다. 1930년대에 아렌트는 시온주의를 지지했지만, 1940년대에 이르러서는 유대 주권성에 정초한 이스라엘보다 유대-아랍 연방 국가를 더 선호하게 된다. 연방제가 최선의 해결책이라고 생각한 아렌트는 국가를 이룰 각 민족에 주권을 분배하는 것이 아닌, 공통의 정책과 법을 만들 연방적 복수성을 구상하면서 주권의 복수성을 주창했다. 아렌트에게 복수성은 이질적인 인간들이 함께 모여 평등한 사회를 이루고 살아가는 데서 어느 누구도 선택, 거부할 수 없는, 말하자면 무선택적인 특성이다. 우리는 우리가 결코 선택하지 않은 사람들과 함께 살아가게 되어 있다. 이런 사회적 복수성과 동거cohabitation는 주체의 선택과 의지에 앞서 존재하는데, 나치의 아이히만은 이를 자신의 의지로 선택할 수 있는 문제로 간주했다. 그렇기에 아렌트는 누군가와 지구를 공유하지 않으려 한 아이히만이 교수형에 처해져야 한다고 주장한다.

지구에서 누구와 함께 살지를 선택할 수 없는 무능, 모든 공동체, 이웃, 민족에 선행하는 이런 선택의 한계를 버틀러는 '구성적 부자유'라고 부른다. 버틀러에게 윤리는 무엇을 할 것인가가 아니라 무엇을 할 수 없는가, 내가 누구인가가 아니라 내가 모르는 너는 누구인가에 관한 것이다. 그러므로 동시대 윤리는 불가능성, 실패, 무능, 관계, 이타성을 축으로 움직인다.

이 책에서 중요하게 다뤄지는 벤야민의 논고는 1921년의 〈폭력 비판)과 벤야민의 마지막 논고인 1940년의 〈역사의 개념에 대하여〉다. 버틀러는 벤야민의 글을 통해 실정법에 의해 호명된 사법적 주체와는 다른 주체, 곧 '살인하지 말라'는 계명과 싸우는 주체를 목적론적 역사를 파열시키는 '메시아적인 것'과 관련짓는다. 벤야민은 법적 폭력과의 단절을 위해 신적 폭력이란 개념을 끌어들였다. 법적 폭력을 넘어설 대안에 벤야민은 신적 폭력이란 이름을 붙였지만, 버틀러가 보기에 신적 폭력은 폭력과 무관하다. 신적 폭력은 무혈의 폭력이고, 단지 목숨이 아닌 '살아 있는 것'의 영혼의 이름으로 행위하면서 우리에게 살인하지 말라, 혹은 '살아 있는 것의 영혼을 살해하지 말라'고 명령하는 비폭력적 계명이다. 그리하여 신적 폭력은 벤야민의 중요 개념인 '메시아적인 것'과 연결되는데, 벤야민은 법적 폭력과의 단절이자 피억압자들의 역사를 삭제하는 현세 체제들과의 단절로서 메시아적인 것을 요청했다. 국가의 출현과 유지가 폭력으로서의 법을 전제한 것이라면, 그런 사법적 폭력을 통해 전진, 진보하는 역사와의 단절은 메시아적인 것인 비상사태의 도래를, 따라서 파시즘에 대항하는 투쟁을 요청하는 것이다.

버틀러는 벤야민을 경유하면서 구원이란 '귀환이 없는 추방, 목적론적인 역사의 파열, 수렴하면서 방해하는 일군의 시간성들로의 개방'으로 재고되어야 한다고 우리를 설득한다. 말하자면 구원은 정체성을 갖고 국가를 세우고 이질적인 것을 몰아내는 것이 아니라, 집도 절도 없이 계속 유랑하는 것이고 복수의 시간성을 살아내는 것이다. 버틀러의 글을 읽으며 우리는 먼 옛날 사막을 떠돌던 유대인, 그리고 지금 난민이거나 피점령민 혹은 인구 중 소수자인 팔레스타인인이 된다.

홀로코스트(히브리어로는 쇼아)의 생존자인 프리모 레비는 말년에 유대성과 이스라엘, 특히 1980년대 초 이스라엘의 정치를 사유하는 데 쇼아가 윤리적으로나 정치적으로 어떤 의미를 띠는지 묻는 인터뷰를 더 이상 하지 않으려고 했다. 그만큼 이스라엘의 실재와 정치를 비관하게 되었기 때문일 게다. 레비는 무엇보다 유대인의 절멸을 꾀한 수용소가 존재했음을 부인하려는 수정주의자들에 맞서 강제수용소의 실재를 설명해야 했고, 동시에 쇼아를 정치적으로 착취, 악용하는 시온주의자들과도 싸워야 했다. 레비는 초기에 나치를 피해 도망친 유대인들의 은신처, 유대인들의 귀환권을 위한 장소로서 이스라엘의 정초를 지지했으나, 나중에는 초기의 입장에서 멀어져 유대의 가치와 이스라엘 국가의 차이를 강조하는 쪽으로 이동했다. 그리고 레비 역시 아렌트처럼 결국 유대 민족의 디아스포라적 조건이 더 나은 대안이라는 것을 성찰하는 쪽으로 움직였다.

유대성을 동일성주의적이고 공동체주의적인 민족국가 담론에서 떼어내 디아스포라적 이타성과 접합하려는 버틀러의 부단한 노력은 이 책의 결론이라 할 수 있는 8장, 팔레스타인 시인 마흐무드 다르위시(1941~2008)가 에드워드 사이드(1935~2003)의 죽음을 대비해 쓴 시 〈에드워드 사이드: 대위법적 독서〉에 대한 분석에서 대단원이자 정점에 이른다. '정체성이 요새나 참호가 아니라 복수성으로 열리는 곳'이란 다르위시의 시로 시작하는 8장에서 버틀러는 이스라엘의 실존에 근본적인 구조인 식민적 정복의 지속성을 극복하기 위해, 곧 다른 시간인 미래를 개방하기 위해 다르위시의 시를 읽는다. (제)자리를 잡고 언어를 가져야 정체성이 작동하게 된다면 강제로 디아스포라가 되어야 했던 팔레스타인인들, 난민이나 점령지의 피점령민으로 살아가는 팔레스타인인들, 자기 고향으로 돌아가지 못하거나 자기 고향에서 난민으로 살아가는 이들에게 '시'는 무엇일까? 곧 다르위시의 '재앙의 시대에 시는 무엇을 말할 수 있는가'란 문장을 이어받아 버틀러는 '시의 말하기는 재앙 너머로 미래를 열어 보이기 위해 무엇을 할까'라고 묻는다. 시는 추방의 장소다. 그리고 바로 그 추방의 장소, 장소 아닌 장소에서 불가능한 것으로서 희망을 창안하는 것, 그것이 시라고 다르위시의 시 속 화자 사이드가 말한다. 사이드에게 의지는 불가능한 것을 의욕하는 것이기 때문이다.

한 권의 책을 읽을 때, 더욱이 그 책이 우리에게 불가능한 것을 설득하려 하고 있다면, 우리는 그런 어려운 임무를 계속 글로 실천하는 사람에게 몰입하지 못한 채로 저자(그/그녀)와 함께 머물러야 할 것이다. 우리는 중간에 책을 덮을 수도, 끝에 가서 등장하는 '말을 위한 희망'과 같은 다르위시의 시구를 수신한 채 계속 책 속에서 유랑할 수도 있을 것이다. 재앙의 시대에 시는 무엇을 할 수 있으며, 윤리는 또 무엇일까? 폭력에 폭력으로 대응하는 현실에서 우리는 시, 혹은 윤리를 받아들일 수 있을까? 아니 레비나스식으로 말해서 그런 책임 윤리에 볼모로 잡힌 채 학대당할 수 있을까? 민족국가를 가진 유대인이 아니라 디아스포라 팔레스타인인이 되려는 버틀러의 윤리적 글쓰기를 우리는 지금 이곳에서 어떤 은유로 수신해야 할까? 나는 이 책까지 버틀러의 책을 총 세 권 번역하면서 그녀가 불러일으키려는 불가능한 '우리'에 계속 붙들려 있다. 어떤 내적 동질성도, 합의도, 일치도 없이, 적대와 논쟁을 계속 불러일으키면서도 우리라고 불러야 하는 우리. 적이나 그들이라 불러서는 안 되는 1인칭 복수 대명사 우리. 나의 혐오와 증오를 투사할 적이나 그들이 아니라, 나의 불확실함과 슬픔을 공유하기 위해 이제 처음으로 출현해야 하는, 불가능한 우리.

　기꺼이 이 두꺼운 책의 번역을 결정한 시대의창에 감사한다. 지금 여기의 문제와 직접적으로 연결될 것 같지 않은 저 멀리 팔레스타인 분쟁을 성찰하는 책의 번역은 쉽지 않은 결정이었을 것이다. 그러나 조금만 더 사유의 지평을 넓힌다면 이 책은 곧 지금 이곳의 문제를 성찰하는 데 좋은 지침서일 것이 분명하다. 모국어의 유려함을 거의 잃어버린 옮긴이의 문장이 한국어처럼 읽힌다면 모두 최인수 씨의 도움 때문이다. 직역이었던 나의 번역은 그녀를 통해 '번역'으로 바뀌는 행운을 갖게 되었다. 한없는 고마움을 표한다.

미주

서문

1   Daniel Boyarin and Jonathan Boyarin, *Powers of diaspora: Two Essays on the Relevance of Jewish Culture*(Minneapolis: University of Minnesota Press, 2002).

2   다른 곳에서와 마찬가지로 여기서도 나는 다음 책을 포함한 암논 라즈크라코 츠킨의 철학적·역사적인 작업에서 지대한 영향을 받았다. Amnon Raz-Krakotzkin, *Exil et Souveraineté: Judaïsme, sionisme et pensée binationale*(Paris: La Fabrique, 2007).

3   "Dialogue: Jürgen Habermas and Charles Taylor" in Jonathan Antwerpen and Eduardo Mendietta, eds., *The Power of Religion in the Public Sphere*(New York: Columbia University Press, 2011).

4   Friedrich Nietzsche, *On the Genealogy of Morals*, trans. Walter Kaufmann and R. J. Hollingdale(New York: Vintage, 1989).

5   Avital Ronell, *The Telephone Book*(Lincoln: University of Nebraska Press, 1989).

6   레비나스에게 얼굴은 꼭 글자 그대로 얼굴만 뜻하지 않는다. 그것은 모든 감각을 통해서 비폭력을 수행하라는 명령이다. 그러므로 레비나스는 '뒷목'을 얼굴이라고 말하기도 하면서, '얼굴'이란 그 얼굴이 나타나는 이들에게 윤리적 의무를 부과하는, 취약성을 안고서 살아 있는 인간의 차원임을 시사한다. 내 책, *Precarious Life: Powers of Mourning and Violence*(London: Verso, 2004), 131-140 참조(한국어판:《불확실한 삶―애도와 폭력의 권력들》, 양효실 옮김, 경성대학교출판부, 2008).

7   발터 벤야민, 번역, 지평들의 융합에 관한, 오류가능성이 있지만 중요한 논의로서 다음 책 참조. Hans-Georg Gadamer, *Truth and Method*, trans. Joel Weinsheimer and Donald G. Marshall(New York: Continuum, 2004).

8   해석학에 대한 동시대 연구는 딜타이Wilhelm Dilthey와 슐라이어마허Friedrich Ernst Daniel Schleiermacher에게서 많은 영향을 받았다. 두 사람은 모두 인문학(혹은 정신과학Geisteswissenschaften)의 토대를 확립하고자 할 때 성서해석학의 문제를 언급했다. 성서의 구절이 쓰이고 난 뒤에 역사적 상황의 관점에서 성서 구절을 어떻게 읽느냐 하는 문제는, 해석이 늘 시간의 횡단에 묶이는 방식에 대한 의문을 열어젖힌다. 가다머는

대화적 해석이란 개념을 통해 전통의 역사적 연속성을 수립하는 쪽으로 기울었지만, 그의 관점은 이전 권위의 양태들이 위기에 봉착하고 정당성을 상실할 때의 시간적 파열 형태들을 설명하는 데 실패했다. 이런 비평criticism 때문에 하버마스는 반전통적이고 전前문화적인 수단으로 정당성을 설명하려고 했지만, 이는 발터 벤야민에게서 영향을 받은 사상가들을 번역의 행위—과거가 사실상 붕괴해서 미래 안으로 도입되어야 하는—로 이끌었다. 이들 두 가지 판본 모두 전통과 권위를 떠받치는 역사적 연속성 양태를 거부하지만, 하버마스가 의사疑似초월적 접근 방법을 택한 데 비해 벤야민의 접근 방식은 번역을 진행하는 시간적 분절에 집중한다. 이 연구의 효과적인 배경을 이룬 것은 바로 분해 혹은 흩어짐의 필연성이다. 이것이 유대주의 안에 있는 메시아적 전통의 판본을 요구하기도 한다는 점은 흥미롭다. 그런데 여기서 우리가 벤야민을 따른다면, 그의 저작에 나타난 흩어짐의 메시아적 형태는 이미 초기 형태로부터 벗어난 것이다. 곧 그것은 흩어진 것이 한층 더 흩어지는 것이다.

9   Gayatri Chakravorty Spivak, "More Thoughts on Cultural Translation," http://eipcp.net/transversal/0608/spivak/en 참조.

10 Talal Asad, "On the Concept of 'Cultural Translation' in British Social Anthropology" in James Clifford and George E. Marcus, eds., *Writing Culture: The Poetics and Politics of Ethnography*(Berkeley: University of California Press, 1986).

11 데리다의 저작에서 메시아적인 것이 어떻게 고찰되었는지를 알고 싶다면 다음 자료 참조. Jacques Derrida, *Acts of Religion*, ed. Gil Anidjar(New York: Routledge, 2002). 그리고 다음 자료도 참조. Jacques Derrida and Gianni Vattimo, eds., *Religion* (Stanford: Stanford University Press, 1998); Gideon Ofrat, *The Jewish Derrida*, trans. Peretz Kidron(Syracuse: Syracuse University Press, 2001).

12 Yael Tamir, *Liberal Nationalism*(Princeton: Princeton University Press, 1993) 참조.

13 *Hannah Arendt's Jewish Writings*, ed. Ronald Feldman and Jerome Kohn(New York: Schocken, 2008) 참조.

14 Yehouda A. Shenhav, *The Arab Jews: A Postcolonial Reading of Nationalism, Religion, and Ethnicity*(Stanford: Stanford University Press, 2006); Ella Shohat, "Rupture and Return: Zionist Discourse and the Study of Arab Jews," *Social Text* 21, no. 2(2003): 49-74.

15 Boyarin and Boyarin, *Powers of Diaspora* 참조.

16   Najat Rahman, *Mahmoud Darwish: Exile's Poet: Critical Essays*(Northhampton, MA: Olive Branch, 2008) 참조.

17   Étienne Balibar, "Cosmopolitanism and Secularism: Controversial Legacies and Prospective Interrogations," *Grey Room* 44(Summer 2011): 6-25, citation at 21.

18   대안으로 다음 자료 참조. Asad, "On the Concept of 'Cultural Translation.'"

19   Balibar, "Cosmopolitanism and Secularism," 21. 발리바르는 이렇게 말한다. "종교의 차이는 담론의 도입에 의해 '매개'되어야 한다. 그때 담론은 …… 모든 종교의 관점에서 보면 '이단'으로 보여야 한다. 따라서 다양한 종교 담론이 동일한 공적 장소에서 상호 양립하거나 '자유로운' 대화 안으로 들어가려면, 부가적인 무종교적 요소의 도입 혹은 개입이 필요하다"(21~22). 나아가 발리바르는 이렇게 적는다. "그것[이단의 요소]은 '수행적'이고, 첫 번째 심급에서는 자체의 파르헤시아parrhesia(두려움 없는 '솔직한 말', 그리고 '꼭 필요한 솔직함을 위해 사전에 미리 양해를 구함'을 뜻하는 그리스어_옮긴이) 또는 진리 언표행위enunciation를, 권력을 행사하는 모든 목적론과 신화학에 맞서 수행한다"(23). 이러한 주장은 과연 이단적 순간이 항상 '무종교적'인가, 그 경우 오직 '무종교적인 것'만이 종교적 차이를 매개할 수 있는가 하는 질문을 제기한다. 그러나 많은 이들이 주장하는 것처럼 이단적 순간이나 가능성이 종교 자체를 구성한다면, 이단적인 것은, 오직 종교의 초월이나 부정에 의해서만 그런 매개가 가능할 수 있다는 가정 없이 종교의 차이를 번역할 기회가 된다. 그러나 이 관점은 번역을 매개로 간주하는 게 의무인가 아니면 당위인가 하는 문제를 회피한다.

20   Walter Benjamin, "The Task of the Translator" in Walter Benjamin, *Selected Writings*, vol. 1, *1913-1926*, ed. Marcus Bullock and Michael W. Jennings(Cambridge: Harvard University Press, 1996).

21   Balibar, "Cosmopolitanism and Secularism," 21.

22   가령 다음 자료 참조. Ilan Pappé, *The Ethnic Cleansing of Palestine*(Oxford: Oneworld, 2006). 유대인 지식인으로서 인권을 침해하는 시온주의에 반대하는 주장을 어떻게 정립해야 할지에 관한 논쟁에서, 아나트 빌레츠키Anat Biletzki는 인권이란 이성에 토대해야 하고 세속주의와 엄격히 동일시되어야 하며 그렇기에 종교적 출처에서 수집될 수 없다고 주장했다. 인간 권리를 옹호할 이유가 종교 문헌에 충분히 나와 있다면, 이는 그 권리가 모든 종교로부터 독립해서 작동하는 이성의 형식에 근거하고 있기 때문이다. "The Sacred and the Humane," opinionator column, *New York Times* online, July

17, 2011 참조.

23 나의 글 "Competing Universalities" 참조. 이 글은 나와 슬라보예 지젝, 에르네스토 라클라우의 공저인 다음 책에 실려 있다. *Contingency, Hegemony, Universality: Contemporary Dialogues on the Left*(London: verso, 2000. 한국어판:《우연성, 헤게모니, 보편성—좌파에 대한 현재적 대화들》, 박미선·박대진 옮김, 도서출판b, 2009).

24 팔레스타인 사람들에게는 얼굴이 없다(따라서 그들의 인간적 취약성은 살인하지 말라는 의무의 토대가 될 수 없다)는 레비나스의 언급은 다음 자료에서 볼 수 있다. "Ethics and Politics," Emmanuel Levinas, *The Levinas Reader*, ed. Sean Hand(Oxford: Blackwell, 1989), 289.

25 또 에마뉘엘 레비나스가 다음 자료에서 유대-기독교 문화의 윤리적 토대를 위협하는 "아시아 유목민 무리"를 언급한 내용도 참조. "Jewish Thought Today," Emmanuel Levinas, *Difficult Freedom: Essays on Judaism*, trans. Sean Hand(Baltimore: Johns Hopkins University Press, 1990), 165. 이는 다음 자료에서 더 상세히 다루었다. 나의 책, *Giving an Account of Oneself*(New York: Fordham University Press, 1995), 84-101(한국어판:《윤리적 폭력 비판—자기 자신을 설명하기》, 양효실 옮김, 인간사랑, 2013).

26 Yosef Grodzinsky, *In the Shadow of the Holocaust: The Struggle Between Jews and Zionists in the Aftermath of World War II*(Monroe, ME: Common Courage, 2004).

1장

1 Edward Said, *Freud and the Non-European*(London: Verso, 2003. 한국어판:《프로이트와 비유럽인》, 주은우 옮김, 창비, 2005).

2 물론 모세가 아랍 유대인이라는 주장 자체는 논쟁의 소지가 있다. Jan Assman, *Moses the Egyptian: The Memory of Egypt in Western Monotheism*(Cambridge: Harvard University Press, 1998) 참조. 그러나 여기서 중요한 것은 모세가 이집트에서 출현한다는 것이고, 그런 의미에서 이집트 땅에서 노예인 게 확실하다고 해도 역시 그 역사의 일부라는 점이다. 방랑자로서 모세는 자신의 미래 모국에서뿐 아니라 이집트에서도 추방당한 것이다. 이는 모세가 두 전통이 만나는 추방의 형상 자체임을 시사한다.

3 Yehouda Shenhav, *The Arab Jews: A Postcolonial Reading of Nationalism, Religion, and Ethnicity*(Stanford: Stanford University Press, 2006), 185-204; Gil Anidjar, *The Jew, the*

Arab: A History of the Enemy(Stanford: Stanford University Press, 2003).

4   Edward Said, *Orientalism*(New York: Vintage, 1978).

5   Ibid., 54.

6   Hannah Arendt, "I Do Not Belong to any Group," 한스 모겐소, 메리 매카시와 나
     눈 대화, in Hannah Arendt, *The Recovery of the Public World*, ed. Melvin A. Hill(New
     York: St. Martin's, 1979).

7   이 책 4장과 5장 아렌트의 견해에 관한 논의 참조.

8   '집중적 식민주의'에 대한 부버의 논의는 다음 자료 참조. "Concerning Our Politics"
     in Paul Mendes-Flohr, ed., *A Land of Two Peoples: Martin Buber on Jews and
     Arabs*(Chicago: University of Chicago Press, 2005), 137-142.

9   부버는 대중을 상대로 쓴 글에서 아랍의 신뢰를 저버린 이스라엘인들을 질책하면서,
     1929년 8월 시온주의자의 군사 폭력에 저항한 아랍을 용서하지 않은 채로 이해할 수
     있는 방법을 제공했다. '아랍인들'―팔레스타인인들―에 대한 시온주의의 정책은 어
     떤 윤리적 근거로도 정당화되지 못한다고 주장하면서 시온주의를 거부한 한스 콘Hans
     Kohn에 대한 부버의 반응은 다음 자료 참조. "Hans Kohn: 'Zionism Is Not Judaism'"
     in Mendes-Flohr, *A Land of Two Peoples*, 97-100.

10   다음 자료에 나온 부버의 1947년 선언 참조. "Two Peoples in Palestine" in Mendes-
     Flohr, *A Land of Two Peoples*, 194-202.

11   레비나스가 보기에, 메시아적 전통은 고통에 대한 관계를 명료하게 한다. 그는 "비 오
     는 날은 토라를 받았던 날만큼 위대하다"와 "비 오는 날은 하늘과 땅이 창조된 날만큼
     위대하다"는 랍비의 문장을 읊는다. 레비나스는 이와 같은 위대함의 평등을 정의 개
     념과 연결하면서, "아마 이것이 우리가 통상 유대 메시아주의라 부르는 마음 상태인
     것이다"고 말한다(DF, 36).

12   카프카가 1922년 1월 일기를 시작하면서 자기 자신의 글쓰기에 대해 사색한 것을 보
     라. "방해받지 않았다면 시온주의는 쉽게 발전을 거듭해서 새로운 비밀 교의 곧 카
     발라가 되었을지 모른다. 이 점을 암시하는 것들이 존재한다." *Franz Kafka Diaries,
     1910-23*, ed. Max Brod(New York: Schocken, 1975).

13   Emmanuel Levinas, *Otherwise Than Being; or Beyond Essence*, trans. Alphonso
     Lingis(Pittsburgh: Duquesne University Press, 1998), 111.

14   Hannah Arendt, *The Jew as Pariah: Jewish Identity and Politics in the Modern Age*, ed.

Ron Feldman(New York: Grove, 1978), 247.

15 Mahmoud Darwish, *Memory for Forgetfulness, August, Beirut, 1982*, trans. Ibrahim Muhawi(Berkeley: University of California Press, 1995), 124-125.

16 아니면 그래서 시인 마흐무드 다르위시는 사이드를 위한 송시 〈대위법〉(http:/ mondediplo.com/2005/01/15said) 5장에서, 사이드의 목소리를 가정하면서 이렇게 쓴다. "나 자신의 향수는 미래에 붙어 떨어지지 않는 현재를 위한 싸움입니다."

그가 말한다: 내가 당신보다 먼저 죽는다면, 당신에게 불가능한 임무를 남길 겁니다!

내가 묻는다: 요원한 임무로군요?

그가 대답한다: 한 세대 정도 떨어진.

내가 말한다: 만약 제가 당신보다 먼저 죽으면요?

그가 대답한다: 갈릴레이 산을 위로하면서 이렇게 쓸 겁니다. '미는 단지 적합성의 달성이 아니다.' 좋아요! 그러나 내가 당신보다 먼저 죽으면 당신에게 불가능한 임무를 남기리란 걸 잊지 말아요!

2장

1 숄렘은 카발라주의자들이 토라를 여러 가지 알레고리 방식으로 해석했다고 설명한다. 그중 하나는 조하르Zohar가 제안한 것으로, "모든 단어, 모든 글자는 일흔 가지 국면, '얼굴'을 가진다"는 것이다. Gershom Scholem, *On the Kabbalah and Its Symbolism*(New York: Schocken, 1965), 62.

2 Emmanuel Levinas, "Peace and Proximity" in Adriaan T. Peperzak, Simon Critchley, and Robert Bernasconi, eds., *Emmanuel Levinas: Basic Philosophical Writings* (Bloomington: Indiana University Press, 1996).

3 내 책, *Precarious Life: Powers of Mourning and Violence*(London: Verso, 2004) 5장 참조. 여기서 이 논의의 일부를 앞서 발표했다.

4 Emmanuel Levinas, *Otherwise Than Being; or Beyond Essence*, trans. Alphonso Lingis(Pittsburgh: Duquesne University Press, 1998), 116, 117. 프랑스어 원문은 다음과 같다. "La persécution est le moment précis oú le sujet est atteint ou touché sans la médiation du logos." Emmanuel Levinas, *Autrement q'etre ou au-delà de l'essence*(Paris:

Livre de Poche, 2004), 193. 알폰소 링기스가 번역한 영어판은 'sans'(영어로 without을 뜻하는_옮긴이)를 '함께with'로 옮긴 중대한 실수를 저질렀다.

5 레비나스가 쓴 프랑스어 원문은 이렇다. "Responsabilité dont l'entrée dans l'être ne peut s'effectuer que sans choix"(AE, 183); "être soi—condition d'otage—c'est toujours avoir un degré de responsabilité de plus, la responsabilité pour la responsabilité de l'autre"(AE, 185-186).

6 Emmanuel Levinas, *Difficile Liberté*(Paris: Livre de Poche, 1984), 336.

7 다음 자료에 실린 웬디 브라운의 논의 참조. Wendy Brown, *Regulating Aversion* (Princeton: Princeton University Press, 2006, 한국어판: 《관용──다문화제국의 새로운 통치전략》 이승철 옮김, 갈무리, 2010).

8 Emmanuel Levinas, *New Talmudic Readings*, trans. Richard A. Cohen(Pittsburgh: Duquesne University Press, 1999), 48.

9 《존재와 다르게》에서 레비나스는 이렇게 말한다.
"살을 에는 듯한 회한 중에 에고의 탄생, 자기 자신으로의 철회인 이 탄생, 이것은 대체의 절대적인 재발이다. 자아의 조건이나 비조건은 기원적으로 에고의 전제인 자기 정동이 아니라, 바로 타자의 정동, **무원리적인 외상**(무-원리의, 원칙이 없는, 그래서 확실한데, 수수께끼 같고, 어떤 분명한 원인도 주어질 수 없는 것)이다. 이런 자기정동과 자기동일시의 측면, 인과성이 아닌 책임의 외상"(93~94).

3장

1 Peter Fenves, *The Messianic Reduction: Walter Benjamin and the Shape of Time*(Palo Alto: Stanford University Press, 2010) 참조.

2 이 장에 나오는 벤야민의 〈폭력 비판〉 인용문은 모두 다음 자료에서 가져왔다. *Walter Benjamin, Selected Writings, vol. 1:1913-1926*, ed. Marcus Bullock and Michael W. Jennings(Cambridge: Harvard University Press, 1996), 236-252. 독일어판 Walter Benjamin, *Kritik der Gewalt und andere Aufsätze*(Frankfurt: Suhrkamp, 1965).

3 벤야민이 '운명fate'을 가리키는 데 사용한 단어는 das Schicksal이다. 이것은 '운명destiny'으로 번역되는 게 더 적합할 듯하다.

4 로젠츠바이크는 계명이란 신이 자기 백성의 사랑을 간청하고자 언어로 쓴 노력

이라고 주장한다. *The Star of Redemption*, trans. William Hallo(Notre Dame, IN: University of Notre Dame Press, 1985), 267-270. 사랑을 강조한 로젠츠바이크의 입장은 규율 정교화와 해석의 과학성을 강조했던 랍비들의 개혁에 맞서 유대주의의 영성 차원을 부활시키려 했던 당대의 노력에 상응한다. 유대주의를 영성 운동으로 보고 관심을 기울였던 로젠츠바이크는 "(유대 인민은) 세속의 인간들이 국가 기능의 작용 덕분에 끊임없이 누리고 있는 충족을 거부해야 한다"(332)고 주장하기에 이른다. 나아가 그는 "국가는 민족에게 시간의 한계 안에서 영원성을 수여하려는 노력을 상징한다"고 주장한다. 그러나 그와 같은 영원성이 보장되려면 민족은 영속적으로 거듭 정초되어야 하고, 그 스스로 영속하기 위해 전쟁을 필요로 하게 된다. 로젠츠바이크의 관점에서 삶을 구성하는 것은 보존과 쇄신이다. 법은 삶을 거스르는 내구성과 안정성을 수립하고 국가 강제의 토대가 되는 만큼, 삶에 반대되는 것으로서 출현한다. 그는 민족들을 괴롭히는 모순을 넘어서는 것으로서 유대주의를 이해하려고 했고, 따라서 유대 민족Jewish nation과 유대 인민Jewish people을 구별하려고 했다(329).

5 Ibid., 176.

6 유대 인민Jewish people으로서의 '이스라엘'과 영토권 요청으로서의 '이스라엘'을 구분한 로젠츠바이크의 관점은 다음 자료 참조. *The Star of Redemption*, 326, 351-352. 게다가 그는 "기다리고 유랑하는 것"(329)이 그 두 가지 의미의 "이스라엘" 관념을 수반한 메시아적인 전통의 일부라고 주장하면서, 유대주의의 중요한 디아스포라적 성격을 확증했다. 시온주의가 국가의 형태를 추구했기에 "타락"했다고 보았던 부버의 관점은 다음 자료 참조. Martin Buber, "Zionism and 'Zionism'" in Paul Mendes-Flohr, ed., *A Land of Two Peoples: Martin Buber on Jews and Arabs*(Chicago: University of Chicago Press, 2005), 220-223.

7 시온주의와 벤야민의 애매한 관계를 보여주는 기록으로, 1933년 여름 벤야민이 숄렘과 주고받은 서신을 참조하라. *The Correspondence of Walter Benjamin and Gershom Scholem, 1932-1940*(New York: Schocken, 1989).

8 Jacques Derrida, *Force de loi*(Paris: Galilée, 1994, 한국어판: 《법의 힘》, 진태원 옮김, 문학과지성사, 2004), 69 참조. 메리 쿼인턴스Mary Quaintance가 번역한 영어판 "The Force of Law"는 다음 책에 실렸다. *Deconstruction and the Possibility of Justice, Cardozo Law Review* 11 특별호, nos. 5-6(July-August 1990): 919-1046.

9 Hannah Arendt, "On Violence" in *Crises of the Republic*(New York: Harcourt Brace

Jovanovich, 1972), 103-198.

10 벤야민은 이 소론과 이 시기의 여타 다른 글에서 속죄와 징벌을 신화와 연관 짓는
    다. 또한 그는, 자신이 보기에 진리에 대항하는 신화와 비판 활동을 명백히 대치시킨
    다. 가령 다음 자료 참조. Walter Benjamin, "Goethe's Elective Affinities" in *Walter
    Benjamin, Selected Writings*, 297-362. 이 글은 1919년에서 1922년 사이에 쓰였다.

11 Rosenzweig, *The Star of Redemption*, 191-192.

12 Benjamin, "Goethe's Elective Affinities," 308.

13 Walter Benjamin, "Theologico-Political Fragment" in Walter Benjamin, *Reflections:
    Essays, Aphorisms, Autobiographical Writings*, ed. Peter Demetz, trans. Edmund
    Jephcott(New York: Schocken, 1986), 312-313; 최초 출간된 독일어판은 Walter
    Benjamin, *Zur Kritik der Gewalt und andere Aufsätze*(Suhrkamp, 1965), 95-96.

14 벤야민은 "이제 행위가 희생자에게 한 것이 아니라 행위가 신과 행위자에게 한 것에
    서"(CV, 251) 계명의 이유가 발견되어야 한다고 쓴다.

15 1919~1920년에 쓰인 〈유사성론〉(224)과 《괴테의 친화력》(341)에서 벤야민이 '비
    판적 폭력'에 관해 논평한 것을 참조하라. 두 글 모두 다음 책에 실려 있다. *Walter
    Benjamin, Selected Writings*(두 글의 한국어판은 도서출판 길에서 나온 발터 벤야민 선집 6권
    과 10권에 각각 수록되어 있다. 그런데 이 주석의 내용은 지은이의 착각이나 실수인 듯하다. 〈유
    사성론〉은 1933년에 쓰였으며, 벤야민은 1919~1920년에 쓰고 1921년 발표한 〈폭력 비판〉과 뒤
    이어 쓴 《괴테의 친화력》에서 '신화적 폭력'을 비판했다_옮긴이).

16 〈번역자의 과제〉에서 벤야민은 "모든 언어와 언어학적 창조물에는 전달될 수 있는 것
    외에도 전달될 수 없는 것이 있다"고 말하면서, 그것을 "모든 언어의 핵"이라고 부른
    다. *Walter Benjamin, Selected Writings*, 261(〈번역자의 과제〉 한국어판: 최성만 옮김, 발터
    벤야민 선집 6 《언어 일반과 인간의 언어에 대하여 외》, 길, 2008 수록).

17 Werner Hamacher, "Afformative, Strike" in Andrew Benjamin and Peter Osborne,
    eds., *Walter Benjamin's Philosophy—Destruction and Experience*(London: Routledge
    1993) 참조.

18 Walter Benjamin, "Theses on the Philosophy of History" in *Illuminations*, trans.
    Harry Zohn(New York: Schocken, 1969).

19 Walter Benjamin, "The Meaning of Time in the Moral Universe" in *Walter
    Benjamin, Selected Writings*, 286-287.

20 벤야민이 말한 용서에 관해 더 자세한 논의를 보려면 다음 글을 참조하라. 나의
    글, "Beyond Seduction and Morality: Benjamin's Early Aesthetics" in Dominic
    Willsdon and Diarmuid Costello, eds., *The Life and Death of Images: Ethics and
    Aesthetics*(Ithaca: Cornell University Press, 2008).

21 Ibid., 287.

4장

1   베스트팔렌 조약(1648)에서는, 종국의 법적·정치적 주권성은 민족국가의 소관이며,
    민족국가 간의 갈등과 싸움은 사법적인 층위보다 사회적 층위에서 해결되어야 한다
    고 상정했다. 인권에 대한 주장과 국제법은 주권성(한스 켈젠Hans Kelsen이 1920년대에 제
    안한 이론)을 비민족적 원칙으로 확립하기 위해서, 또 기존의 민족국가에 속하지 않는
    사람들이나 자신이 속한 민족국가를 정면으로 거스르는 주장을 표명하는 이들의 권
    리를 확립하기 위해서 베스트팔렌 조약에 반대해야 했다.

2   나의 글 "Hannah Arendt's Death Sentences," *Studies in Comparative Literature* 48,
    no. 3(2011): 280-295 참조.

3   유엔의 팔레스타인난민구호기구(UNRWA)에 따르면 2010년 1월 현재 점령 지역에
    등록된 팔레스타인 난민의 수가 155만 1145명, 그리고 가자 지구에 등록된 난민의 수
    가 95만 1709명이다. 1948년(과 1967년 전쟁)의 결과로 일어난 디아스포라로 뿔뿔이
    흩어진 이들의 수를 합하면 팔레스타인 난민의 수는 대략 500만 명에 달한다.

4   Walter Benjamin, "Über den Begriff der Geschichte" in Walter Benjamin,
    Abhandlungen, band 1.2(Frankfurt: Suhrkamp, 1991), 695.

5   Ibid., 703.

6   Franz Kafka, "Cares of a Family Man" in *The Complete Stories*, trans. Willa and
    Edwin Muir(New York: Schocken, 1976), 427-428.

7   Benjamin, "Über den Begriff der Geschichte," 695.

8   Gershom Scholem, *The Messianic Idea in Judaism*(New York: Schocken, 1971), 44; *On
    the Kabbalah and Its Symbolism*(New York: Schocken, 1965), 100-105 참조.

9   Jacques Derrida, Force de loi(Paris: Galilée, 1994).

10 Walter Benjamin, "On the Mimetic Faculty" in *Walter Benjamin, Selected Writings,*

1931-1934, ed. Michael William Jennings(Cambridge: Harvard University Press, 2005, 한국어판: 최성만 옮김, 발터 벤야민 선집 6 《언어 일반과 인간의 언어에 대하여 외》, 209쪽).

11 Walter Benjamin, "Doctrine of the Similar" in *Walter Benjamin, Selected Writings, 1931-1934*, 697.

12 Walter Benjamin, "On Language as Such and on the Language of Man" in *Walter Benjamin, Selected Writings*, vol. 1: 1913-1926, ed. and trans. Michael W. Jennings (Cambridge: Harvard University Press, 1996, 한국어판: 최성만 옮김, 위 책, 69쪽).

13 나의 번역이다. 독일어 원문은 다음과 같다. "Die Jetztzeit, die als Modell der messianischen in einer *ungeheuren Abbreviatur* die Geschichte der ganzen Menschheit zusammenfasst." ungeheuer는 괴이한, 엄청난, 괴물 같기까지 한 것을 가리킨다.

14 2011년 5월 뉴스쿨 대학에서 발표한, "Anarchism and Cohabitation"에 관한 나의 기명 논문을 참조하라.

15 Walter Benjamin, "Conversations with Brecht" in *Reflections: Aphorisms, Essays, and Autobiographical Writings*, ed. Peter Demetz, trans. Edmund Jephcott(New York: Harcourt, Brace Jovanovich, 1978), 210.

16 Ahmad H. Sa'di and Lila Abu-Lughod, *Nakba: Palestine, 1948, and the Claims of Memory*(New York: Columbia University Press, 2007).

17 Haim Bresheeth, ""The Continuity of Trauma and Struggle: Recent Cinematic Representations of the Nakba" in Sa'di and Abu-Lughod, *Nakba*, 161.

18 Diana K. Allan, "The Politics of Witness: Remembering and Forgetting 1948 in Shatila Camp" in Sa'di and Abu-Lughod, *Nakba*, 253-284.

19 Cathy Caruth, ed., *Trauma: Explorations in Memory*(Baltimore: Johns Hopkins University Press, 1995); Cathy Caruth, *Unclaimed Experience: Trauma, Narrative, and History* (Baltimore: Johns Hopkins University Press, 1996); Shoshana Felman and Dori Laub, eds., *Testimony: Crises of Witnessing in Literature, Psychoanalysis, and History*(New York: Routledge, 1992) 참조.

20 Ghassan Kanafani, *Men in the Sun*, trans. Hilary Kilpatrick(London: Lynne Rienner, 1998), 1962년 아랍어판 최초 출간; Elias Khoury, *Gate of the Sun*, trans. Humphrey Davies(New York: Picador, 2006)도 참조.

5장

1　David Biale, *Not in the Heavens: The Tradition of Jewish Secular Thought*(Princeton: Princeton University Press, 2011).

2　Talal Asad, Wendy Brown, Judith Butler and Saba Mahmood, *Is Critique Secular? Blasphemy, Injury, and Free Speech*(Berkeley: University of California Press, 2009) 참조.

3　Theodor Herzl, *The Jewish State*(Rockville, MD: Wildside, 2008), 63-72 참조.

4　Hannah Arendt, *The Origins of Totalitarianism*(New York: Harcourt Brace Jovanovich, 1951, 한국어판: 《전체주의의 기원》, 이진우·박미애 옮김, 한길사, 2006), 66; *Rachel Varnhagen: The Life of a Jewish Woman*(New York: Harcourt Brace Jovanovich, 1974, 한국어판: 《라헬 파른하겐―어느 유대인 여성의 삶》, 김희정 옮김, 텍스트, 2013), 216-228.

5　Jacques Rancière, *The Politics of Aesthetics: The Distribution of the Sensible*(London: Continuum, 2006, 한국어판: 《감성의 분할―미학과 정치》, 오윤성 옮김, b, 2008) 참조.

6　아렌트는 독일 유대인의 사유라는 복잡한 전통에서 출현했다. 그녀를 이상화하지 않을 많은 이유가 존재하기에, 나는 여기서 그녀를 이상화하려는 게 아니다. 아렌트는 인종주의적 신념을 상당히 분명하게 글로 썼고 이야기했다. 그녀는 문화적 차이를 횡단하는 더 넓은 이해의 정치를 보여주는 모델은 전혀 아니다. 그러나 그녀는 시온주의의 가치와 의미를 놓고 19세기 말에 시작된 독일 유대인의 논쟁을 잇는다. 가령 헤르만 코엔―내가 나중에 다루게 될―과 게르숌 숄렘 간에 시온주의의 가치를 둘러싼 유명한 논쟁이 있었다. 그때 코엔은 시온주의의 맹아적 민족주의를 비판하면서, 그 대신에 유대 민족Jewish people을 세계시민이나 '귀화자hyphenated'로 보는 시각을 제공했다. 코엔은 유대인이 독일 민족의 일부가 됨으로써 가장 좋은 대우를 받을 수 있을 것이라고 주장했는데, 이는 독일 파시즘과 그 치명적인 반유대주의가 전개되면서 가장 고통스럽고 불가능한 것으로 입증될 관점이었다. 아렌트는 그런 민족주의를 명백히 거부했지만, 코엔과 마찬가지로 독일 문화를 매우 높이 평가했다.

7　Susannah Young-ah Gottlieb, *Regions of Sorrow: Anxiety and Messianism in Hannah Arendt and W. H. Auden*(Palo Alto: Stanford University Press, 2003) 참조.

8　Hannah Arendt, *Love and Saint Augustine*, ed. Joanna Vecchiarelli Scott and Judith Chelius Stark(Chicago: University of Chicago Press, 2007, 한국어판: 《사랑 개념과 성 아우구스티누스》, 서유경 옮김, 텍스트, 2013).

9　Hannah Arendt, "Jewish History, Revised" in *The Jewish Writings*, ed. Jerome Kohn and Ron H. Feldman(New York: Schocken, 2007), 305.

10   Gabriel Piterberg, *The Returns of Zionism*(London: Verso, 2008), 179.

11   Amnon Raz-Krakotzkin, "Jewish Memory Between Exile and History," *JQR 97*, no. 4(2007): 530-543; "Exile Within Sovereignty," *Theory and Criticism*, no. 4(2007); *Exil et souveraineté: Judaïsme, sionisme et pensée binationale*(Paris: Fabrique, 2007).

12   물론 아렌트 자신도 지적하듯이 유대 민족의 '내적' 역사를 수립할 필요는, 사르트르 등등이 지지했던 주장 곧 유대인의 역사적 삶은 대체로 혹은 배타적으로 반유대주의에 의해 결정된다는 입장에 맞서는 한 가지 방법이다.

13   Amnon Raz-Krakotzkin, "'On the Right Side of the Barricades': Walter Benjamin, Gershom Scholem, and Zionism," *Comparative Literature*, vol. 65, no. 3(Eugene, OR: University of Oregon, 2013).

14   이것은 총파업의 특징인 '사건의 중지'와 동질적인 역사 형식의 종식이 맺는 관계에 대한 복잡한 질문을 제기한다. 어느 지점에서 첫 번째 중지는 두 번째의 조건이 되는가, 아니면 어느 지점에서 둘은 상호 연속되는가?

15   Hannah Arendt, *Eichmann in Jerusalem*(New York: Schocken, 1963, 한국어판: 《예루살렘의 아이히만》, 김선욱 옮김, 한길사, 2006), 277-278.

16   William Connolly, *The Ethos of Pluralization*(Minneapolis: University of Minnesota Press, 2005).

17   Emmanuel Levinas, *Otherwise Than Being; or Beyond Essence,* trans. Alphonso Lingis(Pittsburgh: Duquesne University Press, 1998) 참조.

18   Hala Khamis Nassar and Najat Rahman, eds., *Mahmoud Darwish, Exile's Poet: Critical Essays*(Northampton, MA: Olive Branch, 2008). 다르위시의 "여기"와 "저기"에 대한 논의를 보려면 다음 자료 참조. Jeffrey Sacks, "Language Places," ibid., 253-261. 색스Sacks는 다르위시가 시적으로 표현한 "여기"의 가변적 의미를 헤겔의 《정신현상학》과 연관해서 분석한다. 헤겔의 《정신현상학》에서 가변적인 "여기"에 관한 논의는 감각-확실성을 다룬 절에서 이뤄진다. G. W. F. Hegel, *Phenomenology of Spirit*, trans. A. V. Miller(New York: Oxford University Press, 1977), 60-61.

19   내 책 *Frames of War: When Is Life Grievable?*(London: Verso, 2009) 서문 참조.

20   "Hannah Arendt on Hannah Arendt" in Melvyn A. Hill, ed., *Hannah Arendt: The Recovery of the Public World*(New York: St. Martin's, 1979), 333-334.

21 반대 의견을 보려면 Jacqueline Rose, *The Question of Zion*(Princeton: Princeton University Press, 2005) 참조. 로즈는 메시아주의 운동과 시온주의자들이 추구하는 군사적 재난의 재발을 연관 짓는다. 나의 질문은 과연 메시아적인 것이 항抗군사적 입장을 일으킬 수 있는가 여부다.

22 이 장의 미주 26을 보라. Amnon Raz-Krakotzkin, "Binationalism and Jewish Identity: Hannah Arendt and the Question of Palestine" in Steven E. Aschheim, ed., *Hannah Arendt in Jerusalem*(Berkley: University of California Press, 2001), 165-180; "Jewish Peoplehood, 'Jewish Politics,' and Political Responsibility: Arendt on Zionism and Partitions," *College Literature 38*, no. 1(Winter 2011): 57-74.

23 Hannah Arendt, *On violence*(New York: Harcourt, Brace, 1969), 20, 67, 80, 18, 24, 65.

24 Hannah Arendt and Karl Jaspers, *Correspondence, 1926-1969*, ed. Lotte Kohler and Hans Saner, trans. Robert Kimber and Rita Kimber(New York: Harcourt Brace Jovanovich, 1992), 434-436. 1961년 4월 13일 아렌트가 야스퍼스에게 보낸 편지 285를 보라.

25 Raz-Krakotzkin, "Jewish Peoplehood" 참조. Anne Norton, "Heart of Darkness: Africa and African Americans in the Writings of Hannah Arendt" in Bonnie Honig, ed., *Feminist Interpretations of Hannah Arendt*(University Park: Pennsylvania State University Press, 1995), 247-262 참조.

26 헤르만 코엔이 쓴 《독일성과 유대성Deutschtum und Judentum》의 영문 편역본을 다음 자료에서 볼 수 있다. Eva Jospe, ed. and trans., *Reason and Hope: Selections from the Jewish Writings of Hermann Cohen*(New York: Hebrew Union College Press, 1997).

27 1939년 5월 영국이 발간한 '백서'에서는 팔레스타인에 "유대 민족의 고향"을 수립하고자 하면서도 유대인의 자치 개념은 수락하지 않으려 했다. '백서'에서는 유대인의 팔레스타인 이주와 영토 획득을 제한했고, 따라서 시온주의적 민족주의 열망에 대한 공격으로 간주되었다. Rashid Khalidi, *The Iron Cage: The Story of the Palestinian Struggle for Statehood*(Boston: Beacon, 2006), 31-64 참조.

28 아렌트는 인권 담론의 정당성을 자연이나 자연권에서 찾으려 한 모든 노력에 분명히 반대한다. 그러나 그 입장과 아렌트가 전혀 무관하다고 말한다면 틀린 주장이다. 〈인간 권리의 쇠퇴와 민족국가의 종식The Decline of the Rights of Man and the End of the Nation-State〉에서 아렌트는, 국가와 국가의 시민권 제공이 근대성 문제를 구성한다고 주장하는 사

람들에 반대하는 글을 쓴 듯 보인다. 그러나 민족국가에 대해서도 같은 이야기를 할 수 있을까? 분명한 것은 아렌트가 계몽주의 텍스트들에서 발견되는 자연의 이상화에 특별히 공감하지는 않았다는 것, 그리고 정치적 삶의 맥락에서 우리가 보고 싶어 하는 평등, 정의, 자유라는 원칙을 자연에서 발견할 수 있으리라는 생각을 반박한다는 점이다. 아렌트가 보기에 국가 없는 민족이 폭력적으로 되몰리는 자연 상태에는 어떤 보호 장치도 어떤 권한도 존재하지 않으며, 그 상태에서 그녀가 그들의 "인간성"이라 부르는 것을 유지하기는 불가능하다. 인간 주체가 있을 수 있다면, 그것은 집단적으로 만들어진 정치적 삶의 맥락에서 만들어져야 한다. 평등과 자유로써 구축된 정치 공동체인 폴리스 바깥에는 어떤 자유도 있을 수 없다. 물론 평등과 자유는 다양한 국가들에 의해 수행된 우연적인 접합들에 전적으로 의지하지 않는 위상을 지니는 것 같다. 그리고 그것들은 그녀의 작업에서 규범으로 기능하고, 따라서 그녀를 자연법 이론가들과 하나로 묶는 것 같다. 실상 자연 상태설 없이 자연법 충동 같은 것이 존재하는 듯 보이지만 이것은 좀 더 시간을 할애해서 다뤄야 할 추측이다. 여기서 분명한 것은 아렌트가 보기에 인간 존재의 인간성은 오직 정치 공동체의 맥락에서만 존재하게 되며, 배제되고 축출되고 사실상 말살당한 이들은 시민권이 중지되거나 파괴되는 순간 인간성을 빼앗긴다는 것이다.

아렌트가 보기에, 20세기 들어 추방당한 엄청난 인구가 바로 이 상황을 부각시켰다. 아렌트는 이 글의 서두에서, 1차 세계대전이 끝나갈 즈음 어떤 일이 일어났는지 상상하기는 "거의 불가능"할 것이라고 우리에게 알려준다. 아렌트는 "어디서도 환영받지 못했고 어디서도 동화될 수 없었던" 이들의 이주를 기술한다. 그녀는 또 "증오가 …… 모든 곳에서 공적인 사안에서 제 역할을 하기 시작한" 상황, "모든 이와 모든 것에 스며든 모호한 증오심, 그 열렬한 시선에 딱히 초점이 존재하지 않는, 누구도 정황을 책임지지 않는 증오심"을 기술한다. 아렌트는 유럽의 맥락 안에서 두 희생자 집단, 무국적자들과 소수자들의 출현을 기술한다(OT, 268). 두 집단은 시민권을 박탈당한 채 여러 국가에 임시적 합법성을 갖고 불안정하게 정착했고, 그곳에서 그들은 민족에 소속되지 않는 외부자로 명백히 간주되었다. 따라서 시민으로서 완전한 법적 자격과 인정을 누리는 이들과 시민권을 박탈당했지만 여전히 국가 당국의 관할하에 놓인 이들로 인구가 나뉘었다.

29 〈인간 권리의 쇠퇴와 민족국가의 종식〉의 이 지점에서 아렌트가 "인간 권리"에 대한 더욱 통렬한 비판—그 선언이 얼마나 쓸모없고 무능한 것으로 밝혀졌는가—으로 선

회한다는 것은 흥미롭다. 내가 제시하고 싶은 것은 아렌트가 인권에 대한 담론의 허약함을 비난하면서도 인권을 재개념화하면서, 강력한 발언으로 규정할 만한 그녀 자신의 선언을 한다는 점이다. 이는 《인간의 조건》에서 말과 행위에 관해 그녀가 해야 할 말을 아는 이들에게는 전혀 놀라운 일이 아닐 것이다. 이 책의 설득력 있는 발언은 바로 정치 영역에 대한 정의定意의 일환이다. 그러나 누가 그 권리를 행사할 수 있는가, 그녀의 관점에서 인간적인 것이 어떻게 제한되는가 하는 문제는 여전히 남는다. 이 글을 설령 무국적자의 권리 제창은 아니더라도 옹호로 읽을 사람도 있겠지만, 그녀는 무국적자가 인간적인 것에 대한 위협이 된다는 것도 명확히 한다. 글의 말미에서, 팔레스타인인과 파키스탄인이 포함되는 것으로 추정되는 무국적자는 "인간적인 것의 조직edifice"을 공격하는 "야만적" 힘이 될 위험이 있는 것으로 기술된다. 그 지점에서 이스라엘과 인도는 "인간적인" 것을 수호할 민족적 국가로 단언되고, 따라서 그들 국가가 생산해낸 무국적자들에 맞서 보호되어야 할 존재처럼 보인다. 이는 무국적자에게 권리를 가질 권리가 있다는, 글 전체의 지배적 논지로 보이는 주장을 거스른다.

30 그렇다면 최종적으로, 아렌트가 이 글에서 한 일의 일부는 이런 권리를 확고하게 정의하려는 것이라는 점을 나는 제시하고 싶다. 곧 그녀는 매우 확고한 방식으로 정의definition의 수사를 제공하고 수행하고 있다. 자연법 이론가가 아니었던 아렌트는 모든 특수한 통치 형태와 법의 형식에 선행해 전제 조건을 이루는 인간 삶의 조건들을 펼쳐 보이고, 심지어 그것을 규정한다. 그녀는 견해의 토대로 선행 원칙을 제시하지는 않았지만, 독자에게 전달하는 맥락에서 그것을 정교화한다. 따라서 아렌트의 수사는 그녀가 기술한 사회적 관계를 구체적으로 예시하려 한다. 게다가 이 조건들을 펼쳐 보이면서 그녀는 1인칭 '나'의 시점을 피한다. 아렌트는 이 텍스트를 개인의 관점을 가진 '나'라는 사람으로서 쓰지 않는다. 대명사 '우리'가 등장하지만 이 '우리'는 누구인 것일까? 아렌트는 누구를 위해서 누구로서 이야기하는가? "우리는 평등하게 태어나지 않았다: 우리는 우리 서로 간에 평등한 권리를 보증할 결정력에 따라 구성된 집단의 일원이 될 때 그 안에서 평등한 존재가 된다"(OT, 301)고 주장할 때, 그녀는 '우리'를 대표하는가, 아니면 우리에게 호소하는 것인가?

31 Hannah Arendt, *On Revolution*(New York: Penguin, 1990), 166.

6장

1   Edward W. Said, *The Politics of Dispossession: The Struggle for Palestinian Self-determination, 1969-1994* (New York: Vintage, 1994) 참조.

2   Steven E. Aschheim, ed., *Hannah Arendt in Jerusalem* (Berkeley: University of California Press, 2001) 참조.

3   Hannah Arendt, *Eichmann in Jerusalem: A Report on the Banality of Evil* (New York: Penguin, 1994).

4   Yosal Rogat, *The Eichmann Trial and the Rule of Law* (Santa Barbara: Center for the Study of Democratic Institutions, 1961).

5   Jacques Lacan, "Kant avec Sade" in *Ecrits II* (Paris: Seuil, 1971).

6   Eva Jospe, ed. and trans., *Reason and Hope: Selections from the Jewish Writings of Hermann Cohen* (New York: Hebrew Union College Press, 1997).

7   이 글을 알려준 데 대해 수재나 고틀리브에게 감사한다. Susannah Young-ah Gottlieb, "Beyond Tragedy: Arendt, Rogat, and the Judges in Jerusalem," *College Literature* 28, no. 1 (Winter 2011): 45-56.

8   Ibid.

9   아렌트는 암묵적으로 대지earth와 세계world에 대한 하이데거의 구분에 호소하는 것 같다. Martin Heidegger, *Poetry, Language, Thought*, trans. Albert Hofstadter (New York: Harper and Row, 1971). 하이데거는 가령 〈건축함, 거주함, 사유함〉에서 "인간 됨이라 함은 대지에 유한자로 있음을 뜻한다"고 주장한다. 그의 용어로 "대지에" 있음은 거주한다는 것이다(147). 그런데 〈예술 작품의 근원〉에서 하이데거는 세계와 대지가 다르다는 점을 분명히 한다. 대지는 그 소여성에서 "개진"되거나 부분적으로 탈은폐된다면, 세계는 "세워지고" 더 위대한 인간 행위성의 실천이나 건축에 속한다(48~49). 하이데거가 대지와 세계는 대립물로서 예술 작품에서는 "노력"의 형식에 들어간다고 주장한다면, 아렌트는 세계를 만들어가는 인간의 실천을 대지에 함께 살고 있는 유한한 인간의 소여적 특성에서 비롯된 정치적 필연성으로 이해하는 게 분명하다.

10   다음 자료의 논의 참조. Avraham Burg, *The Holocaust Is Over* (New York: Palgrave MacMillan, 2008).

11   치사致死를 논의한 다음 자료 참조. Talal Asad, *On Suicide Bombing* (New York: Columbia University Press, 2007).

12 사형 선고에 대한 한나 아렌트의 고찰은 다음 자료 참조. 나의 논문, "Hannah Arendt's Death Sentences," *Comparative Literature Studies* 48, no. 3(2011): 280-295.

13 Linda Zerilli, *Feminism and the Abyss of Freedom*(Chicago: University of Chicago Press, 2005).

14 바흐친의 수신성addressivity에 대해서는 다음 자료들 참조. M. M. Bakhtin, "The Problem of Speech Genres," in *Speech Genres and Other Late Essays*, ed. Michael Holquist and Caryl Emerson, trans. Vern W. McGee(Austin: University of Texas Press, 1986), 95-99. Adriana Cavarero, *Relating Narratives*, trans. Paul Kottman(New York: Routledge, 2000); *For More Than One Voice*, trans. Paul Kottman(Palo Alto: Stanford University Press, 2005).

15 Hannah Arendt, *Responsibility and Judgment*(New York: Schocken, 2003), 95.

16 Hannah Arendt, *The Human Condition*(Chicago: University of Chicago Press, 1998, 한국어판: 《인간의 조건》, 이진우·태정호 옮김, 한길사, 1996).

17 Arendt, *Responsibility and Judgment*, 41.

18 Ibid., 69.

19 Ibid., 25.

20 Hannah Arendt, *Lectures on Kant's Political Philosophy*(Chicago: Chicago University Press, 1989), 76.

7장

1 Hayden White, "Figural Realism in Witness Literature," *Parallax* 10, no. 1(2004): 113-124.

2 Primo Levi, *Survival in Auschwitz: The Nazi Assault on Humanity*, trans. Stuart Woolf(New York: Macmillan, 1961, 한국어판: 《이것이 인간인가-아우슈비츠 생존 작가 프리모 레비의 기록》, 이현경 옮김, 돌베개, 2007); *The Drowned and the Saved*, trans. Raymond Rosenthal(New York: Random House, 1989, 한국어판: 《가라앉은 자와 구조된 자》, 이소영 옮김, 돌베개, 2014).

3 《라 스탐파La Stampa》, 1982년 6월 24일 자(이탈리아 일간지_옮긴이).

4   Marco Belpoliti and Robert Gordon, eds., *The Voice of Memory: Interviews, 1961-1987*(Cambridge: Polity, 2001), 285.

5   Ibid.

6   Ibid., 285-286.

7   이렇듯 시끄러운 입장에 대한 매우 폭넓고 탁월한 논의로서 다음 자료를 참조하라. Idith Zertal, *Israel's Holocaust and the Politics of Nationhood*(Cambridge: Cambridge University Press, 2005), 52-71.

8   Lawrence Langer, "Introduction" in Charlotte Delbo, *Auschwitz and After*, trans. Rosette Lamonte(New Haven: Yale University Press, 1995), viii에서 인용.

9   Delbo, *Auschwitz and After*. 프랑스어 원문에서 '참되다'에 해당하는 단어는 véridique다. 이 단어는 검증가능성과의 지속적인 연계를 시사한다. Charlotte Delbo, *Aucun de nous ne reviendra*(Paris: Minuit, 1970), 7.

10   Cynthia Ozick, "The Modern Hep! Hep! Hep!", 《뉴욕 옵서버New York Observer》, 2004년 5월 10일 자(뉴욕에서 발행되는 주간지_옮긴이).

11   Avraham Burg, *The Holocaust Is Over, We Must Rise from Its Ashes*(New York: Palgrave MacMillan, 2008), 11-26.

12   Tom Paulin, "Killed in Crossfire," 《옵서버Observer》, 2001년 2월 18일 자(영국의 일요 주간지_옮긴이).

13   최근 가자 지구 철수(2005년 가자 지구에서 이스라엘 측이 군기지와 유대인 정착촌을 일방적으로 철수, 소개硫빼한 일_옮긴이)의 맥락에서 이런 비난을 환기하는 일은 어떤 면에서 예측 가능한 일이었다. 소개 조치된 이스라엘인들 중 일부는 홀로코스트의 수사를 이용해서, 자신들은 박탈당했고 또 파괴당했을 뿐 아니라, 그로 인해 모든 유대인이 위협을 받았다고 주장했다. 기록에 따르면 대략 이스라엘인 8000명이 가자 지구의 집을 떠나야 했다. 2000년 이후 팔레스타인인은 1719명이 살해당하고, 그 밖에 9000명이 상해를 입었으며, 약 2만 명이 속한 2704개 가호가 유린되었다. 내가 이 기록을 제공하는 것은 등가물을 제시하거나 부등치가 극심함을 보이려는 뜻이 아니라, 그 지역의 인간적 고통이 어디에서 어떻게 벌어지는지 이해하려면 그림을 넓혀 볼 필요가 있다는 생각 때문이다.

14   이 현상은 완전히 새로운 것은 아니다. 정치적 전략상의 이유에서 홀로코스트의 담론적 유통은 처음부터 있었다. 내가 옳게 이해했다면, 재클린 로즈는 반복될 수밖에 없

는 근대적 참사의 범례로서 홀로코스트가 메시아적 시온주의에 기여하며, 그리고 그 것이 없이는 유대주의의 메시아적 긴장이 갱신될 수 없다고 주장한다. 다시 말해 홀로 코스트는 동시대 정치 안에서 갱신되어서, 유대 인민Jewish people을 한 민족a nation으로 결집하고 공인하려는 메시아적 목적에 새로운 힘을 불어넣어야 한다. 요컨대 그녀가 보기에 참사가 없다면 시온주의의 메시아적인 목표의 갱신도 있을 수 없다. Jacqueline Rose, *The Question of Zion*(Princeton : Princeton University Press, 2005) 참조.

15 Ferdinando Camon, *Conversations with Primo Levi*(Evanston : Marlboro, 1989), 54.

16 Belpoliti and Gordon, *The Voice of Memory*, 263.

17 Burg, *The Holocaust Is Over*, 78. 부르그의 논증은 이미 이디스 제르탈에 의해 역사적 으로 더 크게 확장되었다. 이디스 제르탈은 나치의 유대인 학살이 이제 그 자체로 기 억되지 않으며, 외상적이고 포착 불가능한 상실에 걸맞은 자리를 얻지 못한다고 주장 한다. 그녀가 홀로코스트라고 부른 것에 대한 축성은 실제로는 홀로코스트에 대한 폄 훼다. 왜냐하면 그것은 지속적으로 외상적 효과를 행사하고 심지어 지역정치적인 논 증에 "초월적이고 말로 형용할 수 없는 속성"(IH, 169)을 부여하기 때문이다. 핵심은 단지 홀로코스트를 환기하는 것이 이스라엘 군대의 힘과 파괴성을 지지하고 확장하 는 조작적 전략이기도 하다는 게 아니다. 제르탈은 기괴하리만치 참혹했던 역사적 학 살이 일개 술책, 전략으로 변형되고, 참을 수 없이 엄청난 역사적 범죄를 대가로 "결 코 끝나지 않는 과거"가 수립되는 식으로 이뤄진, 현실적인 상실의 상실을 애도한다. 물론 그런 주장은 '홀로코스트'에 대한 모든 거론이 단지 전쟁을 위한 전략적인 수사 의 일환일 뿐이라는 주장과는 구별되어야 한다. 여기서 뭔가 다른 것이 일어나고 있는 데, 그로 인해 과거는 과거가 되길 거부하고 심지어 현재를 잠식하며, 비유대인의 물 리적 취약성에 대해서는 이해하지 못하거나 이해하지 않는 무한·무익한 희생자 의식 이 생산된다. 팔레스타인 사람들이 나치에 비유될 때 이런 일이 거듭 되풀이 일어난 다. 제르탈은 현 이스라엘 국무총리인 네타냐후가 팔레스타인인들을 예루살렘의 무 프티mufti(이슬람 율법학자를 뜻하는 아랍어_옮긴이)—그에게는 "히틀러에게 …… 유대인 말살을 …… 반복 제안했던" 것으로 보인 이들—에 비유했던 것을 상기시킨다. 부르 그는 외교 정책에 관해서는 온건파로 널리 간주되어온 아바 에반Abba Eban마저 "이스 라엘 국경이 된 1949년 휴전선을 정의하는 말로서 오늘날에도 여전히 사용되고 있는 '아우슈비츠 경계선'이라는 용어를 만들어냈다"고 지적한다. 부르그에 따르면 "6일 전쟁은 이스라엘과 아우슈비츠 사이의 가상적 게토 담장을 제거했다"(23).

18 Burg, *The Holocaust Is Over*, 33.

19 Ibid., 34.

20 Ibid., 35.

21 Ze'ev Schiff, *Israel's Lebanon War*(New York: Simon and Schuster, 1985), 220에서 인용.

22 Belpoliti and Gordon, *The Voice of Memory*, 292-293.

23 Carole Angier, *The Double Bond: Primo Levi, a Biography*(New York: Farrar, Straus and Giroux, 2002), 628.

24 Ibid., 629.

25 Ian Thomson, *Primo Levi: A Life*(New York: Picador, 2004), 433.

26 Belpoliti and Gordon, *The Voice of Memory*, 285-286.

8장

1 1948년 이전에 벌어진 시온주의자들의 팔레스타인인 공격과 토지 몰수의 역사에 대해서는 다음 자료들 참조. Oren Yiftachel, *Ethnocracy: Land and Identity Politics in Israel/Palestine*(Philadelphia: University of Pennsylvania Press, 2006). Tom Segev, *One Palestine, Complete: Jews and Arabs Under the British Mandate*(New York: Henry Holt, 2001).

   1948년의 팔레스타인인 피탈 이후로도 축출은 계속 일어났다. http://www.badil. org/en/al-majdal/item/1278-recurring-dispossession-and-displacement-of-1948-palestinian-refugees-in-the-occupied-palestinian-territory 참조. 또 Edward W. Said, *The Politics of the Dispossessed*(New York: Vintage, 1994)도 참조. 1948년 이전에 팔레스타인인들은 1880년대~1910년대를 제외하고는 그 지역을 떠난 적이 거의 없다. 1880년대~1910년대에는 그 지역 전체에서 많은 주민이 경제적 곤경에 내몰려 이민을 갔다. 예를 들면 그때 남미로 간 팔레스타인인이 많았다.

2 귀환권은 1948년의 유엔 총회 결의 194호(III)에서 단호히 확인되었다.

3 Naseer Aruri, *Palestinian Refugees: The Right of Return*(London: Pluto, 2001)

4 조흐로트(zochrot.org/en): 나크바 기간과 그 뒤 자행된 팔레스타인인들의 마을과 생업의 파괴를 도표화하고 추모하고 출판하는 일을 하는 단체.

5 이 부분은 나자트 라흐만에게 큰 빚을 지고 있다. 나는 다음 책의 인도에 따라 다르위

시를 읽었고, 나자트 라흐만과 이메일로 서신을 교환한 덕분에 추방을 의미하는 데 사용된 아랍어 어휘들을 이해할 수 있었다. Hala Khamis Nassar and Najat Rahman eds., *Mahmoud Darwish, Exile's Poet: Critical Essays* (Northampton, MA: Olive Branch, 2008). Najat Rahman, *Literary Disinheritance: The Writing of Home in the Work of Mahmoud Darwish and Assia Djebar* (Lanham, MD: Lexington, 2008)도 참조.

6 가령 사이드의 다음 책 서문에서, 팔레스타인과 관련해 제시되는 모든 방안에 디아스포라 팔레스타인 사람들이 지니는 중요성을 논평한 부분을 참조하라. *The Politics of Dispossession: The Struggle for Palestinian Self-Determination, 1969-1994* (New York: Vintage, 1995), xlii. 그 지역의 포스트민족주의 정치 발전에 망명 지식인이 지닌 중요성을 고찰한 다음 논문들도 참조하라. Elias Khoury, "The Intellectual and the Double Exile" and Ilan Pappé, "The Saidian Fusion of Horizons" in *Waiting for the Barbarians: A Tribute to Edward Said*, ed. Müge Gürsoy Sökmen and Başak Ertür (London: Verso, 2008), pp. xxi-xx, 83-92. 또 박탈에 관해 중요한 성찰을 보여준 다음 논문도 참조하라. Ghada Karmi, "Said and the Palestinian Diaspora: A Personal Reflection" in *Edward Said: A Legacy of Emancipation and Representation*, ed. Adel Iskandar and Hakem Rustom (Berkeley: University of California Press, 2010), 304-313.

7 아렌트가 보기에, 한 민족집단을 대표하려고 하는 민족국가는 구조적으로 무국적자 계급을 생산하고 재생산하는 데 매여 있다. "The Nation-State and the Rights of Man" in Hannah Arendt, *The Origins of Totalitarianism* (New York: Harcourt Brace Jovanovich, 1951) 참조.

8 Meron Benvenisti, https://kanan48.wordpress.com/2010/02/02/united-we-stand-by-meron-benvenisti/; "The Inevitable Binational Regime": http://www.americantaskforce.org/daily_news_article/2010/01/22/1264136400_13 참조. 그리고 다음 자료들도 참조하라. 벤베니스티를 비롯한 사람들이 관여한 2009년 학술회의, "Israel/Palestine: Mapping Models of Statehood and Paths to Peace": http://www.yorku.ca/ipconf/. Ali Abunimah, *One Country: A Bold Proposal to End the Israeli-Palestinian Impasse* (New York: Metropolitan, 2006); Azmi Bishara, "4 May 1999 and Palestinian Statehood: To declare or Not to Declare?", *Journal of Palestine Studies* 28, no. 2(1999): 5-16; Daniel Elazar, *Two Peoples | One Land: Federal Solutions for Israel, the Palestinians, and Jordan* (Latham, MD: University Press of America, 1991);

Oren Yiftachel, "Neither Two States Nor One: The Disengagement and 'Creeping Apartheid' in Israel/Palestine," *Arab World Geographer* 8, no. 3(2005): 125-129.

9   아달라가 펴낸, 팔레스타인계 이스라엘인의 권리를 다룬 수많은 출판물을 참조하라. 2007년 보고서(http://www.adalah.org/uploads/oldfiles/eng/intl07/adalah-cerd-feb07.pdf) 도 그중 하나다.

10   Nassar and Rahman, *Mahmoud Darwish, Exile's Poet*, 323.

11   Edward W. Said, "The One State Solution," 《뉴욕타임스New York Times》, 1999년 1월 10일 자; Adel Iskandar and Hakem Rustom, eds., *Edward Said: A Legacy of Emancipation and Representation*(Berkeley: University of California Press, 2010), 특히 2부 참조.

12   Martin Buber, *A Land of Two Peoples: Martin Buber on Jews and Arabs*, ed. Paul Mendes-Flohr(Chicago: University of Chicago Press, 2005). 초기 이민족주의 개념 은 '팔레스타인인들'과 '유대인들' 각각의 동질성을 가정했다. 따라서 아쉬케나 지의 헤게모니를 승인했고, 두 민족의 디아스포라적인 성격은 거부했다. 1940년 대 말과 1950년대 내내 이민족주의 프레임을 명료화하고자 노력한 부버는 정착 민 식민주의 프로젝트를 전면 비판하는 데 실패를 겪었다. 부버는 문화적 시온주 의를 정치적 시온주의에서 분리해냄으로써 문화적 이민족주의를 상상할 수 있었 고, 따라서 정치적 시온주의를 원래 모습대로 남겨놓았다. 부버가 1946~1947년 에 유다 마그네스, 한나 아렌트와 함께 제안했던 연방제도 정치적 시온주의의 식민 주의적 전제에 도전할 수 있을 정도로 진척되지 않았다. 실상 부버 자신은 팔레스 타인 사람들에 대한 '집중적 식민주의' 형태들을, 마치 정치적으로 중립적이고 받아 들여질 만한 제안이기라도 한 양 언급했다.

13   Edward W. Said, *Reflections on Exile and Other Essays*(Cambridge: Harvard University Press, 2000).

14   Edward Said, *Freud and the Non-European*(London: Verso, 2003).

15   이스라엘인과 팔레스타인인이 만나는 집단 내 권력 관계 고찰이 배제되는 문제에 관 해 나와 대화하면서 내가 견해를 세우는 데 도움이 되어준 마날 알타미미Manal Al Tamimi 에게 감사한다.

16   Mahmoud Darwish, "Edward Said: A Contrapuntal Reading," trans. Mona Anis, *Cultural Critique* 67(Fall 2007): 175-182. 다음 자료도 참조하라. Mahmoud

Darwish, "Counterpoint: Homage to Edward Said," trans. Julie Stoker, *Le Monde Diplomatique*(January 2005), http://www.bintjbeil.com/articles/2005/en/ 0129_darwish.html; "Counterpoint: For Edward Said," *If I Were Another*, trans. Fady Joudah(Farrar, Strauss and Giroux), 183-192. 사이드 자신은 추방의 불안정한 "위치location" 조건을 나타내려고 다음 책에서 대위법적인 분석을 사용한다. Edward W. Said, *Culture and Imperialism*(New York: Knopf, 1993), 60.

17 무엇보다도 이 진술이 카프카와 디아스포라의 시인들을 연결한다는 점이 매우 흥미롭다. 내가 쓴 "Who Owns Kafka?", *London Review of Books*, March 3, 2011 참조.

18 Mahmoud Darwish, *The Butterfly's Burden*, trans. Fady Joudah(Port Townsend, WA.: Copper Canyon, 2007), 89-91.

찾아보기